商品投资

王道平 主编

中国商业出版社

图书在版编目（CIP）数据

商品投资／王道平主编 .—北京：中国商业出版社，2019.9
ISBN 978-7-5208-0890-3

Ⅰ.①商… Ⅱ.①王… Ⅲ.①商品期货—投资—高等学校—教材 Ⅳ.①F830.93

中国版本图书馆 CIP 数据核字（2019）第 193826 号

责任编辑：王　静

中国商业出版社出版发行
010-63180647　www.c-cbook.com
（100053　北京广安门内报国寺 1 号）
新华书店经销
北京京东印刷厂印刷
＊
787 毫米×1092 毫米　16 开　22 印张　310 千字
2019 年 9 月第 1 版　2019 年 9 月第 1 次印刷
定价：58.00 元
＊　＊　＊　＊
（如有印装质量问题可更换）

前　言

在国家金融服务实体经济、金融强国的大战略下，商品投资及其所涉及的相关金融市场（包括商品期货、商品期权及衍生品）建设，已备受重视。当前，中国商品期货市场的交易量已超过股票市场，中国商品期货市场的市场化程度与对外开放度也达到了前所未有的高度。根据世界交易所联合会（WFE）的统计数据，在世界十大商品交易所中，2017年上海期货交易所成交量排名第一，大连商品交易所排名第三，郑州商品交易所排名第四。中国商品市场，对于全球商品期货价格，乃至全球主要大宗商品的定价，已产生了举足轻重的影响。随着中国商品市场的进一步发展和对外开放的不断深入，中国商品投资领域亟须大量的既有深厚理论功底、又懂实务的专业化人才。

当前国内外关于商品投资的教材与专著，就作者及其写作风格而言，主要可以分为两大学派：一派为学院派，主要拘于期货、期权及相关金融衍生工具定价理论的阐释，缺乏实务分析能力，并且与实务的割裂仍在不断加深，对于商品投资实战的指导与应用作用越来越弱；另一派为经验派，主要是对个人操作经验的举例或者个人投资经验与生平经历的总结，这类专著往往因作者的传奇经历而备受欢迎，但是它们大多缺乏理论的指导与逻辑的支撑，而未来通常不是历史简单的重复，仅依靠经验去预测未来商品价格波动并指导商品投资实践是不科学的。就内容而言，大多数教材与论著仅局限于对期货、期权的介绍，而对于现货交易、场外衍生品、商品价格决定及其价格波动的系统性分析、商品投资交易策略与风险管理，以及近年来日益兴起并在商品投资领域广泛应用的量化交易等方面，却很少涉及。为此，如何架起理论与经验的桥梁，并与时俱进地合理涵盖商品投资所涉及的领域与专业知识，是一本优秀的商品投资著作必须面对与解决的。

在撰写这部《商品投资》时，我们努力寻求理论与实务的有机结合，既对必要的基础理论知识进行了介绍，又为商品投资分析提供了一个全面系统的分析框架，也为商品投资实践总结了相关的交易策略与风险管理方法。与关于期货、期权及相关金融衍生品定价的纯理论方面的论著相比，我们更重视与商品投资相关的经济学、金融学理论在商品投资分析与实践中的应用；而与基于经验总结的有关商品投资的通俗读物相比，我们更加强调对商品投资进行深入的经济学、金融学理论分析，更重视基于经验提炼的对未来商品投资具有普遍适应性与指导意义的理论与逻辑规律。

商品投资

这本《商品投资》，在内容上主要分为四大部分：商品投资基础、商品投资与基本面分析、商品投资的技术分析与量化交易、商品投资交易策略与风险管理。具体而言：第一部分主要介绍了现货交易、期货、期权与场外商品衍生品等与商品投资相关的基础知识和基础理论。第二部分主要构建了一个商品投资的基本面分析理论框架，包括商品价格的供求因素分析、均衡价格的供需平衡表分析法与成本利润分析法、基于多重周期嵌套理论的商品价格波动分析、影响商品供需与价格的政策因素分析等。第三部分主要介绍了商品投资的图形与技术分析，以及最近兴起的量化交易。第四部分主要总结了与商品投资相关的商品期货交易策略、期权交易策略以及商品投资风险管理方法等。

这本教材，是本人在多年来为南开大学金融学院的金融硕士研究生开设的《商品投资》课程基础上，结合多年来对商品投资实践经验的总结与思考，与学生们一起历时近三年完成的。他们许多已经在业内颇具影响力的期货公司、证券公司、资产管理公司的研究部门和投资部门从事投资分析、资产管理等工作。这本《商品投资》，既可以作为金融硕士、高年级金融本科生的《商品投资》《商品期货、期权及衍生品》等课程的教材，同时也适合从事商品投资、期货投资、资产管理以及商品价格风险管理等领域的从业人员和个人投资者进行自学与研究用书。

本书由南开大学金融学院王道平副教授担任主编，全面负责了整体框架与大纲设计以及全部章节内容的确认、修改与审核。全书共十三章，韩若编写了第一章和第二章，胡晓编写了第三章，朱灿军编写了第四章，罗杰编写了第五章和第六章，郭亚男编写了第七章，郭童菲编写了第八章，王琳编写了第九章，张淑珍编写了第十章，杜航编写了第十一章，胡晓编写了第十二章，朱琳编写了第十三章；初稿完成后，李建阁（华泰期货产业研究部）总负责了第一篇和第二篇的修改与审校，谢泰彤（泰康人寿投资管理部）总负责了第三篇和第四篇的修改与审校，吴春媛（华泰期货网金部）负责了第一篇的修改与审校，高聪（华泰期货研究院）负责了第二篇的修改与审校，黄艺妍（华泰期货产业研究部）负责了第三篇的修改与审校，王世凯（浙商期货研究中心）负责了第四篇的修改与审校。此外，刘宝亭和郭鑫也提出了许多修改建议，余舒婷参与了全部的统稿与修改工作。

即将付梓之际，真诚地感谢范小云教授和刘澜飚教授给予的诸多帮助。此次出版，我们得到了中国商业出版社王静老师和经济管理出版社宋娜老师等的大力支持，在此我们表示衷心的感谢！由于我们水平有限，写作过程中难免有疏漏、不尽如人意之处，恳请学术界同人、业界朋友们不吝赐教！欢迎大家通过电子邮件和我们联系，我们的电子邮箱是：wangdaoping@nankai.edu.cn。

王道平

2019 年 8 月

目 录

前言 1

第一篇　商品投资基础

第一章　现货交易与商品投资 3
 第一节　大宗商品现货交易的基本概念 3
 第二节　大宗商品现货交易的特点 4
 第三节　大宗商品现货交易模式 5
 第四节　国内大宗商品现货市场的发展与监管现状 8
 第五节　大宗商品现货交易所 9

第二章　期货与商品投资 13
 第一节　期货的发展、主要特征及功能概述 13
 第二节　期货市场组织结构与投资者 23
 第三节　期货交易制度 33
 第四节　期货定价 49

第三章　期权与商品投资 53
 第一节　期权的发展、主要特点及基本类型 53
 第二节　期权交易制度 61
 第三节　期权定价 64

第四章　场外商品衍生品 74
 第一节　场外商品衍生品 74
 第二节　场外商品期权 80
 第三节　场外商品互换 89

第二篇　商品投资与基本面分析

第五章　供给因素、需求因素与商品价格　97
第一节　供给与需求的定义　97
第二节　影响商品价格的供给因素　98
第三节　影响商品价格的需求因素　100
第四节　供求与均衡　102

第六章　均衡价格分析：供需平衡表分析法与成本利润分析法　106
第一节　供需平衡表分析法　106
第二节　成本利润分析法　116

第七章　周期与商品价格波动　125
第一节　经济周期理论　125
第二节　其他自然周期、节假日周期因素与商品价格波动　157
第三节　投资者行为、情绪周期与商品价格　159
第四节　商品投资的多重周期嵌套理论　161

第八章　影响商品供需与价格的政策因素　163
第一节　货币政策与商品价格　163
第二节　汇率变动与商品价格　168
第三节　财政政策与商品价格　171
第四节　产业政策与商品价格　176
第五节　其他政策冲击与商品价格　182
第六节　政策冲击与商品投资的多重周期嵌套理论分析　186

第三篇　商品投资的技术分析与量化交易

第九章　商品投资的图形与技术分析　191
第一节　图形与技术分析理论　191
第二节　技术分析指标　210
第三节　技术分析在商品投资交易中的应用　220

第十章　商品投资量化交易　231
第一节　量化交易策略构建　231

  第二节 商品投资量化交易举例 …………………………………………… 234

  第三节 量化交易系统的测试与绩效评估 ……………………………… 246

  第四节 量化交易的特定风险及管理 ……………………………………… 250

第四篇 商品投资交易策略与风险管理

第十一章 商品期货投资交易策略 ………………………………………… 255

  第一节 对冲交易策略 ………………………………………………………… 255

  第二节 投机交易策略 ………………………………………………………… 268

  第三节 套利交易策略 ………………………………………………………… 274

第十二章 商品期权投资交易策略 ………………………………………… 286

  第一节 商品期权套期保值交易策略 …………………………………… 286

  第二节 商品期权投机交易策略 …………………………………………… 289

  第三节 商品期权套利交易策略 …………………………………………… 307

  第四节 商品期权波动率交易策略 ………………………………………… 311

  第五节 商品期权与期货混合交易策略 ………………………………… 316

第十三章 商品投资风险管理 ………………………………………………… 322

  第一节 商品投资风险识别 ………………………………………………… 322

  第二节 商品投资风险度量 ………………………………………………… 328

  第三节 商品投资风险管控 ………………………………………………… 333

参考文献 ………………………………………………………………………………… 338

第一篇

商品投资基础

第一章　现货交易与商品投资

第一节　大宗商品现货交易的基本概念

一、大宗商品的概念与分类

大宗商品是指可进入流通领域（非零售环节）的、拥有商业价值和商品属性、大批量用于工农业生产与消费的可标准化的物质产品。一般可分为农副产品（如棉花、白糖、大豆等）、能源材料（如原油、焦炭、动力煤等）、化工产品（如聚乙烯、聚丙烯、聚酯切片等）和金属原料（如白银、螺纹钢、电解镍等）四大类。

二、大宗商品现货交易相关概念

（一）现货的概念

现货也称实物，是指可以制造、出货、存储和使用，并且买方在很短的时间内付款的，具有商业价值的商品的总称。

（二）大宗商品现货市场

本书所指的大宗商品现货市场有别于传统的批发市场，是类似于场外商品电子交易的市场，也称现货电子盘。在现货市场中，当日现货商品市场价格即为合同订立和转让的交易价格；在合同订立当日即可申请实物交割，交割配对成功后即可进行实物交割。目前国内这类市场有着国外场外交易（OTC）市场的灵活性和多样性，也有证券期货市场不具备的仓储、物流、金融等服务，是一种中国特有的商业模式，也是未来国际商品交易市场的发展趋势。

（三）现货交易途径

1. 内盘

内盘是指中国境内的电子交易平台，以人民币结算，资金交由第三方托管，受国内法律监管。如北京大宗商品交易所、新华大宗商品交易中心、东南大宗商品交易中心等。

2. 外盘

外盘是指中国境外交易平台，以美元结算，由国外法律监管，潜在利润空间和投资机会更大，但风险也更高。需要特别注意的是，由于参与境外代理商的交易不受国内法律保护，一旦出现问题，维权可能存在难度。

第二节　大宗商品现货交易的特点

一、大宗商品现货市场的优点

（一）参与度广

现货市场具有公平、公正、公开的性质，由于可以进行小额投资，缺乏时间和经验的投资者还可以委托投资经理进行操作管理，因此，有交易意愿的投资者均可参与其中。一方面，现货价格波动可以使投机者从中获得利润；另一方面，现货交易平台可以满足采购、销售、投资、保值等多种交易需求，它不仅能够有效地进行资金分配，还让再融资成为可能，能够很好地解决公司和企业融资难的问题。

（二）灵活便捷

交易规则完全符合现代贸易习惯，适用性强，不受时间、空间和对象的限制。钱货两清，交收快速。投资者既可以长线持有，也可以短线即时买卖，买进卖出可以随时进行。

现货交易具有连续性。一方面，在交易时间内，交易双方随时可以按照自己的意愿对合约进行订立和转让；另一方面，在申报交割中，自合同订立当日起，可以连续地进行交割的申报，直到配对成功，实现实物交割。

（三）信息透明

电子化买卖平台公开、透明、方便、快捷，大量的交易商通过电子报价进行价格和数量的匹配，具有较强的价格发现功能，商品价格具有权威性和影响力。网上现货交易可以获取实时行情，使投资者能够充分掌握信息，并据此决定未来的投资方向。

二、大宗商品现货市场的作用

大宗商品现货市场可以提高商品交易效率、降低交易和物流成本、有效杜绝假冒伪劣商品、扩大市场容量、形成跨地域跨境的大市场，所以发展大宗商品现货交易，有利于增强地区间的价格联系、提高市场效率、规范市场运行、调节市场供求关系。具体来说，大宗商品市场的作用有以下几点。

（一）投资投机

与传统现货交易不同，电子交易市场没有地域限制，需要注入的资金相对较少，普通投资者很容易参与进来。现货价格是每日波动的，且这种波动是有一定规律可循的，使得投资者可以通过低买高卖赚取价差收益。

（二）避免"三角债"

现货交易的智能结算体系，使交易和结算都在网上进行，同时，投资者在交易平台进行交易时会被冻结部分资金作为保证金。因此，买卖双方的利益都能够得到有效的保障，避免了可能出现的"三角债"。

（三）杜绝假冒伪劣

在传统的现货交易中，卖方在利益驱动下可能会采用假冒伪劣商品进行交割，买方也难以进行有效的甄别。电子交易市场中，商品注册时有质检部门把关，交易中又有标准合同对商品的质量和品级予以规定，对保证质量、杜绝假冒伪劣发挥着独特的作用。

（四）稳定产销

电子交易系统的便捷性使交易流程得到了简化，促进了商品的销售。逐步发展起来的物流服务缩短了运输时间，对销售的平稳进行起到了保障性的作用。因此，生产变得有据可循，产销关系得以稳定。

（五）规避风险

电子交易的背后是实物现货，电子盘的行情与现货价格受相同经济因素的影响，它们的运动趋势基本一致。生产经营者可以通过这一原理在电子市场上进行套期保值，锁定成本或利润，无须担心未来商品价格的波动。

第三节　大宗商品现货交易模式

一、网上订货交易

网上订货交易是指电子交易平台作为商品在线采购和销售的平台。通过网上订货交易，产品经销商和生产单位可以根据市场供需状况，进行网上协商竞价，有利于产品供应的及时、有效和区域平衡，防止价格季节性和区域性剧烈波动，避免市场混乱，在经济规律的基础上保证了各方利益，为国家和企业提供了价格指示牌和决策依据。在实际操作中，交易者可以根据实际需要灵活选取即期、按期、提前或延期的交易模式，也可以设定不可转让交易，买卖当天成交后，第 N 天必须进行货物与款项的交割，即"T+N"订货交易。

二、电子竞卖与招标交易

在某一产品供货量满足不了市场需求，或产品质量指标与网上订货交割的产品标准不一致时，产品持有人可以向市场请求拍卖持有产品。卖方交易商填写、发布竞价销售商品委托报单的详细信息后，大宗交易平台根据产品持有人申请，及时组织产品需方用户持担保金参加竞价投标，买方交易商可以下单竞买，在交易期限内按照价格优先、数量优先、时间优先的原则成交。由此一来，产品卖出者获得了最大的利益，最需要产品的企业，通过竞价获得了产品，各方需求都得到了满足。

为了保护产品持有人的利益，大宗交易平台会事先设定回购价，在回购价以下，产品持有人可以回购所卖产品。在拍卖成交后，若任何一方不能履约，将会受到交易市场的处罚。

电子竞卖方式接近现实中的现场拍卖，又实现了跨地域交易，客户参与机会大大增加，从而在更大的范围内实现了更公平的竞争，成交价格与市场实际价值更为贴合。

类似地，当市场上产品供过于求或所需产品质量个性特点显著时，需方会员可向市场提请招标，由市场组织产品持有人参加投标，以使卖出意愿强者以低价卖出产品，及早营利，盘活资本；同时，对于产品加工企业来说，也可以最大化地降低产品采购价格，控制成本。

三、网上现货挂牌与挂牌洽谈交易

现货商品挂牌的交易模式是指挂牌方通过交易所的挂牌报价系统，预先公布要买卖商品的详细情况，包括商品名称、生产厂家、品牌、商品质量、价格、数量、最小摘牌量、最小摘牌单位、交货地点、交提货方式等要素，经交易平台审核后通过交易所交易系统进行"挂牌"发布买卖信息，摘牌方在挂牌信息中选择要采购或者销售的商品，进行买入或卖出，成交后即视为买卖双方订立现货购销合同的一种现货交易方式。合同订立后不可解除、不可变更、不可转让。买卖双方都须在交易所专用资金结算账户存入规定金额的履约保证金，由交易平台监督双方履约。

现货挂牌洽谈交易可分为现货要约销售和现货要约采购两种，交易商首先进行现货挂牌要约（销售或采购），感兴趣的对手方可以在查阅到挂牌要约信息后应约（采购或销售），在买卖双方确认成交后，可以通过交易系统签署详尽的电子合同，双方可以打印合同，签字盖章后进入货物交收处理、货款了结、违约处理和违约金支付流程。

四、OTC（Over-the-Counter）模式

OTC是指场外交易，一般没有固定的场所和严格的准入与交易规则，多为交易对手私下协商达成的一对一交易。国内目前的OTC大宗商品交易平台大多是指由交易中心参照国际市场选择的交易活跃品种，并将交易价格换算成人民币价格，客户以交易中心提供的价格，以自有资金参与交易、交割的一种模式。

目前国内上线的现货OTC交易品种主要有原油、天然气、塑料、橡胶、PTA等一系

列石油化工产品。由于OTC交易模式主要以国际市场热门大宗商品品种为对象，这些品种的价格往往是国际产品价格变化的发动机和行业的风向标，受关注度高、交投活跃、价格波动大、投资价值高；此外，这些品种的报价以国际市场对应的实时行情为依据，比较透明；全球领先的专业信息服务机构供应商提供行情数据，可以确保数据的权威、实时和连续。

如上所述，国内现有的OTC市场已不是传统意义上的柜台交易市场，而是自身不产生行情，引入国际市场行情采用做市商制度进行，如不断被曝光的白银现货和原油现货交易平台，本质是模仿国外行情从事金融衍生品的操作，其中部分平台或代理商不但运作不规律、收费不合理，而且还存在误导客户、通过幕后违规操作与客户对赌等行为，是应当被取缔的。

五、跨市场交易（Cross Market Transactions，CMT）模式

CMT模式是一种跨地区、跨运营商、跨终端交易模式，融合了互联网、大数据、云计算物联网等新一代信息技术，利用全球化的综合信息资讯平台和数据中心，提供适时、实用、前瞻和权威的精准商品信息服务，形成互联互通、信息共享。

CMT模式下，以金融交易为主的投资者在国内大宗商品市场进行买入或卖出的同时，由于大宗商品交易市场合作的合法金融机构形成资金保护链，全额在国际商品交易市场进行同方向、同价值交易对冲保护，将国内市场交易的风险转移到国际市场。除了可以通过线上交易获取价差收益，用户还可直接进入线下实物购买环节，通过智慧物流信息平台获得产品垂直配送到家服务。

随着中国大宗商品市场在世界贸易格局中的地位与日俱增，CMT交易模式的推行将不仅服务于国内的企业与消费者，促进本土经济发展，更有利于推动商品的全球辐射力，提高我国大宗商品的国际定价影响力。

六、现货发售模式

现货发售模式由一级市场的现货发售和申购、二级市场的现货所有权电子交易两部分构成。发售申购阶段，发售商在交易平台进行商品发售要约，采购商、贸易商和投资者（统称交易商）进行全额贷款申购。申购成功的交易商既可以在交易所电子交易平台（二级市场）进行商品转让，也可申请提货交收；发售完成后，交易商还可以在二级市场买入商品，并进行商品转让或交收提货。

七、点价模式

点价（Pricing）是现货购销时的一种定价模式，也就是确定、落实现货购销价格

(Spot Pricing)，是在与国外粮商做进出口贸易时引进的一个概念。最开始翻译的时候，把 spot（现货）翻译成了"点"，因为 spot 的另外一个意思就是"点"。

点价交易是指当现货购销双方在确定现货买卖价格的时候，并不是确定一个明确的价格，而是确定一个定价公式，即"现货买卖价格=期货价格+升贴水"。通常在签订买卖合同时，先确定升贴水，然后买方可以在随后一段时间内（点价期）根据期货价格的变化来选择价格，比如签订合同一个月后的某天，买方认为当前的期货价格再也跌不下去了，就可以通知卖方，用这个时候的期货价格来计算买卖价格，这就是点价的过程。点价期通常由卖方确定，若买方超过点价期还没有点价，将会面临以既定价格或最后时刻期货价格计算现货买卖价格的强行点价。

点价交易和基差交易其实是一样的，只是在国内早期的应用没有基差交易要求的那么规范，它的作用体现在给买方一个选择价格的机会。通过点价交易，能够给其客户更多的选择，同时价格也更加公平、透明，省去相互询价、定价的过程，效率更高。

第四节　国内大宗商品现货市场的发展与监管现状

互联网的发展，带动了大宗商品电子交易平台的产生和兴盛，大宗商品现货电子交易平台的建立加快了大宗商品周转流通的速度。然而，在繁荣的背后，也存在着监管滞后带来的问题和隐患。近年来，我国大宗商品现货市场在争议中高速发展，挂牌的上千个品种几乎涵盖了国民经济的方方面面，虽然违规行为时有发生，但大宗市场还是逐步向着为实体经济服务的实质性交易迈进的。整肃违规平台，杜绝变相的衍生品交易，服务实体经济和流通需求，是大宗商品交易市场目前发展的主旋律。

据大宗商品研究中心（CDRC）统计，截至2016年12月，国内大宗商品交易市场总数量突破1700家。2010年至2016年，2011年新成立市场数量最多，约为180家，在此后几年的规范整顿下，成立市场数量呈现递减趋势，2015年至2016年间，市场发展规模又开始扩大；关闭的市场数量先增后减，在2014年达到峰值，约为60家。全国交易所在华北、华东和华南分布最为集中，三个地区占比分别为28%、25%和16%，随着市场的发展，中西部地区分布数量在逐渐提升。当前，70%的市场年度交易额都集中在1亿元及以下，2亿~1000亿元交易规模的市场占20%，1001亿~5000亿元年交易规模的市场占5%，5001亿~10000亿元年交易规模的市场占3%，超过1万亿元规模的市场仅占2%。

2017年1月9日，清理整顿各类交易场所部际联席会议第三次会议在北京召开。会上，由证监会主导，集中点名了贵金属、原油、邮币卡、珠宝玉石、茶叶等商品现货交易场所的不规范行为。会后，证监会发布《联席会议召开第三次会议部署清理整顿"回头看"工作》公告，该公告指出一些交易所在通过验收后违规行为又"死灰复燃"，对此部署相关部门开展深入的清理整顿"回头看"活动，用半年时间集中整治。2017年8月，《关于印发〈清理整顿各类交易场所部际联席会议第三次会议纪要〉的通知》（清整联办〔2017〕30号）出台，明确"回头看"期间延长至2017年9月30日。据交易中国不完全统计，截至2017年8月，23个省市地区公布了"黑名单"，共计295家企业上榜。河北、浙江、吉林、江苏、甘肃、贵州、安徽、北京、甘肃平凉市、甘肃天水市麦积区、湖南、山西、青海、云南、河南、青岛、陕西、陕西咸阳市秦都区、江西、深圳、四川、广西、福建已经正式对外公布清整涉企名单。仅有山东省6月30日公布首份"白名单"。

2018年，国内大宗商品交易平台的质量有明显提升，生意社对获得省级批复的300多家商品现货类交易平台统计数据显示，大约有70%的交易平台运营正常，并在积极地探索符合产业发展需求的介于期货和现货之间的大宗商品交易模式，目前，活跃的大宗市场中，以金银等贵金属为主要经营对象的占20%。

在实践中，各地都在探索集中统一清算的新模式，地方政府纷纷推动或支持当地建立了清算所或登记结算公司，交易信息统一登记查询，仓单统一管理和公示。同时，我国大宗现货市场还出现了一些自律机构，虽然这类机构的发展还处在非常初级的阶段，权威性还远远不够，但行业的自律管理是大宗现货市场规范化发展的重要方向。

目前，大宗商品市场还存在着一些普遍的问题，主要表现在交易标的体量小、同类品种市场间关联不足以及价格发现功能弱等。这些问题的产生主要有四个方面的原因：一是交易所定位不明晰，导致个别平台过于注重短期利益，没有长远发展的规划；二是交易过度金融化和杠杆化，个别平台纵容严重脱离基本面的操作却缺少现货交割，更有些交易所在风险控制措施不力的前提下，贸然加大杠杆而酿成投资风险；三是个别平台的信息透明度低，会员管理混乱，缺乏客观的审核标准；四是平台数量在不断扩容，有些平台是新手在运作，他们不知道应如何服务于实体经济，却因实体经济的强劲需求而左冲右突，严重影响了大宗市场的整体形象。

第五节　大宗商品现货交易所

一、目前国内规范运行的大宗商品现货交易所

（一）天津渤海商品交易所

渤海商品交易所（简称渤商所）由天津市政府发起并批准设立，于2009年9月28日挂牌成立，是天津金融改革创新的重要成果。截止到2014年4月底，渤商所已上市润滑油、PVC、白银、电解镍、螺纹钢、动力煤、焦炭、天然橡胶等80多个品种，涵盖钢铁产品、有色金属、煤炭能源、矿产资源、石油化工、大宗农林、生活消费品七大板块，日

交易额200亿元左右，授权服务机构近200家，营业部近1000家，市场配套服务网络覆盖全国各个省级行政区。

渤海商品交易所创新了BEST现货交易制度（Bohai Exchange Spot Trading），以现货即期交易制度、中间仓补充交收制度、延期交收补偿制度为支撑，用"电商平台+交易所"的模式打造大宗商品电子交易平台，通过覆盖全国的市场服务网、资金结算网、仓储物流网和信息宣传网，为生产、消费和经营企业的实物贸易提供功能完备的服务保障，是企业"买货、卖货、融资、融货"的理想平台。

（二）无锡不锈钢电子交易中心

无锡市不锈钢电子交易中心有限公司在江苏省发改委、无锡市政府、无锡新区管委会和无锡市科技局等相关部门支持下成立于2005年，是在全国最大的不锈钢市场之一的无锡市南方不锈钢市场的基础上建立发展起来的。

2006年10月，无锡市不锈钢电子交易中心引进资金第三方监管。交易资金由中国农业银行和中国工商银行两家国有大银行监管，监管系统分别由中国农业银行和中国工商银行总行科技部开发，从系统规划、需求分析、程序开发到系统实施都非常严格规范。尤其是新一代银商通，具有安全可靠、监管严密、操作简便、出入金实时到账等优势。

交易中心参与了国标《大宗商品电子交易规范》和《大宗商品电子交易风险控制标准》的制定，建立了规范的管理体系。交易中心遵循公开、公平、公正的原则运营市场，依托高速发展的互联网络和现代电子商务技术、采用国际先进的网络产品，配备高强度数据加密、身份认证等技术，并与银行结算系统、仓库管理系统相衔接，形成了完整、集中的网上交易中心和交收结算服务体系。

（三）广西糖网

广西糖网食糖批发市场有限责任公司成立于2003年6月28日，是由国内农产品流通领域最具实力的深圳市农产品股份有限公司下属的深圳市农产品交易中心股份有限公司和柳州市产业投资有限公司共同投资组建的国有控股股份制企业，总部位于广西南宁，是我国第一家提出以现货交易和物流配送为发展方向的食糖批发市场。广西糖网首创了"周合同"交易模式，采用国内最先进的电子商务平台来开展食糖销售、物流及信息服务，通过积极建设全国范围内的食糖物流配送体系，整合社会仓储、运输、金融、质检等各种服务资源，创建了独具特色的"电子商务+现代物流配送"的食糖流通模式。

（四）广州钢铁交易中心

广州钢铁交易中心是广东省重点扶持的现代流通业和电子商务龙头企业，位于广州开发区科学城。交易中心项目一期于2008年3月投入运营，并获得了巨大的社会效益和经济效益，钢铁年交易量达到200万吨。2012年项目二期建成后，整体钢铁年交易量将达到1000多万吨，实现产值超过500亿元。随着交易中心规模的不断扩大，带动区域内1000

多家钢铁加工、贸易企业，共同打造广州钢铁交易、加工、物流园区，成为南中国最大的钢铁商圈。

2010年12月，以航空旅游、现代物流、现代金融服务三大产业链条为支柱的海航集团成功参股广州钢铁交易中心，与广州钢铁交易中心新颖的钢铁交易模式相结合，共同打造中国最大的钢铁现货交易平台——"你的钢网"。该平台通过先进的B2B技术与钢铁传统贸易相结合，赋予钢铁行业电子交易平台全新的发展理念、战略和特色，将集钢材超市、仓储联盟、商品金融、企业旺铺及配套服务于一体，构建成一个安全、高效、便捷的专业性服务平台，让从事钢铁贸易的企业、机构和个人轻松实现钢铁的网络交易。

（五）青岛国际商品交易所

青岛国际商品交易所有限公司是由青岛保税区管委发起、经青岛市人民政府批准并报商务部备案的专业化电子交易市场，是在2005年成立的青岛国际橡胶交易市场的基础上发展起来的。青岛国际商品交易所有限公司利用中国保税区"境内关外"的特殊政策及港口优势，充分发挥青岛国际橡胶交易市场成功的运作经验，通过先进的电子商务技术，改变传统的商品流通模式，实现即期现货交易、订单现货挂牌交易和竞买竞卖交易的完美结合，形成集交易、结算、信息、融资、物流等全程式服务于一体的大宗商品电子交易市场，为广大会员提供一个全新的国际商品交易平台。

（六）上海黄金交易所

上海黄金交易所是经国务院批准，由中国人民银行组建，中国唯一专门从事黄金交易的国家金融要素市场，于2002年10月正式运行。上海黄金交易所的成立实现了中国黄金生产、消费、流通体制的市场化，是中国黄金市场开放的重要标志。

经过十多年的发展，金交所已逐步发展成为中国黄金市场的核心、枢纽以及全球重要的黄金、白银、铂金等贵金属交易市场。自2007年起，上海黄金交易所交易量连续10年位居全球场内黄金现货场所之首。截至2017年年末，上海黄金交易所拥有会员253家，其中国内金融类、综合类共165家，特别会员19家，国际会员69家，国内会员单位年产金、用金量占全国的90%，冶炼能力占全国的95%；国际会员均为国际知名银行、黄金集团及投资机构。机构客户12269户，个人客户977万户。

二、谨慎选择大宗商品现货交易所

投资者进行现货交易，选择合法合规的投资平台是第一步。在进行现货交易平台的选择和鉴别时，需要注意以下几点。

（一）网站是否正规

非法投资平台常使用知名度、客户信赖度高的公司网站或仿冒权威正规平台网站，以混淆投资者的视觉和判断。

（二）资质是否合法

非法投资平台没有正规的批文就擅自经营，打着合法交易所会员的旗号骗取投资者的资金和信任。

（三）交易软件是否可靠

非法投资平台常采用虚假报价，通过后台操作篡改行情，随意更改操作点位，影响投资者收益。白银OTC市场就曾出现代理商通过"分头寸"与客户对赌，当客户出现盈利机会时，交易软件总会打着"风控"的旗号，使客户无法进行正常的出入单操作，从而在盈利机会到来时下不了单，持仓盈利时也无法平仓。

（四）出入资金是否自由

非法投资平台投入资金容易，收回资金难，常以各种理由不允许客户提取资金，或者修改客户操作账户导致无法取款。

（五）资金是否安全

非法投资平台没有正规银行资金专户，没有以公司名义开设的专门账户，资金安全没有保障。

（六）客户是否自主操作

非法投资平台常未经客户允许代客操盘，盗用、骗取客户密码进行恶意刷单；或是与市场合谋，通过代客理财的方式获取客户密码，直接通过市场的不活跃合约将客户资金对倒入平台的关联利益账号，导致客户承受巨额亏损。

此外，还须了解平台是否有以银商转账为依托的银行的第三方资金托管。银商转账业务是指银行与大宗商品交易市场的系统对接，建立交易商银行结算账户与其市场资金账户对应关系后，交易商选择通过互联网发出资金划转指令，实现资金在交易商银行结算账户与市场资金账户之间实时划转等功能的一种金融服务。这种资金转账服务出入资金快，且由于银行提供了监管服务，实现了保证金第三方存管，从根本上杜绝了资金被挪用和侵占。而一些非法投资平台号称使用银行支付通道、资金第三方托管，实际上是直接将投资者的资金以银证转账的名义打入了平台的账号。

第二章 期货与商品投资

第一节 期货的发展、主要特征及功能概述

一、期货的产生与发展

(一) 国际期货市场的产生和发展

1. 期货交易与期货市场的产生

期货交易的雏形是远期交易，远期交易的集中化和组织化为期货交易与期货市场的形成奠定了基础。远期形式的交易最早可追溯到古希腊与古罗马时期，那时的欧洲就已经出现了在既定时间和固定场所集中进行的大宗现货交易。由于现货交易较为分散，所达成的协议价格时常是滞后的，导致那些生产周期长、交易规模大的商品价格剧烈波动，市场风险较大。为解决现货交易的不足，原始的远期交易应运而生：采购商在收获期之前就与农民签订购货协议，在收获完成后再进行货物的交收。

随着交通运输的发展和现代城市的兴起，远期交易逐渐有了集中的市场。公元1215年，英国大宪章正式规定允许外国商人到英国参加季节性的交易会，货物可以自由出入英国。在交易的过程中，出现了商人预购在途货物的做法：交易双方先签订一份交易合同，列明货物的品种、数量和价格等条款，并预交一笔订金，待货物运到再进行彻底的货物和款项的交收。实际操作过程中，商人为了转移价格波动的风险，常在货物运到前就将合同转手，从而赋予了合同流动性。

现代的规范期货交易产生于19世纪中期，那时芝加哥已发展成当时全美最大的谷物集散中心。每当收获季节，农场主都将谷物运往芝加哥，短期的集中难免造成市场饱和，价格持续下跌，农场主遭受巨大的亏损；而到了来年春季，又出现谷物供不应求，价格昂贵，对消费者和加工商又十分不利。农产品生产的季节性、交通与仓储的不便使其供求矛盾日益突出，在这种情况下，储运经销商应运而生。储运经销商在交通要道设立商行，修建仓库，在收获季节向农场主收购谷物，第二年春季再运到芝加哥出售。储运经销商在一定程度上稳定了产销关系，但也面临谷物过冬期间价格波动的风险。为了规避这一风险，

本地经销商在购进谷物后前往芝加哥,与那里的谷物经销商和加工商签订来年交货的远期合同,但这种合同仅以买卖双方的信用为担保,违约纠纷时常发生。

为了推动谷物交易的规范发展,减少交易者之间的纠纷,1848年82位粮食商人在芝加哥发起组建了世界上第一家现代意义上的交易所——芝加哥期货交易所(Chicago Board of Trade,CBOT)。交易所成立之初采用远期合同交易方式,交易参与者主要是生产者、经销商和加工商,其特点是实买实卖,交易者通过交易所寻找交易对手,在交易所签订远期合同,并在合同到期时以实物和货币进行交易结算。后来,一些与谷物产销无关的商人也进入这个市场,通过买卖远期合同获利,他们就是早期的投机商。

当时的交易所在一定程度上降低了农产品的季节性价格波动,但这种远期交易方式也存在一系列的问题。一方面,合约关于商品品质、等级、价格、交货时间和交货地点等条款是买卖双方根据自身的特定需求协定的,使得合约缺乏流动性;另一方面,由于远期合约最终是否履约主要是由双方的信誉决定的,信用风险较大。为了使交易规范化,芝加哥期货交易所于1865年推出了标准化合约,取代了条款各异的远期合约;同年,又推出了保证金制度,向交易双方收取不超过合约价值10%的保证金,作为履约担保。标准化合约和保证金制度是具有里程碑意义的制度创新,是现代意义上的期货交易诞生的标志。此后,为了提高交易的效率,专门促成买卖双方成交的经纪业务也逐渐发展壮大。1882年,交易所允许以对冲方式免除履约责任,吸引了投机者的广泛参与,进一步为市场注入了流动性。1883年,为处理日趋复杂的结算业务,交易所成立了结算协会,专门对会员的交易进行结算。但当时的结算协会还算不上规范严密的组织,直到1925年芝加哥期货交易所结算公司(Board of Trade Clearing Corporation,BOTCC)成立,现代意义上的结算机构才算形成。

标准化合约、保证金制度、对冲方式和结算机制标志着现代期货市场的确立。在此后的时间里,随着交易规则和制度的健全和发展,期货市场的形态和运作方式在自我完善的道路上不断前进。

2. 国际期货市场的发展历程

(1)农产品期货

自19世纪中叶芝加哥期货交易所诞生及一系列现代期货交易制度被推出后,世界农产品期货市场不断涌现,如东京谷物交易所、纽约棉花交易所、温尼伯格商品交易所等。随着现货生产和流通规模的扩大,不断有新的期货品种出现。除小麦、玉米、大豆等谷物期货外,从19世纪后期到20世纪初,随着新的交易所在芝加哥、纽约、堪萨斯等地出现,棉花、咖啡、可可等经济作物,黄油、鸡蛋以及后来的生猪、活牛、猪腩等畜禽产品,木材、天然橡胶等林产品期货也陆续上市。

(2)金属期货

金属期货最早诞生于英国。18世纪60年代，第一次工业革命从英国发起，这场历时近百年的技术革命，使英国对有色金属工业材料的进口需求剧增。为了解决远洋运输金属价格波动的问题，1876年伦敦金属交易所（London Metal Exchange，LME）正式成立，开金属期货交易之先河，主要从事铜和锡的交易。1899年，伦敦金属交易所将每天上午进行两轮交易的做法引入到铜、锡交易中；以交易圈方式进行的期货交易也成为当时，乃至现在伦敦金属交易所最主要的交易方式。随着交易所的不断扩大，交易品种进一步增加，交易规模不断扩大，市场机制日趋完善，使之成为业界公认的世界第一大国际性金属产品交易所。迄今为止，伦敦金属交易所已经推出了铜、铝、铅、锌、镍、锡、铝合金等七个品种，形成了以这七大金属为代表的国际金属交易市场。

美国金属期货的出现晚于英国。19世纪末20世纪初，美国经济从以农业为主转向建立现代工业体系，期货合约的种类逐步从传统的农产品扩大到金属和能源类商品。隶属于芝加哥商业交易所集团的纽约商品交易所（Commerce Exchange，COMEX）成立于1933年，由经营皮革、生丝、橡胶和金属的交易所合并而成，现在的主要交易品种有黄金、白银、铜、铝等。

（3）能源化工期货

能源化工期货是石油危机的产物。1973年10月，随着第四次中东战争的爆发，OPEC宣布石油禁运，导致石油价格飙升，给美国、西欧和日本等石油进口国的经济带来了巨大冲击。此后，1978年和1990年的两伊战争进一步导致了全球石油危机。油价的剧烈波动促成了能源期货的产生。1978年，纽约商业交易所（New York Mercantile Exchange，NYMEX）推出了第一个成功的石油期货合约——纽约取暖油期货合约，此后汽油、柴油等期货合约相继上市。随着石油期货市场参与者的不断增加，期货价格逐渐成为石油贸易的基准价格。目前全球最具影响力的能源期货交易所是位于伦敦的洲际交易所（Intercontinental Exchange，ICE）和纽约商业交易所，分别在这两个交易所上市的布伦特（Brent）原油和WTI是国际上交易量最大的两个期货合约。

（4）金融期货

金融期货产生于20世纪70到80年代。第二次世界大战结束后，形成了以布雷顿森林体系为核心的国际货币体系。在这一体系下，美元与黄金挂钩，其他国家货币与美元挂钩，美元成为世界中心货币。70年代后，随着西欧和日本的崛起及美国经济地位的相对衰落，国际经济形势发生急剧变化。随后，布雷顿森林体系和《史密森协定》先后解体，以美元为核心的固定汇率制度被浮动汇率制度取代，利率管制等金融管制政策逐渐被取消。汇率、利率的市场化及其频繁剧烈的波动，促使人们向期货市场寻求避险工具，金融期货应运而生。1972年5月，芝加哥商业交易所（Chicago Mercantile Exchange，CME）设立了国际货币市场分部（International Monetary Market，IMM），首次推出包括英镑、加元、西德马克、法国法郎、日元和瑞士法郎在内的外汇期货合约。1975年10月，芝加哥期货交易所上市的国民抵押协会债券（Government National Mortgage Association，GNMA）期货合约是世界上第一个利率期货合约。1977年8月，美国长期国债期货合约在芝加哥期货交易所上市，是迄今为止国际期货市场上交易量最大的金融期货合约。1982年2月，美国堪萨斯期货交易所开发了价值线综合指数期货合约，自此股票价格指数也成为期货交易的对象。

金融期货是20世纪最具革命性的金融创新，它使管理经济金融风险的方式发生了革命性的变化。它虽然只有不到半个世纪的历史，但发展极为迅猛，目前已经在国际期货市场上占据了主导地位，彻底改变了国际期货市场的格局，对世界经济产生了深远影响。

纵观国际期货市场的产生和发展历程可以看出，期货市场的发展和世界经济的发展是紧密联系的。期货交易最早起源于农业，随着工业革命的进程延伸到金属、能源化工等工业原料领域。20世纪70年代布雷顿森林体系解体后，世界经济逐渐朝着货币化、金融化、自由化和一体化的趋势发展，规避金融资产价格波动风险的需要日益紧迫，金融期货的重要性逐渐凸显。目前，国际期货市场的发展呈现以下特点：交易中心日益集中；金融期货超越商品期货处于领导地位；交易所间竞争加剧，服务质量提高的同时，兼并重组也频繁发生；交易所由会员制向公司制发展等。

（二）国内期货市场的发展历程

我国期货市场产生的背景是市场经济的发展与改革开放。20世纪80年代，随着经济体制从计划经济到社会主义市场的过渡，经济发展也出现了新的格局。国家对价格的改革首先从农产品开始，逐步开放流通和价格管制，实行价格双轨制，市场调节的范围不断扩大。然而随着改革的深化，出现了农产品价格波动剧烈、农产品生产不稳定、买难卖难此消彼长、政府对农业补贴的财政负担日益加重等一系列问题。当时从事经济政策研究的一些学者提出建立农产品期货市场的设想。

1. 理论阶段（1988—1990年）

为了解决市场机制不完善导致的现货价格失真和保值机制缺乏的问题，提高资源利用效率，中央和国务院领导先后作出研究期货交易的重要指示。1988年3月，第七届全国人大一次会议的《政府工作报告》提出：积极发展各类批发贸易市场，探索期货交易。国务院发展研究中心、国家体改委、商业部等根据中央领导的指示，组织力量开始进行期货市场研究并成立了专门的研究机构，系统考察国外期货市场的历史和现状，为中国建立期货市场作了先期论证和可行性研究。

2. 初创阶段（1990—1993年）

1990年10月12日，经国务院批准，中国郑州粮食批发市场以现货交易为基础，引进期货交易机制，作为我国第一个商品期货市场正式开业，迈出了中国期货市场发展的第一步。1992年9月，我国第一家期货经纪公司——万通期货经纪公司成立。同年10月，深圳有色金属交易所推出了中国第一个标准化合约——特级铝期货标准合同，实现了由远期合同向期货交易的过渡。随后，由商务部和物资部组建的中国国际期货经纪公司成立。

截至1993年年底，全国经批准设立的期货市场（含各种交易所和批发市场）达50多家，期货经纪公司300多家，期货兼营机构近2000家。由于市场参与者缺乏经验，制度约束和监管严重滞后，超常规的发展使期货市场陷入一种无序状态，在实际运行中出现了一些较大的市场风险事件，引发了一系列经济纠纷和社会问题。

3. 治理整顿阶段（1993—2000年）

1993年下半年开始，针对期货市场存在的问题，一系列治理整顿措施开始出台。1993年11月，国务院下达《关于坚决制止期货市场盲目发展的通知》，提出发展期货市场必须遵循"规范起步，加强立法，一切经过试验和严格控制"的原则，明确期货市场试点工作由国务院证券委员会负责，具体工作由中国证监会执行，标志着第一轮治理整顿的开始。此轮治理整顿中，仅审批通过15家交易所作为试点市场，其余30余家交易所均被清理。1994年年初停止了期货外盘交易。1998年8月1日，国务院发布《关于进一步整顿和规范期货市场的通知》，由此开始了第二轮治理整顿。15家期货交易所被合并为3家，交易品种也由35个削减为12个（见表2.1）。同时，对期货代理机构进行清理整顿。1995年年底，330家期货经纪公司重新审核获得"期货经纪业务许可证"，期货代理机构的数量大量减少。1999年，期货经纪公司最低注册资本提高到3000万元人民币。

表2.1　　　　　　　　中国期货交易所和期货品种的治理整顿

	第一轮治理整顿	第二轮治理整顿	
期货交易所	由清理整顿前的50余家缩减为15家；会员制改造	由15家精简合并为3家	上海期货交易所（SHFE）
			大连商品交易所（DCE）
			郑州商品交易所（CZCE）
期货品种	削减为35个	进一步削减至12个	SHFE：铜、铝、胶合板、天然橡胶、籼米
			DCE：大豆、豆粕、啤酒大麦
			CZCE：小麦、绿豆、红小豆、花生仁

此外，为了规范期货市场行为，国务院及有关市场部门先后颁布了一系列法律法规，健全相关制度，提高监管力度。1999年6月，国务院颁布了《期货交易管理暂行条例》，从期货交易所、期货经纪公司、投资主体和执法监管等不同角度对不同行为主体的职责、权限及具体运作做了明确规定。中国证监会也相应地发布了《期货交易所管理办法》《期货经纪公司管理办法》《期货从业人员资格管理办法》《期货经纪公司高级管理人员任职

资格管理办法》四个具体配套法规文件。2000年12月，中国期货业协会成立，标志着中国期货行业自律管理组织的诞生，从而将新的自律机制引入监管体系。

4. 规范稳步发展阶段（2000—2010年）

2004年2月1日，国务院颁布了《关于推进资本市场改革开放和稳定发展的若干意见》，提出我国要"稳步发展期货市场，在严格控制风险的前提下，逐步推出为大宗商品生产者和消费者提供发现价格和套期保值功能的商品期货品种"，澄清和纠正了过去针对期货市场的许多认识误区，使"稳步发展"成为21世纪中国期货市场发展的指导方针。在这一阶段，中国期货市场走向法制化和规范化，监管体制和法律体系不断完善，新的期货品种不断推出，期货交易量实现恢复性增长后连创新高，积累了服务产业及国民经济发展的初步经验，具备了在更高层次服务国民经济发展的能力。2006年5月，中国期货保证金监控中心成立。作为期货保证金安全存管机构，监控中心能够降低保证金被挪用的风险，保证期货交易资金安全，有效维护投资者利益。

5. 全面创新发展阶段（2010年至今）

2010年以来，国内期货及衍生品市场呈现出从商品期货到金融期货、从期货到期权、从场内交易到场外交易、从境内市场到境外市场的全面发展态势。

从期货及衍生品产品的角度来看，自2010年4月中国金融期货交易所推出股指期货交易以来，国内期货市场进入了商品期货和金融期货共同发展的新阶段，期货品种不断增加。截至2019年2月，我国共上市了57个期货品种，其中商品期货品种51个，金融期货品种6个，覆盖了农业、金属、能源、化工、金融等国民经济主要领域。2015年2月，上海证券交易所推出上证50ETF期权。2017年，大商所和郑商所分别于3月31日和4月19日推出豆粕和白糖期货期权交易。2019年1月28日，天然橡胶、棉花和玉米期货期权同时分别在上期所、郑商所和大商所上市，国内场内期权市场的发展已驶入快车道。

与此同时，期货公司业务的业务改变了过去单一的经纪业务模式，丰富了服务手段，打开了期货经营机构创新空间。2011年推出期货投资咨询业务，2012年推出资产管理业务和风险管理业务。此外，期货公司积极探索"走出去"，进行境外经纪业务试点、海外收购和设立境外子公司，提升了期货行业的国际化水平。以创新业务"期货+保险"和场外期权业务为代表，期货市场服务于实体经济的功能有效发挥。

场外衍生品市场也在这一阶段平稳起步。2014年，《中国证券期货市场场外衍生品交易主协议（2014版）》及补充协议、《中国证券期货市场场外衍生品交易权益类衍生品定义文件（2014版）》正式发布，为国内外场外衍生品的发展奠定了基础。随着期货公司风险管理子公司业务的逐步开展，场外期权、互换等个性化产品相继推出，场外业务模式开始形成。

随着期货市场的全面、创新、快速发展，监管转型也步步紧跟。在这一阶段，政府积极推动行政审批制度改革,取消银行业金融机构从事保证金存管资格审批和境外期货业务持证企业年度外汇风险敞口核准两项审批事项。修改、完善交易所主要业务活动准则,涵盖品种上市审批流程、交割仓库设置、保证金标准和涨跌停板幅度调整等内容,取消了缺乏法律法规依据的相关事前备案、事前征求意见事项,降低了市场运行成本。

二、期货的主要特征

期货交易是在交易所内或通过交易所的交易系统进行的买卖标准化合约的交易。这种交易发生在以规避价格波动风险为目的的生产经营者与愿意通过承担价格风险以获取收益的投机者之间,按照公平、公正、公开的原则进行。在市场经济的进程中,期货交易是商流与物流分离的极端形式,它起源于现货交易与远期交易,又与二者有明显的区别。期货交易的主要特征可以归纳为以下几个方面。

(一)合约标准化

期货合约是由交易所统一制定的标准化合约。以天然橡胶期货合约(表2.2)为例,合约条款中对标的物的交易单位、报价单位、最小变动价位、交割品级等都有明确的规定。在实际交易过程中,交易双方只需对价格进行竞价,而不用事先对交易的具体条款进行协商,从而节约了交易成本,提高了交易效率和市场流动性。

表2.2 天然橡胶期货合约

交易品种	天然橡胶
交易单位	10吨/手
报价单位	元(人民币)/吨
最小变动价位	5元/吨
每日价格最大波动限制	不超过上一交易日结算价±3%
合约交割月份	1、3、4、5、6、7、8、9、10、11
交易时间	上午9:00~11:30 下午1:30~3:00 (夜盘)21:00~23:00
最后交易日	合约交割月份的15日(遇法定假日顺延)
交割日期	最后交易日后连续五个工作日
交割品级	标准品:1. 国产天然橡胶(SCR WF),质量符合国标GB/T8081-2008。2. 进口3号烟胶片(RSS3),质量符合《天然橡胶等级的品质与包装国际标准(绿皮书)》(1979年版)
交割地点	交易所指定交割仓库
最低交易保证金	合约价值的5%

续表

交易品种	天然橡胶
交割方式	实物交割
交易代码	RU
上市交易所	上海期货交易所

(二) 场内集中竞价交易

期货交易实行场内交易,所有买卖交易必须在交易所内进行集中竞价成交,竞价交易原理与股票类似。交易所会员直接在场内交易,其他交易者委托交易所会员代理进行期货交易。如今,越来越多的交易是由计算机网络从客户端发出指令,经会员端进入交易所系统进行撮合匹配,最终达成交易。

(三) 保证金交易

期货交易实行保证金制度。交易双方需要在买卖合约时缴纳相当于合约价值一定比例(一般为5%~15%)的履约保证金,并且在持有合约期间始终要维持一个最低保证金水平。保证金制度平衡了期货交易效率和履约安全之间的关系,期货合约到期前,双方不需要付款交货,而保证金可以避免交易双方中途违约。由于保证金仅占交易额较小比例,期货交易具有以小博大的"高杠杆"效应,表现为高风险、高收益的特征。保证金比例越低,杠杆越大,高风险和高收益的特征就越显著。

(四) 双向交易

期货交易采用双向交易方式。交易者既可以买入建仓,即通过买入期货合约开始交易,也可以卖出建仓,即通过卖出期货合约开始交易。前者也称为"买空",后者也称为"卖空"。交易者既可以先买后卖,也可以先卖后买。双向交易赋予投资者双向的交易机会,期货价格上升时,可以通过低买高卖来获利;期货价格下降时,可以通过高卖低买来获利。

(五) 对冲了结

交易者在期货市场建仓后,进行实物交割的比例很小,大部分通过在合约到期前,进行对冲平仓操作来了结头寸,对于投机者来说更是如此。交易者在买入建仓后,可以通过卖出同一期货合约来解除履约责任;卖出建仓后,可以通过买入同一期货合约来解除履约责任。

(六) 当日无负债结算

为避免违约和防范风险,期货交易实行当日无负债结算,也称逐日盯市(Marking-to-Market)。期货交易所的结算部门在每日交易结束后,按当日结算价对交易者所有合约的盈亏、交易保证金及手续费、税金等费用，对应收应付的款项实行净额划转，并相应增加或减少保证金。如果交易者的保证金余额低于规定的标准，就会要求参与者追加额外的资金来保障未来的交割顺利实现，做到"当日无负债"。

三、期货的功能

期货市场之所以产生并发展成为现代市场体系中不可或缺的重要组成部分，是因为它难以替代的特殊功能。期货的基本经济功能是规避风险和价格发现，此外，还有派生的资产配置与风险投资功能。正确认识期货市场的功能有助于加深对期货市场的理解。

（一）规避风险的功能

期货为实体经济提供风险释放的渠道，同时将释放出来的风险变为可交易的产品，为市场参与各方提供一个高效的风险交易场所，以满足各自的风险偏好。期货市场规避风险的功能通过套期保值实现。

套期保值是生产经营者为规避风险，实现稳健经营而参与期货市场的方式。它是指在期货市场上买进或卖出与所持有现货数量相等但交易方向相反的期货合约，在未来某一时间再卖出或买入期货合约进行对冲平仓。由于在同一时间内，影响和制约现货市场和期货市场的价格波动的因素是相同的，所以同一种商品的期货市场和现货市场一般是同涨同跌的，并且随着期货合约交割日的临近，期货和现货还会收敛到同一个价格上。正因为此，套期保值能够在期货市场与现货市场之间建立一种盈亏冲抵机制，无论价格如何变动，总能实现一个市场盈利而另一个市场亏损，两者互相弥补，从而将价格风险转移出去。

套期保值转移出去的风险由套利者和投机者承担。套利者和投机者作为套期保值者的交易对手方，以承担价格风险为代价获取投机收益，客观上为套期保值的实现创造了条件。如果没有套利者和投机者的参与，每个套期保值者只有恰好遇到某个与自己保值标的相同、交易方向相反、交易数量与合约月份完全相同的其他套期保值者时，交易才能够达成，整个市场的流动性将会非常差。

（二）价格发现的功能

价格发现的功能是指期货市场能够提供各种商品包括金融产品未来现货价格的信息。虽然价格发现不为期货市场所特有，但期货市场高度竞争化、组织化和规范化的特征决定了它具有相较于其他市场更为成熟和完善的价格发现机制和更高的价格发现效率。期货市场上的各种合约都有着众多的买者和卖者，他们以公开集中竞价的方式进行交易，各种信息高度集中并且传播迅速，能有效防止信息不完全和不对称造成的价格扭曲和市场失灵，所形成的价格能够更为真实地反映供求和其他因素的变化。

期货市场形成的价格有前瞻性、公开性、连续性、权威性等优点，所以在期货市场发达的国家，期货价格被视为一种权威价格，成为现货定价的最重要参考和国际贸易中判断世界市场行情的依据。

（三）资产配置与风险投资的功能

随着全球化程度的日益加深及全球经济不稳定因素增多，国际大宗商品市场波动加大，各国金融市场中参与主体面临的风险增多，自2008年金融危机以来，越来越多的投资者开始重视期货市场，并期望借助期货市场的独特优势为其持有的资产进行优化配置，同时寻找有利的投资机会。金融期货的迅猛发展和大宗商品交易金融化程度的提高，也为越来越多的机构和个人提供了资产配置和风险投资的平台，在一定程度上满足了投资者对于规避风险以及个性化、分散化、多元化的投资需求。期货在资产配置与风险投资的功能主要体现在以下两个方面。

1. 期货可作为资产风险管理的重要工具

首先，投资者可以利用期货的双向交易和保证金交易的机制，通过套期保值以较低的成本为现货资产或投资组合对冲风险，从而起到稳定收益，减少不确定性的作用。其次，投资商品有抵御通货膨胀、实现资产保值增值的作用，而期货及衍生品是商品投资最便捷的手段。最后，商品与股票、债券等传统金融资产的相关性较低，在资产配置中加入商品能够实现更好的风险—收益组合。

2. 期货能够满足多元化的投资需求

一方面，期货是保证金交易，具有杠杆效应，期货价格的波动会给投资者带来数倍于投资金额的盈利或亏损，呈现高风险、高收益特征。另一方面，各类专业机构可借助金融工程的方法，将期货与其他资产进行组合，设计出更加灵活多样的投资策略，在不同市场状况下满足不同投资者的个性化需求。

四、大宗商品期货市场与现货市场的对比

（一）相同点

大宗商品都采用双向交易机制，允许做空，价格涨跌均可获利；二者均是即时交易，采用T+0交易方式，一天可多次交易；都要求缴纳保证金，保证金不足时必须在规定时限内补足，否则会被强行平仓；结算制度方面，期货的当日无负债结算制度与大宗商品现货交易平台比较接近，都是逐日结算，每日交易结束后对客户账户上的盈亏状况进行结算。

（二）不同点

尽管大宗商品期货市场与现货市场有相似之处，但二者还是有着显著区别，详见表2.3。

表 2.3　　　　　　　　大宗商品期货市场与现货市场的不同点

		期货市场	现货市场
批准设立和监管的部门		中国证券监督委员会	地方政府商务行政管理部门、金融办批准，同级工商行政部门登记注册
覆盖品种		覆盖面狭窄，挂牌上市的品种通常需要200亿元以上的年交易额	根据实体经济的实际需求挂牌品种，不拘泥于体量，更加灵活，为小品种提供规避价格风险的渠道
保证金比例		一般在5%~15%	不得低于20%
交易风控制度	涨跌停板规定	合约上市首日或期货价格出现剧烈波动和连续极端情形时会调整，以促进合约流动性	较简单，缺乏考虑市场状况的调整，不利于风险控制
	持仓限额制度	对不同类型的投资者和交割月份不同的合约有详细的持仓限额制度，确保交易和交割的安全	没有具体的持仓限额制度，容易出现操纵市场或因持仓过大、无法交割导致违约的情况
交割方式	交割时间	必须待所持合约到期后，经过一系列标准化程序才能实现交割，一般不能提前交割	交货日或随时交割，手续简便，钱、货到位迅速，在交易双方都提出申请的情况下可以实行提前交割
	交割品的质量及单位	等级较高且规格多样；交割单位设置较大，不适合小贸易商操作	由于制度监管的不完善，经常出现交割产品质量无法保证，规格难以统一；最小交割单位比较低
	交割价格	大多为最后交易日的结算价	一般为交割前5日的平均市价
交易目的		套期保值或者投机，持仓一般以对冲平仓来了结，实物交割数量很少	本质上是为了实现真实商品的买卖，交割比例较大
总量限制		无明确总量限制规定，全市场可以在任意方向持续开仓，投机氛围更浓	订货总量不得超过当期社会可供应商品的总量；每个交易商按照其生产能力实行订货总量的控制
风险与市场效率		流动性强，风控制度措施完善；专业人士广泛参与，价格发现效率更高	流动性低，潜在风险较大；市场地域性特征显著，不能充分反映全国整体的供求关系

第二节　期货市场组织结构与投资者

期货市场由期货交易所、期货结算机构、期货中介与服务机构、期货投资者、期货监管机构与行业自律机构组成。下面，我们对上述的期货市场的组成部分进行具体介绍。

一、期货交易所

(一) 期货交易所的主要职能

期货交易所是专门进行标准化期货合约买卖的场所，按照相关章程的规定实行自律管理，以其全部财产承担民事责任。期货交易所自身并不参与期货交易，只为期货交易提供场所、设施、相关服务与交易规则。作为现代市场经济条件下高度组织化和规范化、极具系统性和严密性的交易服务组织，期货交易所以营造公平、公开、公正和诚信透明的市场环境与维护投资者的合法权益为基本宗旨。围绕以上宗旨，期货交易所通常履行如下几种职能。

1. 提供交易场所、设施及相关服务

期货交易是场内交易，即所有买卖指令必须在交易所内进行集中竞价成交。期货交易所为期货交易提供交易场所、必要的设施、先进的通信设备、现代化的信息传递和显示设备等硬件设施，再辅以完备、周到的服务，以保证集中公开的期货交易能够有序进行。

2. 制定并实施期货市场制度与交易规则

根据国务院颁布的《期货交易管理条例》和中国证监会发布的《期货交易管理办法》等法规，交易所建立了交易运行和市场管理的规章制度体系。主要的制度有：保证金制度、涨跌停板制度、持仓限额制度、大户持仓报告制度、强行平仓制度、当日无负债结算制度、风险准备金制度等，从市场的各个环节控制风险。

3. 设计合约，安排合约上市

期货交易所根据市场需求开发期货品种，科学合理地设计标准化合约的具体条款，并选择合适的时间安排新的期货合约上市与市场推广，在满足交易者投资需求的同时，增强期货市场服务国民经济的功能。

4. 发布市场信息

期货交易所须及时把本交易所内形成的期货价格和相关信息向会员、投资者及公众公布，以保证信息的公开透明。

5. 组织并监督期货交易，监控市场风险

在制定相关期货市场制度与交易规则的基础上，期货交易所组织并监督期货交易，通过实时监控、违规处理、市场异常情况处理等措施，保障相关期货市场制度和交易规则的有效执行，动态监控市场的风险状况，及时化解与防范市场风险。

6. 保证合约履行，监督交割行为

期货交易有一套复杂、严密的交易流程。期货交易所具有保证合约履行的职责，通过组织和监督，使整个流程可以有序、稳定的进行。此外，期货交易所负责指定交割仓库的管理，并监督规范交割行为，保证交割正常进行。

(二) 期货交易所的组织形式

期货交易所的组织形式一般分为会员制和公司制两种。两种交易所的职能基本相同，都是为期货合约集中竞价交易提供场所、设施、服务、交易规则的机构。在国际上，交易所会员往往有自然人会员与法人会员之分、全权会员与专业会员之分、结算会员与非结算会员之分等。欧美国家会员以自然人为主；在中国，期货交易所会员应当是在中华人民共和国境内登记注册的企业法人或其他经济组织。

交易所负责会员的管理，取得交易所会员资格，应当经期货交易所批准。期货交易所对会员实行总数控制。只有成为交易所的会员，才能取得场内交易席位，在期货交易所进行交易。非会员则须通过期货公司代理交易。

(三) 境内外主要交易所分布

1. 中国境内主要交易所

我国现有郑州商品交易所、大连商品交易所、上海期货交易所和中国金融期货交易所四家期货交易所。其中，除中国金融期货交易所是公司制期货交易所外，其余三家交易所均为会员制期货交易所。根据《期货交易管理条例》的规定，我国交易所不以营利为目的，按照其章程的规定实行自律管理，以全部财产承担民事责任。因此，尽管境内期货交易所在组织形式上有公司制和会员制之分，但均不以营利为目的。

(1) 郑州商品交易所 (CZCE)

郑州商品交易所成立于1990年10月12日，是在郑州粮食批发市场的基础上发展起来的。最初开展即期现货交易，之后开展现货远期交易，1993年5月28日正式推出标准化合约，实现由现货远期到期货的转变。郑州商品交易所上市交易的主要期货品种包括棉花、白糖、精对苯二甲酸（PTA）、菜籽油、小麦、早籼稻、甲醇、动力煤、玻璃、油菜籽、菜籽粕、粳稻、晚籼稻、铁合金、棉纱、苹果等。此外，在白糖和棉花期货的基础上，先后上市了白糖和棉花期货期权。

(2) 大连商品交易所 (DCE)

大连商品交易所成立于1993年2月28日。大商所上市交易的主要期货品种有玉米、黄大豆、豆粕、豆油、棕榈油、线型低密度聚乙烯（LLDPE）、聚氯乙烯（PVC）、聚丙烯、焦炭、焦煤、铁矿石、鸡蛋、胶合板、纤维板、玉米淀粉、乙二醇等。此外，在豆粕和玉米期货合约的基础上，先后上市了豆粕和玉米期货期权。

(3) 上海期货交易所 (SHFE)

1998年8月，上海期货交易所由上海金属交易所、上海粮油商品交易所和上海交易所合并组建而成，于1999年12月正式运营。上海期货交易所上市交易的主要品种有铜、铝、锌、螺纹钢、线材、热压卷板、天然橡胶、黄金、白银、燃料油、石油沥青、锡、原油、纸浆。此外，先后上市了铜和天然橡胶的期货期权。

(4) 中国金融期货交易所 (CFFE)

中国金融期货交易所是经国务院同意、中国证监会批准,由上海期货交易所、郑州商品交易所、大连商品交易所、上海证券交易所和深圳证券交易所共同发起设立的金融期货交易所。2006年9月8日,中国金融期货交易所在上海成立,注册资本为5亿元人民币。中国金融期货交易所上市交易的是金融期货品种,目前已上市品种有沪深300股指期货、上证50股指期货、中证500股指期货、2年期国债期货、5年期国债期货、10年期国债期货。

2. 境外主要交易所

境外期货交易所主要分布在亚洲、美洲和欧洲,其中最有影响力的是芝加哥期货交易所、美国洲际交易所和德国证券交易所三个交易所。此外,新加坡交易所、东京商品交易所、纽约期货交易所、伦敦金属交易所、欧洲期货交易所、加拿大蒙特利尔交易所、悉尼期货交易所、巴西证券交易所、俄罗斯期货交易所、印度多种商品交易所等也是国际期货市场的重要组成部分。

二、期货结算机构

(一) 期货结算机构的性质与职能

1. 担保交易履约

期货交易的买方和卖方并不直接发生交易关系,只和结算机构发生关系,期货结算机构成为所有合约买方的卖方和所有合约卖方的买方。期货交易达成时,买卖双方缴纳一定的保证金,随后结算机构就承担起保证每笔交易按期履约的责任。如果交易一方违约,结算机构将代替其承担履约责任,由此大大降低了交易者的信用风险。

由于结算机构代替了原始对手成为买卖双方的中央对手方,结算会员及其客户才可以随时自由对冲合约,使期货交易对冲平仓方式得以实施。

2. 结算交易盈亏

结算交易盈亏是指每一交易日结束后,期货结算机构对会员的盈亏进行计算和资金划拨。计算完成后,采用发放结算单或电子传输等方式向会员提供当日盈亏等结算数据,会员以此作为对客户结算的依据。

3. 防范市场风险

结算机构担保履约是通过对会员保证金的结算和动态监控实现的。结算机构按比例向会员收取保证金,并在市场状况变化的情况下要求会员保证金维持在规定水平之上。当市场价格发生不利变动导致会员交易出现亏损时,结算保证金会相应地减少。当会员保证金低于规定水平时,结算机构会及时向会员发出追加保证金的通知。会员收到追加保证金通知后必须在下一交易日的规定时间内补缴保证金,使保证金达到规定水平以上,否则,结算机构有权对其持仓进行强行平仓。

（二）期货结算机构的形式

期货结算机构可根据其与期货交易所的关系不同分为两种形式：从属于期货交易所的内部附属机构和与交易所分离的独立结算机构。

当期货结算机构是从属于交易所的内部附属机构时，仅为该交易所提供结算服务，直接受控于交易所。这种形式便于交易所及时掌握市场参与者的资金和头寸情况，以便有效防范市场风险。内部结算机构的风险承担能力是有限的。

独立的结算公司，可为一家或多家期货交易所提供结算服务。这种形式可保持交易和结算的相对独立性，有针对性地防止某些期货交易所在利益驱动下可能出现的违规行为。由于交易所和结算机构各为独立法人，所以需要付出一定的沟通和协调成本。

我国郑州商品交易所、大连商品交易所、上海期货交易所和中国金融期货交易所的结算机构均采取期货交易所内部附属机构的形式。

（三）期货结算制度

国际上，结算机构通常采用分级结算制度。我国境内期货结算制度分为全员结算制度和会员分级结算制度两种类型。由于我国期货结算机构均是交易所的内部机构，因此期货交易所兼具结算职能。在我国境内的四家期货交易所中，中国金融期货交易所实行会员分级结算制度；郑州商品交易所、大连商品交易所和上海期货交易所实行全员结算制度。

三、期货中介与服务机构

期货中介与服务机构主要包括期货公司、介绍经纪商、期货保证金存管银行、交割仓库、期货信息资讯机构等。

（一）期货公司

1. 期货公司的性质与职能

期货公司是依法设立的，按照客户委托代理客户进行期货交易，并收取交易佣金的中介组织。期货公司是营利性的经济组织，属于非银行金融机构，是场外期货交易者与期货交易所之间的桥梁和纽带。

期货公司的主要职能有：根据客户指令代理买卖期货合约、办理结算和交割手续；对客户账户进行管理，控制客户交易风险；为客户提供期货市场信息，进行期货交易咨询，充当客户的交易顾问；为客户管理资产，实现财富管理等。

2. 期货公司的业务类型

（1）期货经纪业务

期货经纪业务是期货公司的传统业务，是指期货公司通过自己的交易通道代理客户进行期货交易，并收取交易佣金的中介业务，交易佣金是期货公司业务收入的重要来源。期货公司从事经纪业务，必须接受客户委托，以自己的名义为客户进行期货交易，交易结果由客户承担。在开展经纪业务的同时，应为客户提供交易、结算、风险管理、行情资讯、信息咨询等相应配套服务。国内期货公司可依法从事商品期货经纪业务，从事金融期货经纪、境外期货经纪业务，需要取得相应的业务资格。

（2）期货投资咨询业务

期货投资咨询业务，是指取得相应资格的期货公司，向客户提供风险管理顾问、信息研究分析服务、交易咨询服务等业务，并收取相应的咨询费用。期货投资咨询业务的具体内容主要有：协助客户建立风险管理制度、操作流程，提供风险管理咨询、专项培训等风险管理顾问服务；收集整理期货市场信息及各类相关经济信息，研究分析期货市场及相关现货市场的价格及其相关影响因素，提供研究分析报告的制作或者资讯信息的研究分析服务；为客户设计套期保值、套利等方案，提供拟定期货交易策略等交易咨询服务。

（3）资产管理业务

资产管理业务是指期货公司根据《期货公司监督管理办法》《私募投资基金监督管理暂行办法》的规定及合同约定，接受客户委托，运用客户资产进行投资，并按照合同约定收取费用或报酬的业务活动。资产管理的收益由客户享有，损失由客户承担。

资产管理业务的投资范围包括：期货、期权及其他金融衍生品；股票、债券、证券投资基金、集合资产管理计划、央行票据、短期融资券、资产支持证券等；中国证监会认可的其他投资品种。资产管理业务的投资范围应当遵守合同约定，不得超出前款规定的范围，且应当与客户的风险认知与承受能力相匹配。

（4）风险管理业务

风险管理业务，是指期货公司通过成立风险管理公司，为商业实体、金融机构、投资机构等法人或组织、高净值自然人客户提供适当风险管理服务和产品的业务模式。作为期现结合的一种模式，该业务实行备案制并自2012年开始试点。《期货公司风险管理公司业务试点指引》明确规定可以开展的试点业务包括基差贸易、仓单服务、合作套保、场外衍生品业务、做市业务及其他与风险管理服务相关的业务等。

3. 期货公司的功能与作用

期货公司是期货市场最重要的中介与服务机构，其功能与作用主要体现在以下四点。

（1）期货公司代理客户进行期货交易，直接面对数量众多的交易者，包揽对交易者审核、撮合、结算、交割等各项服务，使工作更为高效。期货公司作为衔接场外期货交易者与期货交易所之间的桥梁和纽带，降低了期货市场的交易成本。

（2）期货公司可以提高期货交易中的信息透明度和传递效率。一方面，期货公司的存在拓宽了交易所的信息沟通渠道，使客户能够及时调整交易策略；另一方面，期货公司通过客户开发、开户、交易信息服务和风险管理环节将有市场需求、风险承受能力强、资信状况好的客户尽可能吸引到期货市场内,并通过专业化的市场信息、交易咨询、风险管理、资产管理等服务实现规模经营,使广大客户的期货交易活动进一步制度化和规范化。

(3) 期货公司可以提高期货市场转移风险的效率。期货公司凭借其在期货市场中的地位,通过各种业务、技术和管理手段,分散、转移和控制金融、经济和社会活动中的各种风险,以更为高效的方式优化了风险的资源配置。

(4) 期货公司可以通过专业服务实现资产配置和风险管理的职能。期货公司可以通过金融工程的方法,将期货、期权等衍生工具和股票、债券、基金等基础资产有效结合,增强产品设计和产品配置的灵活性,以更为主动和低成本的方式满足有不同偏好和风险收益要求的投资者的需求。这些产品不仅包括为中小客户设计的投资理财产品、为机构投资者开发的资产配置类产品,还包括为企业客户制订的风险管理计划。

(二) 介绍经纪商

介绍经纪商(Introducing Broker,IB)一词源于美国,是指接受期货经纪商委托,介绍客户给期货经纪商并收取一定佣金的机构或个人,在国际上一般以机构形式存在。在我国,为期货公司提供中间介绍业务的证券公司就是介绍经纪商(券商IB)。证券公司受期货公司委托,可以将客户介绍给期货公司,并为客户开展交易提供一定的服务,期货公司因此向证券公司支付一定的佣金。

期货居间人也是期货公司客户开发的一条重要渠道。期货居间人是指独立于期货公司和客户之外,接受期货公司委托进行居间介绍,独立承担基于居间法律关系所产生的民事责任的自然人或组织。其主要职责是介绍客户,即凭借手中的客户资源和信息渠道优势为期货公司和投资者"牵线搭桥",按合同约定从期货公司获取酬金。

(三) 其他期货中介与服务机构

1. 期货保证金存管银行

期货保证金存管银行(以下简称存管银行)属于期货服务机构,是由交易所指定的、协助交易所办理交易结算业务的银行。存管银行须与交易所签订相应协议,明确双方的权利和义务,以规范相关业务行为。交易所负责对存管银行的期货结算业务进行监督。

期货保证金存管银行的设立是国内期货市场保证金封闭运行的必要环节,也是保障投资者资金安全的重要组织机构。在我国境内全员结算制度和会员分级结算制度下,期货保证金存管银行的权利和义务略有差别。

2. 交割仓库

在我国,交割仓库是指由期货交易所指定的、为期货合约履行实物交割的地点,是为期货品种进入实物交割环节提供交割服务和生成标准仓单必经的期货服务机构。指定交割仓库的日常业务分为三部分:商品入库,商品保管和商品出库。指定交割仓库应保证期货交割商品优先办理入库、出库。

3. 期货信息资讯机构

期货信息资讯机构是提供期货行情软件、交易系统及相关信息资讯等服务的期货服务机构。期货信息资讯机构是期货交易不可或缺的环节，也是网上交易的重要工具，其系统的稳定性、传输的快捷性与及时性对于投资者获取收益有着重要的意义。

期货中介与服务机构还包括会计师事务所、律师事务所、资产评估机构等，它们向期货市场参与者提供服务时，应当按照国务院期货监督管理机构的要求提供相关资料，并遵守期货法律、行政法规和国家有关规定。

四、期货投资者

期货投资者是期货市场的主要参与者，基于不同的分类方法，期货投资者可以分为不同的类型。根据交易的目的与动机不同，可以分为套期保值者和投机者；根据民事主体不同，可以分为个人投资者和机构投资者。

（一）套期保值者

套期保值者（Hedger）是指将期货合约作为在未来某一时期现货市场交易的临时替代，通过期货市场转移其将来准备出售或购买的商品价格风险的个人或企业。他们一般进行的是与自己生产经营相关的商品的期货交易，其交易目的是获得价格保险，从而锁定成本、获得利润，以保证生产经营活动的正常进行。现实中，商品期货的套期保值者大多是从事商品生产、加工、储存和销售的工商业者；金融期货的套期保值者通常是金融市场的投资者、证券公司、银行、保险公司等金融机构或承担汇率风险的进出口商等。

套期保值者的交易策略是在同一标的现货市场和期货市场同时进行数量相等、方向相反的交易。这种交易之所以能够形成价格保险的效果，其原理在于现货价格与期货价格的影响因素基本一致，使得二者波动趋同，一个市场的盈利或亏损可以由另一个市场的亏损或盈利来抵销。套期保值者的对冲需求是整个期货市场存在和保持稳定的基础。

套期保值者的交易动机决定了其交易量大、头寸稳定、持有期长、往往一次性平仓或实物交割的交易特点。基于套期保值者的交易特点及其对期货市场的作用，许多期货交易所对套期保值者都有放宽乃至取消持仓限额、降低交易手续费等优惠政策。

（二）期货投机者

期货投机者（Speculator）是指运用一定资金通过期货交易获取投资收益的投资者。投机者通过预测期货价格的变动趋势，企图通过低买高卖或低卖高买的手段获取利益。与套期保值者的交易动机不同，期货投机者不关心实际商品，他们只想要在期货价格的波动中获取差额利润。

在实际交易中，期货投机者的交易方向取决于其预期的期货价格变动方向，在预测某种期货价格上涨时，择时买入该合约，也称多头或买空；在预测某种期货价格下跌时，在场内择机抛售该合约，这种做法也称空头或卖空。期货合约的买空或卖空既会带来极大的价格风险，也伴随着潜在的获取巨额收益的机会。因此，期货投机者常常通过小额分散投资和频繁的合约倒手来降低他们在获取利润时所承担的风险。

套利交易者也属于期货投机者，其主要交易策略是在观察到标的相同、到期日或交易地点不同的期货合约之间，或是标的相关的期货合约之间出现不合理价差时，通过买入价格偏低的合约，同时卖出价格偏高的合约，待价格回归均衡时平仓获利。套利交易所承担的价格风险及能获得的潜在利润要低于单纯的投机，是一种低风险、收益稳定的交易方式。

（三）个人投资者

参与期货交易的自然人被称为个人投资者。为防范风险，保障市场平稳、规范运行，保护投资者的合法权益，个人投资者参与金融期货和股票期权市场均受到投资者适当性制度规定、规则的制约。

（四）机构投资者

从理论上来说，与自然人相对的法人投资者都可被称为机构投资者，其范围涵盖生产者、加工贸易商（对于商品期货而言）以及金融机构、养老基金、对冲基金、投资基金（对于金融期货而言）等多种类型。相较于个人投资者，机构投资者往往在资金实力、风险承受能力和交易的专业能力等方面更有优势，这使得机构投资者成为稳定期货市场的重要力量。

1. 特殊单位客户和一般单位客户

在我国金融市场上，将机构投资者区分为特殊单位客户和一般单位客户。特殊单位客户是指证券公司、基金管理公司、信托公司、银行和其他金融机构，以及社会保障类公司、合格境外机构投资者等法律、行政法规和规章规定的需要资产分户管理的单位客户，以及交易所认定的其他单位客户。一般单位客户是指特殊单位客户以外的机构投资者。

2. 对冲基金和商品投资基金

对冲基金和商品投资基金属于另类投资（Alternative Investment），是国际期货市场上重要的机构投资者，近年在我国也得到了快速的发展。对冲基金将期货投资作为投资组合的组成部分，而商品投资基金则是以期货投资为主的基金。

（1）对冲基金

对冲基金（Hedge Fund）又称避险基金、套期保值基金，是指"风险对冲过的基金"。在其发展初期，对冲基金利用期货、期权等金融衍生产品和对相关联的不同股票进行买空卖空以及风险对冲的操作，在一定程度上规避和化解证券投资风险，因此得名。经过几十年的发展，对冲基金已经成为一种充分利用各种金融衍生品的杠杆效应，承担较高风险、追求较高收益的投资模式。

(2) 商品投资基金

商品投资基金(Commodity Pool)是指广大投资者将资金集中起来委托给专业的投资机构,并通过商品交易顾问(CTA)进行期货和期权交易,投资者承担风险并享受投资收益的一种集合投资方式。

商品投资基金专注于投资期货和期权合约,既可以做多,也可以做空,可以投资外汇期货、利率期货、股指期货或商品期货中的某一类市场。商品投资基金通过募集他人的资金投资衍生品市场获取收益,给予了中小投资者通过专业机构参与期货和期权市场投资,获取多元化收益的机会。

(3) 对冲基金与商品投资基金的区别

对冲基金与商品投资基金的区别主要体现在两个方面。一方面,商品投资基金的投资对象主要是场内期货和期权,投资领域比对冲基金小得多,业绩表现与股票和债券等传统资产市场相关度也更低;另一方面,商品投资基金在组织形式运作上比对冲基金更加规范和透明,风险也相对更小。

五、期货市场监督与管理机构

在我国境内,期货市场建立了中国证券监督管理委员会(简称中国证监会)、中国证监会地方派出机构、期货交易所、中国期货保证金监控中心有限责任公司(简称中国期货保证金监控中心)和中国期货业协会"五位一体"的期货监管协调工作机制。中国证监会为国务院直属事业单位,对期货市场进行集中统一的监督管理。中国证监会派出机构按照《期货交易管理条例》的有关规定和中国证监会的授权,履行监督管理职责。我国期货交易所处在期货市场风险监管的第一线,它不以营利为目的,根据《期货交易管理条例》的规定建立健全相关制度,并按照其章程的规定实行自律监管。中国期货业协会是期货业的自律性组织,是社会团体法人,它的宗旨是贯彻执行国家法律法规和国家有关期货市场的方针政策,发挥政府与行业之间的桥梁和纽带作用,实行行业自律,维护会员合法权益,维护期货市场秩序,开展对期货从业人员的教育、培训与管理,促进期货市场的规范、健康、稳定发展。

第三节　期货交易制度

一、期货合约

（一）期货合约的概念

期货合约，是指由期货交易所统一制定的、规定在未来某一特定的时间和地点交割一定数量和质量标的物的标准化合约。期货合约的标的物可以是现货市场中的实物商品，也可以是金融资产。期货合约是期货交易的对象。

（二）选择期货合约标的物所需考虑的因素

现实中的实物商品和金融资产不计其数，但并非都适合作为期货合约的标的物，交易所为了保证期货合约上市后能有效地发挥其功能，在选择标的物时，一般需要考虑以下因素。

1. 规格或质量易于量化和评级

期货合约的标准化条款之一是交割等级，这要求标的物的规格或质量能够进行量化和评级，以便确定标准品，以及标准品和其他可替代品级之间的价格差距。这一点对于金融工具和初级大宗商品（如小麦、大豆、金属等）很容易做到，对于加工程度高、品质、属性等方面存在诸多差异的工业制成品却很难。

2. 价格波动幅度大且频繁

期货交易者分为套期保值者和投机者。套期保值者利用期货交易规避价格风险；投机者利用期货价格波动赚取价差利润。若没有价格波动，就无须担心价格风险，现货生产经营者也就失去了通过期货市场规避价格风险的需求，投机者也会因没有了获得风险收益的机会而不再有动力参与期货交易。因此，价格频繁波动有着促使套期保值者和投机者参与期货市场交易的作用，是期货市场生存和发展的基础。

3. 供应量较大，不易为少数人控制和垄断

期货合约的标的物在现货市场上必须有较大的供应量，否则其价格很容易被操纵，出现"囤积居奇"或"逼仓"行为（Market Corner），即在垄断现货市场后在期货市场建立巨额的期货多头头寸，并一直持有到交割月，导致空头交易对手既无法正常平仓，也无法获得现货进行交割，只能从垄断者手中高价买入现货交割，由此会引发违约风险，增强期货市场的不稳定性。

（三）期货合约主要条款

1. 合约名称

合约名称注明了该合约的品种名称及其上市交易所的名称。以在上海期货交易所上市的铜合约为例，合约名称为"上海期货交易所阴极铜期货合约"。

2. 交易单位与合约价值

交易单位，是指在期货交易所交易的每手期货合约代表的标的物的数量。如大连商品交易所豆粕期货合约的交易单位为"10 吨/手"。合约价值，是指每手期货合约代表的标的物的价值。如沪深 300 指数期货的合约价值为"300 元 × 沪深 300 指数期货的点数"（其中"300 元"为沪深 300 指数期货的合约乘数）。在进行期货交易时，只能以交易单位或合约价值的整数倍进行买卖。

3. 报价单位

报价单位是指公开竞价过程中对期货合约报价所使用的单位，即每计量单位的货币价格。例如，国内阴极铜、铝、小麦、大豆等期货合约的报价单位以"元（人民币）/吨"表示。

4. 最小变动价位

最小变动价位，是指在期货交易所的公开竞价过程中，对合约每计量单位报价的最小变动数值。在期货交易中，每次报价的最小变动值必须是最小变动价位的整数倍。最小变动价位乘以交易单位，就是该合约价值的最小变动值。例如，上海期货交易所锌期货合约的最小变动价位是 5 元/吨，每手合约价值的最小变动值是 5 元/吨 × 5 吨 = 25 元。

5. 每日价格最大波动限制

每日价格最大波动限制（涨跌停板）规定了期货合约在一个交易日中的交易价格波动不得高于或者低于规定的涨跌幅度。在我国期货市场，每日价格最大波动限制设定为合约上一交易日结算价的一定百分比。

6. 合约交割月份（或合约月份）

合约交割月份是指某种期货合约到期交割的月份。商品期货合约交割月份的确定一般受到该合约标的商品的生产、使用、储藏、流通等方面的影响。例如，许多农产品期货的生产与消费具有很强的季节性，因而其交割月份的规定也具有季节性的特点。

7. 交易时间

期货合约的交易时间由期货交易所统一规定和公告。交易者只能在规定的交易时间内进行交易。一般每周营业 5 天，周六、日和国家法定节假日休息。日盘交易分上午和下午进行，此外我国交易所还对部分品种开放夜盘交易，从而形成期货合约的连续交易，加强与国际期货市场的联动性。

8. 最后交易日

最后交易日，是指某种期货合约在合约交割月份中进行交易的最后一个交易日，过了这个期限的未平仓合约，必须按规定进行实物交割或现金交割。期货交易所根据不同期货合约标的物的现货交易特点等因素确定其最后交易日。

9. 交割日期

交割日期，是指合约标的物所有权进行转移，以实物交割或现金交割方式了结未平仓合约的时间。

10. 交割等级

交割等级，是指由期货交易所统一规定的、允许在期货交易所上市交易的合约标的物的质量等级。在进行期货交易时，交易双方无须对标的物的质量等级进行协商，发生实物交割时按交易所期货合约规定的质量等级进行交割。

对于商品期货来说，期货交易所在制定合约标的物的质量等级时，常常采用国内或国际贸易中最通用和交易量较大的标准品的质量等级作为标准交割等级。

11. 交割地点

交割地点是指由期货交易所统一规定的进行实物交割的指定地点。

商品期货交易大多涉及大宗商品的买卖，因此，统一指定交割仓库可以保证卖方交付的商品符合期货合约规定的数量与质量等级，保证买方收到符合期货合约规定的商品。

金融期货交易不需要指定交割仓库，但期货交易所会指定交割银行。负责金融期货交割的指定银行，必须具有良好的资信状况，较强的大额资金结算能力，以及先进、高效的结算手段和设备。

12. 交易手续费

交易手续费，是指由期货交易所按成交合约金额的一定比例或按成交合约手数收取的费用。交易手续费的高低对市场流动性和成交量有一定影响，交易手续费过高会增加期货市场的交易成本，扩大无套利区间，降低市场的交易量，不利于市场的活跃，但在某些时候也可以起到抑制过度投机的作用。

13. 交割方式

期货交易的交割方式分为实物交割和现金交割两种。商品期货、股票期货、外汇期货、中长期利率期货通常采取实物交割方式，股票指数期货和短期利率期货通常采用现金交割方式。

14. 交易代码

为便于交易，期货交易所对每一期货品种都规定了交易代码。例如，中国金融期货交易所沪深300指数期货的交易代码为IF，郑州商品交易所白糖期货为SR，大连商品交易所豆油期货交易代码为Y，上海期货交易所铜期货的交易代码为CU。

除上述条款，期货合约中还规定了最低交易保证金这一重要条款，将在下节基本制度中专门介绍。

二、期货交易的基本制度

为维护期货交易的公平、公正、公开，保证期货市场的高效运行，实行有效的风险管理，期货交易所制定了一系列相关制度与规则，其中最重要的是保证金制度、当日无负债结算制度、涨跌停板制度、持仓限额及大户报告制度、强行平仓制度和信息披露制度等。

（一）保证金制度

1. 保证金制度的概念

期货交易实行保证金制度。在期货交易中，期货买方和卖方必须按照其所买卖期货合约价值的一定比例（通常为5%~15%）缴纳保证金，用于结算和保证履约。保证金制度是期货市场风险管理的重要手段。

保证金分为结算准备金和交易保证金，前者是会员为交易结算而在交易所专用结算账户上预先准备的资金，是未被合约占用的保证金；后者是确保合约履行的资金，是已被合约占用的资金。

2. 保证金制度实施的特点

（1）国际期货市场上保证金制度实施的一般性特点

第一，对交易者的保证金要求与其面临的风险相对应，交易者面临的风险越大，对其要求的保证金也越多。比如，在美国期货市场，对投机者要求的保证金要大于对套期保值者和套利者要求的保证金。

第二，交易所根据合约特点设定最低保证金标准，并可根据市场风险状况等调解保证金水平。价格波动越大的合约，设定的最低保证金标准则越高；当出现过度投机时，交易所可提高保证金水平，提高交易者入市成本，抑制投机行为，控制市场风险。

第三，保证金的收取分级进行。一般而言，交易所或结算机构只向其会员收取保证金，称为会员保证金，作为会员的期货公司则向其客户收取保证金，称为客户保证金。

（2）我国境内期货交易保证金制度的特殊规定

除采用国际通行的一些做法外，我国交易保证金制度在实施中还形成了自身的特点。

第一，对期货合约上市运行的不同阶段规定不同的交易保证金比例。一般来说，交易保证金比例随着交割期的临近而提高。

第二，随着合约持仓量的增大，交易所将逐步提高该合约交易保证金比例。

第三，当某期货合约出现连续涨跌停板时，交易保证金比例相应提高。

第四，当某品种某月份合约按结算价计算的价格变化，连续若干个交易日的累计涨跌幅达到一定程度时，交易所有权根据市场情况，对部分或全部会员的单边或双边持仓，按相同比例或不同比例提高交易保证金水平，限制部分或全部会员划出资金，暂停部分或全部会员增开新仓，调整涨跌停板幅度，采取限期平仓或强行平仓等一种或多种措施，以控制风险。

第五，当某期货合约交易出现异常情况时，交易所可按规定程序调整交易保证金比例。

在我国，期货交易保证金的缴纳形式可以是现金，也可以是现金等价物，比如价值稳定、流动性强的标准仓单或国债等有价证券。

(二) 当日无负债结算制度

当日无负债结算制度，是指在每个交易日结束后，由期货结算机构对期货交易保证金账户当天的盈亏状况进行结算，并根据结算结果进行资金划转。当交易发生亏损，进而导致保证金账户资金不足时，要求其必须在结算机构规定的时间内向账户中追加保证金，以做到"当日无负债"。

当日无负债结算制度的实施呈现如下特点。

第一，对所有账户的交易及头寸按照不同品种、不同月份的合约分别进行结算，在此基础上汇总，使每一交易账户的盈亏都能得到及时、具体、真实的反映。

第二，在对交易盈亏进行结算时，不仅对平仓头寸的盈亏进行结算，而且对未平仓合约产生的浮动盈亏也进行结算。

第三，对交易头寸所占用的保证金进行逐日结算。

第四，当日无负债结算制度是通过期货交易分级结算体系实施的，由期货交易所或结算机构对会员进行结算，期货公司根据期货交易所或结算机构的结算结果对客户进行结算。期货交易所会员或客户的保证金不足时，会被要求及时追加保证金或者自行平仓；否则，其合约将会被强行平仓。

《期货交易管理条例》规定的当日无负债结算制度，为及时调整账户资金并控制风险提供了依据，对控制期货市场风险、维护期货市场的正常运行具有重要作用。

(三) 涨跌停板制度

1. 涨跌停板限制的概念

涨跌停板制度，又称每日价格最大波动限制制度，是指期货合约在一个交易日中的交易价格波动不得高于或者低于规定的涨跌幅度，合约上一个交易日的结算价加上（减去）允许的最大涨幅（跌幅）构成当日价格上涨（下跌）的上限（下限），称为涨停板（跌停板），超过该涨跌幅度的报价将被视为无效报价，不能成交。

2. 我国境内期货涨跌停板制度的特点

在我国境内期货市场，每日价格最大波动限制设定为合约上一交易日结算价的一定百分比。一般而言，对期货价格波动幅度较大的品种及合约设定的涨跌停板幅度也相应大些。交易所通常会根据市场风险状况对涨跌停板幅度进行调整。

3. 出现涨跌停板情形时的风险控制措施

第一，当某期货合约以涨跌停板价格成交时，成交撮合实行平仓优先、时间优先的原则，但平当日新开仓位不适用平仓优先的原则。

第二，在某合约连续出现涨（跌）停板单边无连续报价时，实行强行减仓。

4. 涨跌停板制度的作用

涨跌停板制度的实施，能够有效地减缓、抑制一些突发性事件和过度投机行为对期货价格的冲击而造成的狂涨暴跌，减小交易当日的价格波动幅度，会员和客户的当日损失也被控制在相对较小的范围内。由于涨跌停板制度能够锁定会员和客户每一交易日所持有合约的最大盈亏，为保证金制度和当日无负债结算制度的实施创造了有利条件，因为向会员和客户收取的保证金数额只要大于在涨跌幅度内可能发生的亏损金额，就能够保证当日期货价格波动达到涨跌停板时也不会出现透支情况。

（四）持仓限额及大户报告制度

1. 持仓限额及大户报告制度的概念

持仓限额制度是指交易所规定会员或客户可以持有的、按单边计算的某一合约投机头寸的最大数额。大户报告制度是指当交易所会员或客户某品种某合约持仓达到交易所规定的持仓报告标准时，会员或客户应向交易所报告。

通过实施持仓限额及大户报告制度，可以使交易所对持仓量较大的会员或客户进行重点监控，了解其持仓动向、意图，有效防范操纵市场价格的行为，同时也可以防范期货市场风险过度集中于少数投资者。

2. 持仓限额及大户报告制度的特点

在国际期货市场上，交易所可根据不同期货品种及合约的具体情况和市场风险状况制定和调整持仓限额和持仓报告标准；一般月份的持仓限额及持仓报告标准高，临近交割时，持仓限额及持仓报告标准低；持仓限额通常只针对一般投机头寸，套期保值头寸、风险管理头寸及套利头寸可以向交易所申请豁免持仓限额。

在具体实施中，我国还有如下规定：采用限制会员持仓和限制客户持仓相结合的办法控制市场风险；各交易所对套期保值交易头寸实行审批制，其持仓不受限制，而在中国金融期货交易所，套期保值和套利交易的持仓均不受限制；同一客户在不同期货公司开仓交易，其在某一合约的持仓合计不得超出该客户的持仓限额；会员（客户）持仓达到或超过持仓限额的，不得同方向开仓交易。

（五）强行平仓制度

强行平仓是指按照有关规定对会员或客户的持仓实行平仓的一种强制措施，其目的是控制期货交易风险。强行平仓制度适用于两种情形：一是因账户交易保证金不足而实行强行平仓，这是最常见的情形；二是因会员（客户）违反持仓限额制度而实行强行平仓，是对持仓限额制度的有力补充。强行平仓分为交易所对会员持仓实行的强行平仓和期货公司对其客户实行的强行平仓两种情况。

我国境内的期货公司有专门的风险控制人员实时监督客户的持仓风险，当客户除保证金外的可用资金为负值时，期货公司会通知客户追加保证金或自行平仓，如果客户没有自已处理，而价格又朝不利于持仓的方向继续变化，各期货公司均会根据具体的强行平仓标准，对客户的持仓进行强行平仓。

（六）信息披露制度

信息披露制度是指期货交易所按有关规定公布期货交易有关信息的制度。

我国《期货交易管理条例》规定，期货交易所应当及时公布上市品种合约的成交量、成交价、持仓量、最高价与最低价、开盘价与收盘价和其他应当公布的即时行情，并保证即时行情的真实、准确。期货交易所不得发布价格预测信息。未经期货交易所许可，任何单位和个人不得发布期货交易即时行情。

三、期货交易的业务流程

客户在进行期货交易时，一般会涉及的业务流程包括开户、下单、竞价、结算、交割。由于在实际操作中，大多数期货交易都是通过对冲平仓的方式了结履约责任的，进入交割环节的比重非常小，因此交割并不是交易流程的必经环节。

（一）开户

只有期货交易所会员才可直接进入交易所进行交易，所以，普通投资者在进入期货交易之前，应首先选择一个具备合法代理资格、信誉好、资金安全、运作规范和收费合理的期货公司。在我国，由期货市场监控中心有限责任公司（以下简称监控中心）负责客户开户管理的具体实施工作。期货公司为客户申请、注销各期货交易所交易编码，以及为客户修改与交易编码相关的客户资料，统一通过监控中心办理。

（二）下单

下单是指客户在每笔交易前向期货公司业务人员下达交易指令，说明拟买卖合约的种类、数量、价格等的行为。客户在按规定足额缴纳开户保证金后，即可委托下单，进行期货交易。交易指令的内容一般包括期货交易的品种及合约月份、交易方向、数量、价格、开平仓等。

1. 常用交易指令

（1）市价指令

市价指令是期货交易中常用的指令之一，是指按当时市场价格即刻交易的指令。客户在下达这种指令时不需要指明具体的价位，而是要求以当时市场上可执行的最好价格达成交易。

（2）限价指令

限价指令是指在执行时必须按限定价格或更好的价格成交的指令，需要在客户下达指令时指明具体的价位。它的特点是可按预期价格成交，但成交速度相对较慢，有时甚至无法成交。

（3）止损指令

止损指令是指当市场价格达到客户预先设定的触发价格时，即变为市价指令予以执行的一种指令。客户利用止损指令，既可有效地锁定利润，又可以将可能的损失降至最低限度，还可以以相对较小的风险建立新的头寸。

（4）停止限价指令

停止限价指令是指当市场价格达到客户预先设定的触发价格时，即变为限价指令予以执行的一种指令。它的特点是可以将损失或利润锁定在预期范围，但成交速度较止损指令慢，有时甚至无法成交。

（5）触价指令

触价指令是指在市场价格达到指定价位时，以市价指令予以执行的一种指令。它与止损指令的区别在于其预先设定的价位不同。就卖出指令而言，止损指令的止损价格低于当前市场价格；买进指令则与此相反。此外，止损指令通常用于平仓，而触价指令一般用于新开仓。

（6）限时指令

限时指令是指要求在某一时间段内执行的指令。如果在该时间段内的指令未被执行，则自动取消。

（7）长效指令

长效指令是指除非委托人取消，否则持续有效的交易指令。

（8）套利指令

套利指令是指同时买入和卖出两种或两种以上期货合约的指令。

（9）取消指令

取消指令又称撤单，是要求将某一指令取消的指令。通过执行该指令，将客户以前下达的指令完全取消，并且没有新的指令取代原指令。

目前，我国各期货交易所普遍采用了限价指令。此外，郑州商品交易所还采用了市价指令、跨期套利指令和跨品种套利指令。大连商品交易所则采用了市价指令、限价指令、止损指令、停止限价指令、跨期套利指令和跨品种套利指令。我国境内各期货交易所的指令均为当日有效，在指令成交前，投资者可以提出变更和撤销。

2. 指令下达方式

客户可以通过书面、电话、互联网或者国务院期货监督管理机构规定的其他方式，向期货公司下达交易指令。其中，互联网下单是目前我国客户最主要的下单方式，客户通过互联网或局域网，使用期货公司配置的网上下单系统进行网上下单。进入下单系统后，客户需输入自己的客户号与密码，经确认后即可输入指令。指令通过因特网或局域网传到期货公司后，通过专线传到交易所主机进行撮合成交。

(三) 竞价

1. 竞价方式

竞价方式主要有公开喊价方式和计算机撮合成交两种。其中，公开喊价属于传统的竞价方式。21世纪以来，随着信息技术的发展，越来越多的交易所采用了计算机撮合成交的方式，而原来用公开喊价方式的交易所也逐步引入了电子交易系统。我国境内期货交易所均采用计算机撮合成交，分为连续竞价与集合竞价两种方式。

进行连续竞价时，计算机交易系统一般将买卖申报单以价格优先、时间优先的原则进行排序，当买入价大于或等于卖出价时自动撮合成交，撮合成交价等于买入价（bp）、卖出价（sp）和前一成交价（cp）三者中居中的一个价格，即：

当 $bp \geq sp \geq cp$，最新成交价 = sp。

当 $bp \geq cp \geq sp$，则最新成交价 = cp。

当 $cp \geq bp \geq sp$，则最新成交价 = bp。

【例2-1】假设连续竞价计算机撮合成交中，交易者A在某期货合约上的买入申报价为3020元/吨，随后交易者B以3027元/吨的价格申报买入，则交易者B排在交易者A前面优先成交（价格优先），若此后交易者C也以3027元/吨的价格申报买入，交易者C应排在交易者B之后（时间优先）。若此时卖出申报价为3025元/吨，而前一成交价为3028元/吨，则撮合成交价为3027元/吨；若前一成交价为3024元/吨，则撮合成交价为3025元/吨；若前一成交价为3026元/吨，则撮合成交价为3026元/吨。

开盘价由集合竞价产生，这一过程在某品种某月份合约每一交易日开市前5分钟内进行。其中，前4分钟为期货合约买、卖价格指令申报时间，后1分钟为集合竞价撮合时间，开市时产生开盘价。交易系统自动控制集合竞价申报的开始和结束，并在计算机终端上显示。夜盘交易合约开盘前集合竞价在每一交易日夜盘开市前5分钟内进行，日盘不再集合竞价。开盘集合竞价中的未成交申报单自动参与开市后连续竞价交易。

集合竞价采用最大成交量原则，即以此价格成交能够得到最大成交量。高于集合竞价产生的价格的买入申报全部成交；低于集合竞价产生的价格的卖出申报全部成交；等于集合竞价产生的价格的买入或卖出申报，根据买入申报量和卖出申报量的多少，按少的一方申报量成交。

2. 成交回报与确认

当计算机显示指令成交后，客户可以立即在期货公司的下单系统获得成交回报。对于书面下单和电话下单的客户，期货公司应按约定方式及时予以回报。

(四) 结算

1. 结算的概念

结算是指根据期货交易所公布的结算价对交易双方的交易结果进行的资金清算和划

转。期货交易的结算，由期货交易所统一进行，但交易所并不直接对客户的账户结算、收取和追收客户保证金，而由期货公司会员承担该工作。期货交易所应当在当日及时将结算结果通知会员。期货公司会员根据期货交易所的结算结果对客户进行结算，并应当将结算结果按照与客户约定的方式及时通知客户。

目前，大连商品交易所、郑州商品交易所、上海期货交易所实行全员结算制度，交易所对所有会员的账户进行结算，收取和追收保证金。中国金融期货交易所实行会员分级结算制度，其会员由结算会员和非结算会员组成，期货交易所只对结算会员结算，向结算会员收取和追收保证金；由结算会员对非结算会员进行结算、收取和追收保证金。

2. 结算术语

（1）开仓

开仓也称建仓，是指期货交易者新建期货头寸的行为，包括买入开仓和卖出开仓。

（2）持仓

持仓是指期货交易者开仓之后手中持有的头寸或仓位，若交易者买入开仓，则构成了买入（多头）持仓，反之，则构成卖出（空头）持仓。

（3）平仓

平仓是指交易者通过针对持仓方向作相反的对冲买卖，以了结持仓的交易行为，包括买入平仓和卖出平仓。其中，卖出平仓可用于了结买入（多头）持仓，买入平仓可用于了结卖出（空头）持仓。持仓合约也称未平仓合约。

（4）期货结算价

结算价（Settlement Price），是指当天交易结算后，对未平仓合约进行当日交易保证金及当日盈亏结算的基准价。

我国大连商品交易所、郑州商品交易所、上海期货交易所规定，当日结算价取某一期货合约当日成交价按照成交量的加权平均价；当日无成交价格的，以上一交易日的结算价作为当日结算价。中国金融期货交易所规定，当日结算价是指某一期货合约最后一小时成交价格按照成交量的加权平均价。

3. 期货交易所对会员的结算

（1）结算程序

以大连商品交易所、郑州商品交易所和上海期货交易所为例，交易所对会员的结算程序如下。

①每一交易日结算后，交易所对每一会员的盈亏、交易手续费、交易保证金等款项进行结算。结算完成后，交易所采用发放结算单据或电子传输等方式向会员提供当日结算数据，包括会员当日平仓盈亏表、会员当日成交合约表、会员当日持仓表和会员资金结算表，期货公司会员以此作为对客户结算的依据。

②会员每天应及时获取交易所提供的结算数据,做好核对工作,并将之妥善保存,该数据应至少保存两年,但对有关期货交易有争议的,应当保存至该争议消除时为止。

③会员如对结算结果有异议,应在下一交易日开市前30分钟以书面形式通知交易所。遇特殊情况,会员可在下一交易日开市后两小时内以书面形式通知交易所。如在规定时间内会员没有对结算数据提出异议,则视作会员已认可结算数据的准确性。

④交易所在交易结算完成后,将会员资金的划转数据传递给有关结算银行。结算银行应及时将划转结果反馈给交易所。

⑤会员资金按当日盈亏进行划转,当日盈利划入会员结算准备金,当日亏损从会员结算准备金中扣划。当日结算时的交易保证金超过前一日结算时的交易保证金部分从会员结算准备金中扣划。当日结算时的交易保证金低于前一日结算时的交易保证金部分划入会员结算准备金。手续费、税金等各项费用从会员的结算准备金中直接扣划。

⑥每日结算完毕后,会员的结算准备金低于最低余额时,该结算结果即视为交易所向会员发出追加保证金通知。会员必须在下一交易日开市前补足至交易所规定的结算准备金最低余额。

(2) 各结算项目的计算公式

①当日结算准备金余额

当日结算准备金余额=上一交易日结算准备金余额+上一交易日交易保证金−当日交易保证金+当日盈亏+入金−出金−手续费等

②当日盈亏计算

对于商品期货而言:

当日盈亏 = $\sum$[(卖出成交价 − 当日结算价)×卖出量] + $\sum$[(当日结算价 − 买入成交价)×买入量] + (上一交易日结算价 − 当日结算价)×(上一交易日卖出持仓量 − 上一交易日买入持仓量)

对于股指期货而言①:

当日盈亏 = $\sum$[(卖出成交价 − 当日结算价)×卖出手数×合约乘数] + $\sum$[(当日结算价 − 买入成交价)×买入手数×合约乘数] + (上一交易日结算价 − 当日结算价)×(上一交易日卖出持仓手数 − 上一交易日买入持仓手数)×合约乘数

③当日交易保证金

对于商品期货而言:

当日交易保证金=当日结算价×当日交易结束后的持仓总量×交易保证金比率

---

① 股指期货交易的计算公式中,成交价与结算价均以点数表示。

对于股指期货而言：

当日保证金＝当日结算价×合约乘数×当日交易结束后的持仓总量×交易保证金比率

【例2-2】某会员在4月1日开仓买入大豆期货合约40手（每手10吨），成交价为4000元/吨，同一天该会员平仓卖出20手大豆期货合约，成交价为4030元/吨，当日结算价为4040元/吨，交易保证金比率为5%。该会员上一交易日结算准备金余额为1100000元，且未持有任何期货合约，则客户的当日盈亏（不含手续费、税金等费用）情况为：

当日盈亏＝（4030－4040）×20×10＋（4040－4000）×40×10＝14000（元）

当日结算准备金余额＝1100000－4040×20×10×5%＋14000＝1073600（元）

【例2-3】接上例，4月2日，该会员再买入8手大豆合约，成交价为4030元/吨，当日结算价为4060元/吨，则其账户情况为：

当日盈亏＝（4060－4030）×8×10＋（4040－4060）×（20－40）×10＝6400（元）

当日结算准备金余额＝1073600＋4040×20×10×5%－4060×28×10×5%＋6400＝1063560（元）

【例2-4】接上例，4月3日，该会员将28手大豆期货合约全部平仓，成交价为4070元/吨，当日结算价为4050元/吨，则其账户情况为：

当日盈亏＝（4070－4050）×28×10＋（4060－4050）×（0－28）×10＝2800（元）

当日结算准备金余额＝1063560＋4060×28×10×5%＋2800＝1123200（元）

4．期货公司会员对客户的结算

（1）结算流程

①期货公司每一交易日结束后，对每个客户的盈亏、交易手续费、交易保证金等款项进行结算。其中，期货公司会员向客户收取的交易保证金不得低于交易所向会员收取的交易保证金。

②期货公司将其客户的结算单及时传送给中国期货市场监控中心，期货投资者可以到中国期货市场监控中心查询有关的期货交易结算信息。

（2）逐日盯市和逐笔对冲结算方式

期货公司对其客户的交易进行结算。按照盈亏计算方式的不同，可以分为逐日盯市和逐笔对冲两种结算方式，提供给客户的也有相应的两种可选的结算单。

①结算项目计算公式

逐日盯市和逐笔对冲的结算项目计算公式列于表2.4。

表 2.4　　　　　　　　　　　逐日盯市和逐笔对冲结算项目计算公式

	逐日盯市	逐笔对冲
平仓盈亏	平仓盈亏=平当日仓盈亏+平历史仓盈亏 平当日仓盈亏=$\sum$[（卖出成交价－买入成交价）×交易单位×平仓手数] 平历史仓盈亏=$\sum$[（卖出成交价－上日结算价）×交易单位×卖出平仓手数]+$\sum$[（上日结算价－买入结算价）×交易单位×买入平仓手数]	平仓盈亏=$\sum$[（卖出成交价－买入成交价）×交易单位×平仓手数]
持仓盯市盈亏	持仓盯市盈亏=当日持仓盈亏+历史持仓盈亏 当日持仓盈亏=$\sum$[（卖出成交价－当日结算价）×交易单位卖出手数]+$\sum$[（当日结算价－买入成交价）×交易单位×买入手数] 历史持仓盈亏=$\sum$[（上日结算价－当日结算价）×交易单位×卖出持仓手数]+$\sum$[（当日结算价－上日结算价）×交易单位×买入持仓手数]	—
浮动盈亏	—	浮动盈亏=$\sum$[（卖出成交价－当日结算价）×交易单位×卖出手数]+$\sum$[（当日结算价－买入成交价）×交易单位×买入手数]
当日盈亏	当日盈亏=平仓盈亏（逐日盯市）+持仓盯市盈亏（逐日盯市）	—
当日结存	当日结存=上日结存（逐日盯市）+当日盈亏+入金-出金-手续费等	当日结存=上日结存（逐笔对冲）+平仓盈亏（逐笔对冲）+入金-出金-手续费等
客户权益	客户权益=当日结存（逐日盯市）	客户权益=当日结存（逐笔对冲）+浮动盈亏

注：对于股指期货，算式中的价格改为"点数"；交易单位改为"合约乘数"。

②两种结算方式的异同

两种结算方式的区别有以下四点。

第一，逐日盯市是依据当日无负债结算制度，每日计算当日盈亏；而逐笔对冲则是每日计算自开仓之日起至当日的累计盈亏，得出的结果是最终盈亏。

第二，逐日盯市对当日盈亏计算时，未平仓合约的盈亏作为持仓盯市盈亏，累计计入当日结存；逐笔对冲对盈亏计算时，未平仓合约的盈亏作为浮动盈亏，不计入当日结存，一旦该合约平仓，其平仓时的浮动盈亏即转为平仓盈亏，结算时浮动盈亏归零。

第三，两者对历史持仓结算时，采用的价格不同。其中，逐日盯市平仓盈亏计算采用上日结算价和平仓价，持仓盯市盈亏计算采用当日结算价和上日结算价。

第四，逐笔对冲的平仓盈亏计算采用开仓价和平仓价，浮动盈亏计算采用开仓价和当日结算价。

两种结算方式的共同点：保证金占用、当日出入金、当日手续费、客户权益、质押金、可用资金、追加保证金和风险度等参数的值在两种结算方式下没有差别；对于当日开仓平仓的合约，盈亏的计算也相同。

③风险度与强制平仓

风险度的计算是期货公司风险管理中的重要环节。目前各期货公司使用的系统不尽相同，因而存在几种不同的风险度算法，业内广泛应用的金仕达系统中默认算法为：

风险度 = 保证金占用 ÷ 客户权益 × 100%

因此，在逐日盯市和逐笔对冲交易结算单表2.4中：

风险度 = 1450515.60 ÷ 1519670.29 = 95.45%

风险度越接近100%，风险越大；等于100%，则表明客户的可用资金为零。由于客户的可用资金不能为负，也就是说，期货公司不允许客户风险度大于100%，当风险度大于100%时，客户会收到期货公司"追加保证金通知书"。

【例2-5】10月17日，某期货公司客户李先生的期货账户中持有SR0905空头合约100手。合约当日出现涨停单边市，结算时交易所提高了保证金收取比例，当日结算价为3083元/吨，李先生的客户权益为303500元。该期货公司SR0905的保证金比例为17%。SR是郑州商品交易所白糖期货合约的代码，交易单位为10吨/手。那么，客户李先生的结算分项为：

a) 保证金占用 = 当日结算价 × 合约乘数 × 持仓手数 × 公司要求的保证金比例
     = 100 × 10 × 3083 × 17% = 524110(元)

b) 可用资金 = 客户权益 - 保证金占用 = 303500 - 524110 = -220610(元)

c) 风险度 = 保证金占用 ÷ 客户权益 × 100% = 524110 ÷ 303500 × 100% = 172.69%

这说明李先生至少须追加保证金220610元。若该期货公司已经向李先生发出了期货经纪合同中约定的追加保证金通知，但李先生在规定的时间内既没有追加保证金也没有自行平仓，那么要强行平仓超过220610 ÷ (10 × 17% × 3083) ≈ 42.09手，即至少43手，才能使李先生的持仓风险降至100%以下。

(五) 交割

1. 交割的概念与分类

交割，是指期货合约到期时，按照期货交易所的规则和程序，交易双方通过该合约所载标的物所有权的转移，或者按照结算价进行现金差价结算，了结到期未平仓合约的过程。

期货交割有实物交割和现金交割两种类型。以标的物所有权转移方式进行的交割为实物交割；按结算价进行现金差价结算的交割方式为现金交割。一般来说，商品期货与国债期货以实物交割为主；股指期货、短期利率期货多采用现金交割的方式。

2. 交割的作用

期货交割是促使期货价格和现货价格趋向一致的制度保证。当市场过分投机，发生期货价格严重偏离现货价格时，交易者就会在期货、现货两个市场间进行套利交易。尽管期货市场的交割量仅占总成交量的很小比例，但交割环节对期货市场的整体运行起着十分重要的作用，使期货市场真正发挥价格晴雨表的作用。

3. 实物交割

实物交割，是指期货合约到期时，根据交易所的规则和程序，交易双方通过该期货合约所载标的物所有权的转移，了结未平仓合约的过程。

（1）实物交割方式

①集中交割

集中交割也称为一次性交割，是指所有到期合约在交割月份最后交易日过后一次性集中交割的交割方式。

②滚动交割

滚动交割是指在合约进入交割月后，在交割月的第一个交易日至交割月最后交易日前一交易日进行交割的交割方式。滚动交割使交易者在交易时间的选择上更为灵活，可减少储存时间，降低交割成本。

目前，我国上海期货交易所采用集中交割方式，郑州商品交易所采用滚动交割和集中交割相结合的方式，即在合约进入交割月后就可以申请交割。另外，最后交易日过后，对未平仓合约进行一次性集中交割；大连商品交易所对黄大豆1号、黄大豆2号、豆粕、豆油、玉米合约采用滚动交割和集中交割相结合的方式，对棕榈油、线型低密度聚乙烯和聚氯乙烯合约采用集中交割方式。

（2）实物交割结算价

实物交割结算价是指在实物交割时商品交收所依据的基准价格。交割商品计价以交割结算价为基础，再加上不同等级商品质量升贴水以及异地交割仓库的升贴水。不同的期货交易所，以及不同的实物交割方式，对交割结算价的规定不尽相同。例如：郑州商品交易所采用滚动交割和集中交割相结合的方式（由于所有交割均在三个交易日内处理完毕，又称为三日交割法），交割结算价为期货合约配对前十个交易日（含配对日）交易结算价的算术平均价。上海期货交易所铜铝采用集中交割方式，其交割结算价为期货合约最后交易日的结算价。大连商品交易所滚动交割的交割结算价为配对日结算价；集中交割的交割结算价是期货合约自交割月第一个交易日起至最后交易日所有成交价格的加权平均价。

(3) 实物交割标准仓单

在实物交割的具体实施中，买卖双方并不是直接进行实物商品的交割，而是交收代表商品所有权的标准仓单。标准仓单，是指交割仓库开具并经期货交易所认定的标准化提货凭证。标准仓单经交易所注册后生效，可用于交割、转让、提货、质押等。标准仓单的持有形式为"标准仓单持有凭证"。"标准仓单持有凭证"是交易所开具的代表标准仓单所有权的有效凭证，是在交易所办理标准仓单交割、交易、转让、质押、注销的凭证，受法律保护。

在我国大连商品交易所，豆粕、豆油、棕榈油期货除了可以采用仓库标准仓单外，还可以采用厂库标准仓单。上海期货交易所的螺纹钢、线材期货合约也允许采用厂库标准仓单交割。郑州商品交易所的标准仓单分为通用标准仓单和非通用标准仓单，前者指持有人按照交易所的规定和程序可以到仓单载明品种所在的交易所任一交割仓库选择提货的财产凭证，而后者的持有人只能到仓单载明的交割仓库提取对应货物。

(4) 实物交割流程

采用集中交割方式时，各期货合约最后交易日的未平仓合约必须进行交割。实物交割要求以会员名义进行。客户的实物交割必须由会员代理，并以会员名义在交易所进行。实物交割必不可少的环节如下。

①交易所对交割月份持仓合约进行交割配对。

②买卖双方通过交易所进行标准仓单与货款交换。买方通过其会员期货公司、交易所将货款交给卖方，而卖方则通过其会员期货公司、交易所将标准仓单交付给买方。

③增值税发票流转。交割卖方给对应的买方开具增值税发票，客户开具的增值税发票由双方会员转交、领取并协助核实，交易所负责监督。

4. 现金交割

现金交割是指合约到期时交易双方按照交易所的规则、程序及其公布的交割结算价进行现金差价结算，了结到期未平仓合约的过程。

股指期货和短期利率期货通常采用现金交割方式。中国金融期货交易所的股指期货合约采用现金交割，待股指期货合约最后交易日收市后，交易所以交割结算价为基准，划付持仓双方的盈亏，了结所有未平仓合约。其中，股指期货交割结算价为最后交易日标的指数最后2小时的算数平均价。

5. 期转现

期货转现货交易（简称期转现）是指持有方向相反的同一品种同一月份合约的会员（客户）协商一致并向交易所提出申请，获得交易所批准后，分别将各自持有的合约按双方商定的期货价格（该价格一般应在交易所规定的价格波动范围内）由交易所代为平仓，同时按双方协议价格与期货合约标的物数量相当、品种相同、方向相同的仓单进行交换的行为。

期转现是国际期货市场中长期实行的交易方式，在商品期货、金融期货中都有着广泛的应用。我国大连商品交易所、上海期货交易所和郑州商品交易所也已经推出了期转现交易。

买卖双方进行期转现有两种情况：①在期货市场有反向持仓双方，拟用标准仓单或标准仓单以外的货物进行期转现。②买卖双方为现货市场的贸易伙伴，有远期交货意向，并希望远期交货价格稳定。双方可以先在期货市场上选择与远期交收货物最近的合约月份建仓，建仓量和远期货物数量相当，建仓时机和价格分别由双方根据市况自行决定，到希望交收货的时候，进行非标准仓单的期转现。这相当于通过期货市场签订一个远期合同，一方面实现了套期保值的目的，另一方面避免了合同违约的可能。

【例2-6】在优质强筋小麦期货市场上，甲为买方，开仓价格为1900元/吨；乙为卖方，开仓价格为2100元/吨。小麦搬运、储存、利息等交割成本为60元/吨，双方商定的平仓价格为2040元/吨，商定的交收小麦价格比平仓价格低40元/吨，即2000元/吨。期转现后，甲实际购入小麦价格1860元/吨=2000元/吨-(2040元/吨-1900元/吨)；乙实际销售小麦价格2060元/吨=2000元/吨+(2100元/吨-2040元/吨)。

如果双方不进行期转现而在期货合约到期时进行实物交割，则甲按开仓价1900元/吨购入小麦；乙按照开仓价2100元/吨销售小麦，扣除交易成本60元/吨，实际售价为2040元/吨。通过比较可知，甲期转现操作的实际采购成本1860元/吨比实物交割成本1900元/吨低40元/吨；乙期转现的实际售价2060元/吨比实物交割的实际售价2040元/吨高20元/吨。通过期转现交易，甲少花40元/吨，乙多卖20元/吨，期转现给双方带来的好处总和为60元/吨。

第四节 期货定价

期货作为金融市场中的重要衍生产品，在风险管理、价格发现、投资组合管理等方面有着广泛的应用。期货的定价原理主要包括无套利定价原理和持有成本理论，在实际定价过程中又需要根据基础资产的不同进行具体分析。

一、定价原理

（一）模型假设

首先，规定本小节所讨论的模型满足如下基本假设：

(1) 借贷利率（无风险利率）相同且为常数
(2) 期货或远期合约无信用风险
(3) 无税收和交易成本
(4) 基础资产可无限分割
(5) 基础资产没有卖空限制
(6) 期现头寸均持有至期货合约到期日

需要注意的是，只有在基础资产价格与利率存在相关性时，期货价格和远期价格才可能不相等。在假设（1）成立的前提下，期货价格和远期价格是相等的，无须刻意区分。

（二）定价理论

套利是一种交易策略，使得初始成本为零，在未来某个时点不会亏损，并且盈利概率为正。根据无套利定价原理，资产或者资产组合的价格应确保市场上不存在套利机会。在市场有效的前提下，当套利机会短暂地出现时，市场参与者会进行套利活动，促使资产价格回到均衡状态，套利机会随之消失。

下面考虑一个简单情形。规定当前距期货合约到期的时间为 T，标的资产价格为 S_0，无风险利率为 r，期货价格为 F_0。无套利定价原理给出的期货的定价公式为：

$$F_0 = S_0 e^{rT} \tag{2.1}$$

若上述等式不满足，则存在套利机会。具体而言，当 $F_0 > S_0 e^{rT}$ 时，投资者可以借入 S_0 的资金购买一单位标的资产，同时持有价格为 F_0 的一单位期货空头头寸，其初始投资为零；待期货合约到期，用所持有的标的资产进行交割，获得 F_0 的资金，在偿还 $S_0 e^{rT}$ 的贷款后，还有 $F_0 - S_0 e^{rT}$ 的获利。当 $F_0 < S_0 e^{rT}$ 时，投资者可以卖空一单位标的资产，得到 S_0 的资金并将其贷出，再持有价格为 F_0 期货多头头寸，其初始投资也是零；在期货合约到期时，收回贷款 $S_0 e^{rT}$，付出 F_0 购买一单位标的资产以了结期货合约，再用得到的标的资产平掉期初建立的空头，最终获利 $S_0 e^{rT} - F_0$。获利机会的存在会促使市场中的套利者不断重复上述套利操作，直至期现价格满足等式 $F_0 = S_0 e^{rT}$。

与之相比，持有成本理论则将现货价格和期货价格的差值称作持有成本，它由仓储成本与融资利息的和减去持有收益计算得到。该理论最初是以商品仓储为中心，分析期货市场的运行机制及其与商品供求的关系，并逐渐被应用到金融期货的定价上来。规定仓储费率为 u，持有收益率为 q，则持有成本 $c = r - q + u$。期货定价公式为：

$$F_0 = S_0 e^{cT} \tag{2.2}$$

（三）期货价格与期货合约价值

期货合约价值与上面介绍的期货价格是两个不同的概念，应避免混淆。在最初达成交易的时刻，期货合约价值对于多头和空头来说都接近于零，之后则可能为正也可能为负。

记最初达成交易时双方协定的交割价为 K，它也是期初的期货价格。随着时间的推进，K 是不变的，但期货价格会发生改变，对于期货合约多头来说，当前价格为 F_0 的期货合约价值为 $(F_0 - K)e^{-rT}$；而对于期货合约空头方来说，合约价值为 $(K - F_0)e^{-rT}$。

二、定价分析

（一）完全市场假设下的期货定价

完全市场是指不存在交易和冲击成本，借贷利率相同的理想化市场，在此情形下期货的理论价格是唯一的。

资产可以划分为投资资产与消费资产。被一定数量的市场参与者以投资为目的持有的资产为投资资产，例如股票、债券以及商品中的贵金属（金、银）。主要用作消费和生产原材料的资产为消费资产，如商品中的铜、原油、谷物、猪腩等。两类资产的期货定价情形不尽相同，而商品中两类资产都有存在，需要予以区别。

对于投资商品金和银来说，记仓储费用减掉持有收益的现值为 U，则期货的理论价格为：

$$F_0 = (S_0 + U)e^{rT} \tag{2.3}$$

连续复利情形下，记仓储费率减掉持有收益率为 u，期货价格为：

$$F_0 = S_0 e^{(r+u)T} \tag{2.4}$$

当上述等式两端不相等时，总会存在套利活动促使等式得以满足。

【例 2-7】假设单位黄金的现货价格为 450 美元，仓储费用为 2 美元每年，在年末支付，无风险利率为 7%，无持有收益，求 1 年后到期的期货合约理论价格。

解析：

仓储费用现值为：

$$U = 2e^{-0.07 \times 1} \approx 1.865(\text{美元})$$

期货合约理论价格为：

$$F_0 = (450 + 1.865)e^{0.07 \times 1} \approx 484.63(\text{美元})$$

消费商品的期货定价情况则与投资商品不同。当 $F_0 > (S_0 + U)e^{rT}$ 时，市场参与者可以通过买入现货，卖出期货进行持续的套利，直至两端相等。而当 $F_0 < (S_0 + U)e^{rT}$ 时，由于现货持有者依赖于现货的某种用途，而期货作为虚拟合约无法满足这种需要，他们不愿卖出现货，买入期货以消除上面的不等关系，因此消费资产的期货价格仅能满足：

$$F_0 \leq (S_0 + U)e^{rT} \tag{2.5}$$

消费商品的期货价格之所以无法像投资商品那样满足等式（2.3），是因为消费商品的现货具有期货所不具备的某种实际用途。一般将持有现货所能得到的好处称为便利收益率（Convenience Yields），它衡量了不等式（2.5）左端小于右端的程度。加入便利收益率 y

的消费商品期货定价公式为：

$$F_0 = (S_0 + U)e^{(r-y)T} \tag{2.6}$$

（二）不完全市场下的期货定价

现实市场中，完全市场的某些假设往往难以满足，持有成本模型在不完全市场假设下得到的是一个定价区间。下面以标的物无仓储成本和持有收益的情况为例进行说明。

1. 存在交易费用

记单笔交易的费率为 Y，则期货价格 F_0 的无套利区间为 $[S_0(1-Y)e^{rT}, S_0(1+Y)e^{rT}]$。当期货价格高于区间上限时，可通过买入现货卖出期货进行套利；当期货价格低于区间下限时，可通过买入期货卖出现货进行套利。

2. 借贷利率不同

设对于非银行机构的普通投资者的借款利率为 r_b，贷款利率为 r_l，通常有 $r_l < r_b$。期货价格区间为 $[S_0(1-Y)e^{r_l T}, S_0(1+Y)e^{r_b T}]$。

3. 现货卖空约束

设卖空现货所需的保证金是卖空额的一个固定比例 K，那么期货价格区间为 $[(1-K)S_0(1-Y)e^{r_l T}, S_0(1+Y)e^{r_b T}]$。

【例 2-8】假设黄金现货价格为 500 美元，借款利率为 8%，贷款利率为 6%，交易费率为 5%，卖空黄金的保证金为 12%。仓储费用和持有收益忽略不计，求 1 年后到期的黄金期货价格区间。

解析：

价格区间下限为：

$$(1-K)S_0(1-Y)e^{r_l T} = (1-12\%) \times 500 \times (1-5\%)e^{0.06} \approx 443.8 (\text{美元})$$

价格区间上限为：

$$S_0(1+Y)e^{r_b T} = 500 \times (1+5\%)e^{0.08} \approx 568.7 (\text{美元})$$

故价格区间为 [443.8, 568.7]。

第三章　期权与商品投资

期权和期货作为两种最重要的衍生金融工具，在投资、规避风险以及资产管理等业务中发挥着重要作用。然而，两者无论是在本质属性还是在实际运用上都有着巨大的差别，表面上看，交易期权和期货都可以实现在未来的某个时间买入或卖出标的资产，但期权合约是购买方能够在到期日以约定的价格买卖标的资产的权利的体现，而期货是一种先交钱后交货的交易方式。

期权不仅期货交易者可以使用，现货商也可以使用，比如在现实生活中，在豆粕、铜的购买中，你可以预付定金，未来按约定的价格买进，这是一种信用，对方收了定金就应该按承诺履行义务。

本章主要介绍期权的含义、发展、主要特点、基本类型、交易制度以及定价方式等内容。

第一节　期权的发展、主要特点及基本类型

一、期权的发展

期权（option）又名选择权，是指期权的购买方有权在约定期间内，按照买卖双方事先确定的价格，购买或出售一定数量某种资产的权利。期权的购买方为了获得这项权利，必须支付给期权出售方一定的费用，称为权利金（premium）或期权价格。

（一）期权的历史

早在古希腊罗马时期，就有了类似期权的概念及有关的交易记载，此时为期权的萌芽时期。在17世纪荷兰郁金香球茎价格飙升期间，为了减少风险，确保利润，许多批发商从郁金香的种植者那里购买期权，即在一个特定的时期内，按照一个预定的价格，从种植者那里购买郁金香，当时大量期权契约用于郁金香的交易；18世纪末，美国出现了以股票为目的的期权交易，但当时还不存在期权的中心交易市场，期权都是在场外进行交易的，市场由经纪商配对买方和卖方才得以运行，经纪商一般在交易中收取手续费。但是场外市场最大的障碍是几乎没有二级市场，期权的持有者常常不得不把期权保留到到期日，或者

是就他们的期权交易股票，从而锁住某些盈利。总的来说，这是一个相当小的期权市场，每天的交易量加起来也不到1000手合约。到了20世纪30年代便有一批经纪商组成一个看涨期权看跌期权协会，以作为看涨期权和看跌期权报价及交易的联络网络。此时，行权价与到期日还没有统一，以至于买卖价差与手续费也相当高，再加上期权的卖方存在违约风险，所以交易量一直无法增加。因此，人们决定将标准化的想法付诸实际，将执行价格和到期日固定下来，并通过一个集中的清算公司来清算所有的交易。因此在芝加哥期货交易所（Chicago Board of Trade，CBOT）的筹备下，推动成立了芝加哥期权交易所（Chicago Board Option Exchange，CBOE）。

芝加哥期权交易所（CBOE）于1973年4月26日正式成立，第一天有16种个股股票看涨期权上市交易，包括IBM、美国通用电气公司、通用汽车公司等著名股票的看涨期权。除了将期权的条款标准化之外，CBOE还在挂牌股票市场里引入做市商制度，同时创立了期权清算公司（option clearing corporation，OCC），即期权交易的担保人，保证了买卖双方合约的履行。这样交易者无须担心卖方的信用风险，吸引了大量的期权经纪商以及投资者。随后，CBOE于1982年推出长期国债期货期权契约（treasury-bond futures option），PHLX在当年推出外汇期权（currency option）。1983年CBOE更是推出S&P100股指期权（stock index option）。股指期权推出不到一年的时间里其交易量已超越其他期权的交易量。CBOE随后又推出了S&P500股指期权。2006年，CBOE更是推出了波动率指数期权上市交易（VIX option）。

期权交易在美国的迅猛发展，使之成为世界上最大的期权交易中心。美国期权交易的迅速崛起和成功，带动了世界期权交易的形成与发展。美国、英国、日本、加拿大、法国、新加坡、荷兰、德国、瑞士、澳大利亚、芬兰等国以及中国香港都建立了期权交易所或交易所期权交易市场。期权交易也从最初的股票扩展到目前包括大宗商品（农副产品）、金融证券、外汇以及黄金白银在内的近100个品种。可以说，几乎所有形式的资产和负债都有期权交易存在。

(二) 商品期权发展现状

1. 商品期货发展迅猛，商品期权增长缓慢

世界交易所联合会（WFE）将场内交易金融衍生品分为商品类、外汇类、利率类、股权类和其他类五种。统计数据表明，2008年之前全球场内交易金融衍生品以股权类和利率类产品为主。2008年之后，商品类和外汇类合约交易量增长较快，2012年商品类衍生品交易量首次超过外汇类衍生品，仅次于股权类衍生品。

WFE主要统计期货和期权两类衍生品，2012年全球场内期货合约与期权合约交易量分别为110亿张和102亿张，期权与期货各占半壁江山。然而，统计数据表明，场内股权类期权合约交易量占所有期权合约交易量的89%，而商品类期权合约交易量却只占2%。

对比整个商品类衍生品的交易规模可知,商品类期权合约交易量远小于商品类期货合约交易量。事实也的确如此,2012年全球场内商品期货交易量是商品期权交易量的16倍。

2005年之前商品期货的交易量非常小,2006年之后全球商品期货交易量快速增长。2012年全球商品期货交易量已经是2004年的6倍,这其中超过50%的交易量增长来自中国三大商品期货交易所的贡献。与此形成鲜明对比的是,期间全球商品期权的交易量增长缓慢,2012年全球商品期权交易量不到2004年商品期权交易量的2倍,而这一时期,正是全球衍生品市场规模飞速发展的时期。可见,全球商品期权市场发展未能跟上整个衍生品市场的节奏。

2. 商品期权交易集中,ETF类合约成交活跃

商品期权交易主要集中在美国和欧洲市场。根据WFE的统计,目前超过80%的商品期权交易都在美国市场,欧洲市场的交易占比超过15%。其他推出商品期权交易的市场有巴西、南非、俄罗斯、加拿大和澳大利亚等国以及中国台湾,然而这些市场的商品期权成交量占全球商品期权成交量的比重不到1%。

从交易所角度看,全球商品期权交易主要集中在美国CME交易所(集团),其交易量占比超过七成。CME集团是世界最大的期货和期权交易市场,由芝加哥商业交易所(CME)、芝加哥期货交易所(CBOT)、纽约商品交易所(NYMEX)和纽约金属交易所(COMEX)合并组成,并于2012年收购了堪萨斯期货交易所(KCBT)。

美国期货业协会(FIA)将商品衍生品分为农产品类、能源类、金属类和贵金属类四种。CME、CBOT和KCBT主要交易农产品类商品期权,NYMEX主要交易能源类商品期权,而金属和贵金属类商品期权则主要在COMEX进行交易。

根据FIA的统计,2012年全球交易量最大的商品期权为黄金和白银的ETF指数期权。美国商品ETF指数类期权通常在多个交易所挂牌交易,而投资者在不同交易所的头寸可以相互对冲和结算,因此商品ETF指数类期权交易相对其他商品期权更为活跃。除去ETF指数类期权,全球主要交易的商品期权多为能源类和农产品类期权,而这些交易主要在NYMEX和CBOT完成。

3. 电子平台功能日益彰显,期权创新惊喜不断

美国是全球最大的商品期权交易市场,而CME交易所(集团)又是全球商品期权交易的中心。CME有三个商品期权交易"场所",包括Globex电子交易平台、ClearPort电子交易平台和交易所交易大厅。这些交易平台不仅为全球投资者提供24小时的投资服务,而且能连通多个市场,为场外交易提供中央结算服务。CME依托自己先进的电子交易平台,吸引着越来越多的国际投资者。尤其是农产品类期权和能源类期权,投资者通过电子平台的交易增长迅猛,所占比例逐年提高。一个功能完善、全球网络覆盖和高安全性的电子交易系统是推动全球期权市场发展的重要基础,也是推动全球期权市场加速融合的重要

动力。

随着整个市场环境的变化，为了适应投资者日益增长的多样化需求，CME 集团近年来不断创新，推出多类新型期权合约。短期期权是近年来发展较为亮眼的新型期权合约，较为成功的当属 CBOT 推出的农产品周度期权。短期期权要求更低的权利金，交易成本更低，并且为市场提供更多的套利机会，交易灵活度更高，市场交易量增长很快。自 2011 年 5 月挂牌以来，周度的玉米、大豆和小麦期权成交量接近 110 万张。

除了短期期权，CME 集团还推出创新性更高的价差期权，包括跨交易所的价差期权和日历价差期权等。这些创新为投资者提供了更多的交易标的和更为灵活的风险管理手段，极大地满足了市场需求，加强了商品期权与商品期货互相融合互相促进的市场关系，成为近年来商品期权市场发展的重要领域。

（三）国内期权的发展

相较于国外期权市场的成熟发展，我国的期权市场仍处于起步阶段。2011 年银行间市场开始参与外汇期权交易，2013 年诞生了我国首只场外期权。2015 年是我国期权元年，随着上海证券交易所 50ETF 期权的上市，我国也拉开了期权市场交易的帷幕。如今经历过 3 年多的发展，50ETF 期权市场越发成熟，市场规模不断扩大，成交量可以排到全球第 4 位。此外，在 2017 年大连商品交易所豆粕期权和郑州商品交易所的白糖期权也陆续上市，上市以来运行平稳，成交持仓稳步增加，市场规模逐步扩大。2018 年 9 月 21 日，上海期货交易所上市铜期权，这也标志着我国商品期权从农业领域扩展至工业领域。2019 年 1 月 28 日，玉米期权、棉花期权、天然橡胶期权挂牌上市。一方面，我国商品期权发展正式进入了扩容时期；另一方面，也预示着相关产业链进入了风险管理新阶段。

表 3.1　　　　　　　　　已推出商品期权合约要素对比

要素	白糖	豆粕	铜	棉花	玉米	天然橡胶
标的	一手白糖期货合约	一手豆粕期货合约	一手铜期货合约	一手棉花期货合约	一手玉米期货合约	一手天然橡胶期货合约
合约乘数	×10	×10	×5	×5	×10	×10
最小报价单位	0.5 元/吨	0.5 元/吨	1 元/吨	1 元/吨	0.5 元/吨	1 元/吨
合约月份	连续两个近月、双边持仓量大于等于 5000 的标的期货月份	对应标的的期货月份	对应标的的期货月份	连续两个近月、双边持仓量大于等于 5000 的标的期货月份	对应标的的期货月份	对应标的的期货月份

续表

要素	白糖	豆粕	铜	棉花	玉米	天然橡胶
到期日	标的期货到期月份前一个月第3个交易日	标的期货到期月份前一个月第5个交易日	标的期货到期月份前一个月倒数第5个交易日	标的期货到期月份前一个月第3个交易日	标的期货到期月份前一个月第5个交易日	标的期货到期月份前一个月倒数第5个交易日
行权价格	以白糖期权昨日结算价为基准，按行权价格间距挂出5个实值、1个平值、5个虚值期权	行权价格覆盖标的期货昨日结算价上下浮动1.5倍当日涨跌停幅度	行权价格覆盖标的期货昨日结算价上下浮动1倍当日涨跌停幅度	以棉花期权昨日结算价为基准，按行权价格间距挂出6个实值、1个平值、6个虚值期权	行权价格覆盖标的期货昨日结算价上下浮动1.5倍当日涨跌停幅度	行权价格覆盖标的期货昨日结算价上下浮动1.5倍当日涨跌停幅度
行权方式	美式	美式	欧式	美式	美式	美式
涨跌幅设置	与标的期货涨跌停幅度相同	与标的期货涨跌停幅度相同	与标的期货涨跌停幅度相同	与标的期货涨跌停幅度相同	与标的期货涨跌停幅度相同	与标的期货涨跌停幅度相同
上市交易所	郑州商品交易所	大连商品交易所	上海期货交易所	郑州商品交易所	大连商品交易所	上海期货交易所

虽然我国期权市场经过近几年的发展，已经初具规模，业务类型、功能定位和监管体系基本成型，但由于起步较晚，我国期权市场目前还处于发展的初级阶段，具有期权品种缺乏、场内场外发展欠均衡、市场参与者门槛较高的特点。

期权品种不完善，投资者可参与品种少，且多数期货品种无对应期权，两类市场匹配度差，无法满足特定投资组合的对冲需求。我国期权种类有待完善，作为一种常用的对冲交易工具，品种的匮乏限制了期权市场与期货、股票等市场联系的紧密度，也制约了投资组合的构造和对头寸的风险缓释。

场内期权与场外期权市场发展有失均衡，场外市场规模增速远大于场内。我国目前已推出的场内交易品种仅有六种，场外期权由于品种多样、形式灵活，发展速度远大于场内期权。因此，我国标准化的场内期权市场与交易品种有待进一步发展与扩容。

我国期权参与者门槛高，市场活跃度受限。上证50ETF期权投资者要求具备两融及金融期货交易经历，且在资产方面也有一定门槛限制；而外汇期权的参与者则必须有真实贸易背景，仅能通过银行间市场进行操作，且只允许全额交割，原则上不能进行差额交割。此类政策对参与者资质设限，一定程度上限制了市场规模与产品流动性。

二、期权与期货的区别

与期货交易相比,期权交易在买卖双方权利和义务、收益和损失、保证金缴纳结构以及损益结构等方面较为独特,分析如下:

第一,买卖双方的权利义务不同。期权交易是权利的买卖,期权买方支付了期权费获得权利,卖方将权利出售给买方从而拥有了履约的义务。期权的买方只有权利而不必承担履约义务,卖方只有履约义务没有相应权利。在这一点上,期货与现货是类似的,卖方需要按照约定交付货物,而买方则要支付对价。期货合约是双向合约,交易双方都要承担期货合约到期交割的义务,如果不愿交割,则必须在有效期内反向交易平仓。

第二,买卖双方的收益和风险特征不同。期权买方的损失是有限的,最大损失为支付期权费,收益却可能很大;期权卖方最大收益为获得的期权费,损失有可能远远超过期权费,买方最大损失为购买期权的权利金,这也是卖方的最大收益。而在买卖双方权利义务对等的期货交易中,随着期货价格的变化,买卖双方都面临着无限的盈利或亏损。

第三,对买卖双方的保证金缴纳要求不同。在期权交易中因为买方的最大损失仅是已经支付的期权费,所以无须缴纳保证金;卖方可能损失巨大,所以必须缴纳保证金为履约担保,并且随着标的资产价格的变化,卖方还可能会被要求追加交保证金。而在期货交易中,买卖双方在成交时不发生现金收付关系,但均要缴纳交易保证金。同时,由于实行当日无负债结算制度,买卖双方每日的持仓保证金也会随着标的资产价格的变化而变化。

第四,在规避价格风险的表现形式方面,买进期权与期货交易也有较大的不同。利用期货规避标的资产的价格风险,在实施规避风险的操作时,必须考虑放弃价格的有利变动时可能得到的收益,通过期货市场盈利弥补现货市场损失;反之,期货市场亏损由现货市场盈利。利用期权多头规避标的资产价格风险,当标的资产价格发生不利变动时,交易者可通过执行期权来避免损失,当价格变化方向对标的资产持仓有利时,交易者可放弃执行期权,从而得到价格有力变化带来的利润买进期权合约在规避标的资产价格风险的同时,又不会失去标的资产价格有利变动带来的盈利。

第五,非线性损益结构。期权交易者的损益,并不随标的资产价格的变化呈线性变化,其最大损益状态图是折线而不是一条直线,即在执行价格的位置发生转折,正式期权独特的非线性损益结构,使其在风险管理、组合投资等方面具有明显优势。通过不同期权、期权与其他投资工具的组合,投资者可以构造出不同风险和损益状况的组合策略,也可以实现期权和标的资产头寸的相互转换。

三、期权的基本类型

根据不同的分类标准,期权具有很多种不同的分类方式。

(一) 看涨期权和看跌期权

按照期权权利人持有的权利划分，可将期权分为看涨期权（call options）和看跌期权（put options）。看涨期权，又称买权、认购权证，赋予持有人未来按照约定价格购买标的资产的权利；看跌期权，又称卖权、认沽权证，赋予持有人未来可依约定价格出售标的资产的权利。

【例3-1】当前为3月，一位投资者买进一份6月行权价格为15200元/吨的棉花看涨期权合约，该合约就赋予期权的买方无论今后市场价格如何上涨，都能以15200元/吨的价格买进棉花期货合约的权利。如果价格下跌，则执行期权就对其不利，他可以放弃权利或将期权平仓，重新以低的价格买进期货合约。

(二) 美式期权和欧式期权

按期权行权时限划分，期权可分为欧式期权（European option）和美式期权（American option）。美式期权是指在期权合约规定的有效期内任何时候都可以行权。欧式期权是指在期权合约规定的到期日当天方可行权，期权的多方在到期日之前不能行权。因此，在其他条件（标的资产、执行价格和到期时间）都相同的情况下，由于美式期权行权更加灵活，除了拥有欧式期权的所有权利之外，还拥有一个在到期前随时执行期权的权利，其价值肯定不应小于欧式期权的价值，因此，美式期权的权利金相对较高。

目前推出的六种商品期权中，只有铜期权合约为欧式期权，其余都为美式期权，对于郑商所白糖1609期权合约来说，到期日为交割月前两个月倒数第5个交易日即7月25日，在此之前任何时间买方均可要求行权。

(三) 商品期权和金融期权

一般地，按照标的资产的不同可以将期权划分为两大类：商品期权和金融期权。

标的资产为金融资产或金融指标的期权称为金融期权，包括股票期权、股指期权、利率期权、期货期权以及外汇期权等种类。

标的资产为实物资产的期权称为商品期权，也称为实物期权，如我国郑州商品交易所挂牌交易的白糖期权是以白糖期货为标的的期权，即商品期权。

(四) 场内期权和场外期权

按期权交易市场类型的不同，可以划分为场内期权和场外期权。场内期权（floor traded option）是指在交易所内以固定的程序和方式进行的期权交易，又称为交易所期权。场外期权（over-the-counter options）是指在交易所以外交易的期权，他们根据协议双方的风险偏好和收益结构的需求进行个性化设计。

场内交易的都是标准化的期货合约。与之相对应的场外期权则具有以下四个特点：第一，合约非标准化。场外期权合约的条款不受限制和规范，像执行价格、到期日等条款，均可由买卖双方自行设计。第二，交易品种多样、形式灵活。因为场外交易双方可以直接商谈、期权种类、交易形式和规模都可以按照双方的需求制定,所以场外期权更能满足投资者的个性化需求。第三,交易对手机构化,场外期权交易多在机构投资者之间进行,一般法人和机构投资者的交易对手多为商业银行、投资机构等专业进入机构。第四,较大的流动性风险和信用风险。场内期权可以随时转让,流动性较好,同时,所有期权合约都有"结算公司"进行结算,可以保证卖方履约,因此场内期权持有人不必担心交易对手方的信用。而场外期权无法保证以上两点,所以场外期权具有较高的流动性风险和信用风险。

(五)奇异期权

期权市场是世界上最具有活力和变化的市场之一,盈利和避险的需要不断推动新工具的产生。区别于传统期权的非标准化期权,统称为奇异期权(exotic options)。分类见表3.2。

表 3.2　　　　　　　　　　　奇异期权产品分类

分　类	产　品
路径依赖性期权	亚式期权
	回望期权
	阶梯期权
时间依赖性期权	选择性期权
	远期开始期权
极值依赖性期权	障碍期权
	自定义执行期权
支付修正性期权	数值期权
	指数期权
多因子期权	篮子期权
	价差期权
	彩虹期权

奇异期权的到期收益不仅取决于基本指数,还取决于合同期间几个时间的值。以亚式期权为例,期权的到期收益取决于某个时间段平均股价与执行价格之差,或者到期价格与某个时间段的平均估计之差。而在回望期权里,到期收益取决于最大值或最小值。因此,奇异期权非常灵活。

第二节　期权交易制度

一、期权合约规格

在期权交易中，期权合约的内容与相关期货合约的内容相似。主要由以下几部分构成：标的资产、合约单位、最小报价单位、合约月份、最后交易日等。

1. 标的资产

标的资产是指期权持有者有权根据合约买进或卖出的特定资产。如股票、股票指数、期货、商品、外汇等。

2. 合约单位

合约单位是指一张合约对应的标的资产数量。例如，一张白糖期权的单位合约为1手（10吨）白糖期货，如果一张白糖期权的持有者在到期日提出行权，他需要买入1手白糖合约。

3. 最小报价单位

最小报价单位即期权合约单位价格涨跌变动的最小值，是买卖双方在出价时，权利金价格变动的最低单位，如白糖期货期权的最小报价单位为0.5元/吨。

4. 合约月份

合约月份即期权合约对应的标的期货合约的交割月份，如豆粕、白糖期权合约与期货合约月份相同。

5. 最后交易日

最后交易日即期权合约可以进行交易的最后一个交易日，各月份的期权交易在此日终止。

6. 到期日

期权合约到期日是指期权权利方可行使权利的最后日期，合约到期后自动失效，期权的权利方不再享有权利，义务方无须履行义务。期权到期日一般与最后交易日相同。

7. 行权价格间距

行权价格间距是指相邻两个期权行权价格之差。一般来说，标的证券价格越高，行权价格间距越大。

8. 履约价

履约价，也称执行价或行权价，是期权权利方买进或卖出标的资产的价格。对任何一支期权来说，其履约价不变而标的资产的价格随时都在变化。根据履约价和标的资产价格的相对高低，可以将期权分为实值期权、平值期权以及虚值期权。

表 3.3　　　　　　　　　　　　　实值期权、平值期权以及虚值期权的关系

	履约价>标的资产	履约价=标的资产	履约价<标的资产
看涨期权	虚值	平值	实值
看跌期权	实值	平值	虚值

9. 交割方式

期权的交割方式分为实物交割和现金交割。实物交割是指在期权合约到期时，期权的权利方有权利选择支付现金买入或者卖出标的资产。而现金交割是买卖双方按照结算价格以现金的形式支付价差，不涉及标的资产的转让。

10. 合约涨跌幅设置

期权合约涨跌停板幅度与标的期货合约涨跌停板幅度（标的期货合约上一交易日结算价乘以相应比例）相同。涨跌停板价格计算公式如下：

（1）涨停板价格=期权合约上一交易日结算价+标的期货合约涨跌停板幅度。

（2）跌停板价格=Max（期权合约上一交易日结算价-标的期货合约涨跌停板幅度，期权合约最小变动价位）。

表 3.4　　　　　　　　　　　　　　　白糖期权合约

要　素	白　糖
标的	一手白糖期货合约
合约乘数	*10
最小报价单位	0.5 元/吨
合约月份	连续两个近月、双边持仓量大等于5000的标的期货月份
最后交易日	标的期货到期月份前一个月第3个交易日
到期日	同最后交易日
行权价格	以白糖期权昨日结算价为基准，按行权价格间距挂出5个实值、1个平值、5个虚值期权 行权价格在3000元/吨以下时，行权价格间距为50元/吨 行权价格在3000元/吨以上时，10000元/吨以下时，行权价格间距为100元/吨 行权价格在10000元/吨以上时，行权价格间距为200元/吨
行权方式	美式
涨跌幅设置	与标的期货涨跌停幅度相同
交易代码	看涨期权：SR——合约月份，C——行权价格 看跌期权：SR——合约月份，P——行权价格
上市交易所	郑州商品交易所

二、买卖指令

表 3.5　　　　　　　　　　　　买卖指令

买入建仓	买入一个期权，建立一个新头寸
卖出建仓	卖出一个期权，建立一个新头寸
买入平仓	买入一个期权，对冲原有的空头头寸
卖出平仓	卖出一个期权，对冲原有的多头头寸

当某位投资者发出一项指令，买入或卖出一手期权合约，可以通过网上直接下单。一项指令一般需包括以下内容：(1) 权利金市价或现价；(2) 买入或卖出；(3) 开仓或平仓；(4) 数量；(5) 合约到期月份；(6) 行权价格；(7) 标的物；(8) 期权种类（看涨期权或看跌期权）；(9) 有保护或无保护（如果交易所有此规定）。

三、撮合成交

期权交易和期货交易一样，按照价格优先、时间优先的原则，由计算机进行撮合成交。同品种、同行权价格、同一到期月份，期权买方所出权利金高者、时间早者优先成交，期权卖方愿意接受的权利金低者、时间早者优先成交。

【例 3-2】投资者 A 发出指令：以 20 元/吨的权利金买入 1 手 9 月份到期，行权价格为 3200 元/吨的豆粕看涨期权。投资者乙发出如下指令：以市价卖出 1 手 9 月份到期，行权价格为 3200 元/吨的豆粕看涨期权。那么 A、B 的指令通过计算机就会撮合成交。如果 A 出价 20 元/吨，B 出价 25 元/吨，则二者不会成交；如果 A 先出价 25 元/吨，B 后出价 20 元/吨，根据买方所出权利金高者、时间早者原则，则二者会按 25 元/吨价格成交；如果 B 先出价 20 元/吨，A 后出价 25 元/吨，根据卖方愿意接受的权利金低者、时间早者原则，则二者会按 20 元/吨价格成交。

当然，交易所也可能规定买卖报价要与前一成交价比较，比如目前我国的三家期货交易所的期货交易撮合原则就是交易所计算机自动撮合系统将买卖申报指令以价格优先、时间优先的原则进行排序。当买入价大于、等于卖出价则自动撮合成交，撮合成交价等于买入价（bp）、卖出价（sp）和前一成交价（cp）三者中居中的一个价格。即：

当 $bp \geqslant sp \geqslant cp$，则：最新成交价 = sp。

当 $bp \geqslant cp \geqslant sp$，则：最新成交价 = cp。

当 $cp \geqslant bp \geqslant sp$，则：最新成交价 = bp。

例 3-2 中权利金买报价为 25，卖报价为 20，而前一成交价为 21，则成交价为 21；如果前一成交价为 19，则成交价为 20；如果前一成交价为 27，则成交价为 25。

四、保证金制度

为了防止违约,期权也有保证金制度。但是与期货买卖双方都需缴纳保证金不同,期权的买方只有权利而没有义务,因此无须缴纳保证金。对于期权的卖方,为保证期权执行时期权的义务方不会违约,其必须缴纳一定的保证金。

大商所和郑商所期权保证金使用的是国际上传统的保证金计算公式。期货期权卖方交易保证金的收取标准为下列两者中较大者。

(1) 权利金+期货交易保证金-期权虚值额的一半
(2) 权利金+期货交易保证金的一半

其中,看涨期权虚值额=max(行权价格-期货合约结算价,0)×期货合约交易单位,看跌期权虚值额=max(期货合约结算价-行权价格,0)×期货合约交易单位。

第三节 期权定价

一、期权的内在价值和时间价值

期权的权利金是指期权合约的市场价格,是期权的买方为了换取期权赋予买方的一定权利,而必须支付给卖方的一笔报酬。从价值上看包括内在价值和时间价值两部分。

(一)期权的内在价值

期权的内在价值是指在不考虑交易费用和期权费的情况下,多头方立即执行期权合约能够取得的收益。因为只有在有利时多头方才会行权,所以内在价值最小为零。

看涨期权的内在价值=max($S-K$, 0)

看跌期权的内在价值=max($K-S$, 0)

其中 S 为标的资产的价格,K 为期权的执行价格。

(二)期权的时间价值

期权的时间价值是指期权有效期内标的资产波动为期权持有者带来收益的可能性所隐含的价值,它是期权的权利金超出内在价值的部分。到期日之前,一份虚值期权可能会随时间转变为实值期权,期权的到期日越长,那么时间价值就越大。期权在到期日之前具有时间价值和内在价值,而在到期日当天就没有时间价值而只有内在价值。

(1)实值期权权利金=内在价值+时间价值;(2)平值期权权利金=时间价值;(3)虚值期权权利金=时间价值

平值期权时间价值最大,交易通常最活跃,因为时间价值就是投机价值。在平值期权时,期权向实值还是虚值转化,方向难以确定,转为实值则买方盈利,转为虚值则卖方盈利，因此投机性最强，时间价值最大。期权的虚值程度越深，期权转为实值的可能性越小，买方盈利的可能性就越小，故不愿多付出投机价值。而期权的实值程度越深，投机价值越小，故时间价值也越小。

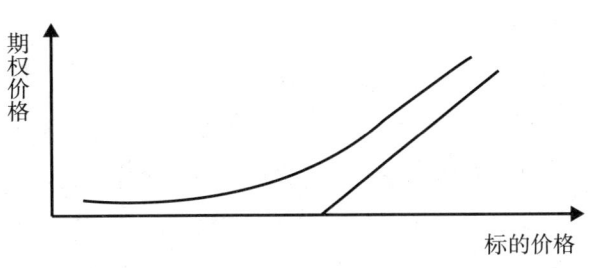

图 3.1　期权价值

（三）期权价格的影响因素

影响期权价格的因素主要有：标的资产市场价格、标的资产价格波动率、合约到期期限、执行价格、无风险利率等。

1. 标的资产市场价格

期权的内在价值为执行价格和市场价格的差额。对于看涨期权来说，当标的资产价格上升时，看涨期权的价值上升。同理，看跌期权的内在价值等于行权价格减去标的资产价格，所以标的资产价格越高，看跌期权价格越低。

2. 标的资产价格波动率

标的资产价格波动率越大，看涨期权和看跌期权的价值则越高。因为随着标的资产价格的波动率越大，标的资产价格将会以更大的可能性及幅度上涨或下跌，期权的卖方获利的可能性就越大，但同时其面临的市场风险也会增大。所以标的资产的波动率越大，期权的价格越高。

3. 合约到期期限

期权的到期期限越长，期权的价格变动幅度则越大，转向实值期权的可能性越大，因此其获利的可能性就越大。对于期权的卖方，期权合约到期期限越长，面临的市场风险越大，卖方出售时要求的权利金就越高。因此合约到期期限越长，期权的价格约高。

在美式期权中，剩余时间越长，时间价值越大，无论是看涨期权还是看跌期权的权利金都会增加。考虑其他条件相同但只有到期日不同的两个期权，则有效期长的期权不仅包含有效期短的期权的所有执行机会，而且还有更多的获利机会。因此，距离到期日长的期权的价值总是大于等于距离到期日短的期权的价值。

欧式期权一般也遵从上述规律。但是欧式期权只能在到期日执行，因而也可能在买方执行欲望较强时,出现剩余时间越短,权利金越高的情况。这是因为距离到期日长的期权只能在到期日执行,并不一定包含剩余时间短的期权的所有执行机会。例如,预计未来两个月内出现极端天气会使某农产品产量下降,价格上升,该农产品的两个欧式看涨期权,一个到期期限为2个月,另一个到期期限为3个月,此时就有可能出现到期期限短的期权价值超过到期期限长的期权的价值的情况。

4. 执行价格

对于看涨期权而言,执行价格越高,转向实值期权的可能性越小,所以看涨期权价值会越低。看跌期权与执行价格则成正相关,也就是执行价格越高,可用越高的价格卖出标的资产,所以看跌期权的价值则会更高。

5. 无风险利率

无风险利率也会影响期权价值。一方面,当市场无风险利率上升时,人们预期未来的标的资产收益率上升,因此看涨期权的价值将上升,而看跌期权的价值则会下降;另一方面,当市场无风险利率上升时,标的资产的价格会下降,因此看涨期权的价值下降,而看跌期权的价值上升。在现实交易中,第一个原因往往占据主要地位。

表 3.6　　　　　　　　　期权价格影响因素

	看涨期权	看跌期权
标的资产价格	+	−
标的资产价格波动率	+	+
合约到期期限	+	+
执行价格	−	+
无风险利率	+	−

二、平价公式

在无套利市场中,期权的价值有着合理的范围。对于看涨期权而言,价格一定会小于股价,同时期权作为一种权利,所以价格一定会大于零,另外,看涨期权的价格至少要大于等于标的资产价格减去执行价格的折现。对欧式与美式看涨期权均适用。

$$\max(S_0 - Ke^{-rt}, 0) \leq C \leq S \tag{3.1}$$

对于看跌期权,由于欧式期权必须要到期满日才能够履约,因此欧式看跌期权的上下限为:

$$\max(Ke^{-rt} - S_0, 0) \leq P_e \leq Ke^{-rt} \tag{3.2}$$

因为美式期权可以提前履约,所以美式看跌期权的上下限与欧式看跌期权的上下限有所不同，其上下限为：

$$\max(K - S_0, 0) \leq P_a \leq K \tag{3.3}$$

一般而言，对于其他条件相同，执行价格不同的欧式看涨期权，执行价格越低，看涨期权价格会越高，但其上升幅度会小于执行价格的下跌幅度。同理，看跌期权也有这一性质。对于欧式看跌期权，执行价格越低，看跌期权价格会下降，但其下跌幅度小于执行价格的下跌幅度。即当 $K_1 < K_2$ 时，

$$C_{K1} - C_{K2} \leq (K_2 - K_1) e^{-rt} \tag{3.4}$$

$$P_{K2} - P_{K1} \leq (K_2 - K_1) e^{-rt} \tag{3.5}$$

以上介绍了看涨期权与看跌期权价格的上下限，是期权价格和标的资产价格及执行价格之间的关系，而看涨期权和看跌期权彼此价格之间也存在着密切的关系，即看涨看跌期权平价关系。对于欧式期权为：

$$C_e + K e^{-rt} = P_e + S_0 \tag{3.6}$$

推广到美式期权为：

$$C_a + K e^{-rt} \leq P_a + S_0 \leq C_a + K \tag{3.7}$$

三、二叉树模型

1979 年，J. Cox、S. Ross 和 M. Rubinstein 三人提出"二叉树定价模型"，成为期权数值定价的一种重要方法。二叉树模型的优点在于其比较简单直观，可以运用于欧式期权、美式期权以及奇异期权的数值定价。该模型假设股价波动只有向上和向下两个方向，且假设在整个考察期内，股价每次向上（或向下）波动的概率和幅度不变。模型将考察的存续期分为若干阶段，根据股价的历史波动率模拟出股票在整个存续期内所有可能的发展路径，并对每一路径上的每一个阶段计算期权行权收益和用贴现法计算出的权证价格。对于美式期权，由于可以提前行权，每一节点上期权的理论价格应为期权行权的收益和贴现计算出的期权价格两者较大者。

假定股票在 0 时刻的价格为 S_0，考虑以此股票为标的资产，到期日为 T，执行价格为 K 的看涨期权的价格。假设股票价格在 T 时刻时只有两种可能：一是上涨到 uS_0（u>1），上涨概率为 p，此时期权价值为 $C_u = max(0, uS_0 - K)$；二是下跌到 dS_0（d<1），对应的期权价值为 $C_d = max(0, dS_0 - K)$。

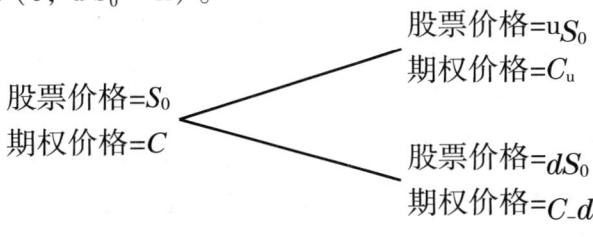

因此该看涨期权的定价公式为：

$$C = e^{-rt}[p C_u + (1-p) C_d] \quad (3.8)$$

其中 p 为"风险中性概率"，计算公式为：$p = \dfrac{e^{rt} - d}{u - d}$；计算上，已知股票的历史波动利率为 σ，可以取 $u = e^{\sigma \sqrt{T}}$，$d = 1/u$。

由单步二叉树可以推广至两步二叉树及多步二叉树，第一个时间间隔末，股票价格有两种可能，如果其他条件不变，在第二个时间间隔末，股票价格有 3 种可能。推广至 n 时刻末，股票价格有 n+1 种可能。因此当步数越大，二叉树法越接近现实情况。

四、B-S 模型

B-S 定价模型的主要思想是在无套利条件下，构造一个由期权和股票组成的无风险资产组合，这一组合的收益率为无风险收益率 r，由此得出期权价格满足的随机微分方程，从而求得期权价格。B-S 定价模型满足以下六个基本假设：（1）标的资产价格服从几何布朗运动；（2）标的资产可以被自由买卖，无交易成本，允许卖空；（3）期权有效期内，无风险利率 r 和预期收益率 μ 是常数，投资者可以以无风险利率无限制借入或贷出资金；（4）标的资产价格是连续变动的，即不存在价格的跳跃；（5）标的资产的价格波动率为常数；（6）无套利市场。

Black 和 Scholes 两人推导出看涨期权合理价格公式如下：

$$C = S \cdot N(d_1) - K \cdot e^{-rt} \cdot N(d_2) \quad (3.9)$$

$$P = K \cdot e^{-rt} \cdot N(-d_2) - S \cdot N(-d_1) \quad (3.10)$$

其中，

$$d_1 = \dfrac{\ln\left(\dfrac{S}{K}\right) + [r + (\sigma^2/2)]T}{\sigma \sqrt{T}} \quad (3.11)$$

$$d_2 = \dfrac{\ln\left(\dfrac{S}{K}\right) + [r - (\sigma^2/2)]T}{\sigma \sqrt{T}} \quad (3.12)$$

C 为看涨期权目前理论价值；P 为看跌期权目前理论价值；K 为执行价格；r 为无风险利率（以年为单位）；T 为到期时间（以年为单位）；σ 为无风险标的资产的价格波动率（以年为单位）；N（d）为标准正态概率值。

在风险中性的条件下，投资者的预期收益率 μ 用无风险收益率 r 替代。$N(d_2)$ 表示在风险中性市场中 S_T（标的资产在 T 时刻的价格）大于 K 的概率，也就是欧式看涨期权被执行的概率。$N(d_1)$ 是看涨期权价格对资产价格的导数，它反映了很短时间内期权价格变动与其标的资产价格变动的比率。资产的价格波动率 σ 用于度量资产所提供收益的不确定性,人们经常采用历史数据和隐含波动率来估计。

【例 3-3】假设某只不支付红利的股票价格为 50 元,无风险利率为 10%,经估计得到该股票的年波动率为 20%,求以该股票为标的资产、行权价为 50 元、期限为 1 年的欧式看涨期权和看跌期权的价格。

在本例中,已知:S = 50,K = 50,r = 10%,σ = 20%,T = 1

则

$$d_1 = \frac{\ln(50/50) + [0.1 + (0.04/2)] \times 1}{0.2 \times \sqrt{1}} = 0.6$$

$$d_2 = \frac{\ln(50/50) + [0.1 - (0.04/2)] \times 1}{0.2 \times \sqrt{1}} = 0.4$$

有:

$N(d_1) = 0.7257$

$N(d_2) = 0.6554$

则欧式看涨期权和看跌期权的价格分别为

$C = 50 \times 0.7257 - 50 \times e^{-0.1 \times 1} \times 0.6554 = 6.63$(元);

$P = 50 \times e^{-0.1 \times 1} \times (1 - 0.6554) - 50 \times (1 - 0.7257) = 1.88$(元)

五、希腊字母

根据 B-S 公式,期权的价格主要取决于标的资产市场价格、到期时间、波动率和无风险利率等因素,期权的风险主要是指以上几个因素变动对期权价格的影响。我们常用 Delta、Gamma、Vega、Theta、Rho 这五个常用的希腊字母来描述这些因素对于期权价格的影响。

(一) Delta

Delta 衡量的是标的资产价格变化对期权价格的影响,即标的证券变化一个单位,期权价格相应的变化,Delta = 期权价格变化/标的价格变化,可以理解为期权对标的资产价格变动的敏感性。

$$看涨期权\ \triangle = \frac{\partial C}{\partial S} = N(d_1) \tag{3.13}$$

$$看跌期权\ \triangle = \frac{\partial P}{\partial S} = N(d_1) - 1 \tag{3.14}$$

$$d_1 = \frac{\ln\left(\frac{S}{K}\right) + [r + (\sigma^2/2)]T}{\sigma \sqrt{T}}$$

Delta 包括以下性质。

（1）期权的 delta 取值介于 -1 到 1 之间，说明标的证券价格变化的速度快于期权价值变化的速度。

（2）看涨期权的 delta 为正值，看跌期权的 delta 为负值。

（3）平值期权的 delta 绝对值趋向于 0.5，实值期权绝对值通常 $\in$ (0.5, 1)，虚值期权绝对值通常 $\in$ (0, 0.5)。

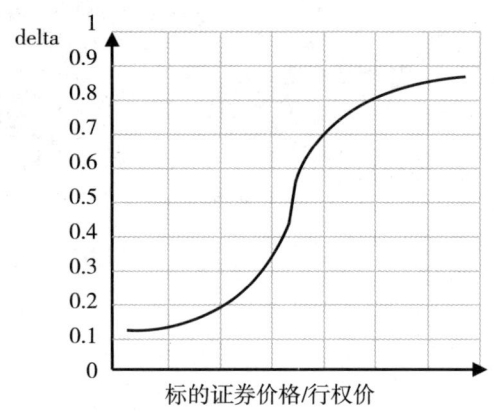
图 3.2 看涨期权 delta

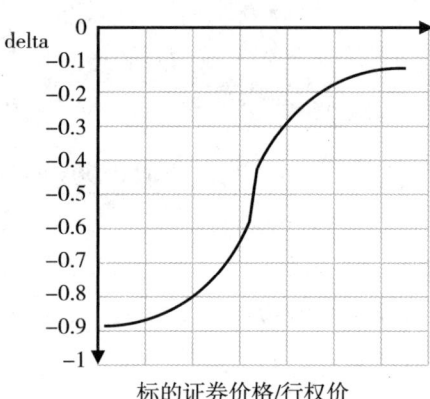
图 3.3 看跌期权 delta

（4）delta 对冲。此对冲策略是利用期权价格对标的资产价格变动的敏感度 delta，投资者按照 1 单位期权和 delta 单位资产做反向头寸来规避资产组合中价格波动风险。由于标的资产大幅变动时，delta 值也随之变动，静态的 delta 对冲不能完全规避风险，需要投资者根据市场变化调整对冲头寸。

【例 3-4】投资者持有 5 单位 Delta = 0.6 的看涨期权和 4 单位 Delta = -0.5 的看跌期权，期权的标的相同。若预期标的资产价格下跌，该投资者持有组合是否面临价格波动风险？该如何对冲此风险？

该组合的 Delta = 5 × 0.6 + 4 × (-0.5) = 1，因此资产价格下跌将导致组合价值下跌，解决方案如下。

（1）再购入 2 单位 Delta = -0.5 标的相同的看跌期权。

（2）卖空 1 单位标的资产。

以上两种方案都使组合实现了 Delta 中性，从而规避了标的资产价格波动风险。

（二）Gamma

Gamma 值是衡量 delta 值对标的资产的敏感程度。定义为期权价值对于标的证券价格的二阶偏导数。根据 B-S 公式，gamma 公式如下：

$$\text{看涨期权 } \Gamma = \frac{\partial^2 C}{\partial S^2} = \frac{N'(d_1)}{S\sigma\sqrt{T}} \tag{3.15}$$

$$\text{看跌期权 } \Gamma = \frac{\partial^2 P}{\partial S^2} = \frac{N'(d_1)}{S\sigma\sqrt{T}} \tag{3.16}$$

当 Gamma 较小时，delta 变化缓慢，投资者不用频繁调整头寸对冲资产价格变动风险；反之，投资者要频繁调整。Delta 是反映与标的期货有关的风险指标，而 Gamma 是反映与期权有关的风险指标。Gamma 的绝对值大，表示权利金变化快，风险程度高；Gamma 的绝对值小，表示权利金变化小，风险程度低。

Gamma 包括以下性质。

（1）看涨期权和看跌期权的 gamma 值均为正值。

（2）标的证券价格在行权价格附近时，gamma 最大，深度实值或深度虚值时期权的 gamma 值均较小。

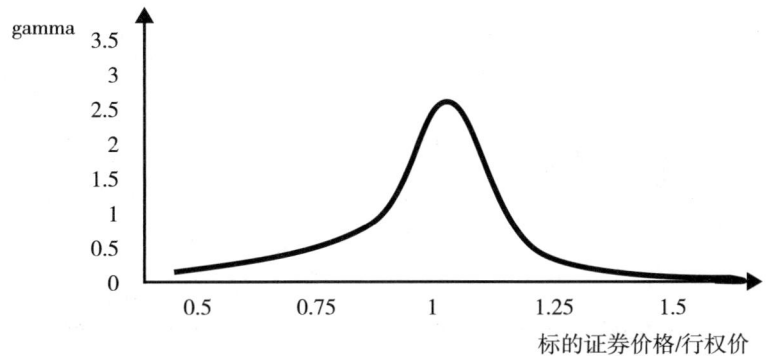

图 3.4 Gamma 与标的资产价格

（3）期权越临近到期日，平值期权的 gamma 值趋近无穷大，实值和虚值期权的 gamma 值先增大后减小，随着临近到期日趋向于 0。

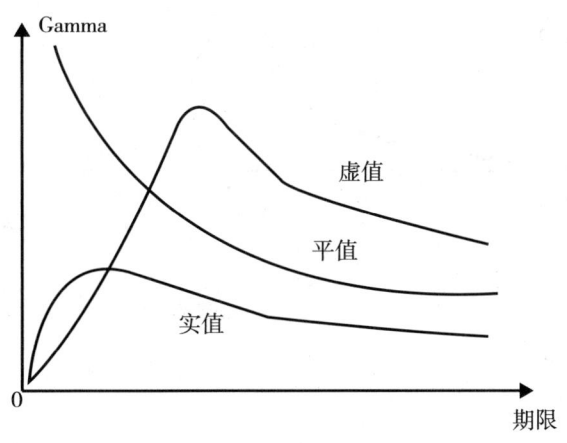

图 3.5 不同期权的 Gamma 与剩余期限

假如一交易者卖出 10 个看涨期权,每个 Delta 为 0.5,总的 Delta 为 5。从理论上说相当于卖出 5 个期货合约。如果该交易者控制风险的能力是 8 个期货合约,那么这时就处于正常风险限制范围内。如果市场上升 10 个点,而且他只考虑原来的 Delta 部位,他会假定自己仍是卖出同样的 5 个期货合约,因此在他可接受的风险范围内。但是如果原来每个看涨期权的 Gamma 为 0.05,又会怎么样呢?那么标的期货合约每上升一个点,每个看涨期权会获得 0.05 的 Delta。既然标的物上升 10 个点,那么每个看涨期权这时的 Delta 为 0.5+(10×0.05)= 1,其总部位为 10(1×10 = 10),这时总的 Delta 部位已不是 6,而是 10,这已超过他可接受的风险。

(三) Vega

Vega 衡量的是期权价格对波动率的敏感度。准确的定义为期权价值对于标的证券波动率的一阶偏导。

$$看涨期权 \ v = \frac{\partial C}{\partial \sigma} = S \cdot \sqrt{T} \cdot N'(d_1) \qquad (3.17)$$

$$看跌期权 \ v = \frac{\partial P}{\partial \sigma} = S \cdot \sqrt{T} \cdot N'(d_1) \qquad (3.18)$$

Vega 的性质如下:

(1) 波动率与期权价格成正比。

(2) 标的资产价格越偏离期权行权价,vega 越小,行权价格越接近标的资产价格的期权合约越大。

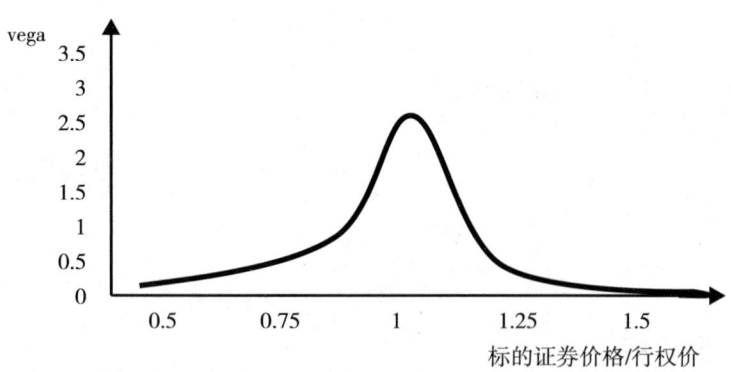

图 3.6 Vega 与标的资产价格

(四) Theta

Theta 衡量的是到期时间变化对期权价格的影响,用于衡量期权理论价值因为时间流逝而下降的速度,是计量时间流逝的风险。无论看涨期权或看跌期权,时间流逝都会造成理论价值的下降。

$$\text{看涨期权：} \Theta = \frac{\partial C}{\partial t} = -\frac{S\sigma}{2\sqrt{T}} \cdot N'(d_1) - rKe^{-rt} \cdot N(d_2) \quad (3.19)$$

$$\text{看跌期权：} \Theta = \frac{\partial P}{\partial t} = -\frac{S\sigma}{2\sqrt{T}} \cdot N'(d_1) - rKe^{-rt} \cdot [N(d_2) - 1] \quad (3.20)$$

Theta 的性质如下。

（1）看涨期权和看跌期权的 theta 值通常是负的，表明越接近到期日，期权的价值越小。

（2）在行权价附近，theta 的绝对值最大。也就是说，在行权价附近，到期时间变化对期权价值的影响最大。

（3）theta 随到期时间的变化：平价期权的 theta 是单调递减至负无穷；而实值期权和虚值期权的 theta 将先变小后变大，随着接近到期收敛至零。

（五）Rho

Rho 用来衡量期权价格对利率变动的敏感度。

$$\text{看涨期权：} \rho = \frac{\partial C}{\partial r} = Kte^{-rt}N(d_2) \quad (3.21)$$

$$\text{看跌期权：} \rho = \frac{\partial P}{\partial r} = -Kte^{-rt}[N(d_2) - 1] \quad (3.22)$$

Rho 的性质如下。

（1）看涨期权的 rho 是正的，看跌期权的 rho 是负的。

（2）rho 随标的价格的变化：rho 随标的证券价格单调递增。对于看涨期权，标的价格越高，利率对期权价值的影响越大。对于看跌期权，标的价格越低，利率对期权价值的影响越大。

（3）rho 随时间的变化：rho 随着期权到期，单调收敛到零。也就是说，期权越接近到期，利率变化对期权价值的影响越小。

第四章 场外商品衍生品

场外商品衍生品市场是交易所市场的重要补充,为投资人提供了多样化的投资选择。当投资人有特定商品的交易或套期保值需求时,受交易所品种种类、流动性、合约条款限制,投资人将选择在场外交易。

本章主要介绍场外商品衍生品的主要类型和在市场中的应用。

第一节 场外商品衍生品

一、场外商品衍生品的定义

场外商品衍生品是指标的资产为大宗商品或者商品价格指数及相关指数的场外互换、远期以及期权。常见的标的有贵金属和基础金属、原油和其他石油产品、天然气、电力、海运费和天气指数等。

二、场外商品衍生品的发展

(一)全球场外商品衍生品的发展

全球场外商品衍生品市场在1998年至2008年之间发展迅速,规模出现爆炸性增长。根据国际清算银行的数据显示,商品场外衍生品名义本金规模从1998年上半年的5041亿美元增加到2008年上半年的141402亿美元,名义本金规模增加约28倍。同时,场外商品期权名义本金规模从2085亿美元增加到55583亿美元,名义本金规模增加约27倍。

2008年金融危机后,全球商品场外衍生品市场开始大幅下降,名义本金规模明显萎缩,在近几年趋于稳定。截至2018年上半年,全球商品场外衍生品名义本金为18980亿美元,按照标的商品分类,黄金5130亿美元,其他贵金属650亿美元,其他商品1320亿美元。按照衍生品工具分类,远期和互换14500亿美元,期权449亿美元。

(二)我国场外商品衍生品的发展

过去较长一段时间,我国期货市场的工具和层次较为单一,只有期货,没有期权和互换,场内市场较为发达,场外市场发育迟缓。

我国商品场外市场真正开始蓬勃发展始于2015年，2014年至2015年可谓我国场外衍生品市场的制度年，《中国证券期货市场场外衍生品交易主协议（2014年版）》及补充协议、《中国证券期货市场场外衍生品交易权益类衍生品定义文件（2014年版）》、《中国证券期货市场场外衍生品交易商品定义文件（2015年版）》及配套交易确认书先后完成制定发布，涉及权益类衍生品和商品类衍生品，场外衍生品市场规范度有所提升。

国外场外衍生品以远期和互换为主，而我国的场外衍生品以场外期权为主。这主要由于国外是先出现远期和互换的场外市场，其后才出现场内市场，而国内是先有了商品场内交易，之后才发展了场外交易。我国场外交易在2017年下半年获得迅猛发展。

当前证监会体系下场外期权参与活跃度较高的机构主要有证券公司、期货公司及其风险管理子公司、私募基金等，其中前两类机构最常承担场外期权创设方、做市商的角色。商品场外交易此前一直没有中央集中结算平台，2018年年底，大连商品交易所推出的商品互换填补了这一空白，这将大大加速我国场外商品互换乃至场外交易的发展。此外我国对于商业银行参与商品场内外衍生品交易尚存在较大的限制，与国外发达国家存在较大差距。

三、场外商品衍生品的特点

场外商品衍生品市场是交易所市场的重要补充，为投资人提供了多样化的投资选择。当投资人有特定商品的交易或套期保值需求时，受交易所品种种类、流动性、合约条款限制，投资人将选择在场外交易。例如，投资人可能有超长期的套期保值需求，而交易所未能提供相应的产品；或交易所产品未能提供特定的期权行权价格，或需要执行一个能源互换合约但交易所没有对应的品种等。

四、场外衍生品的运转模式

场外衍生品市场的发展是一个不断演进的过程，如今的场外衍生品市场的主要参与者由投资者、交易商、第三方清算机构（中央对手方，即CCP）以及监管方和自律组织四个主体组成。由于场外衍生品市场是一个分散化的、没有固定交易场所的市场，且各个市场也存在差异，整体来看通常有以下三种组织方式。

（一）传统的交易商市场

传统的场外衍生品市场通常由一个或多个交易商（Dealer）组成，这些交易商相当于做市商，为市场参与者提供买卖报价。虽然通过电子报价板可以提高交易商报价的效率，但是，报价和协商实际交易的价格往往还是通过电话来确定。由于无论是交易商之间还是交易商与终端客户之间，都是通过电话完成交易的，整个流程仅有两个市场参与者直接参与，这类市场被称为"双边交易"市场。

虽然从监管的角度来看，双边交易在交易的便利性上不如多边市场，但实际上整个市场的运作是高效的，交易商与其他交易商以及主要客户之间通常会有电话专线，可以很快地向多家交易商询价，以便了解整个市场的情况。

交易商把客户的需求聚集在自己的柜台，然后与交易双方或者在批发市场中进行搭配交易，赚取交易差价。传统交易商市场交易如图 4.1 所示。

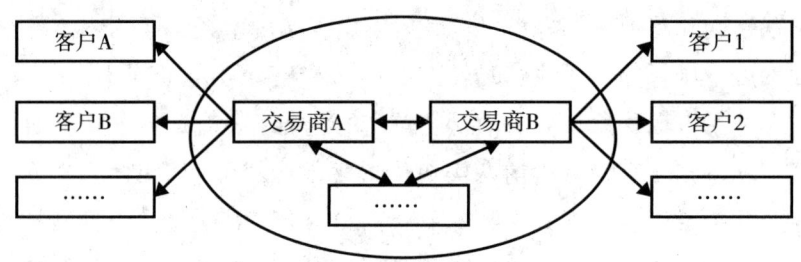

图 4.1　传统交易商市场交易示意图

（二）电子经纪市场

如今，场外交易市场的交易方式更加多样化，一些场外市场可以通过电子经纪平台（类似于交易所的电子交易平台）公开竞价交易，交易商更类似于一个经纪商（Broker），本身不进行交易、不持有任何头寸，构成了类似于交易所的多边交易环境。交易商把客户的需求递交至电子经纪平台，进行公开竞价交易，交易商从中赚取手续费。电子经纪市场交易见图 4.2。

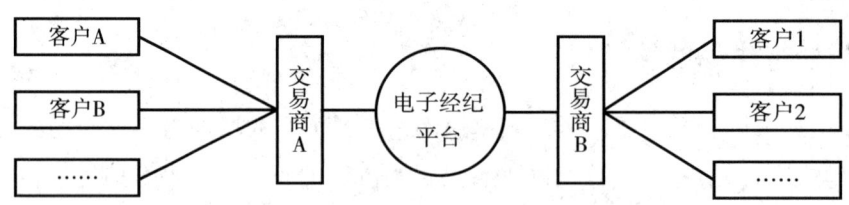

图 4.2　电子经纪市场交易示意图

（三）混合模式

另外，一些场外市场将传统做市模式与电子经纪平台相结合，交易商建立了自己的电子交易平台，交易商既是经纪商又是做市商，称之为经纪自营商（Broker-Dealer）。其独自在电子交易平台上提供买卖报价，市场的参与者都与该交易商交易，这就构成了单向多边市场。这个市场是单向的，只有交易商的报价是可以看到的，市场上所有的参与者只能与交易商进行交易。交易商在电子交易平台上提供买卖报价，客户通过电子交易平台与交易商交易。混合模式市场交易见图 4.3。

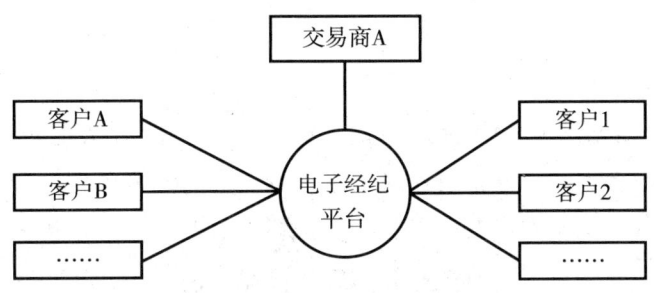

图 4.3　混合模式市场交易示意图

由于历史原因和市场发达程度的差异，各国对衍生品市场的监管模式不尽相同。2008 年金融危机之前，场外衍生品的监管以行业自律为主导，官方监管和国际组织监管合作为补充，形成了一个宽松、有弹性的监管体系。在行业自律方面，国际上通过国际掉期与衍生品协会（ISDA）制定了相关文件，各国一般都设有类似的行业自律组织，引导市场发展。

2008 年金融危机爆发以来，场外衍生品市场备受争议，包括美国、欧盟在内的各个国家和经济体意识到金融监管的重要性之后，着手重塑金融监管体系，特别是场外衍生品市场监管体系。

五、场外衍生品的清算

场外衍生品清算主要有三种模式：非标准化双边清算、标准化双边清算、中央对手方清算。

（一）非标准化双边清算模式

场外衍生品市场发展的优势在于可以根据投资者的不同需求设计不同的产品，满足投资者个性化的风险管理、投资等需求。早期的场外衍生品市场的交易是在交易双方之间完成，或在第三方信用机构的协助下完成，往往采用非标准化的双边清算，交易双方仅凭各自的信用或者第三方信用作为履约的担保，因而面临着巨大的信用风险，特别是进行多笔交易时则要承担多个对手的信用风险。

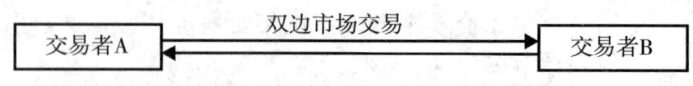

图 4.4 非标准化双边清算模式示意图

(二) 标准化双边清算模式

非标准化、高度定制化的衍生品交易虽然在满足个性化需求方面有优势,但由于合约的高度定制化使交易者在提前退出时比较困难,且在合约签署前的谈判细节上需要耗损大量的时间,这就增加了企业的运营成本和时间成本。20 世纪 80 年代开始,以互换为代表的场外衍生品快速发展起来。随着企业参与度的深化,违约的连锁放大风险不断累积,整个市场曾充满极大的系统性风险。国际掉期与衍生品协会(ISDA)在 1987 年发布了 ISDA 主协议,一方面,将场外衍生品合约的内容进行标准化处理,减少了交易双方的谈判时间和起草协议的法律风险,降低了法律成本;另一方面,在定制的基础上引入标准化元素,方便交易双方净额结算,降低交易成本,即当交易双方不止一笔交易,而是一系列交易时,盈亏可以相互抵销,按照净额进行结算即可。另外,增加了抵押金的措施,可降低交易双方的违约风险,提高市场效率。

由于交易者长久以来形成的习惯,ISDA 主协议的应用并不广泛,直到 20 世纪 90 年代,新英格兰银行等多家金融企业相继破产和倒闭,引起了市场信用风险集中爆发后 ISDA 主协议才开始真正意义上的普及,推动了以做市商为核心的标准化双边清算模式的发展。ISDA 主协议成为市场主流,使做市商能够方便地对冲风险,从而可以为市场提供流动性,赚取信用利差。做市商一般为大型的商业银行或者投资银行,以自身的良好信用作为担保,为投资者提供合适报价。清算模式也变为标准化的双边清算模式。标准化双边清算模式下的市场结构见图 4.5。

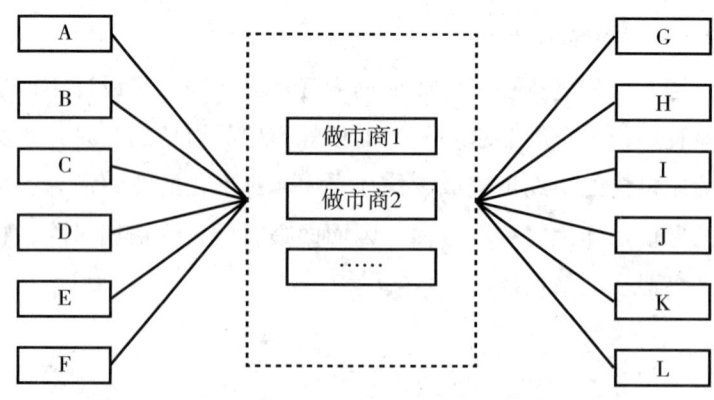

图 4.5 标准化双边清算模式下的市场结构示意图

(三) 中央对手方清算模式

以做市商为核心的标准化双边清算模式并没有消除交易者之间的信用风险，而是将信用风险集中在做市商身上。做市商一般是资金实力雄厚、规模大、信誉好的机构，违约风险较低，但是如果做市商本身违约，则会给市场带来毁灭性的冲击。2001年的安然破产事件为整个场外衍生品市场敲响了警钟。安然的破产使得市场中大量的交易者受到牵连，标准化双边清算模式的缺陷暴露出来。

2002年，纽约商业交易所（NYMEX）和洲际交易所（ICE）宣布以其清算所作为场外衍生产品的中央对手方（Central Counterpa，CCP），市场开始步入中央对手方清算模式，即"场外交易，场内清算"。

中央对手方清算模式的核心是合约替换，即清算所作为中央交易对手为场外合约进行统一清算。清算所作为交易双方的法定对手方，原来的场外成交合约就转化为两张与中央对手方（CCP）的清算型合约。中央对手方清算模式与做市商在性质上有相似之处，但最大的区别在于中央对手方永远不承担交易风险，而做市商则需要在市场上寻找相反交易方向的交易者来对冲风险。中央对手方清算模式下的市场结构见图4.6。

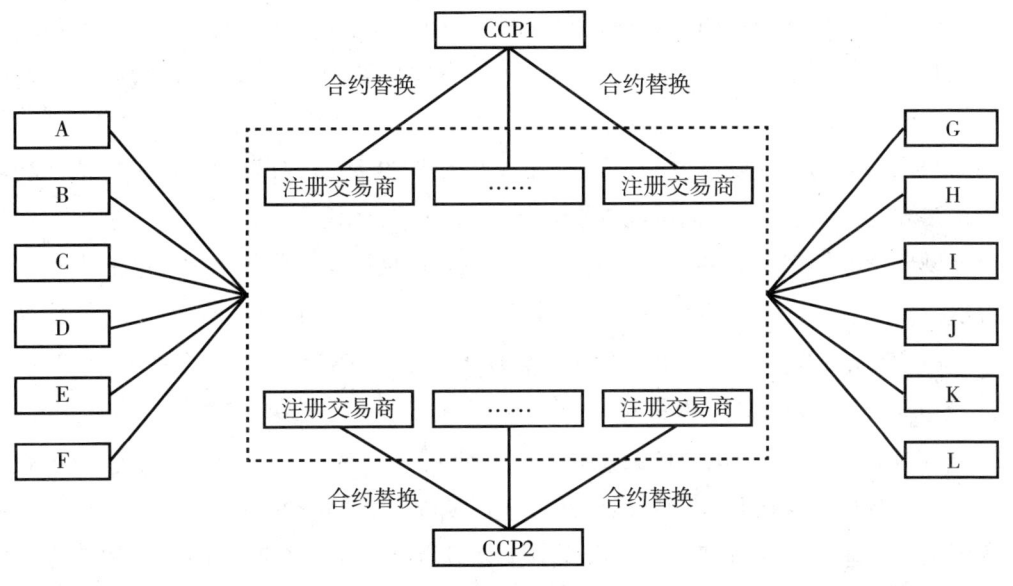

图4.6 中央对手方清算模式下的市场结构示意图

中央对手方清算模式在交易所的推动下得到快速发展。次贷危机爆发时，尽管雷曼兄弟参与了大量的场外衍生品交易，但是由于大部分均采用中央对手方清算模式，其破产并没有引发系统性违约风险。2010年以前，美国市场中央对手方清算模式与标准化双边清算模式几乎各占 50%，但 2010 年以后，以《多德—弗兰克法案》为代表的监管法律强制要求场外衍生品合约采用中央对手方清算。如今，中央对手方清算模式已经占据绝对优势。

第二节 场外商品期权

一、场外商品期权的定义

场外商品期权是指以大宗商品作为标的，在非集中性的交易场所进行的非标准化的金融期权合约，是根据场外双方的洽谈，或者中间商的撮合，按照双方需求自行制定交易的金融衍生品。场外期权是根据客户需求设计的，极具个性化，且更加灵活，没有统一的挂牌和指令规则。场外期权与场内期权的区别最主要就表现在期权合约是否标准化。

二、场外商品期权的发展

（一）全球场外商品期权的发展

自 20 世纪 80 年代初起，场外期权市场迅速发展，而且变得十分重要。特别是 2002 年以后，场外市场交易规模增长快速，并且涌现出了更多的奇异期权，使场外期权种类更丰富。2007 年金融危机之后期权交易规模有所下降，2011 年后有过短暂的回升，但是整体来说比较稳定。

场外期权的标的主要以利率和汇率为主，占比约 90%；权益类期权主要集中在场内市场，占比约 8%，以商品为标的的场外期权规模最小，占比小于 2%。

全球场外商品期权分品种规模来看，其他商品规模最大，截至 2018 年上半年，名义本金规模为 3417 亿美元，占比 67.58%；其次为黄金，名义本金规模为 1485 亿美元，占比 29.38%；其他贵金属规模最小，名义本金规模为 154 亿美元，占比 3.04%。

（二）国内场外商品期权的发展

2014 年 9 月 16 日，中国证监会发布的《关于进一步推进期货经营机构创新发展的意见》指出：支持期货经营机构开展场外期权、远期、互换等场外衍生品交易。规范发展期货经营机构柜台业务，支持期货经营机构自主创设场外衍生品合约，服务实体经济风险管理需要。

我国场外商品期权市场从 2014 年以试点模式逐步展开，少数企业参加，2015 年至 2016 年市场规模缓慢增加，到 2017 年场外业务开始飞速发展，规模不断扩大。2018 年，我国证券公司场外期权累计初始名义本金 6718.31 亿元，较 2017 年的 5011.36 亿元增长 34.06%；期货风险管理公司场外期权累计初始名义本金 9406.01 亿元，较 2017 年的 2937.97 亿元增长 220.15%。我国场外商品期权市场正逐渐成熟，市场规模不断扩大，产业客户参与度不断提升，众多的场外期权结构满足不同客户的多样化风险管理需求。

三、场外商品期权的特点

场外期权与场内期权的主要区别体现在以下三个方面。

（一）交易场所和交易方式

交易所期权由交易所会员在交易所通过集中竞价进行。场外期权交易没有有形的交易场所，主要是通过电话、电传和电子交易系统协商达成交易。

（二）清算方式

场内期权交易实行集中清算。期权交易得到确认之后，清算机构成为所有合约持有者的交易对手。场外期权交易是双边交易，一般是交易双方实行双边清算，但现在也逐步有清算机构开始为场外期权交易提供集中清算服务。

（三）交易对象

场内期权交易的对象是标准化合约，合约的标的物、数量、到期日、期权执行价等都是相对标准化的。而场外期权交易的对象一般是非标准化合约，其标的物、金额、到期日等都是交易双方协定的。

表 4.1　　　　　　　　　　场外商品期权的优势和劣势

优势	个性化、条款灵活	批量定制，适合大规模资产管理	策略多样化：奇异期权等	监管相对宽松
劣势	流动性相对较差	面临信用风检	谈判成本高	定价效率低

四、场外商品期权的分类和应用

场外期权市场的期权结构可以大致分为香草期权与奇异期权两类。标准的欧式和美式期权被称为香草期权，是结构相对比较简单的期权。奇异期权是比香草期权更复杂的期权品种，奇异期权种类繁多，他们通常都是在传统期权的基础上改头换面，或通过各种组合而形成。

一般来说，交易所上市的期权多为香草期权，奇异期权大多在场外市场交易，往往根据客户的需求量身定制。虽然奇异期权占整体市场的比例不高，但这类产品为衍生品交易商提供了丰厚的利润。

（一）场外香草期权

标准的香草期权一般分为认购与认沽期权，是较简单的期权结构。根据这两种基础的期权，可以构建更多组合的期权策略，例如：熊市价差组合、牛市价差组合、跨式组合、蝶式组合等。

1. 认购期权

产业客户利用场外商品认购期权可以达到对冲价格风险的目的，同时，由于期权具有较高的杠杆，买入期权的最大损失有限，所以还可以利用场外认购期权来获取标的上涨的收益。

2. 认沽期权

产业客户利用场外商品认沽期权对库存进行套保，同时，由于期权具有较高的杠杆，买入期权的最大损失有限，所以还可以利用场外认沽期权来获取标的下跌的收益。

(二) 场外奇异期权

在场外期权市场，交易活跃并为期权交易商提供了大多数利润的期权是奇异期权，奇异期权的回报取决于各种独特的条款，可以用于满足特性化的对冲和投资需求而大受欢迎。

奇异期权的种类较多，大致可以分为路径依赖期权、多因子期权、时间依赖期权以及其他奇异期权四类。每一类奇异期权的收益和风险特性都较为独特，种类繁多的奇异期权能为投资者提供多样化的对冲和投资需求。

1. 路径依赖期权

路径依赖期权的收益与期权有效期内标的价格的走势有关，常见的路径依赖期权有亚式期权、障碍期权等。

(1) 亚式期权

①亚式期权的定义

亚式期权又称为平均价格期权，是目前衍生品市场交易最为活跃的奇异期权之一，与标准的期权差别在于，在到期日确定期权收益时，不是采用标的资产当时的市场价格，而是用期权合同期内某段时间标的资产价格的平均值，这段时间被称为平均期。

在对价格进行平均时，采用算术平均或几何平均，因此亚式期权可以被分为两种：一种是算术平均亚式期权；另一种是几何平均亚式期权。一般使用较多的为算术平均亚式期权。

按照结算时平均价格是替代标的资产价格还是执行价格的不同，亚式期权又可以分为平均价格期权和平均执行价格期权，一般使用较多的是平均价格期权。

②亚式期权特点

期权费较低。因为亚式期权是用一段时间资产价格的平均值来进行结算，标的平均价格的波动率要低于标的本身，所以期权价格比普通期权要低很多。

为未来一段时间内的平均现金流进行保值。对于一些实体企业，由于受到库存容量的影响，原料的采购是间断分批进行的，相比于现货的期货价格来说，某些时点的平均价格更值得关注，平均价格才是主要的风险点，亚式期权的特性更能满足这些需求。

难以操纵标的价格。由于亚式期权使用的是标的资产的平均价格，因此它可以避免期权标的资产在接近到期日时被操纵带来的风险。

③亚式期权的应用

假设某豆粕贸易企业，每周需要采购 1 千吨的豆粕，每个月采购 4 千吨。为了避免未来 1 个月豆粕价格上涨，该企业可以选择购买 4 周期限的亚式看涨期权合约，以每周五的 M1901 合约价格的算术平均值作为结算价，时间为 2018 年 7 月 16 日至 2018 年 8 月 10 日，期权执行价为 7 月 16 日的 M1901 价格 3088 元/吨。看涨期权期权费为 40 元/吨，4 千吨豆粕共需要支付 16 万元。

之后根据 M1901 的走势情况，7 月 20 日、7 月 27 日、8 月 3 日和 8 月 10 日的价格分别为 3157 元/吨、3181 元/吨、3163 元/吨和 3279 元/吨，平均价格为 3195 元/吨。按照 3088 元/吨的执行价，期权部分共盈利（3195－3088）元/吨×4 千吨－16 万元＝26.8 万元。企业平均采购成本为 3128 元/吨，如果没有进行期权套保，采购成本为 3195 元/吨，成本节约 67 元/吨。

（2）障碍期权

①障碍期权的定义

障碍期权是指当标的资产价格在特定时间内穿越某一水平才会生效或者失效的期权。障碍期权一般分为敲出期权和敲入期权两类。

敲出期权：当标的资产价格达到一个特定的障碍水平时，该期权作废（"敲出"），若规定时间内标的资产价格没有触及障碍水平，则为一个普通期权。

敲入期权：与敲出期权相反，当标的资产价格达到一个特定障碍水平时，该期权才有效（"敲入"），若规定时间内标的资产价格没有触及障碍水平，则作废。根据障碍水平与当前价格的关系，又可以分为向上期权和向下期权两类，若障碍水平高于当前价格，则为向上期权，若低于当前价格，则为向下期权。

②障碍期权的特点

障碍期权由于包含了一些特殊条款，所以价格相比普通期权更便宜。在没有触及障碍水平时，障碍期权和普通香草期权没有差别。

③障碍期权的应用

较低资金成本获取标的价格变动收益。障碍期权由于其价格相对普通期权更便宜，当投资者具有相对较明确的观点时，可以通过购买障碍期权，以较低的资金成本获取标的价格变动的收益。当投资者预期标的将大涨或大跌时，可以较低价格买入向上或向下的敲入期权，获得收益。

满足产业客户的特殊需求。由于障碍期权具有价格便宜、敲入敲出条款等特性，可以满足部分实体企业特殊的套保需求。

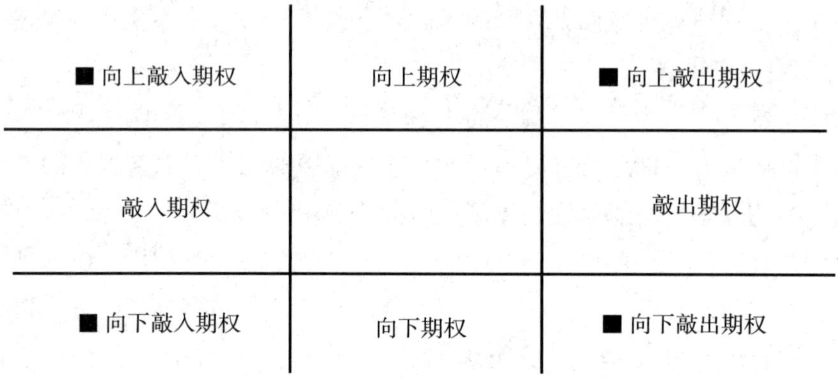

向上敲入期权	向上期权	向上敲出期权
敲入期权		敲出期权
向下敲入期权	向下期权	向下敲出期权

图 4.7 障碍期权的分类及特点

例如：某现货贸易企业，需要定期购买一定数量的原材料，担心原材料价格的大幅变动导致采购成本的大幅增加，但由于企业财务制度关系，无法利用较高的资金成本进行套保。此时，该企业可以通过使用价格便宜的向上敲入期权来进行对冲，当原材料价格大幅上涨，超过障碍水平时，该期权有效，期权部分的收益可以弥补上升的采购成本。

特殊结构化产品的设计。利用障碍期权特殊的性质，可以结合其他品种来设计一些阶段性收益的结构化产品。

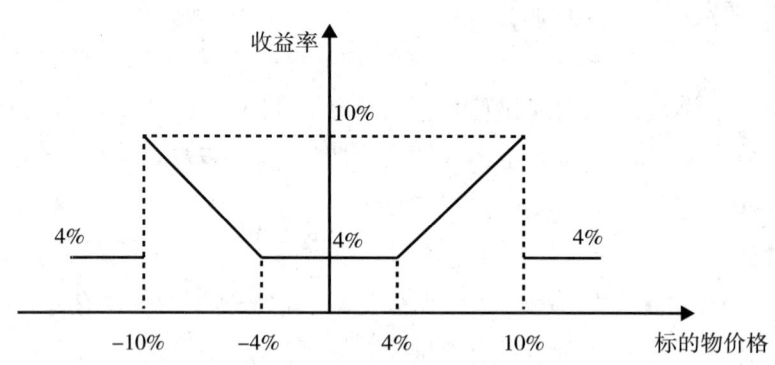

图 4.8 障碍期权结构化产品设计

图 4.8 简单展示了利用固定收益及敲入与敲出期权的组合来设计结构化产品的收益图，若标的价格持续上涨，涨幅超过 4% 时，则向上敲入看涨期权成立，此时购买者收益开始以 4% 为起点上升，上升幅度与标的涨幅相同；当股价涨幅超过 10% 时，达到向上敲出

看涨期权条件，该期权自动失效，购买者收益重新回到4%水平。反之，若标的价格跌幅超过4%，则向下敲入看跌期权成立，此时购买者收益以4%为起点开始上升，上升幅度与标的跌幅相同；当股价跌幅超过10%时，达到向下敲出看跌期权条件，该期权自动失效，购买者收益重新回到4%水平。

2. 多因子期权

多因子期权的价值取决于两种或多种标的资产的价格，常见的多因子期权有一篮子期权、彩虹期权等。

（1）一篮子期权

①一篮子期权的定义

一篮子期权是多种标的资产的一个投资组合型期权，构成资产组合的资产可以是股票、外汇、期货等。随着投资者对其投资组合分散化日益增长的要求，人们对这种投资组合期权的需求也在不断的增加。

一篮子期权根据组合方式的不同可以分为几何形式和算术形式两类，一般使用较多的为算术形式一篮子期权。目前我国上市的上证50ETF期权也属于一篮子期权的一种形式。

假设一篮子期权组合资产中的资产i的权重为α_i，价格为S_i，则组合资产的价格为：

$$S = \alpha_1 S_1 + \alpha_2 S_2 + \cdots + \alpha_i S_i$$

对于一篮子认购期权，期权的回报为$\max[0, S(T) - K]$；对于一篮子认沽期权，期权的回报为$\max[0, K - S(T)]$。

②一篮子期权的特点

期权费较低。由于多个资产组合的波动率一般要小于单个资产的波动率，所以一篮子期权的价格通常要比单个资产期权的总价值便宜。

为多种资产组合提供价格对冲。一篮子期权的标的为多种资产的组合，通过购买一份一篮子期权，可以为多种资产组合进行价格对冲，不需要购买单一标的的多个期权。

③一篮子期权的应用

较低的资金成本对冲多种资产的组合风险。由于一篮子期权比单个资产期权的期权组合价格要更低，拥有多种资产组合的投资者，可以通过购买较便宜的一篮子期权来对冲多种资产的组合风险。

（2）彩虹期权

①彩虹期权的定义

彩虹期权与一篮子期权较为类似，期权的价值也是取决于两种或多种标的资产的价格。不同之处在于，彩虹期权的损益结构取决于多个标的资产中的某一个资产的表现。

彩虹看涨期权的收益由多个资产中表现最好的资产决定，彩虹看跌期权的收益由多个资产中表现最差的资产决定。彩虹期权的一种简单的形式是两资产欧式彩虹看涨期权，该期权有两个标的资产,只能在到期日行权,特别之处在于其收益结构取决于两个标的资产中表现最好的资产。

②彩虹期权的特点

获得多个资产中表现最好的收益。投资者若看涨后市,可以通过购买彩虹看涨期权来获得多个资产中上涨幅度最多的资产的收益;投资者若看跌后市,可以通过购买彩虹看跌期权来获得多个资产中下跌幅度最多的资产的收益。

价格比普通期权更贵。因为彩虹期权的收益由多个资产中表现最好或者最差的资产决定,相比于普通期权,彩虹期权获利的概率更高,所以价格也比普通期权要更贵。

③彩虹期权的应用

假设某两资产欧式彩虹看涨期权的标的资产为豆粕期货与菜粕期货,执行价格为初始价格,2018年7月16日上市,8月16日到期,期权期限为一个月。7月16日收盘,豆粕期货与菜粕期货价格分别为3088元/吨和2508元/吨;8月16日收盘,豆粕期货与菜粕期货价格分别为3240元/吨和2518元/吨,涨幅分别为4.92%和0.4%,两者的最大值为4.92%,此期权的收益为4.92%。同样是这个两资产欧式彩虹看涨期权,若是2017年9月16日上市,10月16日到期。期权期限内,豆粕上涨5.23%,菜粕上涨6.43%,两者的最大值为6.43%,此时期权的收益为6.43%。投资者通过购买这样一个彩虹期权,可以获得两个标的资产中表现最好的收益。

3. 时间依赖期权

时间依赖期权的价值与时间及当时的标的资产价格有关,常见的时间依赖期权有抉择型期权、百慕大期权以及展期期权等。

(1)抉择型期权

①抉择新期权的定义

抉择型期权又称为随心所欲期权,是一种与时间相关的期权。这种期权的持有人有权在到期日之前的某一段时期,决定该选择权为买权或卖权。因此,在决定的时间点,抉择型期权的价值应该为:

$$\max(c, p)$$

其中,c为抉择型期权的标的看涨期权价值,p为抉择型期权的标的看跌期权价值。

②抉择型期权特点

比普通期权更灵活。抉择型期权可以让投资者在到期日之前选择是看涨期权还是看跌期权,比普通期权更灵活。投资者可以根据决定时间点标的资产价格的变动来选择对自己有利的情况。例如,某投资者并不清楚后期中美贸易战的走势,可以买入一份抉择型期权,等到中美贸易战形势明朗之后,再确定期权为认购期权还是认沽期权。

比普通期权价格更贵,且决定时间点越接近到期日,期权价格越贵。由于抉择型期权能让投资者在特定时间点决定期权是看涨期权还是看跌期权,因此投资者的可选择性更强,所以抉择型期权的价格比普通期权更贵。同时,决定时间点越接近到期日,标的资产的价格变动情况越明确,投资者更容易选择对自己有利的情况,所以决定时间点越接近到期日,抉择型期权的价格也越贵。

③抉择新期权的应用

2018年3月22日,美国总统特朗普在白宫签署总统备忘录,宣布基于对中国发起的"301贸易调查"对从中国进口的约600亿美元商品加征关税,由此揭开了中美贸易战的大幕,国内豆粕期货价格随之大涨。

假设某投资者,并不清楚后期中美贸易战的具体进展,于是在4月20日买入一份抉择型期权,期权到期时间为5月21日,决定时间点为5月4日。

5月3日,美国总统特使、财政部长姆努钦率美方代表团访华,与中方就中美贸易战进行第一轮探讨,中美贸易战形势缓和。该投资者预计未来豆粕会有所下跌,于是在5月4日决定买入的抉择型期权为看跌期权。

4月20日,豆粕期货价格为3232元/吨;5月21日,豆粕期货价格为2956元/吨,投资者买入的抉择型期权确定为看跌期权,获利276元/吨。

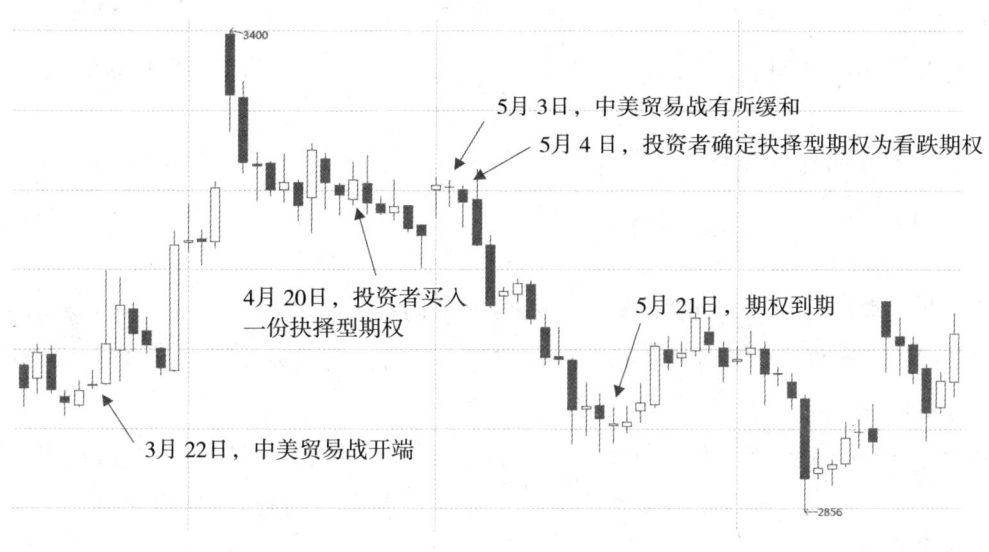

图4.9　抉择型期权的应用

(2)百慕大期权

①百慕大期权的定义

百慕大期权又称为准美式期权,是一种可以在到期日前所规定的一系列时间行权的期权,介于欧式期权与美式期权之间。百慕大期权在到期日之前有几个固定的日期,期权的买方可以在这些固定的日期进行提前行权。

例如,某期权期限为一年,规定可以在每个月的最后一个交易日或者到期日进行行权,这样的期权结构即为百慕大期权。

②百慕大期权的特点

价格比普通美式期权便宜。百慕大期权在到期日之前规定的一系列时间可以提前行权,而美式期权在到期日之前均可以进行行权,美式期权更加灵活的条款使其价格要高于百慕大期权。

比普通欧式期权更灵活。百慕大期权在到期日之前规定的一系列时间可以提前行权,而欧式期权只能在到期日进行行权,百慕大期权的灵活性要强于欧式期权,投资者可以选择较合适的时机进行行权。

③百慕大期权的应用

回到前面抉择型期权应用的例子,2018年3月22日中美贸易战开始之后,某投资者买入了一份期限为3个月的百慕大式看涨期权,规定每个月的最后一个交易日可进行行权。

到4月底时,该投资者判断短期内中美贸易战将会有所缓和,豆粕价格已上升至较高位,未来继续上涨的可能性较小,于是在4月最后一个交易日进行行权。3月22日时,豆粕主力期货价格为3000元/吨;4月27日,豆粕主力期货价格为3168元/吨,行权获利168元/吨。

4. 其他奇异期权

(1) 两值期权

①两值期权的定义

两值期权是具有不连续收益的期权,一般分为两种。一种是现金或无价值看涨期权,在到期日标的资产价格低于执行价格时该期权一文不值,而当标的资产价格超过执行价格时该期权支付一个固定数额。

另一种是资产或无价值看涨期权,如果标的资产价格在到期日时低于执行价格,该期权没有价值;如果高于执行价格,则该期权支付一个等于资产价格本身的款额。

②两值期权的特点

常规期权可以分解为两值期权的组合。常规的欧式看涨期权可以看成是一份资产或无价值看涨期权多头和一份现金或无价值看涨期权空头组成。常规的欧式看跌期权可以看成是一份资产或无价值看跌期权多头和一份现金或无价值看跌期权空头之和,其中的现金支付金额等于执行价格。

资产或无价值看涨期权价格比普通看涨期权要高。对于资产或无价值看涨期权,当标的资产价格高于执行价格时，期权支付一个等于资产价格本身的款额。因此，期权的收益要高于普通看涨期权，期权价格也相应的更高。

③两值期权的应用

投资者 A 购买 B 公司股票的一份现金或无价值看涨期权，合约约定：到期日如果股票价格低于 100 元/股，则 A 在期权合约中不获得任何收益；如果价格高于 100 元/股，则获得 1000 元，且无论到期日价格是 200 元/股还是 300 元/股，只要高于约定的 100 元/股，就可以获得 1000 元。

投资者 A 购买 B 公司股票的一份资产或无价值看涨期权，合约约定：到期日如果股票价格低于 100 元/股，则 A 在期权合约中不获得任何收益；如果价格高于 100 元/股，则获得股票价格的收益。

（2）缺口期权

①缺口期权的定义

缺口看涨期权规定，当标的物价格 $S > K_2$ 时，期权回报为 $S - K_1$；看跌期权规定，当标的物价格 $S < K_2$ 时，期权回报为 $K_1 - S$。

缺口期权与普通期权的差别在于它有两个标的价格：执行价格与回报价格。缺口期权是否获利和标的资产价格与执行价格有关，但获利多少和标的资产价格与回报价格有关。

②缺口期权特点

回报可以随意规定。缺口期权的好处就是回报可以随意规定，不必像普通期权那样，回报必须取决于期权的执行价格。对于缺口看涨期权，通过规定不同的缺口期权回报价格，当标的物价格高于执行价格后，期权获得的回报也不一样。

相比普通期权具有更灵活的对冲作用。从对冲的角度看，投资者可以设计成当损失超过一定金额时获得 100%的对冲，也可以设计成损失发生时部分对冲。

③缺口期权的应用

投资者 A 购买一份豆粕期货缺口看涨期权，执行价为 3000 元。规定当豆粕期权价格高于 3000 元/吨时，期权的回报为豆粕期货价格 S-2900 元/吨。当期权到期时，若豆粕期货价格为 3100 元/吨，投资者获利为 3100-2900=200 元/吨；若豆粕期货价格为 3000 元/吨，投资者获利为 3000-2900=100 元/吨。

第三节　场外商品互换

一、场外商品互换的定义

商品互换是指交易双方在一定期限内，以商定的时间间隔，基于商品价格指数进行一系列现金流交换的协议，即用特定数量的某种特定商品的固定价格所形成的现金流与相同数量的同一种商品的市场价格（或商品价格指数）所形成的现金流相交换。实际交易中，双方通常只交换现金流净值。

互换交易具有很大的灵活性，可实现交易双方的个性化需求，一般采用非标准化合约和自主议价的交易方式，交易主要发生在场外市场。由于互换交易模式的特殊性，交易信息不透明，信用风险和流动性风险比较大。

购入商品互换协议是指通过支付固定价格，收取市场价格，来规避价格上涨的风险；出售商品互换协议则反之，即通过支付市场价格，收取固定价格，来规避价格下跌的风险。

商品期货交易能用来对冲实物商品的价格风险，但在交易所里进行的商品期货买卖的期限一般不超过9个月，而且只有最近几个月的合约才具有较强的流动性，因此，交易的选择余地不大。在这种情况下，场外交易的商品互换应运而生，填补了这个空白，商品互换适宜于抵补中长期（1~5年）的商品价格风险。

二、场外商品互换的发展

2018年12月19日，大连商品交易所上线商品互换业务，标志着我国期货交易所正式开始在商品场外衍生品市场发挥金融基础设施作用，为金融机构、实体企业的商品场外衍生品业务提供交易登记和结算等综合服务。

商品互换业务得到了市场各方的积极响应，4家银行获得了综合业务指定存管银行资格，26家银行、证券公司、期货风险管理子公司等金融机构获得了商品互换交易商资格，为商品互换业务开展奠定了良好的基础。

三、场外商品互换的特点

互换市场一般针对交易双方的个性化需求，采用非标准化合约和自主议价的交易方式。由于交易模式的特殊性，交易信息具有一定的不透明性。归纳起来，场外互换市场主要有以下特点：

一是信息不透明。由于采取场外交易，交易信息没有专门的披露途径，同时场外交易的双方出于保密性需求，也主动避免披露关键信息。

二是参与者资信等级较高。由于场外交易规模较大，对参与主体（客户和会员）的金融技术和风险管理能力要求较高，所以只有资信等级较高的客户才能参加场外交易。

三是产品灵活性较大。场外交易通常依据的协议文本（如ISDA协议）比标准合约更加宽泛和灵活，一般针对不同客户的个性化需求，所以产品的品质等级和相关条款较为灵活。

四是自主议价机制。在交易机制方面,与场内集中竞价机制不同,场外市场主要借助多边平台,通过经纪人或做市商进行"一对一"的自主议价机制。

五是双边结算机制。目前除了部分场外产品可以通过中央对手方结算外,其他场外产品仍然需要买卖双方直接进行双边结算。

六是结算价格外生机制。与场内市场产品不同,场外市场的结算价格不是市场内生的,大多是根据现货市场提供的第三方报价体系,或借助期货市场价格(如 ICE Clear U.S. 等)来形成场外市场的结算价格。

四、场外商品互换的分类和应用

原油互换是商品互换中最受欢迎的品种。原油互换市场的主要参与者包括大型石油公司和大型跨国银行,互换期限从 1 年到 5 年不等,偶尔会按季度或半年进行重新调整延长。下面以原油互换为例介绍几种常见的互换类型。

(一)固定价—浮动价互换

1. 固定价—浮动价互换的定义

固定价—浮动价互换(Fixed-to-float Swaps)。石油生产商为了控制价格波动的风险,可以通过石油互换工具来将 WTI 石油价格锁定在一个固定价格上。作为石油互换的对手方,石油用户(航空公司等)也想通过互换在未来的同样一段时间内将其购买的石油价格锁定在一个固定价格,双方同意以美元交换现金流。石油生产商作为石油互换的卖方收取石油互换合约的固定价格,支付浮动价格指数(WTI 价格指数),石油用户(航空公司等)进行相反的交易;双方每个月按照 WTI 的现货价格进行现金流结算。

2. 固定价—浮动价互换的应用

X 化工集团公司每年要进口大批轻质原油。从 2009 年底开始,国际市场上原油价格一路攀升。为防范油价大幅上涨带来的成本剧增的风险,X 化工集团公司打算通过金融衍生品交易来进行套期保值。

由于伦敦国际石油交易所交易的北海布伦特(BRENT)原油期货和纽约商品交易所交易的西德克萨斯轻质(WTI)原油期货的期限一般都不超过 1 年,因此,它不适宜于长期性质的套期保值策略的实施。于是,X 化工集团公司在 OTC 市场上与 Y 投资银行签署了一项 3 年期的原油互换交易。

合约的名义规模为 500 万桶轻质原油、支付频率为每季度 1 次。作为互换合约的购买方,X 化工集团公司支付固定价格(每桶 68 美元),收取市场价格(纽约商品交易所的 WTI 轻油价格)。

如果在月底的第一个结算日,原油价格为 65 美元/桶,由于浮动价格低于合同中的固定价格 68 美元/桶,X 化工集团向 Y 投资银行支付净差额 = (68 - 65) × 5000000 =

15000000（美元）。

如果在月底的第一个结算日，原油价格为88美元/桶，由于浮动价格高于合同中的固定价格68美元/桶，Y投资银行向X化工集团支付净差额=（88-68）×5000000=100000000（美元）。余下月份依次类推。也就是说，在每个结算日，X化工集团与Y投资银行按照现货行情走势与锁定的68美元/桶之间的差值结清头寸。Y投资银行支付给X化工集团差价，在数量上与X化工集团在现货市场上的亏损（成本增加额）会非常接近，实现了保值。X化工集团最终可以按照相当于66美元/桶的原油价格，在现货市场买到原油。

就这样，X化工集团公司在今后3年里将轻质原油的进口成本锁定在每桶68美元的水平上，而不再冒国际油价上涨的风险。与此同时，假定国际油价下跌，原本该享受的价格好处，也作为套期保值的交易成本而放弃了。

（二）敲出式互换

1. 敲出式互换的定义

敲出式互换（Knock-out Swaps）是指当合约规定的标的资产（例如WTI原油价格指数）达到一个合约约定的障碍水平时，该敲出式互换失效。

2. 敲出式互换的应用

逐月结算的180CST燃料油价2011年上半年敲出掉期报价如下：

敲出掉期水平：USD335/MT。敲出触发点：USD400/MT。

X化工集团和Y投资银行进行了交易，到期时：如果180CST燃料油现货月均价（设为P）低于USD335/MT，则X化工集团需要支付335-P给Y投资银行（P≤335）；如果180CST燃料油现货月均价（设为P）高于USD335/MT且低于USD400/MT，则Y投资银行需要支付P-335给X化工集团（335<P<400）；如果180CST燃料油现货月均价（设为P）高于或等于USD400/MT，策略失效，则双方无须任何支付。

敲出式互换的优点是：无任何费用；当180CST燃料油价处于335~400的区间时，可以将化工集团买入180CST燃料油价锁定在USD335/MT。

敲出式互换的缺点是：当180CST燃料油现货月均价高于或等于USD400/MT，策略自动失效，化工集团面临承担较高价格买现货的风险并且没有保值收益；当180CST燃料油现货月均价低于USD335/MT时，化工集团需要承担价格下跌的风险，享受不到价格下跌带来的收益。

（三）延展性互换

1. 延展性互换的定义

延展性互换与固定价—浮动价互换相类似，但不同的是延展性互换赋予了投资银行延长互换合同的权利。

延展性互换的优点是:该互换的固定价可以低于传统互换。

2. 延展性互换的应用

X化工集团与Y投资银行达成一项为期1.5年的延展性互换协议,相同互换期限和互换数量的固定价—浮动价互换协议的合约固定价为130美元/桶,而该延展性互换协议的固定价仅为125美元/桶;但是如果Y投资银行选择延长合约期限(如将合同规定的合约期限延一年),那么X化工集团将在未来一定时间内以同样的价格继续买入约定的协议数量。其实质相当于:X化工集团为了使买入石油价格下降3美元/桶,而卖出了一个未来的看跌期权,Y投资银行有权在合约期限内选择是否执行该看跌期权。

表 4.2 　　　　　　　　　　延展性互换协议表

名称	WTI原油期货延展性互换协议
合约期限	1.5年
固定价支付者	Y投资银行
浮动价支付者	X化工集团
结算方式	现金结算
结算日期	每个定价期之后的5个工作日
定价期	2015年6月至2017年12月的18个日历月
协定价差数量	10万桶/月
协定价	NYMEX的WTI官方结算价
浮动价格	定价期内,协定价的算术平均值
浮动支付金额	浮动价格×协定价差数
固定价格	125美元/桶
固定支付价格	固定价格×协定价差数量
延展期限	1年

第二篇

商品投资与基本面分析

第五章 供给因素、需求因素与商品价格

第一节 供给与需求的定义

供给曲线是向上倾斜的,随着价格的上升厂商的产品供给数量也随之上升。对于厂商,价格决定着其库存量和销售量,当价格较高时,厂商提高其销售量降低其库存量,增加市场供给。当价格较低时,厂商选择提高其库存量降低销售量,减少市场供给。与此相对,消费者或者其他产品使用者则存在一条向下倾斜的需求曲线。当价格上升时,消费者购买力下降,转而选择价格较低的替代品从而减小市场需求。当价格下降时,消费者购买力上升,并且该产品更易成为消费者所需其他商品的替代品,从而增加市场需求。

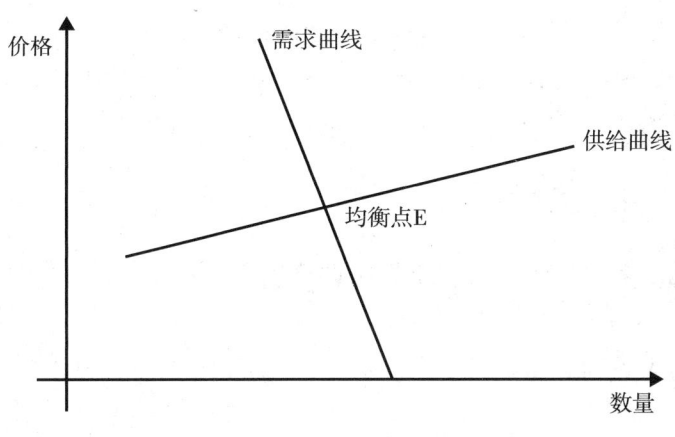

图 5.1 供需平衡关系

需求曲线和供给曲线相交的点即为产品生产数量和价格均衡点(如图 5.1 中 E 点,本文中供给和需求曲线均简化为直线),在该点产品市场处于稳定状态。但一旦出现外部冲击均衡点便会改变,而形成一个新的均衡点,商品的价格一直处于动态变化中。在图 5.1 中,需求曲线较为陡峭而供给曲线则较为平坦,这说明该产品的需求弹性较小,需求弹性可定义为需求增长的百分比除以价格减少的百分比。相对而言,供给曲线的弹性则较大,

供给弹性可定义为供给增长的百分比除以价格增加的百分比。弹性的大小体现了消费者或者厂商对价格的敏感度，一般而言，弹性越大的一方往往拥有市场的主动权。

第二节　影响商品价格的供给因素

一、供给的构成

供给是指在一定的时间和地点，在一定的价格水平下卖方愿意并且能够提供的产品数量。本期的供给量由期初库存量、本期国内生产量和本期进口量构成。

$$本期供给量=期初库存量+本期国内生产量+本期进口量$$

期初库存量：期初库存量也就是上期的期末结存量。期初库存量的多少直接的影响本期的供给。库存量较多时，当期产品价格会有下降趋势，库存较少时，当期产品价格会有上升趋势。特别对于一些耐储藏的农产品和化工产品而言，期初库存量会对供给量和人们的价格预期产生很大的影响。因此，进行供给侧分析时，期初的库存量尤为重要。

本期国内生产量：对于国内生产量，不同的产品的产量是各不相同的，但我们可以根据其以往的产量进行预估，各产品生产产量在短时间内往往不会发生较大的变化。其次，再根据当时的具体情况进行分析和判断，例如农产品产量会与天气存在较大关联。

本期进口量：进口量是本国从国外买进的产品数量。进口量主要受到国内市场供求关系、国内外价格、关税、汇率等因素的影响。进口是当国内供给无法满足国内需求时，国外供给对国内需求的补充，因此当国内需求上升时，进口量会上升。

二、供给量变化和供给变化

供给量的变化是指仅当产品的价格发生改变时，厂商的供给数量在供给曲线上的变动。

如图5.2中的A点到B点的移动，价格由P_1变为P_2时，产量由Q_1变为Q_2的过程为供给量的变动。

供给的变化是指当产品价格外其他因素发生改变时引起供给曲线的移动而导致的供给数量的变化。例如，当生产成本增加时，供给曲线会向左侧移动，从而减少供给量。如图5.3中的S_1到S_2的过程。

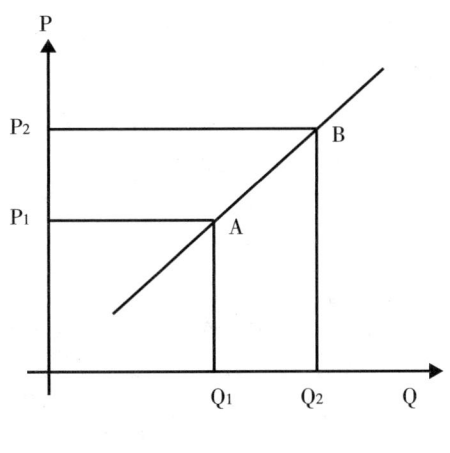 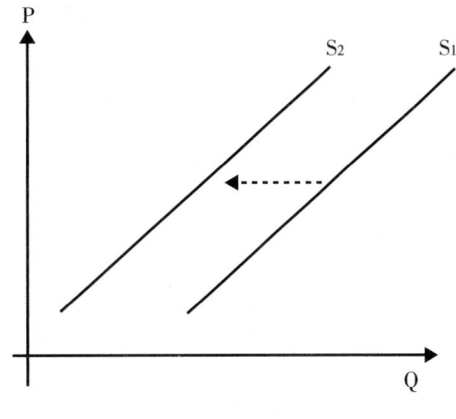

图 5.2　供给量变化　　　　　　　图 5.3　供给变化

三、影响供给的因素

价格：由供给曲线可知，当价格上涨时，供给量上升。当价格下降时，供给量下降。这就是供给法则，价格和供给同方向变动。对厂商而言，价格决定着产商库存量和销售量的配比。价格是供给量最为直接也最为关键的一个因素。

生产成本：厂商生产一个产品需要很多的要素，最为简单的可以分为劳动力和资本，当劳动力价格即工资上涨或者利率上升时都会提高厂商的生产成本，从而降低厂商的产品供给。反过来，当工资下降或者利率下降时，厂商会增加产品供给，赚取更多的利润。

技术和管理水平：厂商生产产品是需要一定的生产技术和管理能力的。技术的进步会提高厂商的生产效率，从而降低产品的单位成本，而管理水平的上升会减少无效的劳动和资源的浪费，从而也能降低生产成本。因此，提高技术和管理水平都能有效地增加厂商的产品供给。

相关产品价格：产品之间存在着一定的关系，例如一水域既可以养鱼也可以养虾，一块地既可以种胡萝卜也可以种白萝卜。当一种产品的价格下跌时，另一种产品的供给就会上升来取代它。而现实生活中汽车和汽油属于另外一种关系，一种商品价格下跌时，另一种商品的供给也会相应的下降。另外，还存在着众多其他的关系，例如豆油和豆粕，它们是同一生产过程中两种生产产品，当豆油价格下降时，厂商不愿意再生产豆油，从而豆粕的供给也随之下降。

厂商的预期：当厂商对未来产品价格看好时，厂商便会增加库存量减少销售量，从而在未来获取更多的利润。当厂商对未来产品价格不看好时，便会大量卖出产品减少库存以减少未来损失，从而增加了当期的供给。

我们可以将上述的影响因素综合起来，形成一个统一的模型：

$$S = F(P, C, A, P', EP)$$

S 为产品供给量，P 为产品价格，C 为生产成本，P′ 为相关产品价格，EP 为厂商预期价格。

可以知道 S 与 P、A 成正相关，与 C、EP 成负相关，而与 P′ 的关系需要视具体情况而定。

第三节　影响商品价格的需求因素

一、需求的构成

需求是指在一定的时间和地点，在一定的价格下消费者愿意并有能力购买的产品数量。本期的需求量由当期国内消费量、当期出口量和当期期末结存量三部分构成。

本期需求量=当期国内消费量+当期出口量+当期期末结存量

当期国内消费量：国内消费量由两部分构成，居民消费量和政府消费量主要受消费者群体基数、收入水平、消费结构和相关产品价格等因素影响。例如，在我国的电子产品市场中主要的消费者为年轻人群，其基数大、消费意识强，金融借贷也解决了部分的年轻人群消费能力问题。

当期出口量：出口量是指在本国生产的产品销往国外的数量。其主要受到国际市场供求状况、国内外产品价格状况、关税和汇率等因素的影响。根据定义可知，当国内产品生产量既定时，出口量和当期国内消费量存在此消彼长的关系，当出口量增加时，国内消费量减少，当出口量下降时，国内消费量增加。

当期期末结存量：期末结存量即当期供给超出需求的部分和以往期末结存量的累加，当当期供大于求时，期末结存量增加；当供不应求时，当期期末结存量减少。期末结存量的变动可以反映当期供求状况，并对未来供求的预期产生影响。与同期初结存量一样，在分析需求侧时，是一个很重要的指标。

二、需求量变化和需求变化

需求量的变化是指仅当产品的价格发生改变时，消费者的需求数量在需求曲线上的变动。

如图 5.4 中的 A 点到 B 点的移动，价格由 P_1 变为 P_2 时，产量由 Q_1 变为 Q_2 的过程为供给量的变动。

需求的变化是指当产品价格外其他因素发生改变时引起需求曲线的移动而导致的需求数量的变化。例如，当收入水平下降时，需求曲线会向左侧移动，从而减少需求量。如图

5.5中的D_1到D_2的过程。

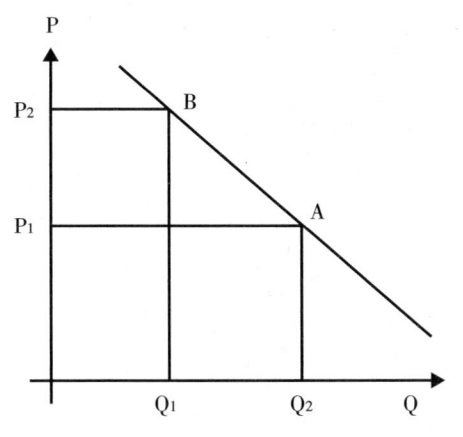
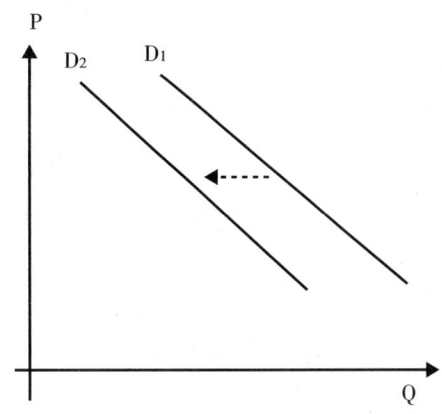

图5.4 需求量变化　　　　　　　　　图5.5 需求变化

三、影响需求的因素

价格：由需求曲线可知，当价格上涨时，需求量下降；当价格下降时，需求量上升。这就是需求法则，价格和需求反方向变动。对消费者而言，价格决定着各类消费品之间的配比。价格是影响需求量最为直接也最为关键的一个因素。

收入水平：相对于供给侧的生产成本，收入水平决定了消费者的购买力和支付能力。对于正常商品而言，随着消费者收入的增加，其购买量也会增加；随着收入的减少，其购买量也会相应减少。而对于某些低档商品，收入的增加会使得购买量减少，例如土豆、玉米等相对效用低且易替代的商品。

消费偏好：偏好就是偏爱和喜好，可以用效用函数定量的衡量也可以用偏好关系定性的衡量。例如小王喜欢喝可乐不喜欢喝雪碧，我们就可以说对于小王可乐偏好于雪碧。因此，即使当可乐价格上升时，小王还是会每天购买可乐；即使雪碧的价格下降，小王也不太愿意花钱购买雪碧。当消费者对某一产品存在偏好时，其对该商品的需求量会增加。

相关产品价格：相关产品可分为替代品和互补品。小麦和稻谷、香蕉和芒果、猪肉和鸡肉、茶籽油和豆油等之间便存在着替代关系。替代关系中的一种产品的价格上涨会引起另一种产品的需求量上涨，例如当猪肉因为猪的产量下降而价格上涨时，人们对于鸡肉的需求会因此而上升，来替代猪肉在生活中的作用。与此相对，例如汽车和汽油、袜子和鞋子、电脑和网络等属于互补品关系。当汽油价格上涨时，汽车的需求量便会下降，人们开始更多地环保出行。因此，一种产品的需求量不仅受到自身的价格影响，也受到与其相关的产品的价格的影响。

消费者的预期:消费者对某种产品未来的价格走势会影响到消费者当期对该产品的需求量。当预期价格上涨时,消费者会囤积该商品,因此当期需求量上升;当预期价格下降时,消费者会减少当期对该商品的消费。

我们可以将上述的影响因素综合起来,形成一个统一的模型:

$$D = F(P, I, T, P', EP)$$

D 表示消费者的需求量,P 表示产品的价格,I 表示消费者收入水平,T 表示消费者偏好,P'表示相关产品价格,EP 表示消费者预期价格。

在该模型中存在以下关系,D 与 P 成负相关,D 与 I、T、EP 成正相关,而对于 P',其关系视具体情况而定,当相关产品与该产品为互补品时,为负相关,当为替代品时,则存在正相关。

第四节 供求与均衡

一、均衡的稳定性

当供给方和需求方的力量随着价格的调整相等时,其价格便为均衡价格,产量为均衡产量。在图 5.6 中,均衡点为 E 点,其均衡产量为 Q_0。当价格为 P_1 时,其需求量为 Q_1,而此时的供给量为 Q_2,远大于 Q_1,由此便会产生超额供给,造成浪费。当价格为 P_2 时,需求量为 Q_2,而此时供给仅为 Q_1,小于需求,产生超额需求。

图 5.6 中出现的超额供给和超额需求并不会持续太久,当出现超额供给时,厂商会减少生产从而减少市场上商品的供给量,供给曲线向左移动,到达新的均衡点。当出现超额需求时,厂商会增加产量,提高市场上产品的供给量,从而供给曲线向右移动,到达新的均衡点。商品价格的确定过程是一个动态的过程,任何需求方或者供给方的变动都会导致需求曲线或者供给曲线的移动,改变原来的均衡位置,但厂商和消费者会对该变动做出相应的反应,促使需求和供给到达新的均衡。

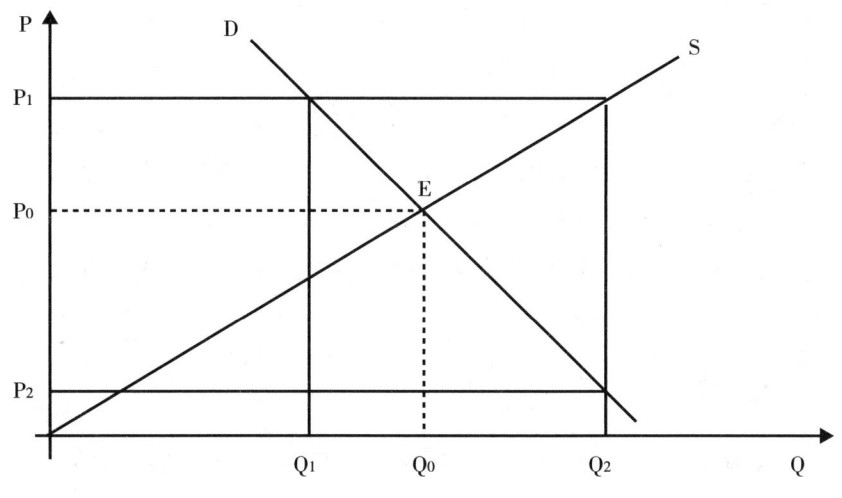

图 5.6 供需动态平衡

二、需求变动对均衡的影响

当供给曲线不变的时候,需求曲线的移动一定会改变均衡的价格和产量,当需求曲线向右移动时,均衡价格上升,均衡的产量增加;当需求曲线向左移动时,均衡的价格下降,均衡的产量也下降。在图 5.8 中,需求曲线由 D_1 向左移动到 D_2,价格由 P_2 降到 P_1,产量由 Q_2 降到 Q_1。需求曲线的移动与前文提到的收入水平、相关产品价格水平、预期价格等因素有关。

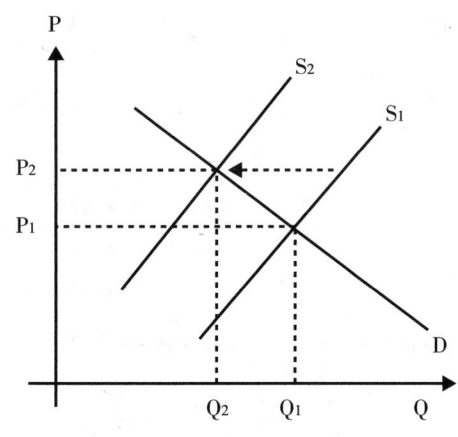

图 5.7 供给变动影响

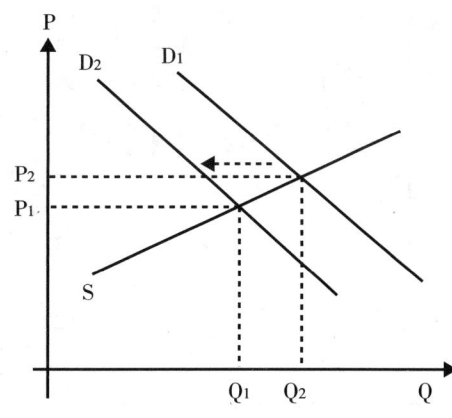

图 5.8 需求变动影响

三、供给变动对均衡的影响

当需求曲线不变的时候，供给曲线的运动也一定会改变均衡的价格和产量。当供给曲线向右移动时，均衡的价格下降，均衡的产量上升；当供给曲线向左移动时，均衡的价格上升，均衡的产量下降。图 5.7 中供给曲线由 S_1 向左移动到 S_2，价格由 P_1 上升到 P_2，均衡的产量由 Q_1 下降到 Q_2。供给曲线的移动与厂商的生产成本、相关产品价格和厂商预期等因素有关。

四、大宗商品供求与价格

以大宗商品为例，图 5.9 为 2016 年到 2018 年月度的大宗商品价格指数和 BCI 大宗商品供需指数。在 2016 年中，大宗商品面临着扩张的趋势，供给和需求都在当年进行了持续的扩张，价格也因此往上走。而在 2017 年中，大宗商品市场先经历了长达半年的收缩期，价格随之下降，到第三季度大宗商品市场再一次进行了扩张，价格再次被往上抬，直到 2018 年年末，价格一直稳定在 1000 到 1100。

可以看到，在大宗商品市场，价格的走势与供求密切相关，当经济繁荣时，大宗商品面临着扩张，供给曲线和需求曲线均向右移动，导致价格和均衡产量的上升。当经济不景气时，大宗商品面临着收缩的趋势，供给曲线和需求曲线均向左移动，导致价格和均衡产量的下降。因此，在对商品价格进行基本面分析时，供给和需求是两个最为基本也最为重要的点。

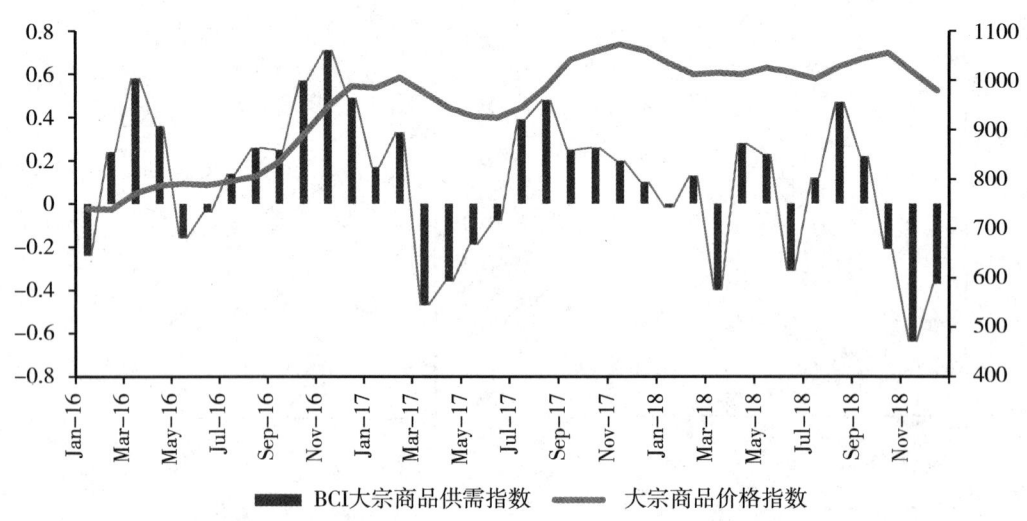

图 5.9 大宗商品价格与供需指数

数据来源：WIND 数据库

五、强金融属性商品的供求与均衡

尽管基本面分析通过商品的供求来对商品的价格进行预测是一种很常用的方法，但对于某些产品并不适用。例如黄金，由于黄金可以作为一般等价物——货币，进行实物的流通，因此商品的供需变化无法真正地有效驱动黄金价格。并且供给和需求对于黄金而言是极度不稳定的，用供求的方法来对黄金市场进行分析和预测是很困难的，有时是几乎不可能的。

黄金的需求基本上是取决于市场对黄金的心理预期，而消费者的心理预期又与很多的宏观变量息息相关，包括经济周期、通货膨胀率、利率、汇率、贸易平衡等因素。而更复杂的是，这些变量在不同的时间段有着不一样的影响效果，有时，通货膨胀率决定了黄金的价格，而有时通货膨胀率与黄金的价格并无太大的关系。与需求类似，黄金的供给也无法准确地预算，其也很大程度上受到市场的心理的影响，其供给曲线的不确定性是由于市场的抛售行为，而不是商业供给的变化。高度不稳定的供给和需求曲线的结合，使得黄金市场的基本面分析基本上不可能。

第六章 均衡价格分析：供需平衡表分析法与成本利润分析法

对于商品期货的价格分析，不仅要知道对商品的供给和需求的影响因素，更重要的是要知道如何利用这些因素，使用具体的方法进行价格的分析和预测。本章将会详细地介绍两种定性分析商品期货价格的方法：供需平衡表法和成本利润分析法。这两种基本面分析方法都比较侧重于供给侧的分析，因此当商品的需求相对稳定或者弹性较小时，这两种方法将比较实用。

第一节 供需平衡表分析法

要弄清楚价格走势的主要方向，需要从宏观层面的供求角度入手进行分析。而对于供求关系的角度，最为清晰的方法莫过于供需平衡表分析法，编制一个供需平衡表可以更加的直接和具体地反映商品供求的关系。一些重要的大宗商品有专门的统计研究机构进行统计和发布，有官方的也有非官方的，官方的有美国农业部，定期发布各种农产品的研究数据报告；非官方的有国际橡胶研究组织定期向会员提供全球橡胶的相关数据分析报告。而在这些报告中，供需平衡表显得尤为重要。

供需平衡表中列出了大量的供给和需求数据，如上期结存库存、当期生产量、进口量、消耗量、出口量、当期结存库存等。更为重要的是，平衡表还列出了前期的对照值及未来期的预测值。平衡表通过各成分的变动来预测未来价格的可能的变动方向。对于那些易储存的大宗商品，供求平衡表还能够反映出统计期期末的结转库存数，而库存数量对价格的确定影响很大。

一、供需平衡表的编制与供需平衡分析

我国是一个大豆主要进口国家，在2016年到2018年，我国进口大豆27763万吨，自从2003年以来，我国的大豆进口超过本国生产，成为世界上主要的大豆进口国之一。我国的大豆基本上是靠进口，进口占了我国大豆的85%左右。

图 6.1 为美国农业部（USDA）的 WASDE 对 2016 年到 2018 年的大豆供需情况的供需平衡表，该表格的纵轴为各个国家在近三年的大豆供需情况，而横轴则为大豆供需数据指标项，主要由期初库存量、国内产量、进口量、国内压榨量、国内消费量、出口量、期末库存量构成。由供需平衡我们可以得出下式：

期初库存量+国内产量+进口量=国内消费量+出口量+期末库存量

在上式的左侧为大豆的本期供应量，主要由期初库存量、国内产量、进口量三部分构成。期初库存量市值上期社会积存下来的可供社会继续消费的农产品实物量，可分为生产者库存、经营商库存和政府储备三种。国内产量是指本期的国内农产品生产量，是市场农产品供给的主要来源，受生产能力、资源和技术条件等因素的约束。本期进口量是指从国外购买的农产品总额，是对国内产品生产不足的一种补充。其主要受到政治因素、汇率、国内外价格和税率的影响。

表 6.1　　　　　　　　　　　　近三年大豆供需平衡表

世界大豆供需平衡表（百万吨）						
2016	期初库存量	国内产量	进口量	国内消费量	出口量	期末库存量
全世界	81.05	349.3	144.37	329.68	147.5	97.53
美国	5.35	116.92	0.61	55.71	58.96	8.21
其他国家	75.69	232.28	143.77	273.97	88.54	89.32
主要出口国	52.49	183.15	1.98	95.4	79.52	62.71
阿根廷	33.65	55	1.67	47.83	7.03	35.46
巴西	18.76	114.6	0.25	40.41	63.14	26.81
巴拉圭	0.03	10.34	0.01	3.81	6.13	0.44
主要进口国	19.98	17.54	122.63	136.57	0.39	23.19
中国	17.14	13.64	93.5	103.5	0.11	20.66
欧盟	1.56	2.41	13.44	16.04	0.22	1.15
日本	0.26	0.24	3.18	3.46	0	0.22
墨西哥	0.15	0.52	4.13	4.64	0	0.16
2017	期初库存量	国内产量	进口量	国内消费量	出口量	期末库存量
全世界	97.53	339.47	153.54	336.08	153.16	101.3
美国	8.21	120.04	0.59	58.97	57.95	11.92
其他国家	89.32	219.43	152.94	227.1	95.22	89.37
主要出口国	62.71	169.24	5.24	91.58	85.76	59.86
阿根廷	35.46	37.8	5.05	41.68	2.11	34.52
巴西	26.81	120.3	0.18	45.94	76.2	25.15

续表

2017	期初库存量	国内产量	进口量	国内消费量	出口量	期末库存量
巴拉圭	0.44	9.81	0.01	3.87	6.2	0.18
主要进口国	23.19	19.24	124.72	140.43	0.48	26.24
中国	20.66	15.2	94.13	106.3	0.15	23.54
欧盟	1.15	2.67	14.58	16.6	0.28	1.53
日本	0.22	0.25	3.26	3.51	0	0.22
墨西哥	0.16	0.43	4.87	5.29	0	0.18
2018	期初库存量	国内产量	进口量	国内消费量	出口量	期末库存量
全世界	101.3	369.2	152.46	351.53	156.09	115.33
美国	11.92	125.18	0.68	60.08	51.71	26
其他国家	89.37	244.02	151.78	291.45	104.38	89.34
主要出口国	59.86	189.8	4.41	96.98	94.17	62.92
阿根廷	34.52	55.5	4.2	47.92	8	38.02
巴西	25.15	122	0.2	46	77	21.25
巴拉圭	0.18	9.8	0.01	3.98	5.8	0.21
主要进口国	26.24	19.97	123.33	146.41	0.43	22.69
中国	23.54	16	90	109.6	0.1	19.84
欧盟	1.53	2.7	15.8	18.25	0.28	1.5
日本	0.22	0.26	3.3	3.52	0	0.26
墨西哥	0.18	0.34	5.03	5.34	0	0.21

数据来源：美国农业部

大豆的需求量主要由国内消费量、出口量和期末库存量三部分所构成。在表6.1中的国内压榨量是被包含在国内消费量中的，勿重复计算。国内消费量主要受到消费者的收入水平、数量和消费结构的变化、相关产品的价格影响。出口量是本国生产和加工的商品销往外国的市场的数量，主要受到政策、汇率、国内外价格等因素的影响。期末库存量一方面是农产品需求的组成部分，另一方面在一定程度上起着平衡短期供求的作用。当本期农产品供不应求时，期末库存量会减少；当本期供过于求时，期末库存量则会增加。因此，分析本期库存量的变动状况，即可推断出本期农产品的供求状况及其对下期农产品供求状况价格的影响。

（一）供需决定价格大趋势

供需平衡表即研究产品在一定时期之内的需求有多少、供给有多少、库存有多少等。然后算出来一个供给与需求的差值，如果这个差值是正的，也就是我们通常所说的供过于求,我们称为剩余;这个差值如果是负的,也就是我们通常所说的供不应求,我们称为缺口。存在剩余的产品的价格有下行的压力,而存在缺口的产品的价格有上行的动能。

供给的算法通常需要通过细致的调研,对于开采类商品,需要精确计算矿山投产的速度、投产的数量;对于播种类商品,需要估算播种的面积和单产的数值。需求的算法则有自上而下与自下而上两大类,可以从宏观数值预测入手对该品种的需求进行预估,也可以将产品下游的需求细拆为几个子行业对每个子行业,并对其增速进行估计,最后加总得出品种的需求。

(二) 供给与需求的边际变化

在进行平衡表分析时,供给与需求的边际变化在一定时期更加重要。因此,在研究的商品供给和需求的时候不仅要关注剩余或者缺口的绝对值,而且要仔细研究影响剩余和缺口变化的因素。

2014年年初,我国铁矿石的剩余有3000~4000万吨,矿石价格面临大的下行压力,而在2014年4月,我国的铁矿石剩余再一次上升至5000万吨。从年初到4月的1000万吨的边际变化不仅使铁矿石价格下降30%,而且是直接的大幅度的下降。因此,剩余或者缺口的边际变化不仅可以影响价格的走势,也可以影响价格变动的幅度大小。

(三) 供需平衡表的结果与市场预期比较

在供需平衡表中,对于分析未来价格,所得到的剩余或者缺口值相对而言不是那么重要。其更为重要的是,剩余缺口值与人们的预期值的比较,通过预期值和实际值之间的不同,可以用来预测未来产品价格的走势。当人们对于下季度或年度产品的库存值的预期数额远高于实际的公布的数额时,市场会对此产生剧烈的反应,导致产品的价格飙升。相反,当人们对于未来的产品的库存值的预期数额远低于实际公布的数额时,会导致产品价格的大幅度的下降。

二、供需平衡的影响因素

供需平衡表中的各个要素,都或多或少的受到宏观政治经济因素的影响,例如当前经济形势、经济增长、经济周期、汇率、通货膨胀率、居民可支配收入等。通过对产品当期的本国产量、进出口量和消费量的影响,从而对整个供需平衡表产生长期的影响。

(一) 经济波动周期

商品市场波动通常与经济波动周期紧密相关,期货价格也不例外。由于期货市场是与国际市场紧密相联的开放市场,因此,期货市场价格波动不仅受国内经济波动周期的影响,而且还受世界经济的景气状况影响。

经济周期一般由复苏、繁荣、衰退和萧条四个阶段构成。复苏阶段开始时是前一周期的最低点,产出和价格均处于最低水平。随着经济的复苏,生产的恢复和需求的增长,价格也开始逐步回升。繁荣阶段是经济周期的高峰阶段，由于投资需求和消费需求的不断扩张超过了产出的增长，刺激价格迅速上涨到较高水平。衰退阶段出现在经济周期高峰过去后，经济开始滑坡，由于需求的萎缩，供给大大超过需求，价格迅速下跌。萧条阶段是经济周期的谷底，供给和需求均处于较低水平，价格停止下跌，处于低水平上。在整个经济周期演化过程中，价格波动略滞后于经济波动。这些是经济周期四个阶段的一般特征。

比如，在20世纪60年代以前西方国家经济周期的特点是产出和价格的同向大幅波动。而20世纪70年代初期，西方国家先后进入所谓的"滞胀"时期，经济大幅度衰退，价格却仍然猛烈上涨，经济的停滞与严重的通货膨胀并存。而20世纪80~90年代经济波动幅度大大缩小，并且价格总水平只涨不跌，在衰退和萧条期，下降的只是价格上涨速度而非价格的绝对水平。当然，这种只涨不跌是指价格总水平而非所有的具体商品价格，具体商品价格仍然是有升有降。进入90年代中期以后，一些新兴市场经济国家，如韩国、东南亚国家等，受到金融危机的冲击，导致一些商品的国际市场价格大幅下滑。但是，全球经济并没有陷入全面的危机之中，欧美国家经济持续向好。因此，认真观测和分析经济周期的阶段和特点，对于正确地把握期货市场价格走势具有重要意义。

经济周期阶段可由一些主要经济指标值的高低来判断，如GDP增长率、失业率、价格指数、汇率等，这些都是商品期货交易者应密切注意的。

（二）金融货币因素

商品期货交易与金融货币市场有着紧密的联系。利率的高低、汇率的变动都直接影响商品期货价格变动。

1. 利率

利率调整是政府紧缩或扩张经济的宏观调控手段。利率的变化对金融衍生品交易影响较大，而对商品期货的影响较小。如1994年开始，为了抑制通货膨胀，中国人民银行大幅度提高利率水平，提高中长期存款和国库券的保值贴补率，导致国债期货价格飙升，1995年5月18日，国债期货被国务院命令暂停交易。

2. 汇率

期货市场是一种开放性市场，期货价格与国际市场商品价格紧密相联。国际市场商品价格比较必然涉及各国货币的交换比值——汇率。汇率是本国货币与外国货币交换的比率。当本币贬值时，即使外国商品价格不变，但以本国货币表示的外国商品价格将上升，反之则下降，因此，汇率的高低变化必然影响相应的期货价格变化。据测算，如果美元对日元贬值10%，那么日本东京谷物交易所的进口大豆价格会相应下降10%左右。同样，如果人民币对美元贬值，那么国内大豆期货价格也会上涨。主要出口国的货币政策直接影响大豆价格，如在1998年巴西货币雷亚尔大幅贬值，使巴西大豆的出口竞争力大幅增强，相对而言，大豆供应量增加，对芝加哥大豆价格产生负面影响。

(三) 政治、政策因素

期货市场价格对国际国内政治气候、相关政策的变化十分敏感，因为相关政策的改变会影响到汇率等价格指标从而影响到产品的进出口量。政治因素主要指国际国内政治局势、国际性政治事件的爆发及由此引起的国际关系格局的变化、各种国际性经贸组织的建立及有关商品协议的达成、政府对经济干预所采取的各种政策和措施等。这些因素将会引起期货市场价格的波动。

在国际上，某种上市品种期货价格往往受到其相关的国家政策影响，这些政策包括：农业政策、贸易政策、食品政策、储备政策等，其中也包括国际经贸组织及其协定。在分析政治因素对期货价格影响时，应注意不同的商品所受影响程度是不同的。如国际局势紧张时，对战略性物资价格的影响就比对其他商品的影响大。

(四) 自然因素

自然条件主要是气候条件、地理变化和自然灾害等，这影响到了当期产品产量。期货交易所上市的粮食、金属、能源等商品，其生产和消费与自然条件因素密切相关。有时因为自然因素的变化，会对运输和仓储造成影响，从而也间接影响生产和消费。例如，当自然条件不利时，农作物的产量就会受到影响，从而使供给趋紧，刺激期货价格上涨；反之，如气候适宜，又会使农作物增产，增加市场供给，促使期货价格下跌。因此，期货交易必须密切关注自然因素，提高对期货价格预测的准确性。

(五) 投机和心理因素

在期货市场中有大量的投机者，他们参与交易的目的就是利用期货价格上下波动来获利。当价格看涨时，投机者会迅速买进合约，以期价格上升时抛出获利，而大量投机性的抢购，又会促进期货价格的进一步上升；反之，当价格看跌时，投机者会迅速卖空，当价格下降时再补进平仓获利，而大量投机性的抛售，又会促使期货价格进一步下跌。

与投机因素相关的是心理因素，即投机者对市场的信心，这影响到了人们对于商品的期初库存量和期末库存量的预期。当人们对市场信心十足时，即使没有什么利好消息，价格也可能上涨；反之，当人们对市场失去信心时，即使没有什么利空因素，价格也会下跌。

三、动态供需平衡分析

商品的供求受到众多因素的影响，并且商品的供求变化是一个复杂动态的过程，各个指标因素之间相互关联相互影响。当某一个指标发生微小的变动时，其他相应的指标也会随之而变动，经过供给和需求的多次调整后达到均衡，我们将该过程称为动态均衡过程。用动态的分析方法来对供需平衡表进行分析则称为动态供需平衡表法。

当人们对某一种商品的需求增加时，必然会导致供需平衡表中的国内消费量指标上涨，为了平衡两端数值，当期的期末库存量必然会减少。但是由于本期的期末库存量即为下一期的期初库存量，在下一期消费量依然很高的情况下，必然会出现供不应求的状况，导致价格上涨。而价格上涨又会导致商品产量和进口量的增加以及人们的需求量的减少，进而通过供给和需求的调整达到了均衡。

如图 6.1 所示，当需求增加时，需求曲线由 D_1 移动到 D_2，价格上升。之后便会导致供给曲线由 S_1 慢慢地移动到 S_2 和需求曲线由 D_2 移动到 D_3 的过程，该过程是缓慢的、长时间的。最终达到了均衡点 E，价格稳定到了 P_0。

同样，当供给侧受到冲击时，供给量的增加或者减少也会先影响到价格，然后通过价格影响到需求和供给的各个方面，最终到达均衡。

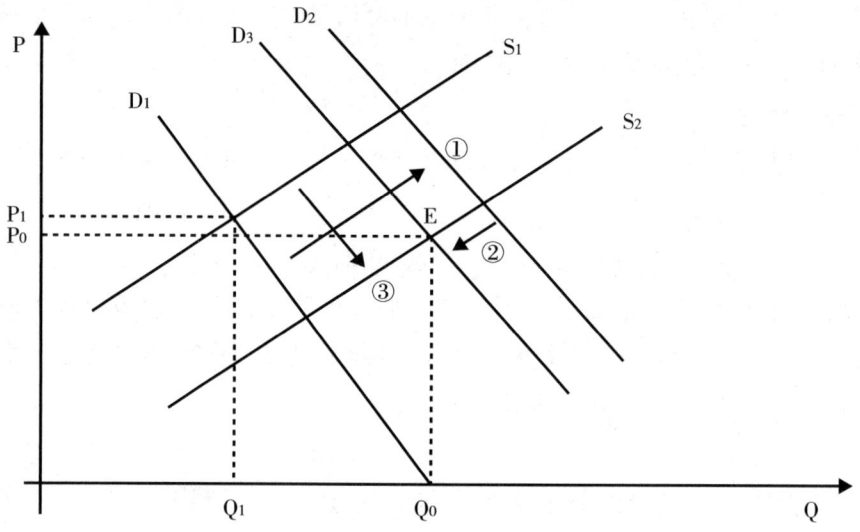

图 6.1 动态供需平衡分析

进行动态供需平衡表分析是一个多期动态的过程，因此我们需要从一个长期多维度的视角去分析影响产品供求的因素，单单分析一期的产品供需平衡表是无法完全地了解和预测产品市场所面临的全部制约因素和各个指标未来走势的。因此，需要在将各期的供需平衡表和当前的宏观经济政治局势把握清楚的前提下，才能更加准确地预估未来产品价格的走势。

表 6.2 为美国农业部对近七年美国陆地棉的供需统计，美国是棉花的出口大国，出口占总需求的 75% 左右，并且出口量在逐年增加。因此，在对美国棉花价格进行分析时，要更加注意国外棉花的需求、价格和外国相关的进出口政策。从 2012 年到 2018 年，美国棉花的总供给和总需求都处于逐年上升的状态，但其期末结存量也处于增长的趋势，可以说棉花的生产与消费在扩张，但价格在未来会出现下降的趋势。

表 6.3 为美国农业部对未来美国棉花的供需关系的预测数据，一直预测到了 2028 年。可以根据当年的实际情况和预测值之间的差异来判断当年棉花价格的走势，也可以根据美国农业部的预测数据来分析未来美国农业部对于棉花产业未来的政策的方向和态度。从表

中可以看到，美国农业部预计未来棉花的产量将每年提高30万包左右，并将保持在这个增量，需求量也会稳步提高，但由于需求量低于供给量，每年的库存量也在提高。库存量的提高意味着美国农业部预期未来价格会出现下降的趋势。

表 6.2　　　　　　　　　　　　美国陆地棉供需情况

	2012 年	2013 年	2014 年	2015 年	2016 年	2017 年	2018 年
种植面积（千英亩）	12026	10206	10845	8422	9878	12360	13794
收获面积（千英亩）	9085	7345	9157	7920	9320	10850	10129
每英亩产量（磅）	874	802	826	755	855	895	844
期初库存量（千包）	3081	3613	2225	3391	3664	2686	4197
产量（千包）	16534	12275	15753	12455	16601	20223	17817
进口量（千包）	6	6	9	30	5	1	5
国内使用量（千包）	3478	3527	3550	3425	3221	3198	3270
出口量（千包）	12182	9850	10836	8619	14303	15211	14350
统计误差（千包）	-348	-292	-210	-168	-60	-304	-193
期末库存量（千包）	3613	2225	3391	3664	2686	4197	4206

数据来源：美国农业部

表 6.3　　　　　　　　　　　　美国陆地棉预测情况

	2017 年	2018 年	2019 年	2020 年	2021 年	2022 年	2023 年	2024 年	2025 年	2026 年	2027 年	2028 年
种植面积（百万英亩）	12.4	13.8	13.5	12.5	12.4	12.5	12.6	12.7	12.8	12.9	13.0	13.1
收获面积（百万英亩）	10.9	10.9	12.1	10.9	10.9	10.9	11.0	11.1	11.2	11.3	11.4	11.5
每英亩产量（磅）	895	887	850	855	860	865	870	875	880	885	890	895
期初库存量（千包）	2686	4197	4806	6161	6116	5871	5826	5931	6036	6141	6246	6351
产量（千包）	20223	18992	21400	19500	19400	19700	20000	20200	20500	20800	21100	21400
进口量（千包）	1	5	5	5	5	5	5	5	5	5	5	5
国内使用量（千包）	3198	3370	3400	3400	3400	3400	3400	3400	3400	3400	3400	3400
出口量（千包）	15211	14850	16500	16000	16100	16200	16350	16550	16850	17150	17450	17750
期末库存量（千包）	4197	4806	6161	6116	5871	5826	5931	6036	6141	6246	6351	6456
农产价格（美元/每磅）	0680	0.730	0.700	0.700	0.710	0.720	0.730	0.740	0.750	0.760	0.770	0.780
生产可变成本（美元/每英亩）	435	445	448	454	460	467	473	479	485	491	497	504
净收益（美元/每英亩）	254	282	254	253	262	270	278	285	293	301	308	315

数据来源：美国农业部

商品投资

下文将用具体的数据和数据的走势来描绘价格与产品供需之间的这种动态相关关系。在图 6.2 中，从较前的年份的数据（点图部分）可以看出价格在 1993 年到 2001 年处于持续的下降状态，而此时的产量和消费量在缓慢地上升。在中间的数据（实线图）可以看到一些剧烈的波动，价格先出现了下降，后开始上下波动，最后价格开始上升，而产量和消费量则以相反的趋势在进行波动。从变动的先后顺序可以看到产量的上升引起了价格的下跌和需求的上升，最后的价格的上升也是由于产量的先行下降导致的。与此同时，在实线图各数据的走势处于一种上下波动的状态，这说明价格的变化同时也对产量产生了影响。第三部分断线图中的数据也体现了一种动态平衡的状态，而在断线图中的变化，先行的是价格因素。价格先出现了下降的趋势，导致了产量的下滑和需求的上升，之后价格开始反弹缓慢上升导致了产量的上升并抑制了需求的上涨。在这期间，价格、产量和需求都经历了上升和下降两种趋势，体现了价格和产量、消费需求之间的动态关系。

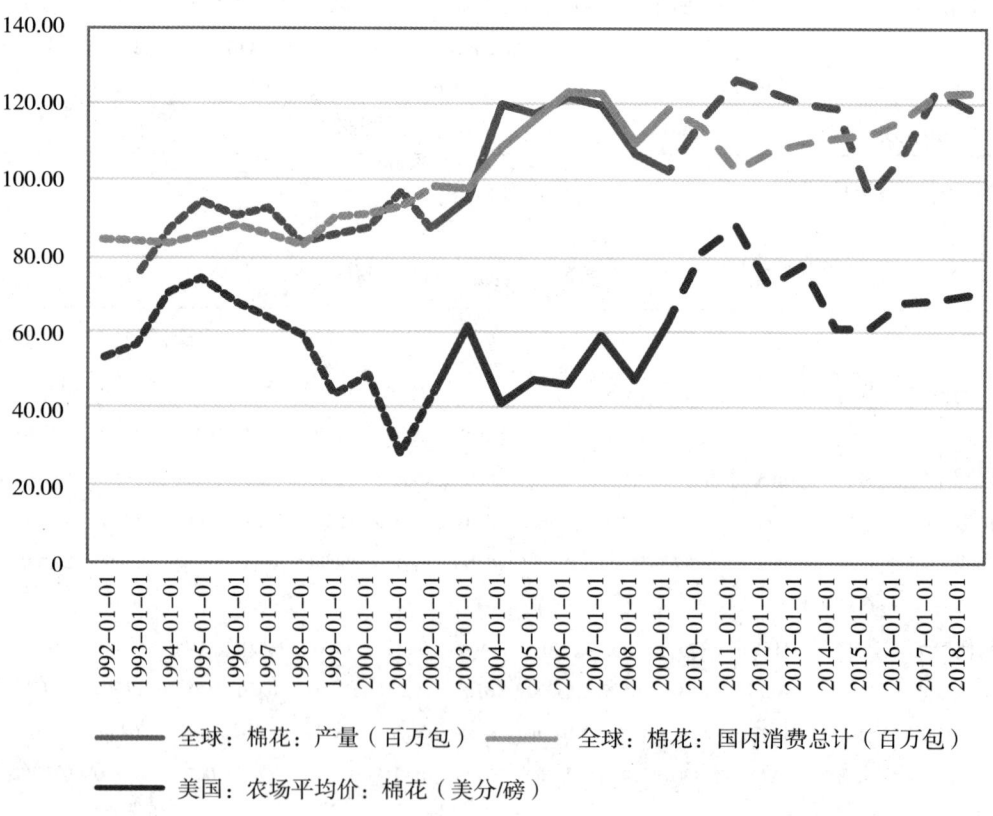

图 6.2 棉花走势图

数据来源：WIND 数据库

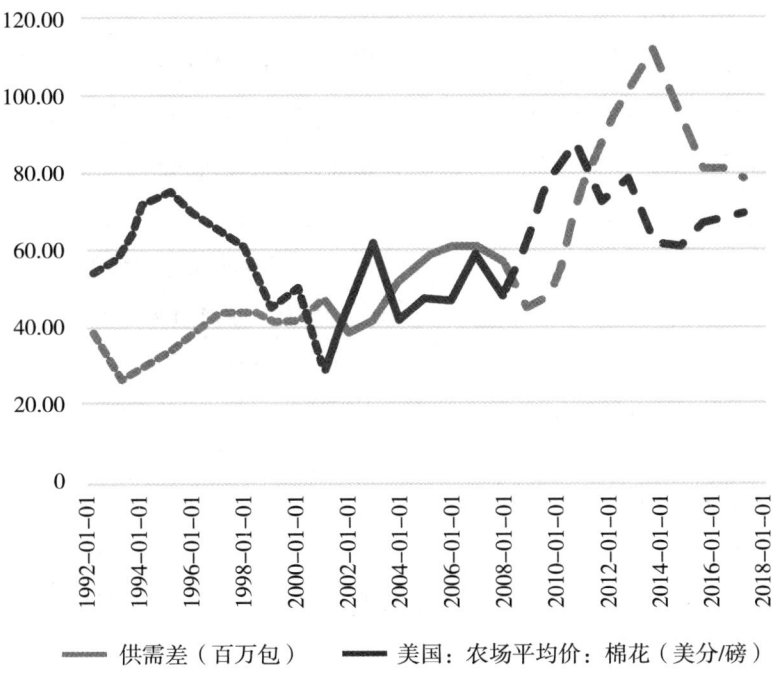

图 6.3　棉花供需差与价格走势图

数据来源：WIND 数据库

不仅产量、消费量与价格存在上述的动态变化关系，产品的供需差（产品的供给和需求的差额）也会与价格存在动态的相关关系。在图 6.3 中，棉花的供需差是棉花的总供给（包括期初存量、产量和进口量三部分）和需求（包括国内消费量和出口量）的差额，通过差额与价格的变动走势来分析价格和供需之间的动态变动关系。在点图部分可以看到，供需差和价格处于一种滞后关联的状态，即当期价格会引起下一期供需差进行相应的变动，价格先上升导致了后一期的供需差出现了上升，而价格的下降又引起了滞后期的供需差的下降。在实线图和断线图部分的数据的走势也基本与点图部分数据一致，都出现了价格的前一期变动引起供需差后一期的同向变动，并且变动是上下波动的状态。从断线图中的数据的走势可以很明显地看到，价格的走势与滞后期的供需差的走势有着同样的趋势。

动态供需平衡便描述了这样一个状态：价格和产量都存在严重的滞后效应，价格和产量相互影响，相互决定。当不存在严重的外部冲击时，动态平衡就呈现出价格围绕着产量上下波动；可一旦出现外部冲击，价格迅速产生反应带动着产量一起变化，在短期会对市场产生较大的影响，但长期动态平衡机制将牵引着价格回到稳定状态。

第二节 成本利润分析法

成本利润分析法也是期货定性分析的一种重要的方法,特别是在进行期货价格区间判断的时候。可以把期货产品的生产成本线或者对应企业的盈亏线作为确定价格运行区间底部或顶部的重要参考指标。在进行成本利润分析的时候,不能单独对某一商品计算其成本利润,而需要充分考虑到产业链的上下游、副产品价格、替代品价格和时间等一系列的因素。

一、成本利润的测算与成本利润分析法

对于产品的成本,可按照产品的渠道来源进行不同的产品成本测算。当产品来自国内生产时,应测算其开采成本或种植成本、原料成本、加工成本、运输成本和税收成本等。当产品来自国外进口时,还应测算其到岸贴水价、进口关税和汇率因素等。我们以大豆和锌为例来介绍商品的成本利润分析法。

(一)大豆

1. 大豆的种植成本和利润

种植成本主要由土地租用成本、种子化肥农药成本和机械人工成本构成。假如大豆种植每公顷投入总成本为10000元,每公顷产量为2吨,若按照5200元每吨销售时,每吨大豆可赚取200元利润。当大豆的价格低于5000元每吨时,农民将面临亏损,因此仅从成本的角度来看,5000元每吨是对大豆价格的一个有力的成本支撑。

2. 大豆的进口成本

我国大豆大部分都要靠进口,大约有80%的大豆都是来自进口,因此对大豆的进口成本的测算显得尤为重要。进口成本的测算过程如下:

到岸价格(美元/吨)=[CBOT(芝加哥期货交易所)期货价格(美分/蒲式耳)+到岸升贴水(美分/蒲式耳)×0.36475(折算率)]

到岸完税价(元/吨)=到岸价(美元/吨)×1.13(增值税税率)×1.03(进口关税)×汇率+港杂费

【例6-1】2015年1月16日,3月大豆CBOT期货价格为991美分/蒲式耳,到岸升贴水为147.48美分/蒲式耳,则到岸价格为415美元/吨;当日的汇率为6.1881,港杂费为150元/吨,则3月到岸完税价在3141元/吨。考虑到运输时间,大豆实际到港可能在5月前后,注意到这里估算的并不是当前进口的大豆成本,而是未来进口的大豆成本。

(二)锌

1. 锌精矿成本

从国内外锌精矿成本来看，由于国内外定价机制不一样，从而使得国内外锌精矿价格不同。

国内锌精矿的成本=SMM1#锌价-加工费

进口锌精矿的成本=（LME锌价×0.85×0.5-处理费）÷0.5×汇率×1.17+港杂费等

2. 锌矿冶炼成本

锌冶炼有两种工艺：火法冶炼和湿法冶炼。其中湿法冶炼是当今世界最重要的冶炼方法，其产量占世界总产量的85%以上。中国锌冶炼工艺目前湿法占70%，火法占30%。锌冶炼成本主要由两部分构成：精矿和加工成本。加工成本主要由能耗、工资、维修材料、消耗材料、折旧、生产费用等几部分组成。

（1）精矿消耗成本

按照中国2015年工业和信息化部公布的《铅锌行业规范条件》的要求，锌冶炼精馏锌总回收率应达到96.5%及以上，电锌总回收率应达到95.5%以上；新建及改造含锌二次资源项目，锌总回收率应达到88%及以上，其中火法富集回收率应达到90%及以上。但从中国再生锌和矿产锌的比例来看，中国再生锌的生产规模较小，从2010年以来，再生锌总产量占中国锌总产比例仅3.8%，因此，大致预计国内企业冶炼锌平均回收率按96%来计算，那么吨锌消耗精矿应该在1.042吨左右。

（2）加工成本

按照吨锌辅料用量和市场价格计算（包括硫酸、锰矿粉、锌粉、石灰石、电、人工等），可以得到直接加工成本。吨硫酸价格为150~160元，吨锌消耗硫酸在250~330千克之间，这部分成本在40元左右。吨锌耗锌粉为55~65千克，按目前锌粉价格计算，这部分费用在1200元左右，由于锌粉完成置换作用后，平均约60%能以锌锭形态进入产品，其余进入锌渣，因此最终耗费约合480元。最为主要的能耗方面，如果1~8月吨锌直流电耗3041.38千瓦时，国内锌冶炼企业电价在0.55元左右，暂不考虑少数有自备电厂的企业，电力成本的综合能耗约为1670元。其余还有阴极板、阳极板、锰矿粉、触媒等多种原料，因价值低用量少，吨锌消耗总价不超过300元。由于国内锌冶炼厂多数位于经济欠发达地区，吨锌人工成本不高，在200~300元，取平均值，约为250元。

通过以上粗算，我们得到了一个锌直接冶炼成本的安全上限。含税直接制造成本应为15735元/吨，含税完全成本最高可以达到17830元/吨。

3. 副产品收益

按照一般湿法工艺回收率，吨锌外销1.4吨硫酸，销售0.15千克精铟、3千克镉等副产品，这部分收益仅450元左右，由于副产品算作纯收入，只有从成本中扣除副产品收益，才可以得到锌价的理论价格极限。因此预计锌的成本支撑线在17400元附近。

因此，在精矿没有发生大的变化前，锌价往往不会低于其成本支撑价1.74万元。因此当锌价下跌至1.74万元区间是比较好的买入时机,至于是否能够达到更低水平,还需要密切观察市场风险偏好、锌锭需求状况、国外大型矿山复产情况以及副产品价格的变化趋势等。

二、成本利润的影响因素

(一) 技术水平

随着时代的进步,各行各业的平均生产水平也在逐步提高,其相应的结果便是产品的生产成本的下降。在农产品的生产过程中,大规模灌溉技术、机械化生产和转基因等技术不断成熟,使农产品的生产变得简单高效,生产的数量也得到提高,相应的单位生产成本也大幅度下降。

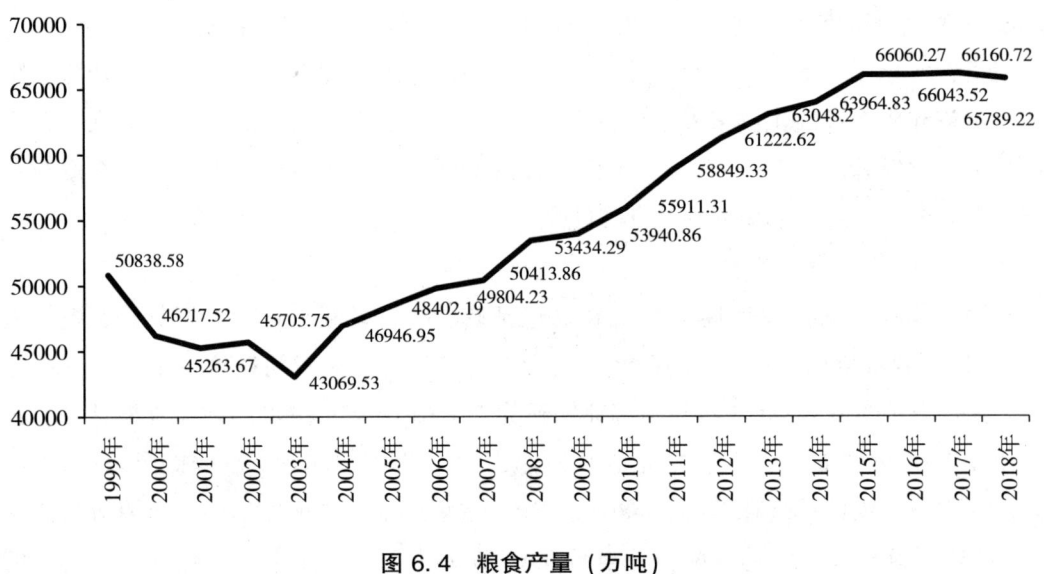

图6.4 粮食产量(万吨)

数据来源:国家统计局

在图6.4和图6.5中,分别描绘了最近20年我国粮食的产量水平和农业机械动力使用量水平。可以看到粮食的产量和机械的使用量都在随着时间的推移而逐步增加,少数个别情况除外,例如受到干旱和洪涝等自然灾害的影响。这反映了我国农业的生产技术水平的上升,农产品的产量上升成本下降使得农产品的价格相对下降。

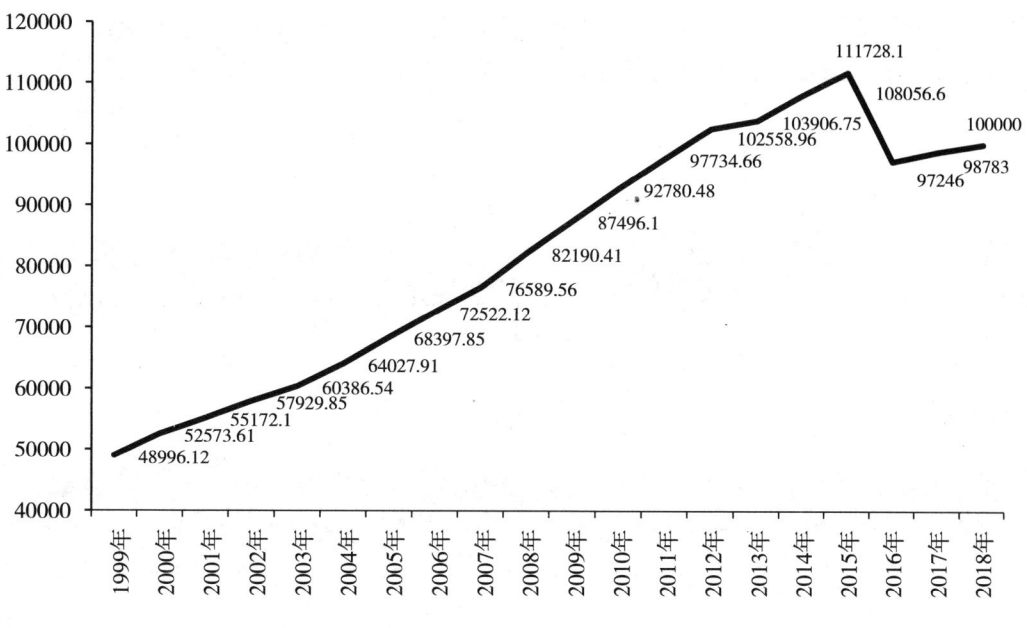

图 6.5 农业机械总动力使用量（万千瓦）

数据来源：国家统计局

（二）原材料价格

原材料的价格对厂商的生产成本具有很大的影响，当上游产品的价格上升时，厂商的生产成本在短期会迅速上升，造成厂商减少产量。例如，上文中提到的豆粕和生猪，当豆粕的价格上涨时，生猪的养殖便会受到影响，养殖户会通过降低存栏量减少成本。原油的价格和供给量也会影响汽油的供给和价格，当 OPEC 减少原油的供给时，全球的汽油价格往往会存在上升趋势。下游产品的生产情况也会影响到本行业产品的利润情况。

图 6.6 是我国机床制造行业的上下游关系，上游的产品价格和供给会影响到本行业的成本和产量，本行业的产品的产量也会影响到下游行业产品的成本和价格。并且下游行业的经营情况会影响到本行业的利润情况。例如，机床配件的价格下降，会大大降低本行业的生产成本，增加机床制造数量，这也会影响到下游行业的生产情况。

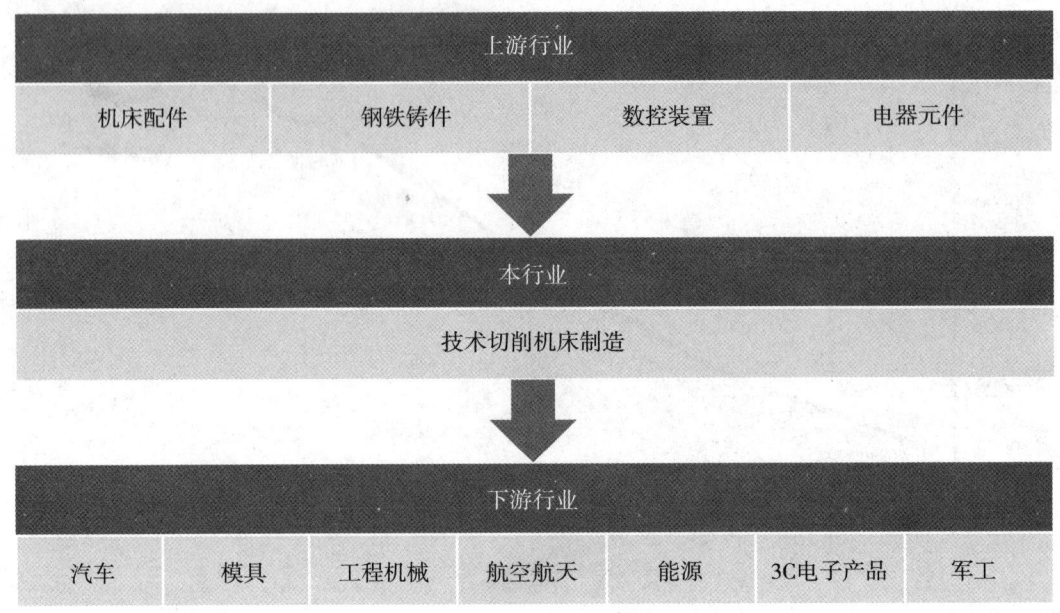

图 6.6 机床制造行业上下游关系

(三) 进出口政策与汇率

国家实施的进出口政策和汇率会极大地影响到那些严重依赖进口的产品的成本和价格,由于需要大量从国外进口,不可避免的需要缴纳进口关税,而汇率则会影响到产品的定价和利润,汇率的波动也会对进出口企业造成很大的风险。

表 6.4　　　　　　　　　　　前十大进口产品

指标	2017 年	2016 年	2015 年	2014 年	2013 年
机电产品进口金额（百万美元）	854496.4	771385.3	806139.2	854086.1	839699.6
高新技术产品进口金额（百万美元）	584033.6	523620.6	548058	551236.3	557942.2
原油进口金额（百万美元）	162328.4	116660.8	134451.2	228288.5	219660.4
铁矿砂及其精矿进口金额（百万美元）	76277.8	58032.58	57620.3	93439.15	106175.4
汽车进口金额（百万美元）	50531.47	44484.13	44666.41	60630.19	48716.79
大豆进口金额（百万美元）	39637.65	33981.15	34769.08	40261.72	38009.44
自动数据处理设备及其部件进口金额（百万美元）	27578.04	27182.47	27660.67	30546.43	30824.29
医药品进口金额（百万美元）	26795.57	22094.92	20346.3	19095.22	16216.23
铜矿砂及其精矿进口金额（百万美元）	26385.71	20888.05	19203.68	21463.93	19508.98
未锻造的铜及铜合金进口金额（百万美元）	25458.7	21584.74	23968.9	29552.39	28546.91

数据来源：国家统计局

表 6.4 中显示的是我国近五年进口金额最大的十种产品，其中机电产品的进口金额高达 8500 多亿美元，因此当国家的进出口政策和汇率发生较小的变动也会对进口需求大的产品产生很大的影响。

（四）产品的价格

产品的价格无疑会对厂商的利润产生影响，当市场需求增加导致价格上升时，不仅单位产品的利润空间变大，厂商的销售额也会增加，从价格和产量两方面增加厂商的销售利润。而市场需求减少导致价格下降时，厂商不仅无法赚取较高的单位产品利润，还会面临产品滞销而导致的产品过期变质，承担更多的成本和亏损。

三、动态成本利润分析

动态成本利润分析是指对产品各个时期的成本和利润影响因素的各个要素之间的动态关系进行分析，并预测未来该产品的成本利润情况，从而对其价格进行预测和估计。影响成本利润的各个因素的情况往往会受到以往情况的影响，具有一定的滞后性。例如，当上游产品价格下降时，本行业产品的成本将会下降，本行业将会面临生产的扩张和产品供给的增加，但这也会增加对上游产品的需求，从而对上游产品的价格起到了一个稳定调节的作用。上游行业、本行业和下游行业的价格和供需处于一种动态多期的均衡之中，任何一个变动都会导致产品的成本或利润的变动并且产生涟漪。

对商品成本利润的动态分析，也是通过上游行业产品和本行业产品供给需求的动态调整使其达到一个均衡结果。当某种原因导致本行业产品的成本下降时，企业会扩大生产，而这会引起对上游行业产品也就是生产原料需求的增加，在上游行业产品供给不变的情况下，生产原料价格必然会上升，从而抑制这种需求，也对本行业的产品成本下降趋势起到抑制作用。与此同时，本行业产品成本的下降导致利润上涨和生产规模的扩张，本行业由于新企业的加入和供给的增加，在下游行业需求不变的情况下，产品的价格又会出现下降趋势，抑制本行业利润的增加幅度。

以 PTA 为例，具体阐释商品的成本利润动态分析。PTA 是一种化学有机物，学名为对苯二甲酸，是生活中重要的大宗有机原料，广泛地应用于化学纤维、轻工、电子、建筑等国民经济的各个方面，它主要用来生产聚酯纤维，俗称涤纶。而 PTA 的生产主要以对二甲苯（PX）为原料，其源头为石油。

图 6.7 反映了近七年的 PTA 的成本端的价格走势，由于成本端中的二甲苯、乙烯和石脑油的生产均来自石油，这三者的价格走势基本一致。我们可以看到，在 2014 年年末 PTA 的成本出现了大幅度的下跌，PTA 成本端原料二甲苯从 1100 跌倒了 500 左右，跌幅超过 50%。这主要是由于在 2014 年下半年原油价格震荡暴跌至 60 美元以下。6 月 20 日布伦特原油报每桶 114.81 美元；美国原油报每桶 107.26 美元。12 月 26 日布伦特原油报每

桶 59.45 美元，油价跌幅近 55.36 美元，较年内最高油价下跌约 48.21%；美国原油报每桶 54.73 美元，油价跌幅近 52.53 美元，较年内最高油价下跌约 48.97%。而当时油价下跌的主要原因是供应量远超需求量，特别是美国页岩油的产量大幅增长，使美国从原油进口国转变成原油出口国。另外，OPEC 会议没有减产的决议，重压原油价格。这导致了 PTA 的成本价格在 2014 年年末大幅度下降。

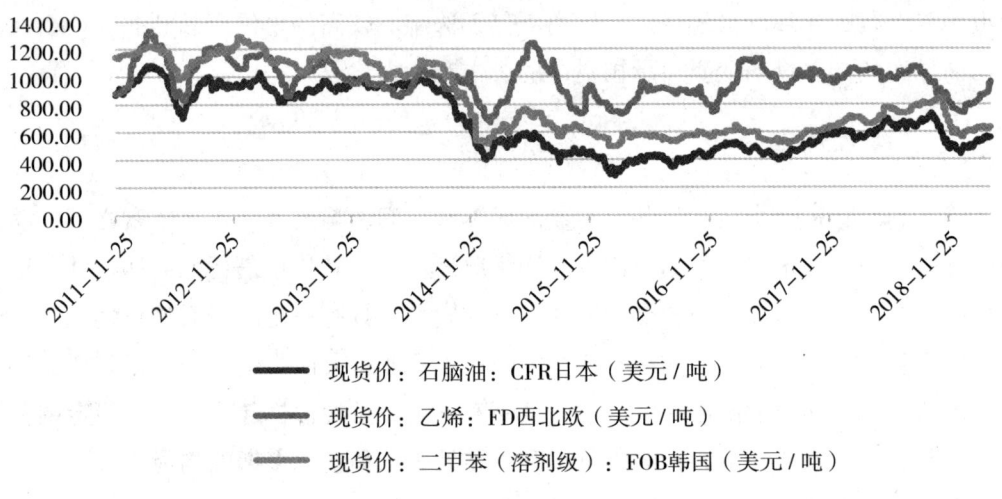

图 6.7　PTA 的成本端的价格走势

数据来源：WIND 数据库

由于在 2014 年末 PTA 成本端的价格下降，成本的下降会导致 PTA 的供给的增加，这也会加大对上游产品的需求，缓和成本端价格下降的趋势。大量的 PTA 供给导致从市场出现供过于求的趋势，在市场的竞争机制下 PTA 的价格开始下跌。如图 6.8 和图 6.9 所示，CCFEI 价格指数的 PTA 内外盘价格在 2014 年年末均出现了大幅度的下降，价格的下降在 PTA 的供给上起到了抑制作用，同时也对下游产业，涤纶的制造和生产产生了一定的影响。

对于下游产业，PTA 的价格会极大地影响到涤纶的生产和价格，从 2011 年到 2014 年 PTA 的价格下降的趋势，导致了涤纶纤维在该阶段的产量值逐步上升，如图 6.10 所示。这也同时增加了对 PTA 的需求，对 PTA 的价格下降起到了抑制作用。图 6.11 描绘了 CCFEI 价格指数下的涤纶短纤的价格走势，与 PTA 成本端和 PTA 价格走势基本一致，与产量（供给量）有着相反的趋势。

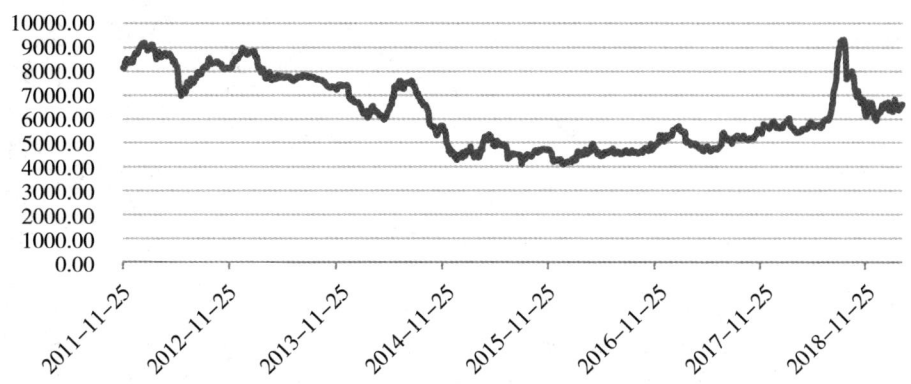

图 6.8 CCFEI 价格指数：精对苯二甲酸 PTA 内盘

数据来源：WIND 数据库

图 6.9 CCFEI 价格指数：精对苯二甲酸 PTA 外盘

数据来源：WIND 数据库

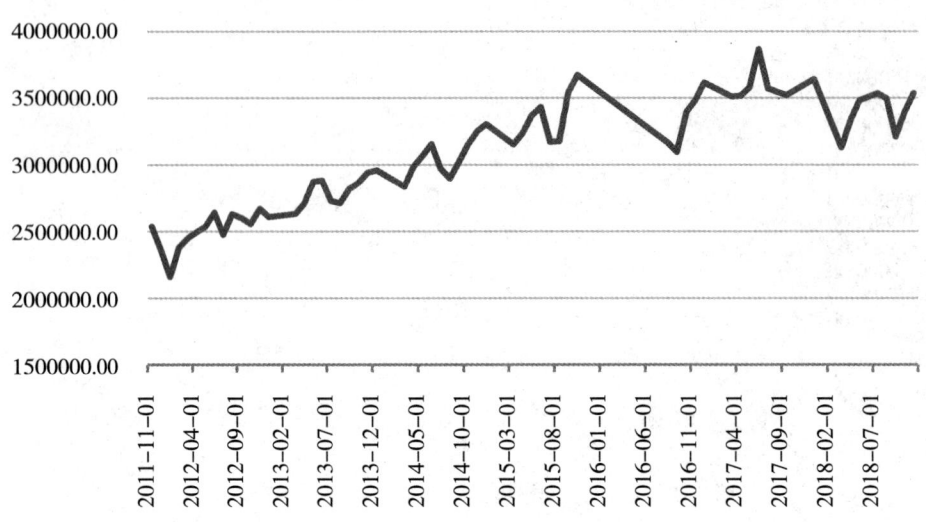

图 6.10　产量：涤纶纤维：当月值（吨）

数据来源：WIND 数据库

图 6.11　CCFEI 价格指数：涤纶短纤

数据来源：WIND 数据库

从上面的分析可以发现，PTA 与其上下游产业有着密不可分的联系，上中下游产业的价格和供需有着动态的联系，各个产品的价格有着一致的趋势。各个产品的价格和供需的走势并不是一种单调的趋势，而是处在一种上升和下降的波动中。

第七章　周期与商品价格波动

危机之于经济社会就像疾病之于人类，是永恒的存在。人类可以预测它，减轻它，推迟它，人类可以短期内刺激经济的复苏，但是危机永远不会缺席。

本章，我们将探究经济周期对大宗商品投资的指导意义。

第一节　经济周期理论

一、经济周期的定义、解释与识别

（一）经济周期的定义

美国经济学家韦斯利·米切尔1913年出版了其著作《经济周期》。在书中，他对经济周期做了如下定义：

> 经济周期是指由工商企业占主体的国家在整体经济活动中出现波动的现象。一个完整的经济周期由以下几个阶段组成：扩张阶段，此时大部分经济活动同时出现扩张，继而出现类似的普遍性衰退；然后是收缩阶段以及融入下一个周期扩张阶段的复苏阶段。这个变化的序列重复发生，但不定期。经济周期的持续时间从超过1年到10年或者12年不等，它们不能被细分成更短以及自身有近似波幅特性的周期。

经济周期理论纷繁复杂，流派众多，从5000年的"文明周期"、500年的大创新周期、250年的革命周期、60年的康德拉季耶夫周期、18年的房地产周期、10年的资本性支出周期（中周期、朱格拉周期），到为期40个月的存货周期（基钦周期），还有政治周期、天气周期、太阳黑子周期等周期理论。

对于商品投资来说，康德拉季耶夫周期、房地产周期、朱格拉周期、基钦周期是比较关键的，尽管我们不能按照60年、18年等长时间来进行投资，但是对周期的研究可以让我们理解周期背后的经济增长的主要矛盾，掌握市场趋势的拐点。

（二）经济周期理论解释

经济周期研究的历史遵循萧条、复苏这样一个循环往复的过程。除了从统计数据得出

商品投资

经济周期长度的研究以外,理论上对于经济周期的解释也层出不穷。经济周期如何产生?如何传导?如何演化?经济周期和经济增长有何关系?要回答这一系列的问题,我们首先要了解各经济流派描述的经济周期理论。

1. 凯恩斯主义的经济周期

研究经济周期理论,首要任务是研究和解决经济危机。在凯恩斯主义者的逻辑里,危机的一个重要原因是有效需求不足,从而导致生产过剩。凯恩斯主义学派认为三大规律影响人们的消费与投资:边际消费倾向递减、资本(投资)的边际效率递减、流动性偏好。

凯恩斯在《就业、利息和货币通论》一书中提出,在经济周期"繁荣、恐慌、萧条、复苏"四个阶段中,"繁荣"和"恐慌"是经济周期中两个最重要的阶段,凯恩斯从三大规律解释经济周期。

(1)繁荣到危机。在繁荣后期,由于资本家对未来收益作乐观的预期,投资增加,导致两个必然后果:第一是劳动力和资源渐趋稀缺,价格上涨,使资本品的生产成本不断增大;第二是随着生产成本增大,资本边际效率下降,利润逐渐降低。但由于资本家过于乐观、大量投资的同时,投机者也乐观过度,购买过多,使资本边际效率突然崩溃。随即资本家对未来的信心发生逆转,人们的流动性偏好大增,利率上涨,结果使投资大幅度下降,于是,经济危机就来临了。

(2)危机到萧条。紧随着经济萧条阶段,资本家对未来信心仍不足,资本边际效率难以恢复,投资不振,生产萎缩,就业不足,商品存货积压。

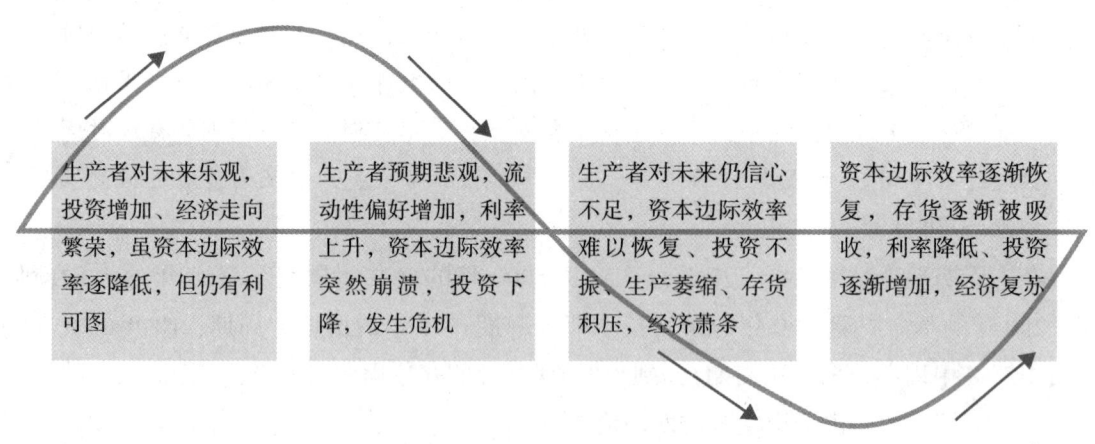

图 7.1 凯恩斯的经济周期理论

(3)萧条到复苏及繁荣。随资本边际效率逐渐恢复,存货逐渐被吸收,利率降低,投资逐渐增加,经济发展就进入复苏阶段。此阶段资本边际效率完全恢复,投资大量增加,经济又进入繁荣阶段。

2. 新古典综合派经济周期理论

新古典综合派的经济周期理论是以"乘数—加速数"理论为核心的经济周期理论模型，把凯恩斯的"乘数理论"和经济学的"加速数原理"结合起来，通过对政府支出、个人消费和私人投资等主要经济变量间相互关系进行动态分析，来说明经济周期波动的原因和幅度。乘数—加速数原理是萨缪尔森基于对凯恩斯主义乘数效应分析的比较静态均衡原理的修正，采取加速数原理和乘数理论结合，考察二者在动态序列中的相互作用，解释经济周期的扩张或紧缩过程。通过建立乘数加速数模型，萨缪尔森认为，影响经济周期的因素是一国的居民边际消费倾向 α 和资本—产出比例 β。

（1）当 α 小于 0.5，$\beta \neq 0$ 时，经济周期体现为经济波动的收敛式小幅波动。

（2）而当 α 大于 0.5，$\beta < 4$ 时，经济周期体现为经济波动的发散式剧烈波动。

（3）当 α 与 β 的数值都很大以至于接近 1 时，经济的总收入将不再收敛，而是以巨大的增长率猛烈增加，最终将导致恶性的通货膨胀。

乘数—加速数原理表明，国内生产总值的变化，会通过加速数对投资产生加速作用，而投资的变化，反过来又会通过乘数使国内生产总值成倍变化，这种乘数—加速数的交互作用，导致国内生产总值周而复始的上下波动。因此，政府可以通过干预经济的政策来影响经济周期的波动，减轻经济周期的破坏性，甚至消除经济周期，实现经济的持续稳定增长。

3. 希克斯的经济周期理论

根据凯恩斯理论，宏观经济均衡条件为投资等于储蓄，希克斯将投资分为自发投资和引致投资。在只存在自发投资的情形下，经济一般按照一条均衡的道路增长，因为自发投资大部分是长期投资，比较稳定。而引致投资是由于前一时期的消费量或产量变化直接或间接地引起的投资，在一般情况下在净投资额中占很大比例，并且极易受需求及产量变化的影响，引致投资是导致经济体系失衡的主要原因。

希克斯经济周期原理表明，经济体系产量内部存在上限和下限，只要产量的增长率放慢，就足以造成投资大幅度减少和总产量的降低。一旦下降开始，加速数就在相反方向起作用，使得引致投资和产量更大幅度地减少，出现一种累积的向下运动过程，经济体系的产量急剧下降，使经济体系经历从繁荣到萧条的周期。当产量降低到产量下限，这时候不存在任何引致投资，加速数也不再起作用，自发投资仍然存在，于是经济会爬离低谷、逐渐复苏；随着产量和自发投资的逐渐增多，又会引起引致投资的增长，在乘数和加速数的作用下，经济体系又可能经历一次从萧条到繁荣的周期波动过程。

希克斯把自发投资和引致投资与存货结合起来，弥补了凯恩斯经济周期理论的不足。希克斯把存货区分为实际存货数量与合意存货数量，后者指厂商预期的存货数量。只要实际存货高于合意存货，当投资增加后，乘数发生作用，实际存货就会不断下降；而一旦实际存货低于合意存货水平，厂商将会设法增加实际存货，这时就产生了为增加存货而进的"引致投资"，使收入和就业增加超过凯恩斯提出的正常乘数时的水平，这就是希克斯的"超级乘数"。

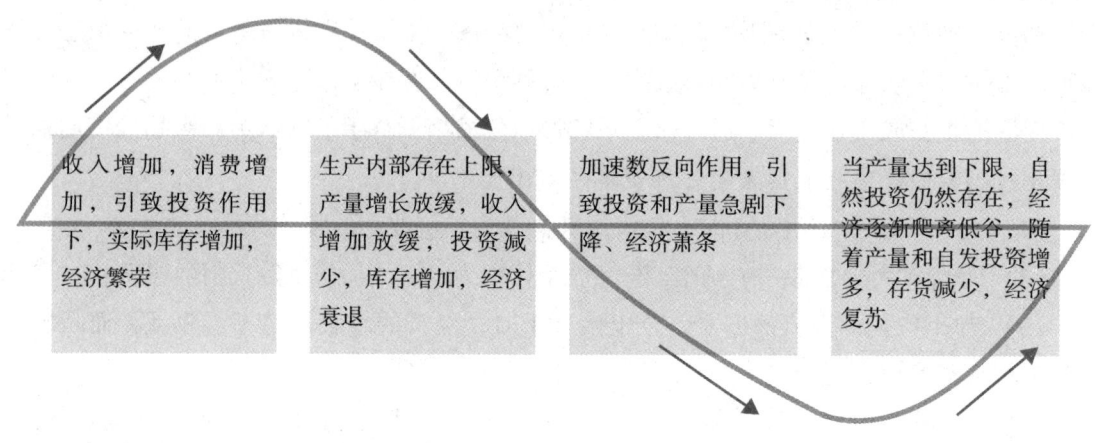

图7.2 希克斯的经济周期理论

4. 货币主义的经济周期理论

反映货币在周期的形成、传导及均衡恢复机制中作用的较完整的经济周期理论主要产生于20世纪，而将经济周期的根源归结为纯货币因素的，当首推20世纪的英国经济学家乔治·霍特里（George Hawtrey），霍特里从瓦尔拉斯均衡状态出发，认为经济周期是货币供给非均衡变动的结果，经济周期是一种"纯货币现象"。

霍特里认为，繁荣和萧条完全是银行体系交替扩张和紧缩作用造成的，尤其是短期利率。银行通过降低利率等信用扩张手段，促使商人增加向银行的借款，向生产者订货，消费者收入和支出增加，一般商品有效需求增加，存货减少，刺激生产，使得生产实现累积性扩张。然而，信用扩张并非无限，当银行达到存贷比上限，被迫停止信用扩张，经济将进入反向的累积性收缩，即萧条阶段。

货币主义杰出代表弗里德曼则认为，由于价格具有伸缩性，市场的力量使经济在长期内具有内在的稳定性。短期内经济的波动则源于货币供给的不规则变动，货币供给的变化率清楚地显示出它具有与一般经济活动相似的周期，并早于后者一个很长的时期。其内在作用机制在于，货币增加最初会使市场参与者产生相对价格变动的"货币幻觉"。这种"货币幻觉"主要可以解释为：劳动者将名义工资上升看作实际工资的增加，厂商和公众将名义货币余额增加当作实际货币余额增加，它们分别引起劳动供给增加、资产组合调整以及市场利率的变化，从而促使投资、产出和就业增加，导致自然率水平偏离均衡状态。

当经济主体根据适应性预期，即基于过去的货币和价格变动不断调整预期以应对名义工资和价格的调整，以消除"货币幻觉"，产出和就业又会恢复原均衡状态，即与新的通货膨胀率相适应的均衡状态。因此长期内实际产出和就业不受货币的影响，短期内经济的周期性波动是货币扰动的结果。

货币主义周期理论认为经济周期的本质就是价格水平的波动，因为价格水平是由货币因素决定的，所以，如果能够保持价格水平不变，那么经济周期就会消失。

5. 奥地利学派的经济周期理论

受奥地利经济学家米塞斯的信用周期学说的启发，并借鉴庞巴维克的资本理论，奥地利学派的哈耶克从充分就业条件出发，认为货币与生产结构相互作用，由此产生经济周期。哈耶克认为凯恩斯的非充分就业下的总量分析方法，掩盖了经济中的基本结构变化机制，因此无法看到货币注入对均衡结构和经济稳定的危害。

哈耶克认为经济周期源于货币信用的膨胀对均衡结构的破坏。哈耶克的经济周期理论依循以下逻辑展开。

（1）货币信用增加使市场利率低于自然利率，并通过"强制储蓄"效应，导致对资本品生产的过度投资，生产结构"迂回"程度提高，经济进入繁荣和高涨阶段。

（2）当经济扩张受到银行信用规模限制时，利率会上升，生产结构会反向变化。而从较高生产阶段游离出的资源，不能迅速被较低生产阶段吸收，出现经济危机。

因此哈耶克指出，依靠以经济结构均衡为代价的货币扩张制造的经济繁荣必定会导致萧条。哈耶克的周期理论实质上是货币投资过度论，经济周期波动源于银行信用的扩张与收缩，但周期自身并非是纯货币现象，因此，与货币主义周期理论是有区别的。

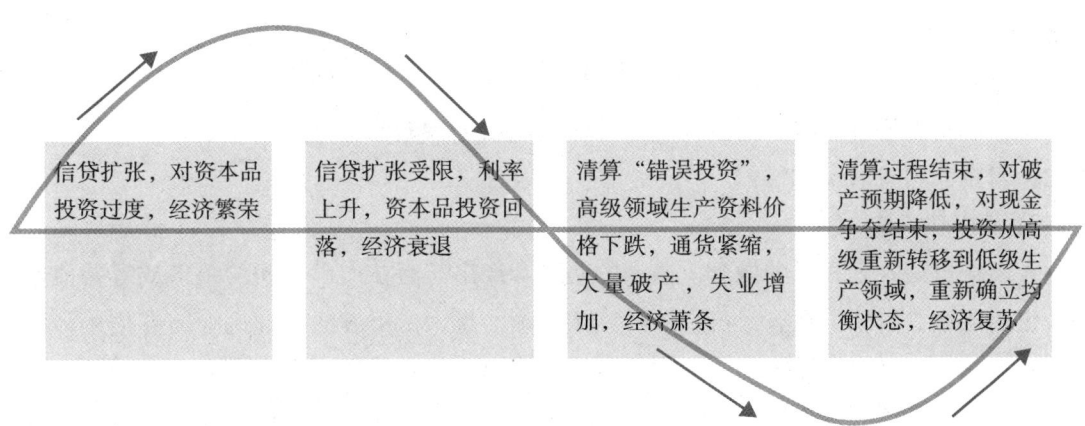

图 7.3 奥地利学派的经济周期理论

6. 熊彼特的经济周期理论

熊彼特认为外部因素（包括银行信贷）是导致波动的重要根源，但即使排除外部因素，经济仍呈现周期现象，因为存在创新活动。

熊彼特认为，创新是商业社会内生周期现象的本质，企业家的创新活动是经济脱离长期均衡的最主要动力，而创新的模仿导致经济的过热，二者是经济走向繁荣的基础，但同时创新的非连续性以及繁荣过程的物价上涨和信贷紧缩导致繁荣不能持久，并进入衰退。这是简单的"繁荣—衰退"二阶段模型。

但由于投机心理的存在，由创新引起信贷和对生产资料需求扩张的同时，会出现大量的与创新无关的投机活动，会导致过度繁荣，衰退时会跌穿长期均衡，形成危机和萧条。熊彼特将这些与创新无关的投机活动称为"从属波"，并构成了熊彼特的多周期嵌套模型，典型的包括：50~60年的长波（康德拉季耶夫周期）、9~10年的中波（朱格拉周期）、40个月的短波（基钦周期），此外还包括建筑业周期（库兹涅茨周期）、存货周期等。

（三）经济周期的识别

对于经济周期的识别，主流的方法主要分为三种：NBER方法、学术方法与产出缺口方法。

1. NBER方法

关于经济周期识别问题，最权威的莫过于美国国民经济研究局（NBER）所公布的美国经济"扩张"与"衰退"的划分，其主要基础数据来自制造与贸易销售额、非农就业人数、工业产值等，由于NBER有关经济周期的划分方法并不公开且滞后公布，难以及时获得拐点，但对趋势的把握仍然是有益的。

2. 学术方法

非参数商业周期划分方法、马尔可夫机制转换模型、平滑转换模型等方法在学术上研究较多，但是上述方法都是基于计量模型，难以用一般的经济学理论来解释；并且，这些理论尚未得到切实的实践检验。

3. 产出缺口法

产出缺口是一个相对的概念，衡量的是实际产出与潜在产出之间的差值或者差值与潜在产出的比率，反映了现有经济资源的利用程度。投入产出方法在理论上能够描述经济周期，真实产出总是由于需求的波动而偏离潜在产出，若实际产出大于潜在产出，则意味着总需求大于总供给，经济周期繁荣阶段总是伴随着持续向上的正缺口；若产出缺口为负，则意味着总需求小于总供给，经济衰退伴随着产出缺口的下降，萧条期总是伴随持续下降的负缺口，产出缺口为负时间越长或是缺口越大，通货紧缩的可能性也越大。

我们主要讲解产出缺口法衡量经济周期。我们设一国的实际GDP为Y_t，则Y_t由两部分组成：一部分为潜在产出Y_t^T，代表实际GDP的长期趋势；另一部分为波动成分Y_t^C，则

$$Y_t = Y_t^T + Y_t^C$$

HP 滤波法是消除时间序列中趋势成分被广泛使用的一种方法,是一种时间序列在状态空间的分解方法,计算 HP 滤波就是从 Y_t 中将 Y_t^T 分理出来。HP 滤波依赖于参数 λ,该参数需要先给定。当 λ=0 时,满足最小化问题的趋势序列就为实际产出序列;随着 λ 值的增加,估计的趋势越光滑;当 λ 趋于无穷大时,估计的趋势将接近线性函数。HP 滤波方法存在的最大争议就在于 λ 值的选取,根据一般经验,λ 的取值如下:

$$\lambda = \begin{cases} 100 & \text{年度数据} \\ 1600 & \text{季度数据} \\ 14400 & \text{月度数据} \end{cases}$$

经济合作与发展组织(OECD)每年会公布成员国的产出缺口,它们同样采用 HP 滤波方法,但是,他们认为年度的 λ 系数应取 25。

我们对比了 NBER 对美国经济周期划分以及 OECD 公布的美国产出缺口,两者对于美国经济周期的划分较为一致。

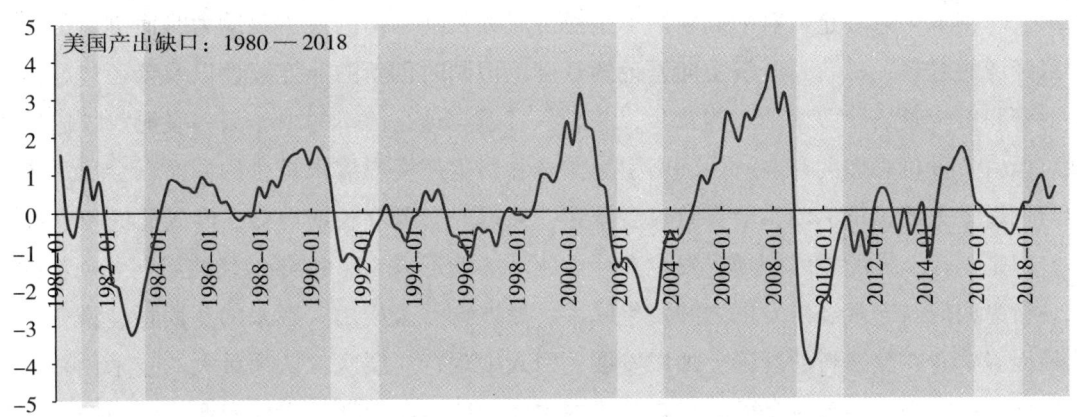

图 7.4　美国:产出缺口与 NBER 经济周期:1980—2018

数据来源:中信建投研究所

二、典型的经济周期

(一) 康德拉季耶夫周期与经济长周期

1. 康波的提出

苏联经济学家尼古拉·康德拉季耶夫在 1925 年发表《经济生活中的长期波动》,提出在资本主义经济中存在着平均长约 50 年的长期波动。他研究了英、美、法等国家的批发价格指数、利率、工资、对外贸易、煤炭和生铁的产量和消费量以及铅的产量等数据,得出以下结论：

（1）从 18 世纪末到 90 年代初的数列运动显示有长周期的存在。

（2）那些不具有长期趋势的数列中，长周期表现为围绕平均水平的波浪形运动；具有长期趋势的序列，周期则是增长速度加快或者减缓。

（3）在考察的某些数列中，长期波动的转折点几乎是精准的相一致。

（4）经济周期的第一次长波运动：上升从 18 世纪 80 年代末或 18 世纪 90 年代初到 1810—1817 年，下降从 1810—1817 年持续到 1844—1851 年。第二次长波运动：上升从 1844—1875 年持续到 1870—1875 年，下降从 1870—1875 年直到 1890—1896 年。第三次长波运动：上升从 1890—1896 年持续到 1914—1920 年，下降大约从 1914—1920 年开始。

康德拉季耶夫认为长期波动产生于资本主义经济实质所固有的原因，反对长期波动是由技术进步、战争和革命、新的国家兴起、黄金的生产波动等偶然的、超经济的环境和事件引起的。尽管康德拉季耶夫提出了存在长波周期，但是并未对其产生的原因和机制作出解释。

2. 康波的解释

目前，关于康波周期最流行的解释是熊彼特的技术创新理论。他认为康波的出现是由于重大的技术创新。企业家的创新活动是经济脱离长期均衡的最主要动力，而创新的模仿导致经济的过热，二者是经济走向繁荣的基础，但同时创新的非连续性以及繁荣过程的物价上涨和信贷紧缩导致繁荣不能持久，并进入衰退。这是简单的"繁荣—衰退"二阶段模型。但由于投机心理的存在，由创新引起信贷和对生产资料需求扩张的同时，会出现大量的与创新无关的投机活动，会导致过度繁荣，衰退时会跌穿长期均衡，形成危机和萧条。

但是，什么样的技术创新、发生在什么领域才能形成 50~60 年的长波周期？创新这种微观行为如何与宏观经济发展之间发生联系？熊彼特并未指出。后来的罗斯托、雅各布·范杜因等学者在熊彼特的理论上加以发展，引入中观行业层次，认为重大的技术创新创造了主导产业，而主导产业是处于增长阶段的主要创新生命周期，主导产业带动经济进入繁荣阶段。

根据雅各布·范杜因的解释，长波回升阶段，替代投资不断增大的需求将使萧条阶段的悲观主义转为更为令人乐观的经济前景，进入创新活跃期，产品创新频繁，产生新产业部门的概率更大，节约成本的工序创新并不迫切。

长波繁荣期，由于需求扩张，创新技术进入大规模产业化的阶段。由于创新所引起信贷和对生产资料需求的扩张，促成了新工厂的建立，新设备的增多，也增加了社会对消费品的需求；整个社会出现大量投资机会，出现大量的投机活动；因此创新活动所引起的上升将越过均衡，以致形成过度繁荣。此时信贷不仅流向创新部门，也流向一般部门与投机活动。

在长波衰退期，新技术已变成成熟产业，产品逐渐趋向于饱和，物价下跌。而企业家为获得创新所需的生产资料价格升高，成本提高，企业家利润率下降。繁荣终止，此时企业家既有偿还其债务的能力，又乐于偿还其债务，新创造的购买力由此消失，引起经济衰退。

长波萧条期，产品过剩，销售下降，经济面临着沉重打击，创新生命周期亦随之进入下降阶段。投机活动戛然而止，这就使经济的下降过程越过单纯因创新停止而造成的衰退阶段，进入萧条。

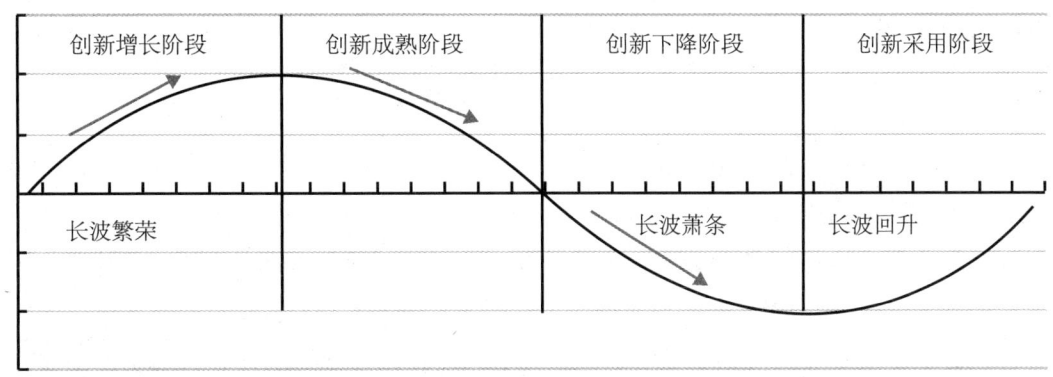

图 7.5　康波的阶段

资料来源：雅各布·范杜因《创新随时间的波动》，中信建投研究所

3. 康波的划分

目前受到比较广泛认可的康波划分方法是荷兰经济学家雅各布·范杜因的划分。在他的划分中列出了有资本主义世界以来前四次康波的四阶段划分，以及标志性的技术创新。

表 7.1　　　　世界经济史上的五轮康波：1782—2015 年

长波（主导技术创新）	繁荣	衰退	萧条	回升
第一波（纺织工业和蒸气技术）（63 年）	1782—1802 年（20 年）	1815—1825 年（10 年）	1825—1836 年（11 年）	1836—1845 年（9 年）
第二波（钢铁和铁路技术）（47 年）	1845—1866 年（21 年）	1866—1873 年（7 年）	1873—1883 年（10 年）	1883—1892 年（9 年）
第三波（电气和重化工业）（56 年）	1892—1913 年（21 年）	1920—1929 年（9 年）	1929—1937 年（8 年）	1937—1948 年（11 年）
第四波（汽车和电子计算机）（43 年）	1948—1966 年（18 年）	1966—1973 年（7 年）	1973—1982 年（9 年）	1982—1991 年（9 年）

续表

长波（主导技术创新）	繁荣	衰退	萧条	回升
第五波（信息技术）	1991—2002 或 2004 年	2002 年或 2004 年	—	—

资料来源：1973 年以前参见雅各布·范社因《创新随时间的波动》；我国外国经济学说研究会．现代外国经济学论文选（第 10 辑）[C]．北京：商务印书馆，1986 年．（1973 年以后为陈漓高、齐俊妍所续）；陈漓高、齐俊烁．信息技术的外溢与第五轮经济长波的发展趋势 [J]．世界经济研究，2007（7）；陈漓高，齐俊妍，韦军亮．第五轮世界经济长波进入衰退期的趋势、原因和特点分析 [J]．世界经济研究，2009（05）：3-11+87．

（二）库兹涅茨周期与房地产周期

1. 房地产周期的提出

1930 年，美国经济学家西蒙·库兹涅兹在《生产和价格的长期运动》一书中，根据 19 世纪初到 20 世纪初，美、英、法、德、比利时等国 60 种工、农业主要产品的生产量和 35 种工、农业主要产品的价格变动的时间数列资料，剔除其间短周期和中周期的变动，着重分析了有关数列的长期消长过程，指出经济中存在长度为 15~25 年不等的长期波动。这种波动在美国的许多经济活动中，尤其是建筑业中表现得特别明显，所以库兹涅茨周期也称为建筑业周期或房地产周期。

尽管我们称库兹涅茨周期为房地产周期，但是他从未把周期与房地产市场联系起来。第一个正式考证房地产价格周期的经济学家是霍默·霍伊特，1933 年他发表了《百年来芝加哥地区的土地价值》一书，发现房地产市场存在着长度为 18~20 年左右的周期。他将房地产周期描述成以下 20 个阶段：总租金开始快速上涨→净租金上涨得更快→作为租金上涨的结果，现有房屋的销售价格大幅上涨→为新建房屋支出→廉价的信贷刺激了新建房屋的数量→小额融资扩大了新建房屋的数量→新建房屋吸收了闲置土地→繁荣时期的乐观人口预测→麦田里的新城愿景：土地的细分方法→大笔花费用于改善公共条件→所有类型的房地产达到高潮：顶峰→开始出现逆转的变动：间歇期→房屋抵押赎回权丧失的增加→股市崩溃以及普遍的经济及萧条→房屋抵押赎回权丧失的增加→损耗的过程→银行改变繁荣时期房贷业务的政策→停滞与房屋抵押赎回权丧失的阶段→残局清理完毕→为另一次繁荣做准备，但是另一次繁荣不会主动到来的。

此后，罗伊·温茨利克研究了美国全国房地产市场 1795—1973 年的情况，发现房地产周期的长度为 18.33 年；克拉伦斯·朗完成的研究结果《建筑业周期与投资理论》则发现，在 1868—1935 年美国存在长达 18 年的城市建筑周期；IMF 在其 2003 年的《世界经济展望》中包含了赫尔伯林与特若尼斯完成的一项研究结果，这份研究对 14 个发达国家的股票价格和从 1970 年到 2002 年的房地产价格进行了详细的分析，发现这些国家存在着约

20年的房地产周期。这些研究均与霍伊特得出的结论相同。

2. 房地产周期的解释

要正确认识经济周期波动的形成机制，必须区分外在冲击与内在传导两种机制。理论研究表明，外在冲击和内在传导机制对经济波动的影响效果是不同的。内在传导机制，即经济体系的结构和参数，决定着经济波动的周期性和持续性，决定着经济周期的波幅、波峰、波谷、波位、波长、波动性质等基本形态，而外在冲击并不能决定波动的周期性和持续性，只是通过内在传导机制对每一个具体周期波动的波幅、波峰、波谷、波位、波长、波动性质等产生叠加影响，使基本波发生变形。另外，周期波动发生过程中的转折点，主要由占主导地位的外在冲击因素决定。

房地产周期是指房地产经济系统对外部冲击的响应曲线，即在来自房地产经济系统以外的随机性或周期性因素的冲击下，通过房地产内部传导机制的作用，结果相应出现了具有周期波动特征的运动轨迹。这样，就形成了房地产周期的外部冲击——内部传导模型。

冲击传导过程大体经过了四个阶段。

第一步，外部冲击阶段。来自房地产经济系统外部的变量，如宏观经济政策变动、经济体制变迁，对房地产经济系统产生外部冲击。

第二步，初始响应与内部传导阶段。房地产经济系统对外部冲击产生初始响应，并利用内部传导机制把外部冲击转化为房地产经济系统运行的重要动力因素。

第三步，内部传导与振荡衰退阶段。由于房地产经济系统存在内部运行阻力，当外部冲击通过内部传导机制向房地产系统各领域进行全面传导时，必然会导致初始响应曲线产生衰减，也就是随着内部传导过程的持续，外部冲击对房地产经济系统运行路径的影响程度会逐渐衰减，表现为房地产经济波动在波动强度、波动振幅与波动长度等指标上逐渐趋于正常或稳定状态。

第四步，进入稳定状态或重新恢复冲击前的正常运行状态。房地产经济系统在对外部冲击做出初始响应，并经内部传导机制作用而呈现振荡衰减后，重新进入稳定状态，或重新回到外部冲击前的正常运行轨迹。

对我国房地产经济系统产生干扰、进而导致房地产周期性波动的外部冲击主要有以下几种。

实际供给冲击：主要是指技术进步、气候变化、资源发现以及国际经济要素价格等发生变化，从而对房地产生产率产生直接影响，导致房地产供给出现相应变化。

实际需求冲击：主要包括投资冲击、消费冲击、财政冲击、货币需求性冲击等。其中货币需求性冲击是指金融制度变化导致的资产组合选择或货币需求的变动，包括利率、存款准备金率和贷款的上限、资产负债表等金融指标的波动。这类冲击主要是由于对经济运行的预期出现变化而产生的。

政策性冲击：主要是由于经济管理部门的政策性调整，对房地产运行造成政策冲击、主要有货币政策冲击、财政政策冲击、投资政策冲击、金融政策冲击，包括金融市场上各种资金流量的变动，都会对房地产经济系统产生政策冲击。

体制变动冲击：指以经济体制改革、政治体制改革方式进行制度变迁，对房地产经济系统产生直接冲击。对于转轨时期的中国而言，体制因素的变动对于房地产经济所产生的冲击效应十分明显。从经济体制来看，对房地产经济运行形成外部冲击的，主要是所有制结构变动、宏观经济运行机制转换和政府宏观经济调控体系调整等体制性因素。

宏观经济总供求模式变迁、经济增长方式转换以及产业结构升级等宏观经济发展模式的调整，也会对房地产产生明显的外部冲击。

我国房地产经济系统中起内部缓冲和自我调节的内在传导机制主要有以下几种。

利益驱动机制和竞争机制。房地产供应商在有利可图时，就会加大投入，增加供应量；在无利可图时，就会减少投入，缩减供应量。这种利益驱动的机制，是房地产经济波动的内在动力。竞争机制则体现了市场中"适者生存"的规律。同利益驱动一样，竞争是企业求生存求发展的本能行为。房地产企业为了在竞争中取得优势，必然展开各种形式的竞争。一方面，利益驱动机制和竞争机制造成了房地产经济波动；但另一方面，房地产商的趋利避害和相互竞争客观上也减缓了波动的加剧。而在我国前两个房地产周期中，供给主体主要为政府和国有企业，它们的利益驱动动机和竞争机制不强。一旦房地产经济受外在冲击发生了波动，由于缺乏利益驱动机制和竞争机制的自调和内部缓冲作用反而不能减缓波动程度。随着我国房地产供给主体从国有企业转向股份制企业、非国有企业，利益驱动机制和竞争机制的作用在房地产周期波动中将更加突出。

供求机制。供求机制也是市场经济运行的普遍机制。市场中商品的供应量和需求量的变动会导致价格的变动，同时，也会受到包括价格在内的多种因素影响而发生变化。在房地产市场中，由于房地产产品的特性，造成了房地产市场供求机制的地域性以及供给的多样性等特点。但我国由于住房改革的滞后，房地产成为我国市场化进程推进相对较慢的部门。在前两轮周期中，住房的供给和需求大部分不是通过市场，而是计划进行安排平衡的。供求机制在住房资源配置中的作用很小。同时产品的供给结构也非常不合理。因此在前两轮房地产周期中供求机制发挥的作用不大，难以发挥房地产经济系统的内在稳定性作用，从而造成周期波动幅度加大。1997年以后，全国住房市场体系正加速发展，大部分地区已开放住房二级市场。市场机制在住房资源配置中的作用越来越突出。但房地产市场体系的不完善仍然阻碍了供求机制发挥作用。

乘数—加速数机制。在房地产经济增长中，乘数—加速数机制反映构成房地产总需求的投资和消费之间的作用和反作用过程，以及对房地产总产出的影响。为响应房地产的产出变化而增加投资，将会通过乘数来增加生产，这又回过头来在加速数的作用下引发进一步的房地产投资。如此反复循环，产生连锁反应，而造成房地产经济的逐步扩张。相反，房地产投资或产出的突然下跌会以类似方式产生反面效应。乘数和加速数的相互作用，会立即产生爆发性的产出反应。但是由于房地产的投资水平必然受到宏观经济实力的限制，房地产经济增长不会无限制地扩张下去，而是有一个"天花板"，这时到达周期的波峰，此时房地产投资与产出增长率都会慢下来，最终导致收缩。同样，收缩也不会无限进行下去，而是在到达"地板"时开始回升，这时到达周期的谷底。乘数—加速数机制是经济的客观规律，它在我国房地产周期中发挥着重要的作用。

3. 房地产周期的划分

我们要意识到，尽管各国的工业化进程不一样，但是处于同一个经济长周期中。而房地产周期却是一个国别问题，各个国家的房地产周期启动点不同，时间跨度也可能不同，这通常造成了各国经济周期发生不一致。我们主要介绍美国与中国的房地产周期。

美国是房地产市场化最早的国家之一。根据 Rabinowitz 的研究，美国房地产市场可以追溯到 1795 年，至今则有 200 多年的发展历史，已形成了较为完善的市场运行机制。美国房地产的发展历程展现出显著的周期性。研究表明，从 18 世纪 80 年代至今，美国房地产价格经历了 6 个以 50~60 年为周期长度的长周期，从 19 世纪 70 年代至今有 8 个 18 年的中周期，每个中周期内又有 3 个 5 年左右的短周期的较为规律的波动状态。通过对 1991 年 1 月至 2011 年 4 月中美房地产周期的特征进行了对比，可以从全球的角度进一步认识中国房地产所处的阶段和周期特征。

表 7.2　　　　　　　　　　20 世纪以来美国的房地产周期

波峰	波谷	长度（年）
1905	1916	18
1926	1933	21
1941	1953	15
1955	1964	14
1972	1982	17
1987	1991	15
2006	2011	19

数据来源：郑慧娟. 中国房地产价格周期波动与成因研究 [D]. 暨南大学，2012.

有国内学者采用 HP 滤波和频谱分析方法，对中美房地产周期进行对比。其中，中国房价数据使用房地产销售价格指数，美国房价数据采用标准普尔指数，是美国国内 10 个城市的综合房价月度指数，数据已进行季度调整。得到结论如下：1988—2011 年的 23 年内，如果以顶点作为一个周期的边界点，那么美国从 1990—2006 年经历了一个 16 年的中周期。中国的中周期以 1999 年为分界线，1999 年至 2011 年为一个中周期，低点不显著。中国房地产价格指数中周期表现出高成长性和低波动性特性。在可比的研究期间内，中国房地产价格指数处于 52.4~167.5 之间，离差为 115.1；美国房地产价格指数处于 75.8~

226.8 之间，离差为 151。

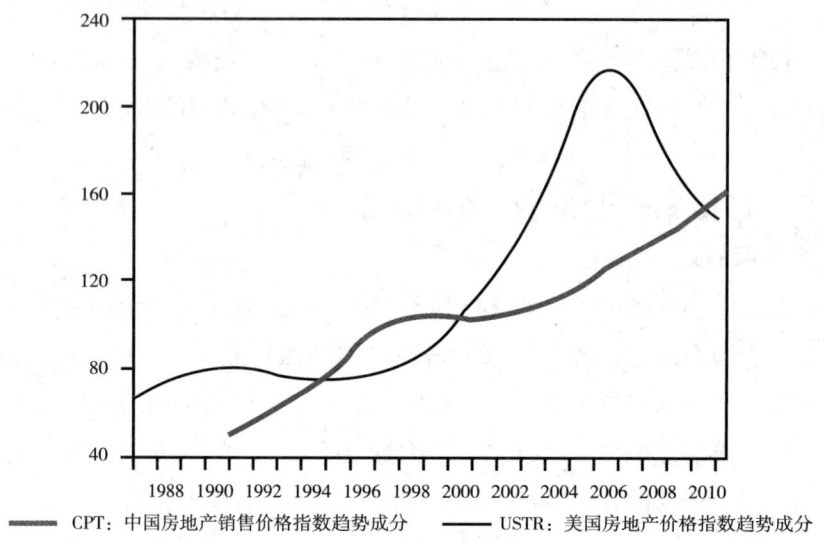

图 7.6　中美房地产价格指数的趋势成分

数据来源：郑慧娟．中国房地产价格周期波动与成因研究［D］．暨南大学，2012．

（三）朱格拉周期与资本性支出周期

1．朱格拉周期的提出

1862 年，朱格拉周期是由法国医生克里门特·朱格拉出版了一本书《论法国、英国和美国的商业危机及其发生周期》，提出了 10 年为一个循环的经济周期理论。朱格拉在研究人口、结婚、出生、死亡等统计时开始注意到经济事物存在着有规则的波动现象。他认为，存在着危机或恐慌并不是一种孤立的现象，而是社会经济运动三个阶段中的一个。这三个阶段是繁荣、危机与萧条。三个阶段的反复出现就形成了周期现象。他又指出，危机好象疫病一样，是发达的工商业中的一种社会现象，在某种程度内这种周期波动是可以被预见或采取某种措施缓和的，但并非可以完全抑制。他认为，政治、战争、农业欠收以及气候恶化等因素并非周期波动的主要根源，它们只能加重经济恶化的趋势。周期波动是经济自动发生的现象，与人们的行为、储蓄习惯及其对资本与信用的运用方式有直接联系。

朱格拉周期以企业固定设备更新投资和投资收益率波动为主要机理，一般从设备投资占 GDP 的比例中可以看出。

2．朱格拉周期的解释

朱格拉认为，经济周期存在的主要原因是商品价格的周期性波动。商品价格的上涨阻碍商品的销售，外贸平衡变得越来越不利，黄金开始流向国外以支付进口。一开始，流向海外的黄金的数量较小，没有人注意到这一点。但是，随着国内商品价格继续提高，流向海外的黄金数量就越来越多。由于交易商的出口收入难以覆盖进口费用，他们必须在付款截止日期之后在银行续签期票,这说明银行在危机直接发生之前的贴现操作已经加剧。然而,付款不能永远延迟。当商品价格突然下跌,随后银行和交易商破产,工业危机开始。

然而,朱格拉的理论对此的解释显然不够充分与深入。后来的学者们提出了很多解释朱格拉周期的机制,尤其是为什么商品的价格会出现突然上升。其中,资本性支出是最广为接受的一种解释。

资本性支出是指在机器与设备方面的投资,而不是在建筑方面的投资。在大多数经济体中,私人与公共部门的资本性支出合起来约占 GDP 的 10%(但在快速成长的新兴市场中这个比例还要高得多)。这一支出当中有一些是公共性质的,因而也是相当稳定的,但大多数还是私人性质的。

资本性支出通常与斯皮索夫和熊彼特所强调的某些新的核心创新有联系。而且每一次大的资本性支出浪潮都存在于某个独特的、领导性的产业部门。纺织机器、蒸气机、钢船、铁路、电、汽车、飞机、化工以及其他许多产业领导了以往的历次繁荣,而且每一次又都出现了泡沫与崩溃的情形。

资本性支出加速器,在扩张成熟期出现瓶颈将迫使公司扩建产能,这将创造更多的增长,而更多的增长意味着企业不得不建设更大的产能。资本性支出周期很显然被竞争性投资以及加速数现象放大了。

3. 朱格拉周期的划分

一个典型的朱格拉周期包含复苏、繁荣、衰退、萧条四个阶段,其中,复苏阶段分为开始子阶段与加速子阶段;繁荣阶段分为增长子阶段与过热子阶段;衰退阶段包含爆发子阶段与下行子阶段;萧条阶段包含稳定子阶段与突破子阶段。

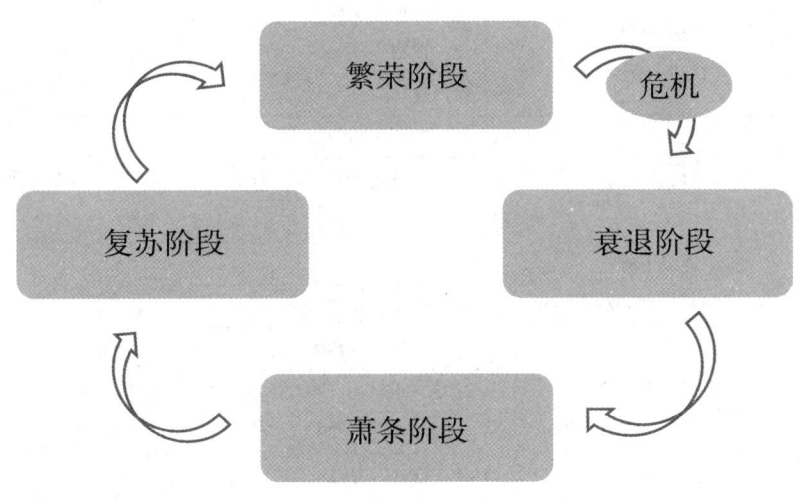

图 7.7　朱格拉周期的四个阶段

商品投资

复苏阶段：当衰退和萧条阶段的短缺的流动性被清偿后，复苏阶段就开始了。新的一轮周期往往开始于均衡状态。经历了之前的经济下行，多余的商品库存被现在的需求所消化，并且产生了一部分多余的需求，经营不善的公司消失，虚假资产被清除，商人变得更加谨慎。

繁荣阶段：在繁荣阶段，经济增长加速，各个领域都开始复苏。大幅的扩张往往需要外部因素刺激（如新的市场产生）。对于资源以及商品的需求增大，资本性投资大幅增加。这导致物价的增长。对于信贷的需求也会增长，产生了新的产业，对于商品以及股票的投机变得更加活跃。随着增长的持续与加快，经济开始进入过热阶段，导致金融市场过度发展，信贷开始紧缩。结果物价飞快增长，泡沫初现，投机情绪更加严重。

衰退阶段：在一系列因素的影响下（如价格与需求的陡降、大企业破产、严格的监管政策使得资金需求增加、新法律的颁布等），经济泡沫破裂，危机发生。同时伴随着工业生产的下降、银行破产、销售订单的下降、企业停止营业以及失业率的上升。

萧条阶段：经济增长缓慢。经济泡沫破裂之后，积累的库存开始慢慢被消化，价格下降。萧条阶段经济逐渐开始从过度的经济下行走向均衡。因此，尽管萧条阶段很糟糕，但是却过度繁荣之后经济调整的必经阶段。

Grinin，L. 以及 Korotayev，A.（2014）在其发表的论文"Interaction between Kondratieff Waves and Juglar Cycles"中对朱格拉周期进行了如下划分：

表 7.3　　　　　　　　　　　朱格拉周期的划分

康波	康波所处阶段	朱格拉周期	一个康波中包含的朱格拉周期个数
Ⅰ	B 浪下降阶段 （1817—1847）	J1：1817—1825	3
		J2：1825—1836/7	
		J3：1836/7—1847	
Ⅱ	A 浪上升阶段 （1847—1873）	J4：1847—1857	3
		J5：1857—1866	
		J6：1866—1873	
	B 浪下降 （1873—1890/3）	J7：1873—1882	2
		J8：1882—1890/3	
Ⅲ	A 浪上升阶段 （1890—1929/33）	J9：1890/3—1900/3	4
		J10：1900/3—1907	
		J11：1907—1920	
		J12：1920—1929/33	
	B 浪下降阶段 （1929/33—1948/9）	J13：1929/33—1937/8	2
		J14：1937/8—1948/9	

续表

康波	康波所处阶段	朱格拉周期	一个康波中包含的朱格拉周期个数
IV	A 浪上升 （1948/9—1966/7）	J15：1948/9—1957/8	2
		J16：1957/8—1966/7	
	B 浪下降 （1966/7—1979/82）	J17：1966/7—1974/5	2
		J18：1974/5—1979/82	
V	A 浪上升 （1979/82—2008/10）	J19：1979/82—1990/3	3
		J20：1990/3—2001/2	
		J21：2001/2—2008/10	

数据来源：Grinin, L. 以及 Korotayev, A.（2014），"Interaction between Kondratieff Waves and Juglar Cycles"。

（四）基钦周期与库存周期

1. 库存周期的提出

基钦周期由美国经济学家 Joseph Kitchin 提出，发表在《经济因素的周期与趋势》一文中。通过对美国及英国 1890—1922 年间利率、物价、生产和就业等数据的统计研究，Joseph Kitchin 发现厂商的生产行为与其库存存在密切联系，当生产过多时产生库存而库存的增加又引导生产厂商减少生产从而降低库存。这一周期性变化长度约 40 个月，被称为基钦周期，其本质是库存周期。从供需角度看，库存周期可分为：自主去库存、被动去库存、自主补库存、被动补库存四个阶段，分别对应经济周期的衰退—复苏—繁荣—滞胀。

库存周期是经济的短期波动，主要是由外生随机冲击引起的，尤其是企业库存的投资等变量因这些外生干扰发生暂时波动，以后又重新回到均衡水平，故也称其为库存周期。因此，在库存周期下，库存的变化与经济周期波动关系紧密。

2. 库存周期的解释

库存波动是由于供给冲击与需求冲击共同作用的结果。有观点认为，库存波动是由于终端需求传导的时滞造成的。当终端需求出现变化时，零售商首先感受到这种变化，调整其库存来适应这种变化，而其库存投资的需求会传导到批发商那里，批发商根据这种变化再调整库存，而批发商的库存投资的需求再传导到生产厂商那里，生产厂商再根据这种变化调整其自身库存，这使得生产厂商的库存投资不仅滞后，而且终端需求冲击的影响被放大。因此，这在很大程度上也反映了库存的变化与价格的变化也存在一定时滞。

也有观点认为，库存波动是由于供给冲击造成的。企业由于利润提升，加大生产力度，从而使得生产厂商的库存增加，为了保持利润，生产厂商积极出货，将库存转嫁至批发商手中，导致批发商中的库存增加，而当终端需求保持不变时，则价格将出现回落；若终端需求较好，消化了新增部分的库存，则价格有上升的趋势。

库存周期像是封闭的蛛网模型,在这个蛛网模型里,由于周期较短,供给的能力无法增加,需求的容量也不会发生改变,因此,供给与需求曲线的位置是确定的,而价格是调节供需缺口的重要因素。

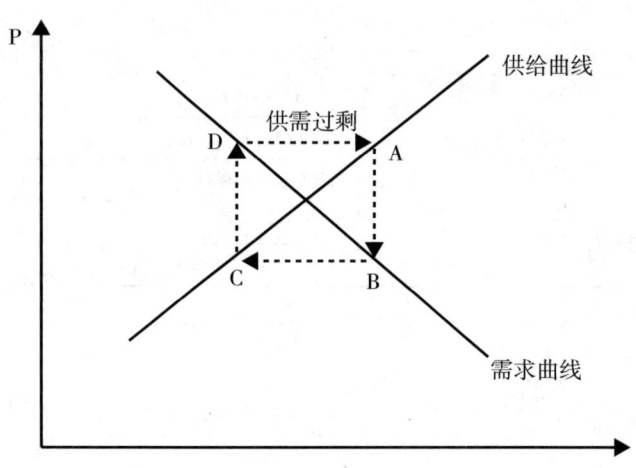

图 7.8　库存周期下的供给与需求曲线

资料来源:李乾孙,翁鸣晓.库存周期与大宗商品价格[J].上海金融,2012(09):58-63+117.

在此过程中,供给和需求的变动引发了库存的波动,从而形成了库存周期。根据库存由降至增和库存由增至降的两个阶段来看,库存周期可分为补库存阶段和去库存阶段。根据库存增降的主动性与被动性来分,补库存阶段分为被动性库存减少和主动性库存增加;去库存阶段分为被动性库存增加和主动性库存降低。库存周期的四个阶段:被动型库存减少、主动型库存增加、被动型库存增加、主动型库存减少,分别对应经济周期中的复苏、繁荣、滞胀和衰退。

三、经济周期与大宗商品价格

(一)康波周期与大宗商品价格

1. 康波中的能源价格

(1)能源消费结构存在惯性,滞后于经济增速

1983年,日本经济学家木船久雄在他的著作《经济的长期波动与能源》中研究了康波中的能源问题,他研究了日本和美国的一次能源供给对国民生产总值的弹性值,得出结论是:从超长期看,弹性值集中于1;从长期看,弹性值存在一定的波动,且波动时期均出现在经济增长水平下降时期。能源消费结构瞬间不能适应消费增长率的变化,经济增长率下降及其后的数年间,能源弹性值仍然呈上升趋势。而形成适应低速增长率的能源消费结构后数年,增长率开始回升,弹性值进入下降局面而形成谷底。也就是说,现实生活中

存在着能源消费的惯性规律问题。

(2) 追赶国工业起飞资源价格影响大

康波资源价格影响最大的是追赶国的工业化，追赶国往往在康波的繁荣后期至衰退期进入工业化起飞阶段，这是一个康波中的重要现象，第四波康波中工业化的日本和第五波康波中工业化的中国都具有类似的情况。工业化起飞国家的能源消耗会呈现出一个倒 U 形的结构，在其边际爬升的时候，对资源影响最大。从第四波日本的工业化可以看出，日本工业化经济增速的高点在 1964 年，其一次价格能源消耗的同比增长率高点滞后三年在 1967 年出现，而彼时第四波康波资源牛市刚刚启动，四年后布雷顿森林货币体系崩溃被视为第四次康波衰退的第一次冲击，1974 年发生第一次石油冲击的时候（1974 年第一次石油危机是康波衰退的第二次冲击，是衰退的结束），日本的一次能源消耗的同比增速早已回落，所以，康波资源牛市是一个累积的结果，当期供需并不是核心原因。

2. 康波中的有色金属价格

从康波中大宗商品价格波动的原因来看，能源与工业金属是一致的。总体趋势来看，工业金属（铜、铅、锌）价格走势与能源（石油）价格走势呈现较强的一致性。繁荣期（1991—2004）是价格波动的稳定期，价格的剧烈波动主要集中在衰退期（2005—2015）和萧条期，符合康波中大宗商品价格波动的特征。周期研究认为：价格的波动是效率边际变化与供需平衡重构的结果。当技术创新刚被引入带来效率提升，较少的投入可以提供足额的产出，但当效率提升放缓时，为了保持原有的增速就需要更多的依赖投资，这种势必将打破原有的平衡关系，使得供求发生较长时间的重构。这种长时间的重构也进一步解释了工业金属和能源在更短周期里的不一致性。

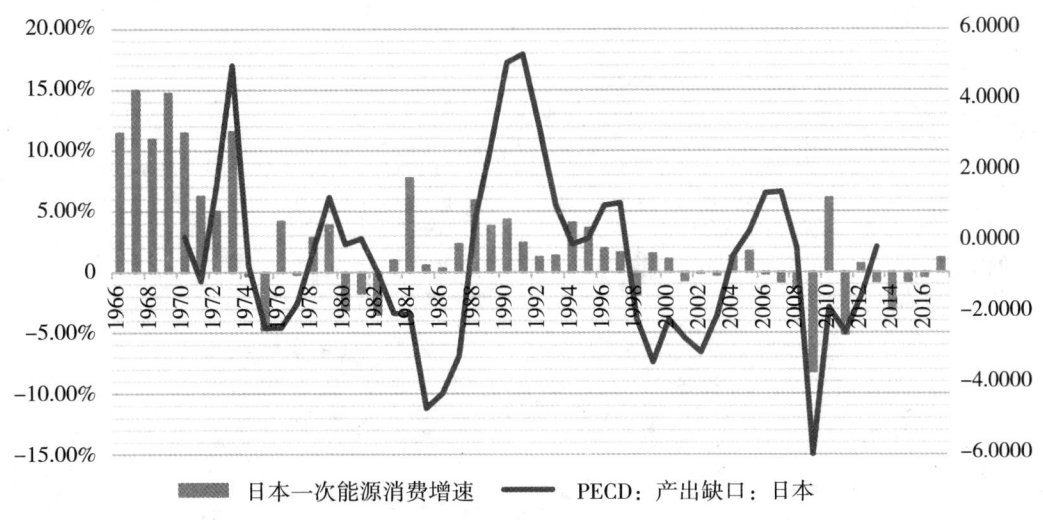

图 7.9　日本一次能源消费增速和产出缺口

数据来源：wind 数据库

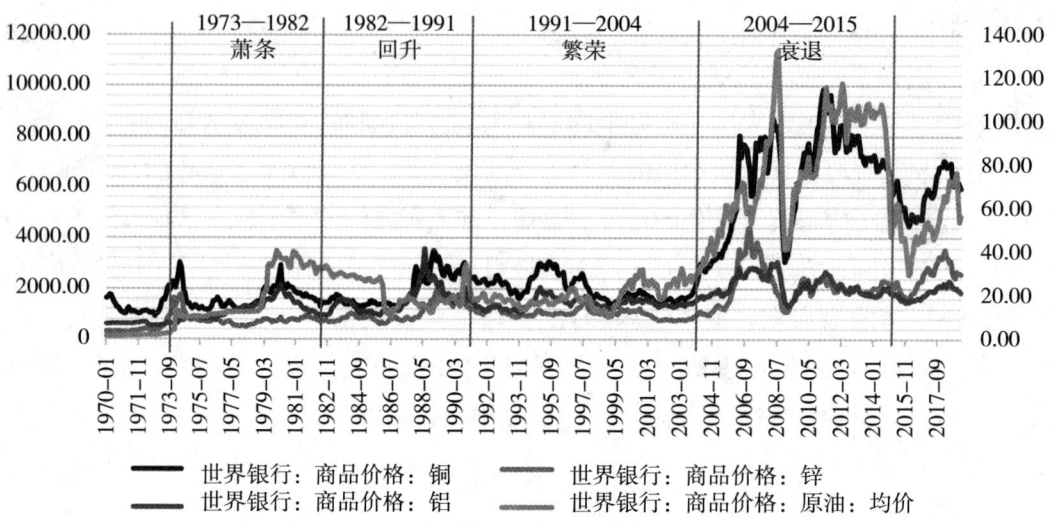

图 7.10　石油价格与金属价格

数据来源：wind 数据库

3. 康波中的黄金价格

在康波中，黄金作为货币，其价格理论上是与大宗商品的总体走势一致的，但事实也并非如此，黄金与货币脱钩之后，这个关系变得复杂。最核心的变化是，黄金虽然不再是货币，但依然有货币属性，当货币体系发生动荡时，黄金的价格变化则表现出明显的独立走势，显示出黄金的信用特征。

（1）黄金理论上是大宗商品的一般等价物

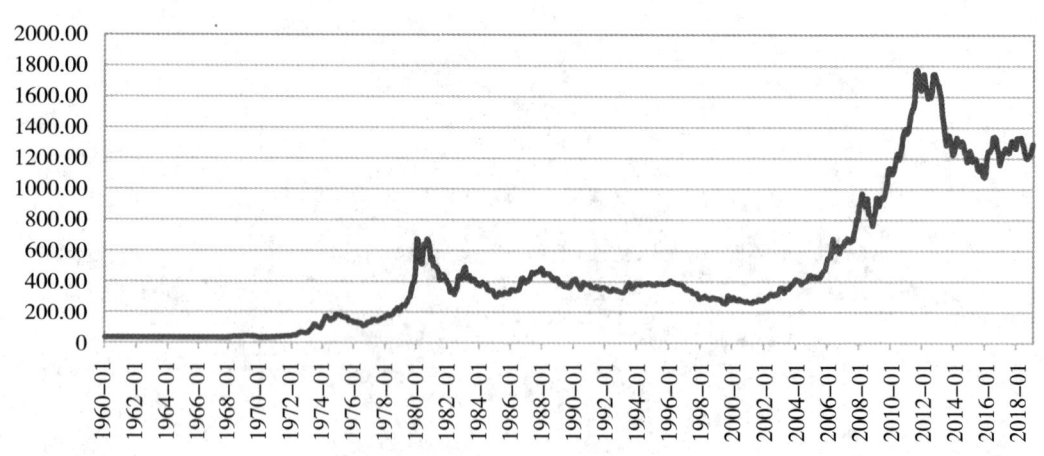

图 7.11　全球黄金价格的长期走势

数据来源：wind 数据库

图 7.12　全球黄金实际价格长期走势

数据来源：wind 数据库

货币体系金本位直至金汇兑本位制瓦解之后，黄金的价格波动开始加大，从 1967 年开始，黄金价格大幅波动，这实际上都是黄金的名义价格。全球黄金的需求在很大程度上受到投资需求变化的左右，投资需求的变化主要受通胀率、美元汇率、避险需求三个因素的影响，所以，黄金价格最终还是由其货币属性所决定。Erb and Havey 的研究发现，历史上黄金价格与美国 CPI 的定基指数的比率为 3.2 倍，这可以视为是黄金购买力的均值，称为黄金常数。剔除美国的通胀率后，可以得出黄金的实际价格的长期走势，从实际价格趋势看，黄金的价格围绕着这一中枢波动，而波动的特征与康波中的价格波动一致，这就是说黄金理论上就是大宗商品的一般等价物。

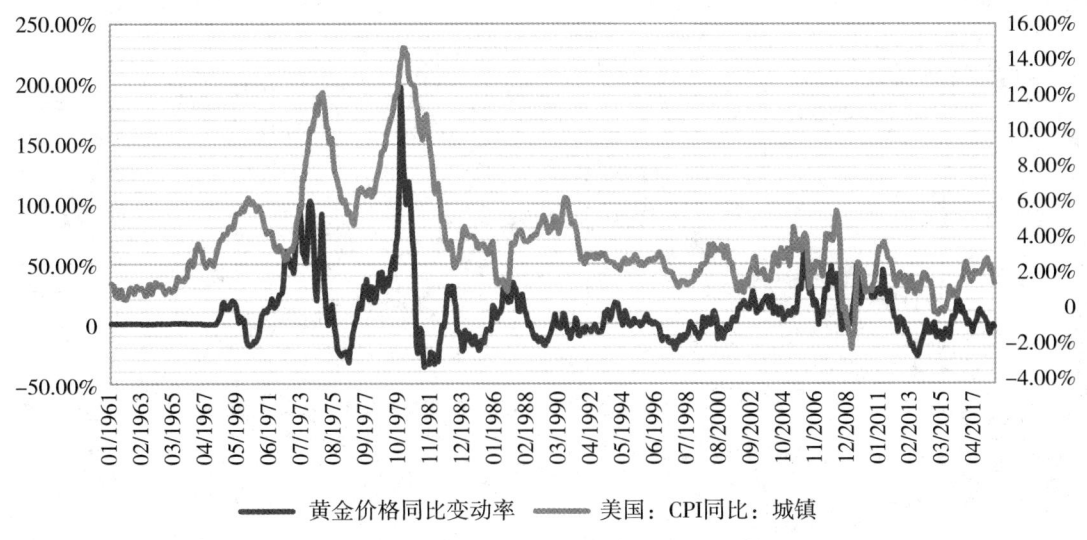

图 7.13　黄金价格同比增速与美国 CPI 同比增速

数据来源：wind 数据库，CEIC

图 7.14　黄金价格与美国 CPI 指数比率

数据来源：wind 数据库

(2) 黄金对大宗商品的购买力长期向均值回归

黄金作为康波中的货币，对其购买力的检验是其相对其他大宗商品的价格比率，在这方面，黄金—原油价格比率是广泛应用的指标。根据 Salesman（2013）年的研究，自 1971 年美元与黄金脱钩以来，黄金的美元价格与原油的美元价格保持着很强的相关性，在布雷顿森林体系下，黄金、原油的兑换比例大致为每盎司黄金兑换 12.3 桶原油。而当前兑换比率为 14.3 桶。当黄金、原油的价格显著脱离这一趋势后，该比率会向这一水平回归，而且主要是靠原油的价格而非黄金的价格的波动来回归。

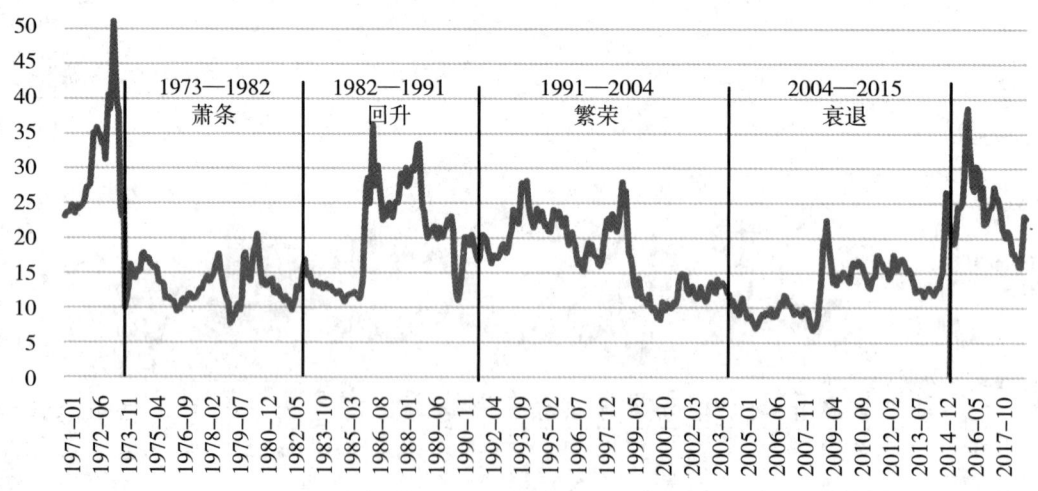

图 7.15　黄金—原油价格比率

数据来源：wind 数据库

（3）黄金的独立行情与货币体系动荡、实际利率下降等冲击因素相关

解释完黄金的康波货币属性之后，问题的关键还是要看黄金脱离其中枢的原因，黄金对通胀率的脱离和其对黄金—原油比率的脱离是两个问题。黄金对通胀率的脱离，实际上就是所谓的吉布森悖论，即将扣除通胀后的实际利率当作持有黄金的机会成本，实际利率走低则黄金价格向上。从图中可以看出，在康波的萧条、回升及衰退阶段，黄金价格与实际利率的负相关真实存在，但在繁荣期，这种关系基本不存在，甚至相反，这实际上就是康波中不同阶段大宗商品的表现不同所致。

图 7.16　黄金价格与实际利率

数据来源：wind 数据库

关于黄金价格对商品购买力的波动，本质上讲不完全是康波问题，更可能是冲击因素所导致，包括商品自身的冲击因素和黄金价格的冲击因素，但从现有数据来看，黄金在大波段方面表现出了与大宗商品的滞后性特征。比如，在 2004 年到 2007 年，显然黄金价格波动是落后于大宗商品的，我们认为这与黄金的货币属性有关系，因为在康波衰退的前半期，主要表现为大宗商品价格的冲击，而在此之后，黄金价格涨幅超越大宗商品的原因可能在于以下两点：其一，货币体系动荡，避险情绪的出现；其二，由于货币宽松带来的实际利率的走低。这些都可能是黄金价格波动超越大宗商品主要的原因。但可以推测的是，由于在整个萧条期实际利率的走低可能是一个大方向，未来黄金对大宗商品的超越依然还会存在。

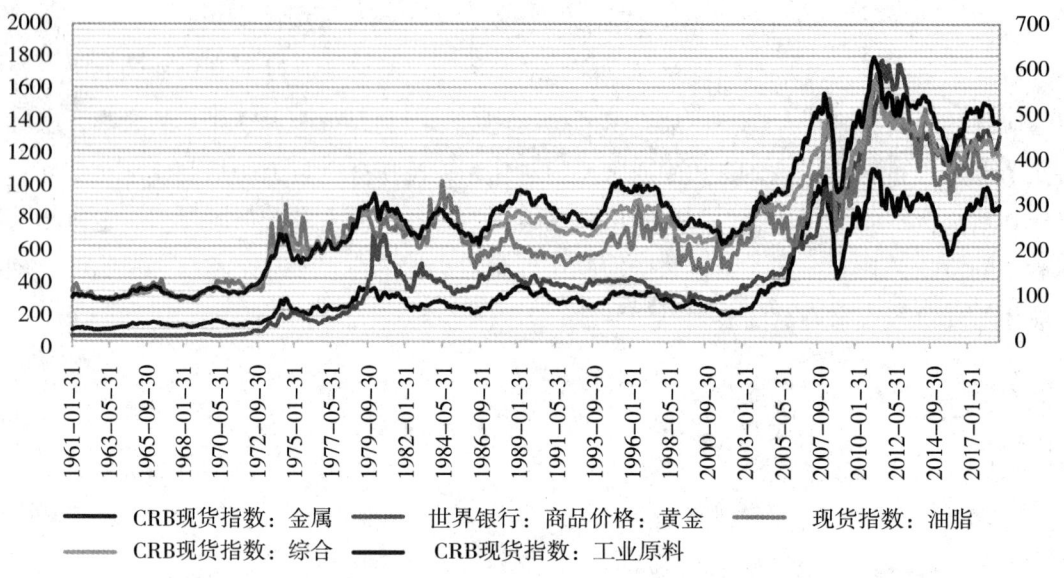

图 7.17 黄金与大宗商品价格对比

数据来源：wind 数据库

4. 康波中的农产品价格周期

在早期的康波研究中，农业一直是一个重要研究对象，但到了 20 世纪 70 年代第四次康波研究高潮的时候，农业几乎成为一个十分边缘的问题，这与工业化社会农业对经济影响的弱化有关。农产品价格实际上并不显著遵循长周期波动，反而与太阳黑子活动周期有着较强的关系，当然在康波价格波动的高潮期，农业价格也表现出波动放大的特点，例如，在 20 世纪 70 年代石油危机和 2007 年金融危机前后，但这显然不是由天气造成的农业价格波动，而是一种需求角度的原因，从这个角度看，农业并未表现出因天气影响供给从而影响长周期价格波动的特点，也就是说，农业供给不是康波波动的原因。

（二）房地产周期与大宗商品价格

房地产周期是房地产投资驱动的长周期。房地产投资增加，对于大宗商品需求将提升，价格将上升。我们用全国商品房销售面积的环比增长反映房地产投资，可以看到，商品价格随着房地产投资增加而上升，反应略有滞后。

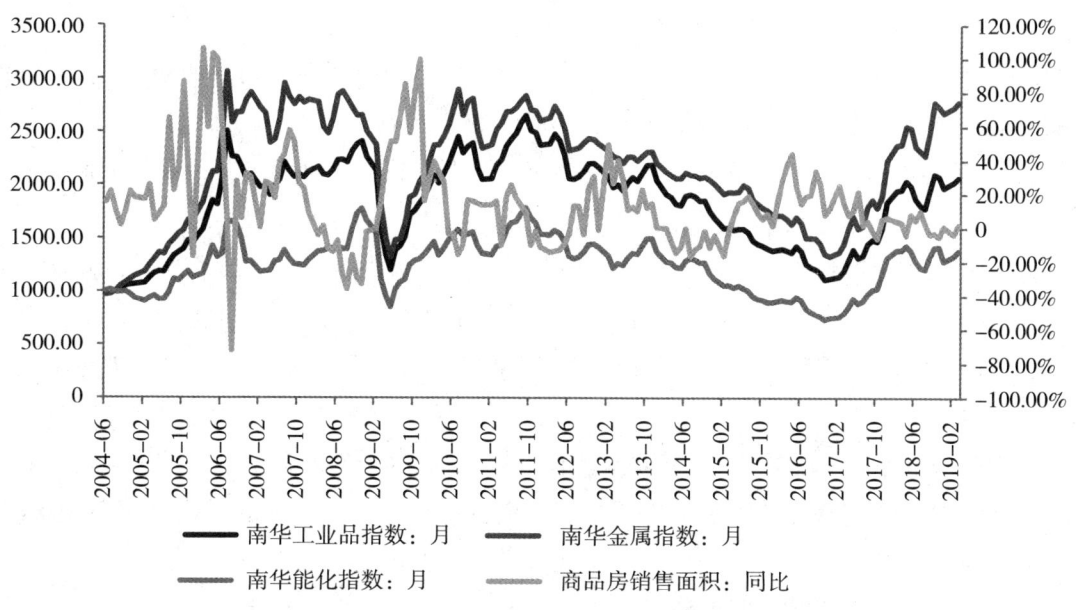

图 7.18 房地产周期与大宗商品价格

数据来源：wind 数据库

(三) 朱格拉周期与大宗商品价格

朱格拉周期是以资本性支出推动的中周期，资本性支出用于购买固定资产（土地、厂房、设备）的投资、无形资产的投资和长期股权投资等产能扩张、制程改善等具长期效益的现金支出。可以看到随着中国资本性支出的增加，商品价格上升。随着资本性支出的下降，商品价格下降。

图 7.19 朱格拉周期与大宗商品价格

数据来源：wind 数据库

(四)库存周期与大宗商品价格

随着库存周期四个阶段的演变,大宗商品价格也呈现周期性波动。如图7.8,假设市场处于供需平衡状态S。若此时需求转弱,原平衡被打破,呈现过剩状态A,过剩量为Q_x-Q_0。贸易商被迫抛货以压低库存,降价销售,从而导致商品价格走低,厂商被迫降低开工,库存下降,处于主动型库存减少阶段,供需曲线逐步由A移至B。

由于产量与库存持续减产,需求开始出现活跃。市场供需格局有所改善,供需曲线由B逐步移至C,但厂商开工速度尚处于初步恢复阶段,产品销售上升幅度大于产品产量的上升幅度,因此,库存不断被消耗;而价格由于供需格局的改善而企稳回升,处于被动型库存减少阶段。

市场需求持续旺盛,供需格局不断改善,供需曲线由C逐步移至D。商品价格企稳回升,厂商规模和开工率不断扩展,库存呈现主动性增加的状态,商品价格有望出现上涨,处于主动型库存增加阶段。

当市场的真实需求难于跟上开工扩产的步伐时,供需曲线由D逐步移至A。库存出现被动性增加,商品价格呈现滞胀,甚至有回落的风险,处于被动型库存增加阶段。迫于需求走弱的压力,供给不得不采取降低产量的措施,进行主动型库存减少从而使供需格局暂时重回平衡S,或者重新进入供需的动态平衡过程中,由A至D循环往复,直到寻找到平衡点为止,而下一周期的开始又将是打破原来平衡点的开始。因此,在此过程中,库存周期下,供需格局的变化引发了市场库存和价格的变化特点。

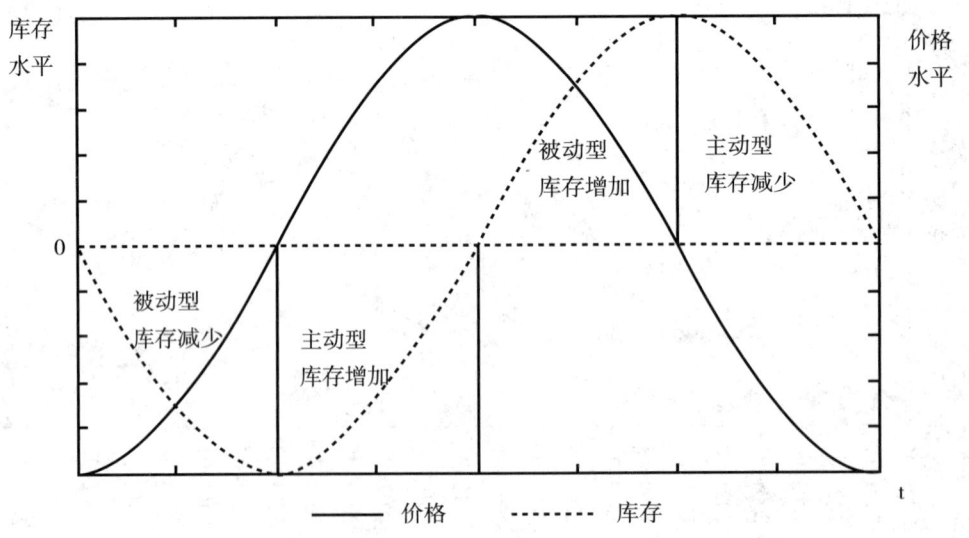

图7.20 库存周期下价格运动趋势

数据来源:李乾孙,翁鸣晓.库存周期与大宗商品价格[J].上海金融,2012(09):58-63+117.

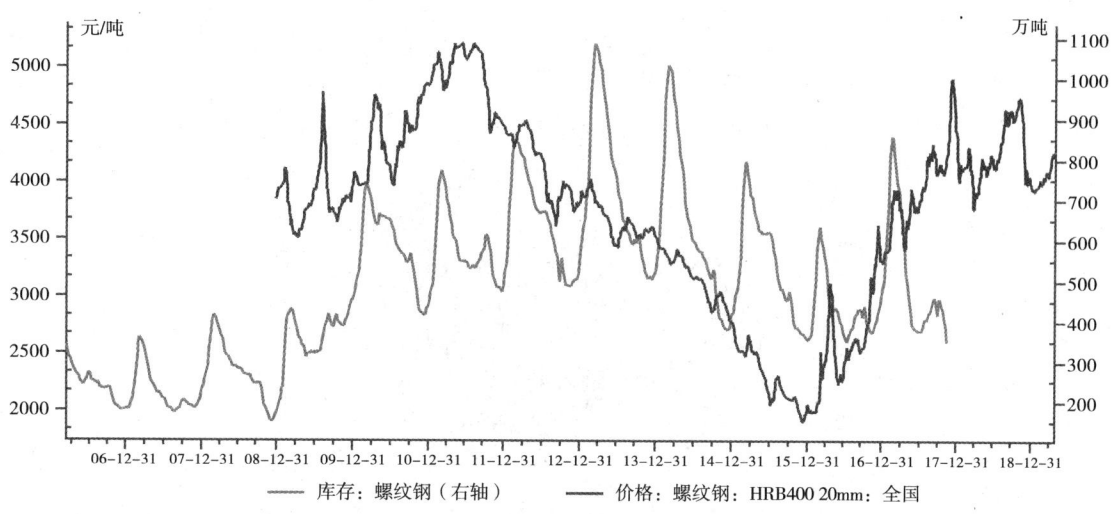

图 7.21 螺纹钢的库存周期

数据来源：wind 数据库

以螺纹钢为例，可以看到，螺纹钢在 2009—2010 年处于主动补库存阶段，市场由于基础设施投资增加，对于螺纹钢需求旺盛，价格在此阶段也上升。2010 年年中至 2013 年年末处于被动加库存阶段，这期间库存依然在逐年增加，但是价格处于下降通道。2013 年年末至 2015 年年末处于主动去库存阶段，库存逐年下降，价格依然处于下降通道。此阶段经济整体处于下降阶段，对于螺纹钢的需求减少。2016 年以来，螺纹钢处于被动去库存阶段，需求端开始改善，价格处于上升通道。

四、经济周期与大类资产配置

（一）美林投资时钟——利用周期指导大类资产配置

1. 美林时钟简介

美林投资时钟理论是一种将资产配置与经济周期联系起来的方法，是一种非常实用的指导投资周期的工具，由美林证券于 2004 年提出。美林证券采用 1973—2003 年美国经济数据以及各类资产收益率历史数据回测，发现美林投资时钟能够指引投资者在周期不同时期配置不同资产，从而获得较高的收益。

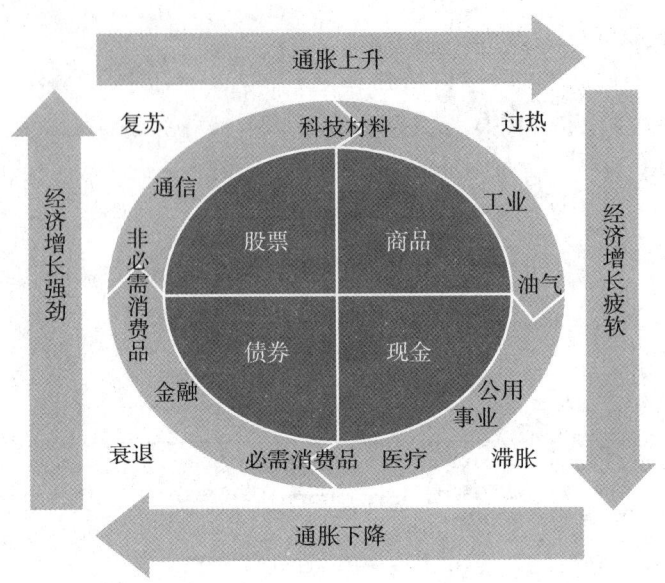

图 7.22 美林投资时钟

美林投资时钟理论按照资本性投资将经济分为上行与下行阶段，按照通胀水平将经济分为通胀上升与通胀下降阶段。将投资者可配置的资产分为四类：股票、债券、商品、现金。各个阶段资产配置策略如下。

（1）"经济上行，通胀下行"：经济周期处于复苏阶段，企业经营状况良好，基本面较好，由于股票对经济弹性更大，因此首选配置股票。

（2）"经济上行，通胀上行"：经济周期处于过热阶段，企业基本面仍然较好，随着投资的增加，商品价格迅速上升，商品的配置价值最高，股票次之。政府可能会实行紧缩的货币政策，债券价格有下行压力，现金持有成本也较高。

（3）"经济下行，通胀上行"：经济周期处于滞胀阶段。企业基本面变差，股票吸引力降低。投资陷入萎靡，商品吸引力也不足。首选配置现金。

（4）"经济下行，通胀下行"：经济周期处于衰退阶段。通胀压力下降，政府极实行宽松的货币政策刺激经济，利率具有下行趋势，首选配置债券。

2. 经济周期的识别与划分

根据美林投资时钟进行投资的第一步，是对当前的经济周期阶段进行识别。前面已经介绍了周期划分方法，这里我们还介绍另一种学术中常用的方法——宏观经济景气指数法。该方法采用国家统计局公布的宏观经济景气指数的领先指数和滞后指数作为划分依据。其中领先指数包括新开工项目、产销率、消费者预期等成分指标，是预测未来经济发展情况的经济指标；滞后指数包括CPI、财政支出、居民储蓄等成分指标，反映了通货膨胀等方面的情况,正好契合美林投资时钟对于经济周期的划分方法。我们将在本书中使用指数法。

具体来讲,我们采取月度领先指数与滞后指数,用 X-12 法对原始序列进行季节性调整,并采用 HP 滤波方法对经季节性调整的数据进行滤波,获得原始序列的长期趋势。根据调整后数据,当领先指数上涨、滞后指数下跌时,为复苏期;当领先指数和滞后指数均上涨时,为过热期;当领先指数下跌、滞后指数上涨时,为滞胀期;当领先指数和滞后指数均下跌时,为衰退期。

可以看到,中国经济大致遵循繁荣—滞胀—衰退—复苏的轨迹,但由于金融危机造成的冲击以及 4 万亿元的政策刺激,经历了短暂的衰退与复苏期。

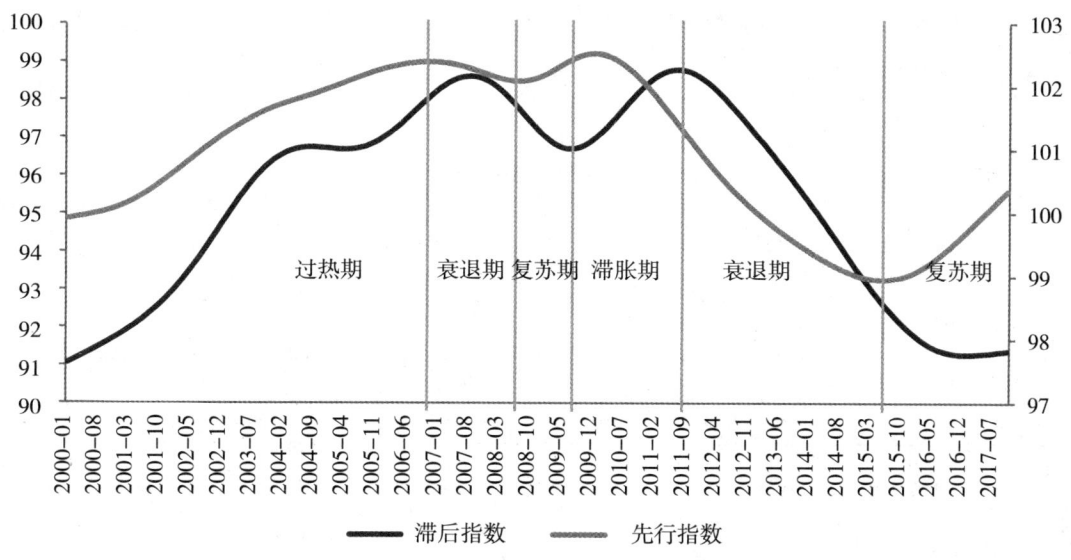

图 7.23　中国经济周期划分:2000—2017 年

数据来源:wind 数据库

表 7.4　　　　　　　　　中国经济周期划分:2000—2017 年

经济周期阶段	领先指数	滞后指数	时期
过热	↑	↑	2000-01 至 2006-12
衰退	↓	↓	2007-01 至 2008-08、2011-09 至 2015-07
复苏	↑	↓	2008-09 至 2009-08、2015-08 至 2017-12
滞胀	↓	↑	2009-09 至 2011-08

数据来源:wind 数据库

(二)跨场景应用需考虑兼容性难题

1. 经典美林投资时钟在中国市场中的应用

经典美林投资时钟理论在中国资本市场的应用并不理想。我们选用沪深300、中证500指数代表股票资产,南华工业品指数、南华农产品指数代表商品,中债总财富指数代表债券,货币市场基金指数代表现金,剔除2007年1月至2009年8月金融危机时期数据。

从经济周期阶段来看,2005—2006年经济过热阶段,商品(工业品)收益最高,股票次之;2009—2011年经济滞胀阶段,商品的收益最高,大于现金;2011—2015年经济衰退阶段,股票收益最高,债券次之;2015—2017年经济复苏阶段,商品收益最高。

从资产类别来看,股票收益率在过热阶段收益率最高,而在复苏阶段表现最差;商品在过热阶段表现最好,在衰退阶段表现最差;债券在过热阶段表现最好,而在滞胀阶段表现最差;现金在衰退阶段表现最好,在过热阶段表现最差。

表 7.5 各类资产月收益率:2005—2017年

区间		经济周期阶段	沪深300	中证500	工业品	农产品	债券	现金
2005-01	2006-12	过热	2.25%	2.10%	2.54%	-0.27%	0.53%	0.17%
2009-09	2011-08	滞胀	-0.10%	1.13%	0.73%	0.94%	0.12%	0.16%
2011-09	2015-07	衰退	0.97%	1.49%	-1.27%	-0.59%	0.40%	0.30%
2015-08	2017-12	复苏	0.17%	-0.75%	1.77%	0.38%	0.14%	0.18%

资料来源:wind数据库

2. 经典美林投资时钟缘何水土不服

(1)货币政策的不一致:美林时钟原理中很重要的一点就是经济周期会导致货币政策变动,从而影响资产价格。例如:衰退阶段,经济下行且通胀下行,政府会实行宽松的货币政策,以刺激经济。因此利率下行,配置债券就成为最好的选择。

然而,我国在每个经济周期下货币政策并不完全按照美林投资时钟的假设实行。结果对于资产价格影响与美林投资时钟理论出现不一致。例如在2000—2003年,我国经济周期处于过热阶段,应该采用相对紧缩的货币政策,但实际上M2增速却很高。

(2)跨国投资问题:美林投资时钟用于中国或美国以外其他国家的投资,尤其是商品投资之中,需要考虑美元。一方面,美元是国际外汇与大宗商品的价值尺度,充当着世界货币的角色;另一方面,美元的强弱实际上反映着国际经济强弱变化格局。美元的强势期一般都是国际经济的相对疲弱期,尤其是作为大宗商品主要需求对象的工业生产国往往也处于不太景气的态势,因此,对于大宗商品的需求处于较低水平。

(三) 改造美林投资时钟：考虑货币政策

1. 考虑货币政策的周期划分

以 M2 同比增速代表我国货币政策取向，2005 年 1 月至 2017 年 12 月，宏观市场情况分为 6 个阶段。领先指数和 M2 同比上涨、滞后指数下跌时，定义为复苏前期；当领先指数上涨，滞后指数、M2 同比下跌时，定义为复苏后期；当领先指数和滞后指数上涨、M2 同比下跌时，定义为过热期；当领先指数和 M2 同比下跌、滞后指数上涨时，定义为滞胀期；当领先指数、滞后指数和 M2 同比均下跌时，定义为衰退前期；当领先指数和滞后指数下跌、M2 同比上涨时，定义为衰退后期。

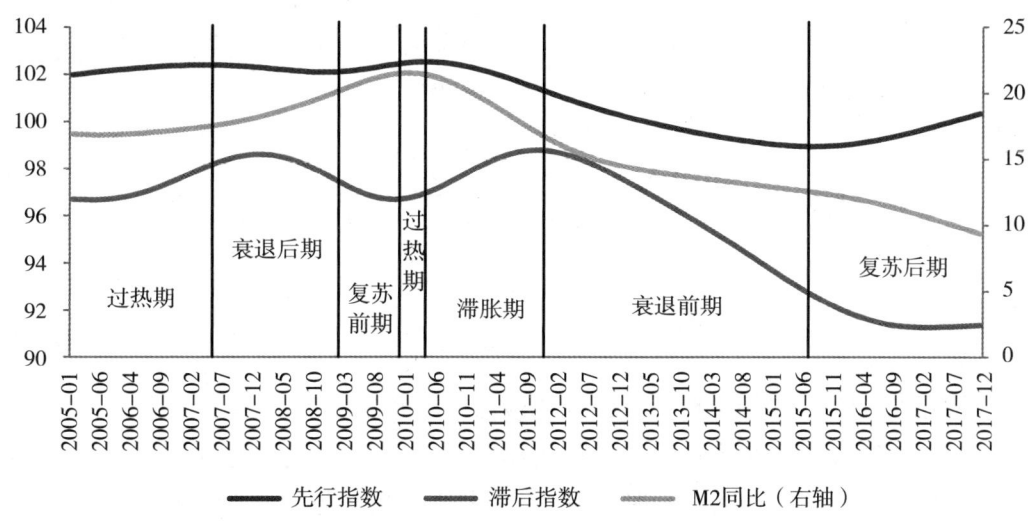

图 7.24　中国经济周期划分：考虑货币政策：2005—2017 年

资料来源：wind 数据库

表 7.6　　　　　中国经济周期划分：考虑货币政策：2005—2017 年

经济周期阶段	领先指数	滞后指数	M2 同比	时期
过热期	↑	↑	↓	2005-01 至 2007-01，2009-09 至 2010-01
滞胀期	↓	↑	↓	2010-02 至 2011-09
衰退前期	↓	↓	↓	2011-10 至 2015-07
衰退后期	↓	↓	↑	2007-01 至 2008-09
复苏前期	↑	↓	↑	2008-10 至 2009-08
复苏后期	↑	↓	↓	2015-08 至 2017-12

资料来源：wind 数据库

2. 政策向心力提升美林投资时钟精度

考虑货币政策因素的美林投资时钟在中国资本市场上表现出更强的可应用性，对投资的指导意义显著提升。从周期各阶段来看，过热期工业品以及股票的投资价值较高，滞胀期现金的配置价值仅次于工业品，在各类资产中表现较好；衰退前期政府未采取宽松货币政策，现金配置意义依然较高，但是次于股票；复苏前期货币政策宽松股票与债券有较高配置价值；以上阶段各类资产收益率与美林投资时钟契合度较高。

表 7.7　　各类资产在不同经济周期阶段中的收益：2005—2017 年

区间		经济周期阶段	沪深300	中证500	工业品	农产品	债券	现金
2005-01	2007-01	过热期	3.00%	2.36%	2.62%	-0.26%	0.54%	0.17%
2010-02	2011-09	滞胀期	-0.59%	0.06%	0.36%	1.08%	0.09%	0.18%
2011-10	2015-07	衰退前期	1.20%	1.83%	-0.93%	-0.40%	0.38%	0.30%
2007-01	2008-09	衰退后期	0.76%	1.39%	0.60%	0.04%	0.08%	0.25%
2008-10	2009-08	复苏前期	4.74%	5.70%	-0.11%	-0.14%	0.43%	0.19%
2015-08	2017-12	复苏后期	0.17%	-0.78%	1.84%	0.39%	0.15%	0.19%

资料来源：wind 数据库

考虑到资本市场可以加杠杆，在提高风险的时候也能增加收益，如股市可以融资融券、商品期货市场的保证金交易以及债券市场的结构化产品等。借鉴风险评价策略，对商品期货指数和债券指数进行加杠杆时，使得加杠杆后的指数与沪深300指数具有相同的波动。因此，南华工业品指数的杠杆比率为1.40，南华农产品指数的杠杆比率为2.58，中债指数的杠杆比率为10.31，但是考虑到金融去杠杆的大趋势，债券10.31倍的杠杆率难以达到，因此将中债指数的杠杆比率定为4。

表 7.8　　各类资产在不同经济周期阶段中的收益：考虑杠杆：2005—2017 年

区间		经济周期阶段	沪深300	中证500	工业品	农产品	债券	现金
2005-01	2007-01	过热期	3.00%	2.36%	3.68%	-0.68%	2.15%	0.17%
2010-02	2011-09	滞胀期	-0.59%	0.06%	0.50%	2.78%	0.37%	0.18%
2011-10	2015-07	衰退前期	1.20%	1.83%	-1.30%	-1.03%	1.54%	0.30%
2007-01	2008-09	衰退后期	0.76%	1.39%	0.84%	0.11%	0.33%	0.25%
2008-10	2009-08	复苏前期	4.74%	5.70%	-0.16%	-0.37%	1.73%	0.19%
2015-08	2017-12	复苏后期	0.17%	-0.78%	2.58%	1.01%	0.58%	0.19%

资料来源：wind 数据库

第二节　其他自然周期、节假日周期因素与商品价格波动

一、自然周期

(一) 太阳黑子与农产品周期

前人对太阳黑子活动的周期性研究，将太阳黑子活动划分为以下几个周期：厄尔尼诺循环（2—7年）、黑子周期（施瓦贝循环，11年）、磁活动周期（海耳定律，22年）、吉村循环（55年）。国际天文学界以1755年3月为太阳黑子活动周元年，至今已经历23个完整的黑子周期和4个吉村循环。

农业与其他资源品相比的特殊性在于它的供给受到天气的极大影响，所以，农业价格的研究一直十分重视太阳黑子运动。研究者通过观察长期的农业价格波动序列发现，农业价格并未表现出明显的长周期波动特点，反而倒是受到施瓦贝循环的直接影响。

太阳黑子活动施瓦贝循环和厄尔尼诺循环与全球农产品价格表现出强相关性。我们将1866年起的太阳黑子活动数据与玉米、大豆、食糖和小麦的价格波动相比，发现了非常显著的负相关关系，即黑子较多、活动频繁的时候，由于气候相对温暖湿润，往往大宗农产品产量增长，价格加速下跌；而黑子较少时，往往对应着该段时间内农产品产量的低点，价格有上扬趋势。

(二) 季节性周期

很多市场都表现出季节性特点。有时候，这些季节性节奏可以归根于基本面因素，例如，某些农产品在可能的冰冻灾害前出现的买卖行为。金融市场同样有由基本面因素导致的季节性节奏（如国库退款、年末图书集中进货）。有时季节性节奏不和任何明显的基本面因素相关。

理解季节性节奏对于现货和期货价格具有不同的重要性很重要。例如，对于某一种谷物来说，现货价格在收获季节走低很正常，但是这种节奏并一定意味着收益机会。因为，期货市场很可能已经将收获期的价格走软贴现到了现货价格中，因此，消除了任何可能的盈利机会。

商品投资

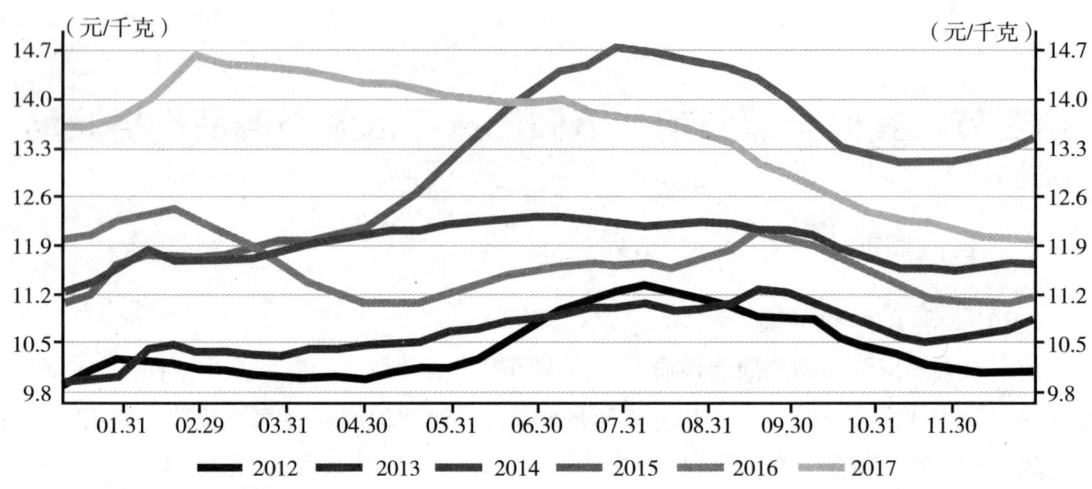

图 7.25　苹果现货季节性分析

数据来源：wind 数据库

二、节假日因素对商品价格的影响

节假日是一国的法定假日，既包括一国的重大法定假日，又包括如周末这样的常规法定假日。其中重大法定假日又包含固定月份的重大假日（如中国的国庆节、美国的圣诞节等）和不固定月份的重大假日（如中国的春节、美国的复活节等）两种。重大的法定假日存在一些习俗，往往在某段时间驱动商品价格波动。

我们以鸡蛋为例，鸡蛋是月饼的食材，在每年的中秋前价格通常会上涨。

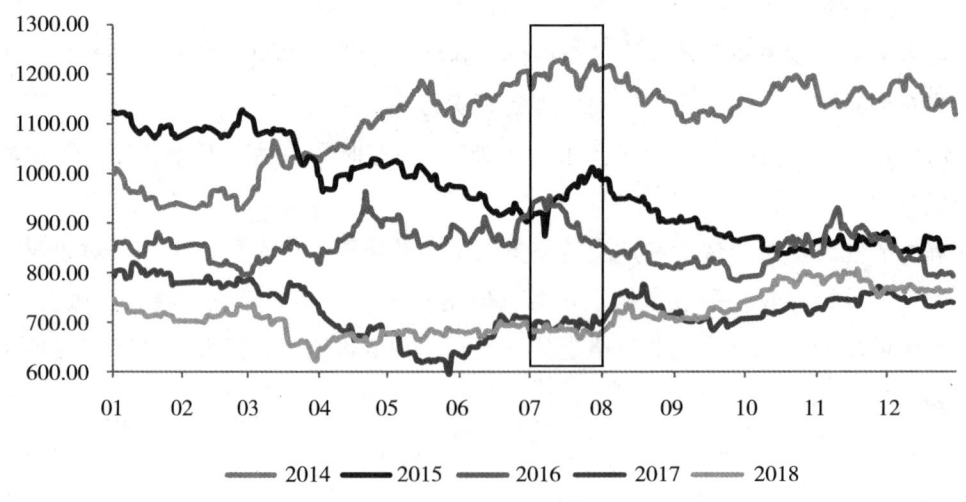

图 7.26　南华鸡蛋价格指数：2014-2018

数据来源：wind 数据库

第三节　投资者行为、情绪周期与商品价格

大宗商品市场投资者在投资行为中根据其所掌握的信息，对商品价格未来走势形成预期并对市场总体状况做出主观判断，进而反映为市场投资者情绪的变化；反之，情绪变化又会影响投资者的交易投资行为，非理性情绪驱动的盲目交易往往会导致价格发生巨幅波动。以我国农产品市场为例，近年来的价格剧烈波动除受不利天气等影响造成的供给不足、供求失调外，受情绪驱动的市场过热、盲目投机炒作现象也是原因之一。我们选取大宗商品信心指数作为投资者情绪指标，中国大宗商品价格指数作为商品价格指标，试图研究大宗商品与投资者情绪之间的关系。

中国对于投资者情绪与大宗商品价格的研究较为欠缺，部分原因在于国内缺乏能够反映大宗商品市场投资者情绪的数据。大宗商品信心指数（Commodity Confidence Index 简称 CCI）是大宗商品发展研究中心（CDRC）研发的指数，该指数是以权威样本为调研对象，在调研数据基础上对大宗商品走势作预测的指标，可以作为对大宗商品市场后市的预测参考，CDRC 目前已经连续发布了自 2014 年 11 月以来的每个月的 CCI 数据，CCI 的计算公式为：

$$CCI = （看涨人数 - 看空人数）\div 总人数$$

其中，CCI 指数的值域为 -1 到 1，CCI = 0 表示看涨看空人数相等；CCI > 0，反映市场对大宗商品市场走势看涨；CCI < 0，反映市场对大宗商品市场走势看空；CCI = 0，反映市场对大宗商品市场走势看平。CCI 指数填补了我国对大宗商品市场走势参考性预测指标的空白，能够较好地反映我国大宗商品市场的投资者情绪水平，目前 CCI 指数已得到业内人士的广泛认可。图 7.27 给出了 2014 年 11 月至 2017 年 12 月我国大宗商品信心指数。

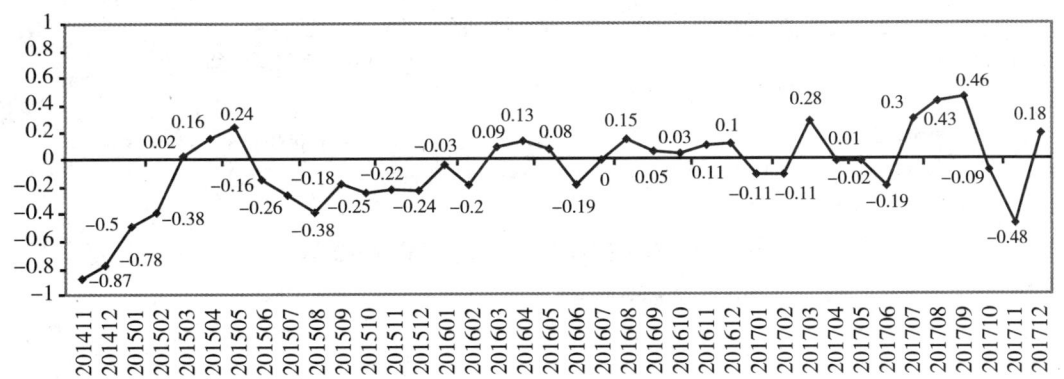

图 7.27　大宗商品信心指数

资料来源：王道平，贾昱宁（2018）；Wind 数据库

商品投资

在对大宗商品价格与国内宏观经济进行研究时，区分大宗商品的国际市场价格与国内市场价格十分重要。由于 CCI 主要反映国内的投资者情绪，因此在研究投资者情绪与大宗商品价格时，选用国内的大宗商品价格更加合适。我们选取中国大宗商品市场价格指数（CCPI），在商品选取、数据收集及编制方法等方面，均贴近中国大宗商品市场发展实际，能及时、准确、全面地反映我国大宗商品市场运行趋势。"中国大宗商品价格指数"（China Commodity Price Index，CCPI）是依托"中国流通产业网"大宗商品现货价格周度数据库，以 2006 年 6 月为基期，利用加权平均法计算的定基指数。该指数涵盖能源、钢铁、矿产品、有色金属、橡胶、农产品、牲畜、油料油脂、食糖等 9 大类别 26 种商品，力图反映中国大宗商品现货市场走势，成为研究中国经济活动的重要指标。

可以看到，当 CCI 处于零以下时，大宗商品价格往往趋于下降；而当 CCI 指数大于零时，大宗商品价格往往趋于上升。大宗商品总指数以及能源类价格指数表现出来的规律尤其明显。由此可见，投资者情绪对于大宗商品价格具有影响，关注投资者情绪对于大宗商品投资十分重要。

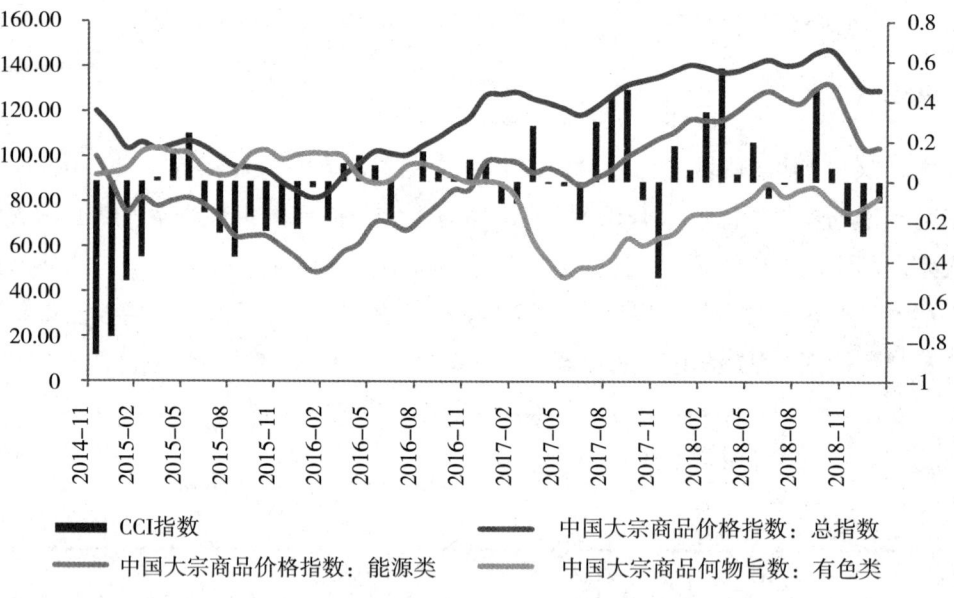

图 7.28　CCI 指数与中国大宗商品价格指数

资料来源：王道平，贾昱宁（2018）；Wind 数据库

第四节　商品投资的多重周期嵌套理论

多周期嵌套理论最早由熊彼特提出。熊彼特认为，经济发展和经济波动的原动力是创新。这种创新期长短是不定的，创新是不连续的、不稳定的和不均匀的，同时又具有多样性，因此对经济发展的影响有所不同，从而形成了不同长度的周期。所以，现实就不可能只存在一种周期形式，不同的周期时长、影响均有不同，因此为了更加形象有效地说明经济周期的规律，熊彼特提出了三种周期模型。

第一种是长达50多年的经济长周期，称为长波。因它由俄国经济学家康德拉季耶夫于1926年首先提出，故又称为康德拉季耶夫周期。

第二个周期是9~10年的中周期，称为中波。因其1862年由法国医生、经济学家克里门特·朱格拉在《论法国、英国和美国的商业危机以及发生周期》一书中首次提出，由设备投资周期对经济带来的周期性变动，故又名朱格拉周期。

第三种周期是平均40个月的短周期，称为短波。1923年英国的约瑟夫·基钦从厂商生产过多时，就会形成存货，就会减少生产的现象出发而提出的周期现象，基钦在《经济因素中的周期与倾向》中把这种2~4年的短期调整称为"存货"周期，熊彼特将这一周期现象称为"基钦周期"。

熊彼特认为，一个康德拉季耶夫周期大约包括6个朱格拉中周期和18个基钦短周期；1个中周期中包含约3个短周期。长周期是对中周期起制约作用的因素，并影响着中周期借以发生的背景。中周期的繁荣和萧条的程度，受到长周期的特定阶段的影响。中周期与短周期之间也有类似的关系。

三种周期中的任何一种都与一定的"创新"活动相联系。尤其是长周期，与重大"创新"群集有相当密切的关系，而雅各布·范杜因的研究结论与熊彼特相呼应。范杜因指出，在长波的不同阶段，创新的倾向是不同的。根据经济学家罗伯逊的研究成果，中周期也与一些特殊工业和特殊"创新"相联系。至于短周期，虽然从理论上讲也是"创新"活动的结果，但难以将某个特定的短周期与某项特定的"创新"活动联系起来。除了上述三种周期之外，熊彼特还提到"其他形式的周期波"，如库兹涅茨周期（也称建筑业周期或房地产周期）等。

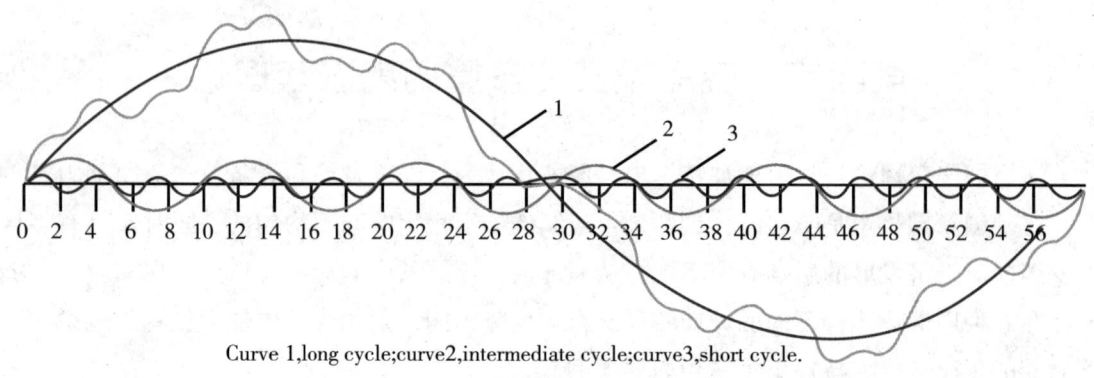

Curve 1,long cycle;curve2,intermediate cycle;curve3,short cycle.

图 7.29　CCI 指数与中国大宗商品价格指数

资料来源：Joseph A. Schumpeter（1939）

　　本书在熊彼特的多周期嵌套的基础上，加上了季节性周期、节假日周期以及情绪影响因素，我们在进行商品投资时，需要同时考虑经济周期与商品特有的周期，这让多周期嵌套理论指导商品投资时更加具有指导意义。

第八章　影响商品供需与价格的政策因素

期货价格是对商品未来价格的预期,任何影响商品供求的因素都会对期货价格产生影响,成本利润也是影响商品价格高低的重要因素。尽管对于不同的期货品种,其价格影响因素不尽相同,但是其中依然存在一些共性因素,这些因素包括宏观经济形势、金融货币因素、自然因素、政治与政策因素及投机因素等。

政策因素会对期货市场产生影响,尤其在我国,由于我国经济市场化程度有限,政策变化通常会对行情走势产生决定性的影响,因此,时刻关注国家各项管理政策,比如货币政策与财政政策,对于把握国内期货市场走势十分重要。除此之外,产业政策与贸易政策等也会对某些类别的商品价格造成影响,比如石油、铜、糖、小麦等国际化的大宗商品。一些国际商品协定和组织为了协调贸易国之间的经贸关系,常常根据市场状况制定诸如削减产量、限制出口、协调价格等进出口政策措施,以期平衡商品供求,这些人为的政策措施由于直接影响了商品的供给量,因此会对商品价格产生很大的影响,是基本面分析中不可忽略的价格影响因素。本章将从货币政策、汇率变动、财政政策、产业政策及其他政策冲击角度分析影响商品价格的政策因素。

第一节　货币政策与商品价格

国际大宗商品价格直接影响着经济体的生产成本,其价格波动不仅会对实体经济产生冲击,也会对资本市场产生较为深远的影响。历史上每次大宗商品价格波动,尤其是原油价格的大幅波动都可能引起区域性乃至全球性的金融危机。金融危机的爆发又会使货币政策当局改变原有的货币政策,甚至是采取非常规的货币政策来稳定金融体系,这种非常规政策又会反过来影响大宗商品价格。因此,大宗商品价格与货币政策将会互相影响。厘清两者的关系对于把握大宗商品价格变动的内在规律,并对货币政策的调整和相机抉择作出建议都显得尤为重要。

学术界关于商品价格对宏观经济变量作用的研究非常广泛,这是由期货市场的基本功能所导致的,即将商品期货价格作为指导宏观经济政策调控的前瞻性指标。但是反过来,从宏观经济变量出发,探究其对商品价格的研究却并不丰富。主要原因在于目前中国资本市场并未实现完全开放与自由流动，宏观经济政策影响商品市场的渠道和传导机制不够明晰，不同的发展阶段和经济结构同时也会对政策的传导产生影响。

大宗商品现货价格会受到货币因素的影响，且近年来这种影响越发显著。一方面，投资拉动型产业所需要的大宗商品更易受到货币供给量的影响，货币供应量增加，利率下降，投资增加，大宗商品需求增加；另一方面，近年来我国货币政策趋于宽松，增加的货币供应量除了流向实体经济外，未被实体经济吸收的资金会流向金融领域，导致商品投机行为增多，助长货币因素对大宗商品价格的影响。鉴于我国货币政策的中介目标主要是货币供应量和利率，而中介目标的实现是货币政策最终目标实现的重要环节，所以选取货币供应量和利率分别从数量和价格两个层次反映我国的货币政策，进行货币政策对大宗商品价格影响的分析。

一、货币供应量对大宗商品价格的影响

货币供给是指一定时期内一国银行体系向经济中投入、创造、扩张（或收缩）货币的行为，它是银行系统向经济中注入货币的经济过程。货币供应量是单位和居民个人在银行的各项存款和手持现金之和，其变化反映中央银行货币政策的变化，对企业生产经营、金融市场的运行和居民个人的投资行为有着重大的影响，是国家制定宏观经济政策的一个重要依据。

大宗商品具备双重属性，即商品属性与资产属性。在商品属性层面，大宗商品价格由生产与消费跨期决定；而在资产属性层面，对存货的供给与需求影响其资产价格。这也决定了货币供应量影响大宗商品价格的两种渠道：其一为本期通胀渠道，货币供给量的增加会直接导致人民币名义收入的上涨，进而在短期内刺激大宗商品需求，推动大宗商品价格上涨；其二为预期通胀渠道，依据货币理论，货币供应量的增加会使单位流通货币的真实购买力下降。由于通胀预期，公众不愿意持有货币，都尽可能地购买实物资产，此时大宗商品表现出资产属性，因为大宗商品可以对冲通胀，为实现财富保值增值，大宗商品投机性需求增加，进而推动大宗商品价格上涨。值得注意的是，由于货币政策调整需要一定的时间，货币环境的转换对大宗商品价格走势的影响通常存在一定的滞后期。

以原油为例，全球原油贸易以美元计价，美元发行量增加，物价水平总体呈上升趋势，在石油产能达到全球需求极限的情况下，将推动石油价格上涨并带动石油期货价格上扬。当货币供应量持续大幅增加，部分货币供应量分流进入金融市场，金融市场波动或石油市场供需不稳定预期出现时，在金融市场流动的短期投机性游资会炒作石油期货及其衍生的金融投资工具，形成石油期货及衍生金融投资工具价格的大幅波动。

货币的国际流动溢出效应对资产价格有所影响，其基本观点是流动性的提高驱动资产价格上升，其基本理论框架是：第一，过多的流动性提高了资产（刚性供给）的需求，从

而推动了资产价格的上涨；第二，对未来经济的良好预期，可能同时提高资产的回报率与流动性。

随着全球化的深入，各国货币政策和流动性之间的互相影响程度更深，尤其是在金融危机之后，各国中央银行都在释放流动性，全球流动性的互相溢出对各经济增长的影响在加大，尤其是发达国家对于新兴经济体的流动性溢出效应明显，全球流动性的增加会深刻影响到大宗商品的价格。

二、利率对大宗商品价格的影响

利率对于大宗商品价格影响的机制更为复杂，选择利率指标作为货币政策松紧度量的原因主要考虑到，随着我国金融改革的深化，表外业务、理财产品的快速增长以及央行货币政策工具创设使得传统的货币供给 M2 指标对货币政策的表征性减弱，而我国利率市场化的深入，使得利率作为资金价格的指标，可以更好地反映资金面的松紧及货币政策的效果。

Pagano（2012）等梳理了以利率作为传导路径的扩张式货币政策冲击对商品价格行为的三种影响路径：

（1）存货渠道（inventory channel），利率下降使得投资者持有库存的机会成本降低，进而会增加对商品的需求，需求持续攀升会拉升商品价格。

（2）供给渠道（supply channel），在供给方面，利率下降减少了供应商的库存成本，他们不会全力生产，因而会影响商品的价格。

（3）财务渠道（financial channel），对于给定的预期价格路径，利率下降会减少投机头寸的持有成本，刺激经济个体在大宗商品市场上进行投机行为，进而推动期货与现货价格同步上升。

以利率作为货币政策变量时，利率调整对大宗商品价格的影响相对较弱且以负向为主。大宗商品实际价格与短期实际利率存在显著的负相关关系，而与长期实际利率不存在明显关系。这主要是由于我国市场利率仍存在一定管制，且覆盖面较小，在调节资金余缺中有效性不足，表明我国利率传导的有效性有待提高。

在全球化条件下，发达国家货币政策对中国宏观经济的影响成为研究的主题，尤其是在金融危机之后的宽松货币环境下。全球实际利率的溢出效应广泛存在且显著，尤其是在自由浮动汇率制度的国家，全球实际利率对大宗商品价格冲击的影响大于本地超额实际利率所产生的影响，而且全球实际利率对本地超额实际利率同样具有溢出效应。这种效应在固定汇率制度国家并不明显。

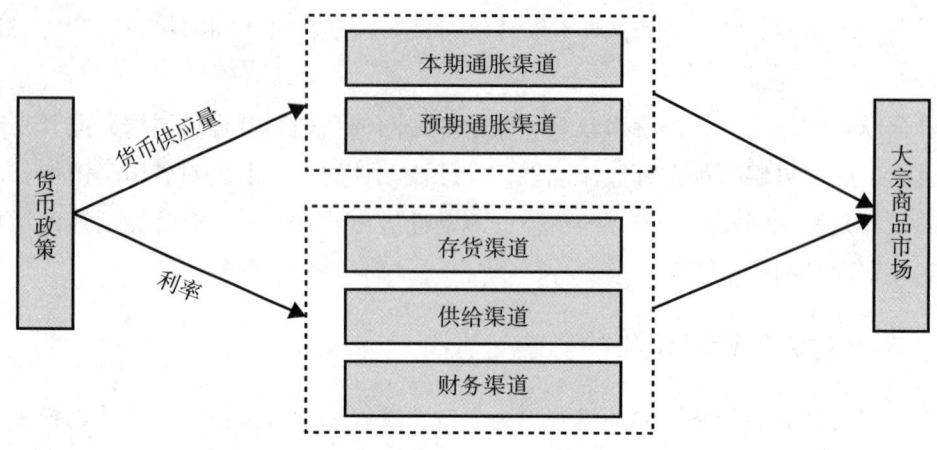

图 8.1 货币政策对大宗商品价格影响示意图

三、创新公开市场操作工具对大宗商品价格的影响

存款准备金制度、公开市场操作、再贴现政策一直以来被称为央行的三大货币政策工具。公开市场操作货币政策工具是央行通过与金融市场中的交易对手进行债券交易来投放或回笼基础货币，进而调节金融市场流动性，最终实现调控目标的重要手段。通过公开市场操作这一政策工具，央行可以对金融市场中的流动性进行有效调节，引导短中长期利率水平。与存款准备金制度和再贴现政策等具有强刺激性的货币政策工具不同，公开市场操作由于期限、价格、操作对象、金额等更为灵活，对市场影响更为柔和等特点，成为央行日常调节市场流动性更为常用的工具。

近年来，我国经济步入新常态，外汇占款增速放缓，2013年银行系统出现"钱荒"，金融市场对于货币政策维持金融稳定、调节市场流动性以及防范金融风险提出了更高的要求。在传统公开市场操作工具的基础上，以 SLF、MLF、TLF 为代表的新型公开市场操作工具应运而生，央行公开市场操作工具箱不断丰富。创新型公开市场操作工具的创设提高了货币政策调节的前瞻性、灵活性、针对性和有效性，对于完善流动性供给机制、构建政策利率体系具有重要作用。

常见的创新型公开市场操作工具及主要功能分别为：（1）短期流动性调节工具 SLO——应对短期流动性波动；（2）常备借贷便利 SLF——正常流动性供给渠道；（3）中期借贷便利 MLF——发挥中期利率引导作用；（4）抵押补充贷款 PSL——提供中长期大额资金支持；（5）临时流动性便利 TLF——提供临时流动性支持。下表是对于这五类创新型公开市场操作工具的简要归纳总结。

表 8.1 创新型公开市场操作工具对比

	创设时间	操作对象	操作期限	开展方式	质押/抵押	目的
SLO	2013.1	部分政策性银行与全国性商业银行	7天以内	市场化利率招标	国债、政金债等	基准利率引导、公开市场常规操作补充
SLF	2013.1	政策性银行与全国性商业银行	1~3月	金融机构发起、"一对一"交易	高评级债券类资产、优质信贷资产	短期利率引导
MLF	2014.9	符合宏观审慎管理要求的政策性银行与全国性商业银行	3~12月（可获展期）	招标方式开展	国债、央票、政金债、高等级信用债等优质债券	定向利率引导
PSL	2014.4	政策性银行	中长期（3~5年或以上）	央行主动	高等级债券资产和优质信贷资产	中长期利率引导
TLF	2017.1	大型商业银行	28天内	精准调控	—	—

创新型公开市场操作工具通过构建短期、中期和长期的政策利率框架，形成完整的利率框架体系，推进利率市场化进程，使得政策利率引导货币市场及债券市场利率合理向信贷市场传导，具有平抑市场波动，维护市场平稳运行的作用。创新型公开市场操作工具的发展应用增强了利率传导路径的有效性，加强了利率调整通过存货渠道、供给渠道及财务渠道对大宗商品价格的影响。随着我国市场利率管制体制逐步放开，大宗商品实际价格不仅与短期实际利率存在显著的负相关关系，而且与长期实际利率的相关性也会逐渐加强。

四、货币政策对大宗商品价格的影响总结

以上是货币供应量和利率对于大宗商品价格影响的分析总结，但是单独的变量并不能代表宏观经济政策的全部，同时，利率本身的变动也是经济发展的内生选择，紧缩的货币政策应该包括货币供给的下降、利率的上升，这些因素往往会导致商品价格下降、商业部门资金净融入增加。因此，在考虑货币政策对商品价格的影响时，要充分考虑多方面的影响，通过在大宗商品价格超调模型基础上引入汇率超调理论建立两国之间的溢出效应模型，来估计中国的货币政策对商品期货市场的影响。所涉及的变量有货币政策相关的 M2、利率、通货膨胀率、工业增加值以及商品期货价格指数。各变量对商品期货价格指数的影响结果与预期一致：利率、货币供应量、物价指数以及社会产品需求（工业增加值）对商品期货的变动均有正向的影响作用。并且，从长期来看，系统是逐渐稳定收敛的。

关于实际利率与大宗商品价格关系的揭示为制定货币政策提供了一定的指导意义：根据短期实际利率与大宗商品价格的显著关系，要避免短期利率对大宗商品价格的大幅冲

击,因此货币政策当局要避免在短期内采取过于激烈的宽松货币政策;在制定货币政策时,应考虑商品期货价格指数的反馈效应,可以将大宗商品价格指数纳入货币政策应对策略因子,防止因全球性的大宗商品价格波动而引致被动的货币政策波动。

针对数量型货币政策在调控大宗商品价格上存在滞后性,应配套使用利率、汇率等价格型货币政策工具,提高调控主体的决策能力和效率,实施精准的价格调控,逐步完善货币政策对大宗商品价格调控机制。

第二节　汇率变动与商品价格

外汇汇率是以一种货币表示的另一种货币的相对价格。外汇汇率具有双向表示的特点:既可以用本币来表示外币的价格,也可以用外币表示本币的价格,因此对应有两种基本的汇率标价方法:直接标价法和间接标价法。20世纪60年代以后,欧洲货币市场迅速发展起来,国际金融市场间的外汇交易量迅猛增加,为便于国际进行外汇交易,银行间的报价普遍采用美元标价法,即以一定单位的美元为标准来折算应兑换多少其他各国货币的汇率表示方法。世界各金融中心的国际银行所公布的外汇牌价都是美元对其他国家主要货币的汇率,非美元货币之间的汇率,则通过各自对美元的汇率套算。

在中国的外汇市场上,比较重要的有基准汇价和银行外汇牌价。基准汇价是中国人民银行每日公布的人民币对美元、港币、欧元、日元的市场交易中间价,该中间价是各外汇指定银行之间以及外汇指定银行与客户之间人民币对美元、港币、欧元、日元买卖的交易基准汇价。银行外汇牌价是各外汇指定银行以中国人民银行公布的人民币对美元交易基准汇价为依据,根据国际外汇市场行情,自行套算出当日人民币对美元、港币、欧元、日元以及各种可自由兑换货币的中间价。外汇指定银行可在中国人民银行规定的汇价浮动幅度内,自行制定各挂牌货币的外汇买入价、外汇卖出价以及现钞买入价、现钞卖出价。这些挂牌价即为银行外汇牌价,如表8.2所示,是中国银行公布的2019年2月25日的人民币外汇牌价表。

由于储存及转移等费用的存在,现汇汇率与现钞汇率有所不同,现钞买入价低于现汇买入价,现钞卖出价不低于现汇卖出价,因此现钞买入卖出差价要大于现汇买入卖出差价。现汇汇率是银行买卖外汇支付凭证时所标出的汇率,通常讲的外汇汇率即为现汇汇率。

中国作为国际大宗商品最主要的消费国,大宗商品价格的波动对中国工业生产和通货膨胀等经济因素造成了重大影响,如何预测国际大宗商品价格波动,以及汇率制度等结构性因素怎样影响进口国汇率与大宗商品价格间关系从而制定一种有效应对措施保障我国经济安全,已成为重要研究课题。

表 8.2　　人民币外汇牌价表（2019 年 2 月 25 日）人民币/100 外币

交易币种	交易单位	现汇买入价	现钞买入价	现汇卖出价	现钞卖出价	中间价
美元（USD）	100	667.54	662.11	670.37	670.37	671.31
港币（HKD）	100	85.04	84.37	85.38	85.38	85.54
日元（JPY）	100	6.0207	5.8336	6.065	6.0683	6.0594
欧元（EUR）	100	757.35	733.82	762.93	764.63	751.38
英镑（GBP）	100	871.92	844.83	878.34	880.48	877
加拿大元（CAD）	100	507.97	491.93	511.71	512.95	511.17
澳大利亚元（AUD）	100	478.16	463.3	481.67	482.85	480.12

从币种（美元）角度来看，国际大宗商品价格多以美元计价，其价格随美国货币贬值而升高，升值而降低，呈负相关，计价货币使美国获得了防范大宗商品价格波动的主动权。例如，美元大范围贬值会导致以美元标价的商品价格上涨，因为其他国家的商品出口商会索要更高的价格来弥补汇率损失。

美元指数（USDX）是综合反映美元在国际外汇市场的汇率情况的指标，用来衡量美元对一篮子货币的汇率变化程度。它通过计算美元和对选定的一篮子货币的综合的变化率，来衡量美元的强弱程度，从而间接反映美国的出口竞争能力和进口成本的变动情况。选定的一篮子货币及相应的权重为：欧元 57.6%，日元 13.6%，英镑 11.9%，加拿大元 9.1%，瑞典克朗 4.2%，瑞士法郎 3.6%。

美元汇率与商品综合指数之间的关系可以在图 8.2 中看出，为了更加明确地说明负相关关系，左坐标轴反向地标示汇率指数（由下往上汇率值逐渐减小），右坐标轴表示商品指数。

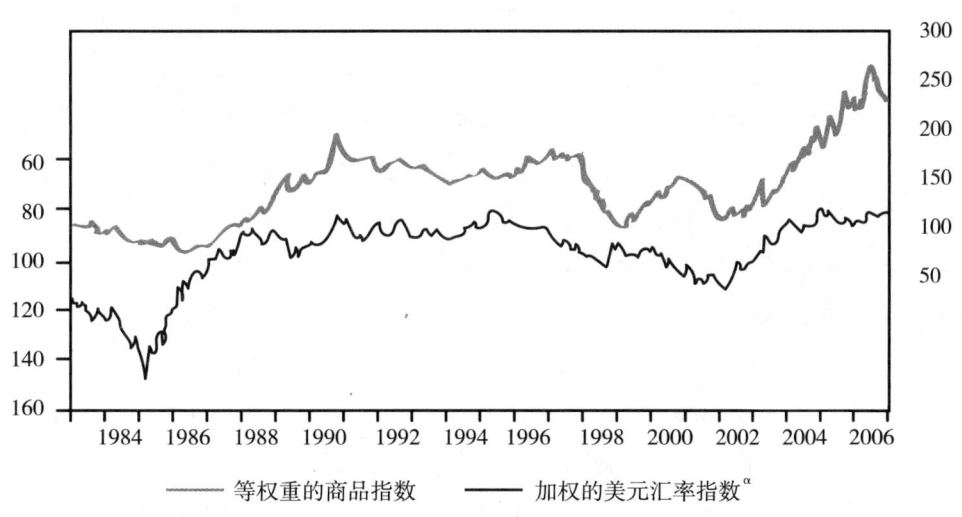

图 8.2　加权的美元汇率与商品价格指数之间的关系

如图 8.2 所示，大部分观测时期里美元汇率与商品价格存在负相关关系，只是在 20 世纪 80 年代中期和 2002—2006 年发生了偏离。2002—2006 年商品价格指数大幅上行，而汇率保持相对稳定，是因为在新兴市场（特别是印度和中国）的高增长背景下，商品价格的上涨源自于较高的世界需求，而不是汇率变动，即大宗商品价格决定机制中的实体经济供求因素作用大于货币因素。

从币种（欧元）角度来看，由于在外汇市场上，美元与欧元呈现出此消彼长的态势，美元与商品价格之间有着相关性，而且大宗商品和欧元都属于金融资产，可以反映全球经济发展状况，因此欧元与大宗商品价格之间也存在间接的相关性，不过相关程度不如美元。以 Thomson Reuters/Jefferies CRB 指数作为大宗商品价格指数，通过对 2011 年 5 月 31 日至 2013 年 5 月 31 日各品种同欧元的相关系数分析可以发现，美元指数与 CRB 指数的相关系数为 -0.531，欧元与 CRB 的相关系数则为 0.468，这说明了美元与大宗商品价格呈现较强的负相关性，也说明了欧元与大宗商品价格呈现正相关关系，但是影响程度相较于美元要弱一些。

从品种上来看，综合 CRB 现货指数和名义美元汇率指数之间存在着负相关关系，且食品、油脂、家畜、金属、工业原料及纺织品 CRB 现货指数和名义美元指数分别的相关系数符合预期，即美元升值时，商品价格下跌。其中，美元和食品、油脂、家畜等商品品种相关性较强，相关系数分别为 -0.343，-0.360，-0.342。

表 8.3　不同品种商品价格与美元汇率之间的相关性（2006 年 1 月至 2019 年 4 月）

变量	综合	食品	油脂	家畜	金属	工业原料	纺织品
名义美元指数	-0.288	-0.343	-0.360	-0.342	-0.267	-0.232	-0.049

铜、铝、锌等有色金属的价格和农产品期货的价格都与欧元在不同程度上呈现出一定的正相关关系，这和美元指数的负相关关系有所不同。在这一总体趋势下，不同商品同欧元的相关性存在着细微的差别，大致规律和上述美元与不同品种商品价格的规律趋于一致。其中，欧元和铜、原油等金融属性较强品种的相关性较强，比如与铜、铝的相关系数分别为 0.454 和 0.395；欧元与农产品的相关性则较弱，比如与大豆、棉花的相关系数分别为 0.207 和 0.189。

虽然汇率对商品价格影响较弱，但是研究汇率与商品价格之间的相互作用关系仍有着积极的现实意义，以农产品为例：随着大宗农产品金融属性的增强，结合我国大宗农产品消费不断上涨的趋势，国内供给与需求的缺口不断拉大，大宗农产品进口量与日俱增，汇率对大宗农产品交易价格的影响日益重要。通过研究汇率对大宗农产品交易价格的影响，更好地指导我国的进出口贸易，避免我国企业在国际竞争中遭遇巨大损失，从而保持相关行业的竞争力。

第三节　财政政策与商品价格

财政政策也是一个国家对宏观经济进行调控的重要手段。财政政策主要是调节财政收入与支出，直接影响生产供给和市场需求情况。财政政策工具包括税收与财政补贴、政府支出，如政府购买和转移支付等。在经济繁荣的时候，往往采取紧缩的财政政策以使过热的经济降温，使大宗商品市场走弱；而经济萧条时则采取宽松的财政政策以刺激经济恢复，使大宗商品市场的外部经济得以改善。

2007年次贷危机爆发后，流动性风险由美国传染至国际金融市场，同时导致多国经济恶化。在此背景下，各国政府纷纷采取宽松的货币政策和扩张的财政政策，向市场注入大量的流动性以企稳经济。在双宽松的货币和财政政策的推动下，2009—2011年，国际市场玉米、铜和能源等大宗商品价格大幅上涨。此后，随着政策的退出，大宗商品价格又在2012年经历了下跌。除了货币政策之外，财政政策也对大宗商品价格产生不同程度的影响，通常情况下二者相辅相成，不能完全割裂。例如在商品价格大幅下落期间，当局采取扩张性财政政策以拉动国内的总需求，进而推高大宗商品价格，此时央行也会采取宽松的货币政策以保证充裕的流动性，进一步推升大宗商品价格高企。

一、财政支出对商品价格的影响

从理论层面进行分析，财政政策对商品价格的影响有以下途径：一方面，财政政策会直接影响商品价格水平。积极的财政政策会增加政府购买，拉动社会投资，增加国内的投资需求。旺盛的投资需求会直接影响实体经济的供需关系，进而拉升商品价格。另一方面，财政政策会间接影响商品价格水平。政府执行扩张性的财政政策时，会导致银行贷款增加，通过货币乘数作用产生大量派生存款，进而为经济注入大量的流动性，市场上充裕的流动性会提升商品价格。

从实证层面进行验证，由于商品市场品种较为繁多且价格变化频繁，因此简要分析财政政策对于以下几类具有代表性的重要细分行业的影响：目前国内期货合约种类主要为能源类、金属类和农产品类，因此首先采取财政支出值作为财政政策的衡量值，然后分别选取燃油期货合约、铜期货合约与玉米期货合约作为三大类别的代表进行实证分析。分析得出以下结果：财政支出总额对燃油价格呈现出格兰杰原因（即财政支出总额的变化是引起燃油价格变化的原因之一），但对铜和玉米的价格并未出现显著格兰杰原因。实证检验分析结果背后的逻辑支撑是：财政政策直接作用于基础建设部门，如铁路、公路建筑行业，因此一定程度上可以直接影响作为其基础原材料的能源类商品价格,但是对于金属类及农产品等商品市场,财政政策的传导在一定程度上受到阻碍,因果关系并不明显。

二、财政补贴对商品价格的影响

财政补贴是国家财政对国民收入进行再分配的重要手段,是政府将一部分纳税人的钱转移给另一部分人去无偿使用,是国家调节国民经济和社会生活的重要杠杆,具有鲜明的政策性、灵活性和实效性特点。政府通过安排财政补贴影响产品的相对价格,部分或完全地恢复人们受到影响的购买力,借以调节社会产品的供求。

在我国的财政补贴中,农业补贴占据重要地位。农业补贴政策是指国家为实现其经济利益、保障国家粮食安全以及粮食产业发展目标,而对粮食生产、分配、流通和消费等方面进行补贴而制定的规范和准则,其实质是协调社会不同利益群体之间的关系。它是经济发展到一定阶段实施宏观调控、确保国民经济稳定发展的重要手段和政策措施,在保障国家安全、增加农民收入、增强粮食产业的国际竞争力等方面都具有现实意义。

2004年以来,我国先后出台了对种粮农民的直接补贴、良种补贴、农资综合补贴、农机具购置补贴等一系列扶持粮食生产的政策措施。部分主要的农业补贴政策措施的汇总见表8.4。

表8.4 主要农业补贴政策措施汇总

政策措施	政策目标	开始时间	适用产品
种粮直补	调动粮食积极性,促进农产品供给	2004	主要粮食作物
农资综合补贴	缓解农资价格上涨对农民种粮的影响	2006	—
农机具购置补贴	鼓励农民购买先进适用的农业机械,推进农业机械化	2004	—
良种补贴	鼓励农民提高良种覆盖率,改善农产品质量	2002	大豆、小麦、水稻、玉米、棉花、油菜籽、青稞等
粮食最低收购价	保护粮农利益,促进粮食生产稳定发展	2004	稻谷、小麦
临时收储	维护农产品市场稳定,保障国家粮食安全	2008	稻谷、玉米、大豆、油菜籽、猪肉、糖、棉花

根据补贴的方式不同,可以将农业补贴分为三大类:直接补贴、投入补贴及产出补贴。直接补贴是指不经过市场传递,由政府直接将补贴款项支付给农民。投入补贴可分为降低内部成本的直接投入补助和降低外部成本的间接投入支持,这些投入支持改善了农业生产经营所需要的交通、通信、水利、科教、社会化服务体系等条件,降低了农业生产经

营的外部成本，有利于农业的持续发展和农民收入的增加。产出补贴，即农产品价格补贴，政府以高于市场水平的价格从农民手中采购农产品，政府的采购价格与市场均衡价格的差额，就构成了产出补贴。产出补贴兼有提高农民收入和增加农产品产量的双重功效。

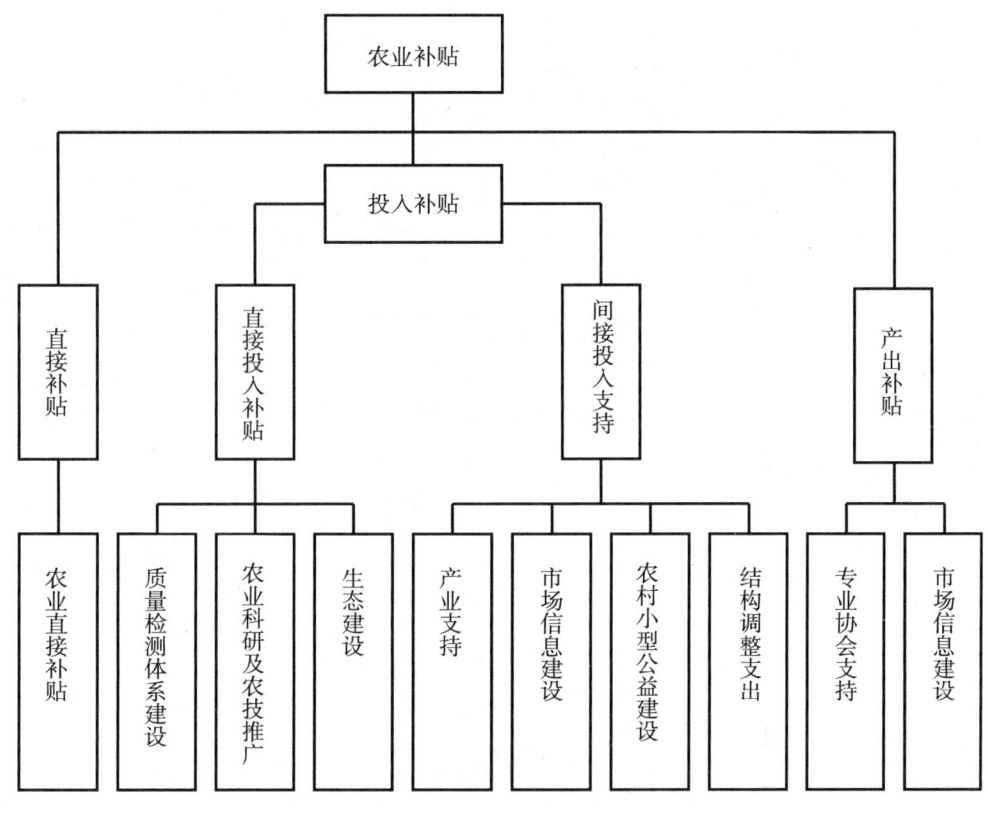

图 8.3　农业补贴政策分类示意图

以下分别从直接补贴、投入补贴及产出补贴的角度，分析农业补贴如何对商品供需产生影响，进而影响商品价格。

（一）补贴政策对价格的影响

在完全竞争市场中，粮食的供给与需求及市场均衡价格都是由市场来决定的。如图 8.4 所示，由供给曲线 S 和需求曲线 D 相交形成均衡点 E_0，此时的产量 Q_0 为均衡产量，P_0 为均衡价格。当政府实施了粮食直接补贴政策之后，农民的生产积极性大幅度提高，推动供给曲线向右平移至 S_1，短期内需求状况不变，此时新的供给 S_1 与需求曲线 D 相交形成了新的均衡点 E_1，此时的均衡产量和均衡价格分别是 E_1 和 P_1，P_1 小于 P_0。即粮食直接补贴政策后，形成了供大于求的局面，补贴后的粮食市场价格低于补贴前的市场价格。

商品投资

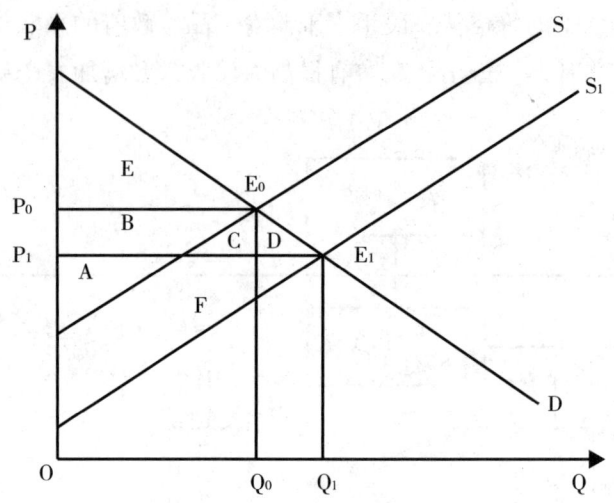

图 8.4 粮食直接补贴政策对价格的影响

(二) 投入补贴对价格的影响

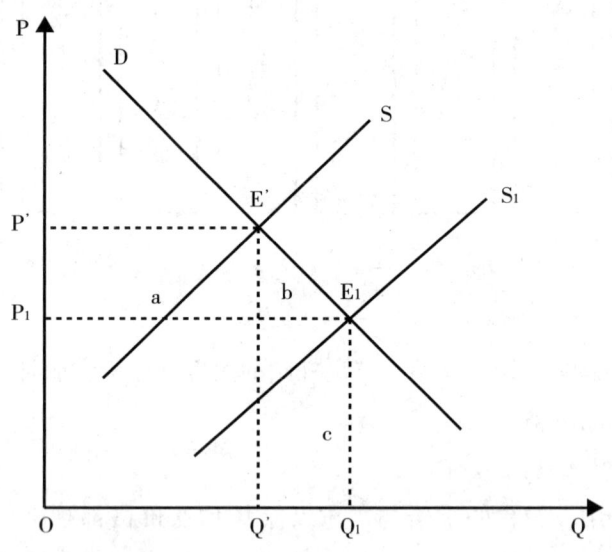

图 8.5 生产性补贴政策对价格的影响

生产性补贴是农业投入补贴的一种，是政府对农业生产环节，如生产资料、流通运输等方面的补贴，主要是为了改善农业生产条件，提高投入产出水平，提高农业生产效率，降低生产成本，达到支持农业发展，提高农民收入水平的目的。

政府进行投入补贴之后，降低了农业生产成本，激发了农民积极性，扩大产出，供给曲线 S 向右下方平移至 S_1，短期内需求曲线 D 不变，新的供给曲线 S_1 与需求曲线 D 相交于 E_1 点，形成新的均衡。此时价格下降至 P_1 点，产量增加至 Q_1 点。即生产性补贴政策后，形成了供大于求的局面，补贴后的粮食市场价格低于补贴前的市场价格。

（三）产出补贴对价格的影响

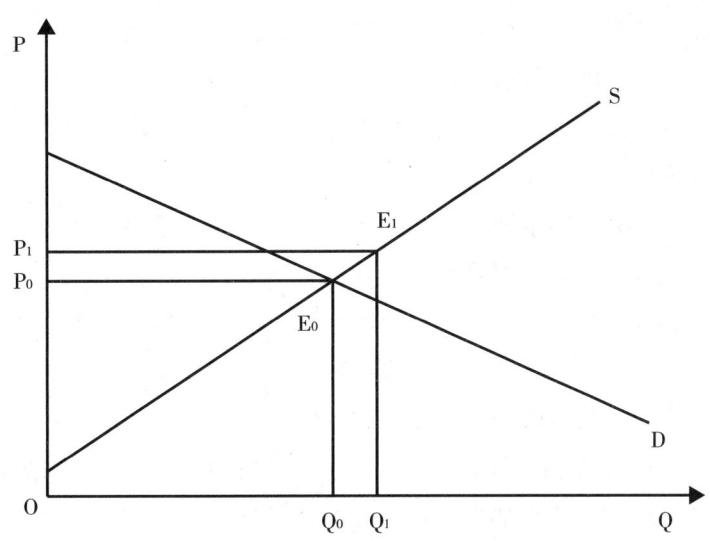

图 8.6　最低收购价对价格的影响

最低收购价的主要内容可以概括为：国家为某些地区的某些粮食品种设定一个价格水平，在设定的收购期内如果市场价格低于设定的价格水平，则由中央财政承担全部费用利息，通过指定收购企业来收购农民想卖出的粮食，而当市场价格高于最低收购价时，粮食最低收购价预案处于休眠状态。

当粮食的市场价格 P_1 大于国家规定的最低收购价格 P_0 时，最低收购价预案开始启动，中粮储和它委托的公司开始以 P_1 的市场价格向农民收购余粮，保证农民不会因为价格过低而选择将余粮囤积家中从而影响市场供求关系，造成价格大幅波动的现象。此时供应量由 Q_0 增至 Q_1，农民整体收入有所增加（增加部分为五边形 $P_1E_1Q_1Q_0P_0P_1$）。

这项农业政策规定了粮食的最低市场价格，保障了农民受益的稳定性，促进了粮食生产的稳定性，保证了农作物市场供需稳定，将区域性市场波动控制在一定范围之内，发挥了农作物"价格稳定器"的作用。

第四节　产业政策与商品价格

改革开放以来，中国处于从计划经济向市场经济转轨的过程中，在摒弃了计划经济下以具有强制性的计划手段配置资源的同时，逐步采用各种经济政策手段来配置资源并对宏观经济进行调控。因而，产业政策成为一个重要的政策手段。

从广义的范畴上解释，产业政策是指一国政府根据产业发展的规律和客观要求，综合运用政策手段，对产业发展进行引导和干预，调整产业关系，促进资源在部门间合理配置和产业结构优化升级，提高产业生产效率、产业技术水平和国际竞争力，促进产业成长和经济增长的政策体系。

广义的产业政策又分为以下两类：水平型产业政策和垂直型产业政策。水平型产业政策是指并非针对某一特定产业，而是对全产业的普遍政策，比如研发与创新激励政策，政府的采购政策等。垂直型产业政策，即狭义的产业政策，是指针对某一或某些产业的特定政策，比如战略性贸易政策、区域政策、部门政策及技术政策等。

狭义的产业政策的目的是改变资源在资源部门之间的配置，纠正由于市场自由竞争导致的市场失灵，从而实现资源的优化配置。传统的新古典经济理论认为在市场经济条件下，市场失灵的原因通常有负外部性、市场势力、信息不完备和公共物品，而产业政策被认为是政府纠正市场失灵的行为总和。在经济政策系统中，产业政策是复杂多样的。这种多样性决定了产业政策的形式与政策工具的多样性，由此也决定了其对不同商品价格的影响也是复杂多样的。

一、农业政策与粮食价格

各国政府出于自身利益及政治需要，会制定并实施一系列的政策措施，比如对农产品各种种类的补贴、农机购置补贴、粮食最低收购价格制度、进出口管制制度、中央储备粮制度、粮食库存限额政策等以实现既定的政策目标。由于粮食的特殊性，保障粮食安全是我国最重要的农业政策，当局采取的一系列政策措施旨在确保粮食自给水平、保障市场粮食供给稳定均衡、保障低收入人群食品安全等。因此，相较于其他类别的商品，农产品类大宗商品受产业政策面影响较大，其价格波动及供需水平受国家农业政策制约，具有紧密的相关性。

从1978年以来，我国农业支持政策经历了四个阶段的动态性变化：第一阶段（1949—1978）是新中国成立后至改革开放前，此时是国家计划管理，不由市场自我调节，辅以征收农业税和实行统购统销政策，对农业的政策支持措施以生产资料补贴为主；第二阶段（1978—1989）是改革开放后至20世纪80年代末，随着价格双轨制的实施，商品价格由计划价格向市场价格转变,农资价格大幅上涨,国家继续对农用生产资料进行补贴以降低粮食生产价格,全国实行合同定购粮食与供应平价化肥、柴油及预购定金挂钩的"三挂钩"政策,并且开始进行商品粮基地建设试点,建立国家农业发展基金;第三阶段(1990—2003)20世纪90年代至农业税取消,为解决90年代初粮食增产状况下的农民卖粮难、政府储粮难的局面,1990年中央决定对粮食收购实行最低保护价制度,各地向农民收购议价粮时不得低于国家规定的最低价格,同时建立国家专项粮食储备制度,粮棉油价格补贴大幅增加,粮食持续增产、粮价持续下跌,国有粮食企业购销倒挂现象较为严重,在生产资料方面,国家规定对化肥、农药、农膜、农用柴油实行计划外最高限价,在农业基础建设方面,国家通过扩张性的财政政策,大规模投资农业基础设施建设;第四阶段(2004年至今)是支持农业的新时期,在保留最低收购价和抛储收储政策的基础上,完善了农业支持保护补贴,建立农业保险制度及补充性的农业支持补贴政策。表8.5是对新中国成立后我国农业政策的简要梳理。

表8.5　　　　　　　　　　　　1949年至今我国农业政策汇总

阶段	主要政策
1949—1978年	1953年《关于粮食的计划收购和计划供应的决议》:统购统销 1958年《农业税条例》:为征收农业税确立了制度性框架
1979—1989年	1979年《关于加快农业发展若干问题的决定》:超够加价、调减征购基数 1985年《关于进一步活跃农村经济的十项政策》:取消粮食统购为合同定购、倒"三七" 1986年《关于一九八六年农村工作的部署》:农资方面补贴 1987年五号文件《把农村改革引向深入》:"三挂钩"政策
1990—2003年	1990年《关于1991年农业和农村工作的通知》、《关于加强粮食购销工作的决定》:粮食保护价格,建立国家专项粮食储备制度 1993年《关于加快粮食流通体制改革的通知》:保量放价 1993年《关于建立粮食收购保护价格制度的通知》:收购保护价格制度 1993年《关于当前农业和农村经济发展的若干政策措施》:建立粮食风险基金 1998年《关于进一步深化粮食流通体制改革的决定》:"三项政策,一项改革"、"四分开,一完善" 2001年《关于进一步深化粮食流通体制改革的意见》:放开主销区粮食购销及价格
2004年至今	2004年《国务院关于进一步深化粮食流通体制改革的意见》:最低收购价政策 2004年一号文件:两减免、三补贴 2014年一号文件:大豆、棉花目标价格补贴改革 2015年《关于调整完善农业三项补贴政策的指导意见》:三项补贴改革 2016—2018年一号文件:玉米生产者补贴(2016)、完善新疆棉花目标价格补贴、调整大豆目标价格补贴(2017)、探索三大主粮完全成本保险和收入保险(2018)

农业支持政策的目标在于保障粮食安全和农民收入，涉及的农产品主要是粮食等大宗农产品，尤其是稻谷和小麦两大口粮。对于棉花、油料、糖料、猪肉等与农民收入和人民生活密切相关的大宗农产品，我国也给予了较大的扶持以保证国内供给。农业支持方式经历了从间接补贴的"暗补"到直接补贴的"明补"，从流通环节补贴到生产环节补贴的政策性转变。如今的农业支持保护补贴是对农业"三项补贴"的调整和完善，"三项补贴"指的是种粮农民直接补贴、农作物良种补贴和农业生产资料综合补贴。农业支持政策能在一定程度上通过降低农产品的生产和销售成本，从而提高农产品的议价能力和议价空间，赋予农作物出口企业依市定价的话语权。

期货市场上的交易品种中，农产品期货品种较多，例如黄豆、玉米和豆粕等。这些农产品价格受国家农业政策的影响非常大，例如，1996年，美国国会批准新的《1996年联邦农业完善与改革法》，使1997年美国农场主播种大豆的面积猛增10%，从而导致大豆的国际市场价格大幅走低。

国内农业政策的变化也会对农产品期货价格产生影响，如1998年粮改政策，对主要农产品稻米、玉米、小麦等实行价格保护政策，大豆不在保护之列，大豆价格随市场供需的变化而变动，为大豆期货交易提供广阔的舞台。农产品保护价政策也影响农民的种植行为，1999年国家农调队的种植意向调查显示，玉米种植面积增加120万公顷，而豆类作物减少110万公顷。种植面积减少，短期内需求不变，商品供应量减少，农产品价格会有所上涨。

国家通过收储抛储政策在宏观层面上对农产品供需进行调控，通过此项平准政策，有利于长期保持农作物价格的稳定，对商品价格进行合理指导，维护各基础农作物以及与之相关的上下游产业的健康发展。

【例8-1】以棉花为例，2008年以来，为了稳定下滑的棉花市场，支撑阴跌不止的棉花价格，维持棉花企业、纺织企业、棉农的三方利益，国家先后三次发布收储公告。从三次收储公告发布的时间和内容上，我们不难看出，国家政策对棉花价格的指导方向和对整个纺织业链条的有效维护。2008年国家的第一轮收储是在8月19日，数量在15万吨，对象为新疆棉，当时收储的价格为标准级（328级）13400元/吨（指新疆库点）和13600元/吨（指内地库点）作为收储的最高到库价格。国家第二轮收储是在10月16日，数量为22万吨，对象依然是新疆棉，价格则下降到12600元/吨。国家第三轮收储可谓中国棉花历史上收储数量最大的一次，时间是在10月29日，数量为100万吨，对象则有所扩大，除了新疆棉外，还有部分内地棉，而价格定为12600元/吨，没有因为当时市场价格大幅下降而调整。

从2008年的三次收储政策不难发现，国家收储棉花，是在全球金融危机下，国内纺织业受到较大冲击，整个棉花市场需求不旺的情况下作出的决定，它有效地遏止了棉花价格的下滑，保护了国内棉农的利益，不至于使整个棉花种植业受损、崩盘。而国家在2009年曾三次实施抛售缓解成本压力。国家抛售储备棉花主要是为了抑制棉花现货价格持续上涨的趋势，动用棉花资源，尤其是动用前期已经收储的储备棉花资源，以达到稳定棉花市场供需关系的目的。2009年度棉花抛储政策最早是在5月21日出台，第一批储备棉投放量为150万吨，其中，2003—2004年度储备棉存放时间较长，竞卖底价为12500元/吨，2008年标准级的国储棉竞拍底价为12600元/吨。2009年8月14日国家再次出台抛储政策，增加轮出60万吨储备棉，其中包括2005年度进口入储的棉花10万吨和2008年度临时收储的棉花50万吨。此次轮出的2005年度进口入储棉花的竞卖底价为12500元/吨；出库销售的2008年度临时收储棉花的竞卖底价为12600元/吨。2009年10月20日国家第三次出台抛储政策，再次出库销售50万吨储备棉，其中包括2006—2007年度收储的棉花36.1万吨，2008年度临时收储的棉花13.9万吨。此次轮出的2006—2007年度储备棉竞卖底价为12900元/吨；出库销售的2008年度临时收储的棉花竞卖底价为13000元/吨。从这三次抛储情况来看，由于经济危机对市场的影响还未消退，棉花价格过度上涨或下跌均对市场不利，在下游纺织企业采棉难度加大、购棉成本提高的背景下，国家2009年采取抛储棉花政策有效稳定棉价，压缩了投机和囤积的空间。

【例8-2】以玉米为例，2016年3月，国家发改委宣布在东北三省和内蒙古自治区推进玉米收储制度改革，将原有玉米临时收储政策调整为"市场化收购"加"补贴"的新机制，目的是使玉米价格形成机制更加市场化，同时通过对农民或者深加工企业、饲料企业采购玉米进行补贴的形式，促进东北玉米的种植与消费。临时收储政策的取消使玉米价格于2016年下半年断崖式下跌，跌至1500元/吨的历史低位，同期，玉米库销比小幅下降，库存压力略有缓解。2017年，农业农村部调减非优势区域玉米种植面积约130万公顷，并出台深加工、饲料企业补贴政策以促进玉米消费，意在缓解玉米种植补贴压力和库存压力。受供需关系改善影响，玉米价格温和上涨，库存消费比继续回落。由以上数据可得出：储备轮粮政策、玉米深加工补贴政策成为国家调节玉米价格的工具。

二、供给侧结构性改革与工业品价格

有色金属行业在经济社会发展中发挥着重要作用。有色金属矿产是公共资源，具有公共属性，兼具竞争性，品种繁多，用途广泛，对其他支柱产业辐射影响较大，因此世界各矿产大国都在经济、政治等方面出台有色金属政策去计划、保护、发展有色金属行业，因此有色金属价格受产业政策影响较大。比如国务院早在2009年制定颁布了《有色金属产业调整和振兴规划》，在规划中明确提出要控制总量、淘汰落后、技术改造、企业重组为重点，推动产业结构调整和优化升级，提高资源使用率，加强环境保护，以此推进有色金属产业调整和振兴。因此利用供给侧结构性改革优化产业结构势在必行，产业政策势必会对有色金属价格产生影响，同时产能治理也会对钢铁行业为主的黑色产业价格波动造成影响。

供给侧结构性改革的提出背景是2009"四万亿"大水漫灌后，呈现出需求刺激边际效应不断下滑的宽松格局：我国投资、净出口等数据表现持续滑坡，经济在短暂企稳两年后于2011年再度向下，尤其在2015年我国进行了6次降息和6次降准后，海量流动性导致货币金融空转，除了引发资产价格泡沫外，对经济却未有多少实质性效益，工业增加值不断滑坡，脱实向虚严重，宣告了我国需求端刺激政策的失效，必须从供给端寻求突破口。

2015年11月，中央财经领导小组会议上首次提出了"供给侧结构性改革"，旨在调整经济结构，实现要素最优配置，提升经济增长质量。供给侧结构性改革的主题是"三去一降一补"：去产能、去库存、去杠杆、降成本、补短板。去产能是去低利润高污染的过剩产能，去库存是降低产品的库存水平为新产能提供空间，去杠杆是调整企业资产负债结构以降低系统性风险，降成本是为了提高生产的效率，补短板是提高整体资源配置效率的必要条件。随着"三去一降一补"的持续推进，中国农产品、有色金属、能源化工产品等大宗商品供需关系及结构均发生了深刻转变，价格波动频率及幅度趋向增大，不仅影响了下游相关行业的生产经营，也易造成上游行业供给和产量的反复。

从理论角度出发，供给侧结构性改革政策对中国大宗商品期货市场价格极端波动风险及其走势具有显著正向影响。该政策推出后，工业类、金属类、农产品类大宗商品极端风险值出现频率及程度均有增强趋势，供给侧结构性改革中去库存、去杠杆的主要措施可能通过影响相关大宗商品供给弹性及下游行业预期，进而加剧了大宗商品价格波动的极端风险。从具体种类来看，贵金属类和农产品类大宗商品价格对外界政策的利空、利好消息反应程度呈对称性；工业类大宗商品价格对外界政策反应呈不对称性，它对于利空消息的反应程度大于对于利好消息的反应程度；农化类和金属类大宗商品价格同样对于外部利好、利空政策冲击呈现出不对称性。

从实践角度出发，供给侧结构性改革的"三去一补一降"对大宗商品价格产生了剧烈的影响。

在没有外界政策扰动的情况下，大宗商品的价格主要受供给、需求、流动性、预期、情绪及仓位等因素影响。不同产品的供需共同决定了商品价格的整体趋向性走势，其余因素则为价格波动性因素，决定了进场的择时基础。供给端与需求端约束了商品价格的波动性区域：供给端通过成本制造了价格低点，约束了商品的下行空间；需求端制造了价格高点，约束了商品的上行空间。

外界政策扰动会影响商品的供给端与需求端，进而影响商品的价格走势。供给侧结构性改革处于需求相对刚性的环境下，因此以下从供给端角度简要分析外界政策扰动对大宗商品价格走势影响的逻辑链条。

供给端对商品价格底部的支撑链条是：市场价格下行挤压商品利润→利润下行挤压商品成本→生产盈利空间受限供给收缩→供给侧结构性改革去产能降成本形成成本底部支撑→商品价格触底反弹。

【例8-3】以螺纹钢为例，2012年第三季度至2015年第三季度，螺纹钢价格走势处于供给端链条的前三阶段：价格挤压利润→利润挤压成本→产业不振供给收缩，由下图可看出南华螺纹钢指数高开低走，在三年期间从800一路下行至400，盈利钢厂比例呈上下震荡态势，最终跌至不足10%。2015年第三季度后，供给侧结构性改革发力，进入供给端链条后两阶段：外部政策对成本形成底部支撑→商品价格触底反弹，此时盈利钢厂比例大幅攀升，螺纹钢价格高企。

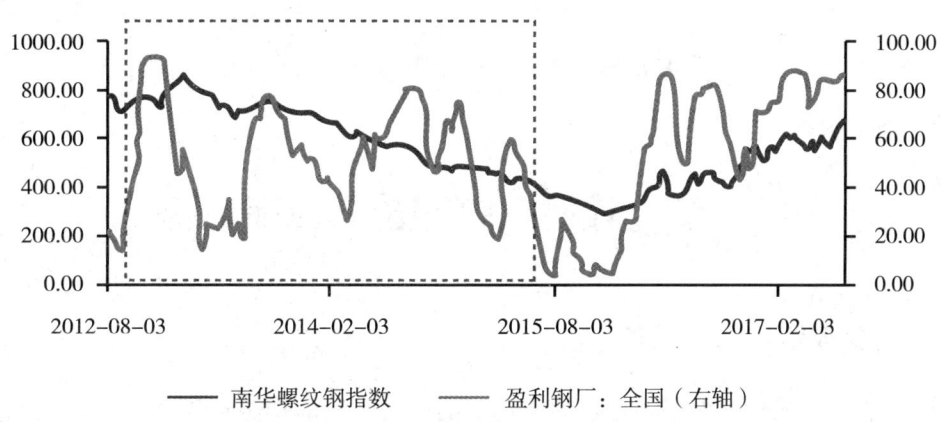

图8.7 南华螺纹钢指数与全国盈利钢厂百分比示意图

资料来源：广发证券

需求端对商品价格顶部形成约束，且自2004年7月至今，每次南华商品指数的趋势性回升都是需求端拉动的结果，每次趋势性下滑也都是需求端相对疲软造成。相对于供给端来说，需求端主要受经济周期叠加影响。

2012年起，期货市场工业品价格走势出现了明显的分化，以钢铁、煤炭为代表的黑色系品种总体走势明显弱于总体工业品走势，特别是2014年起，随着我国全面深化改革的推进，重化工业产能去化进一步加速，钢铁期货价格加速回落，与工业品价格总体走势剪刀差出现了持续的扩大，反映出期货市场对淘汰落后产能这一产业政策的较好体现。

商品投资

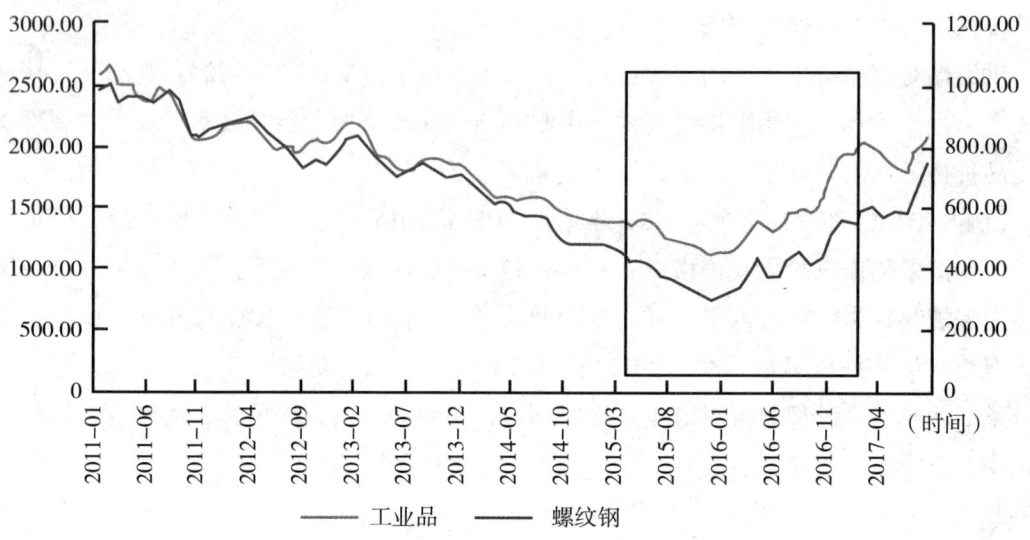

图 8.8 南华工业品与螺纹钢期货指数

第五节 其他政策冲击与商品价格

一、贸易政策与商品价格

贸易政策指一国政府为了某种目的而制定的、对外贸活动进行管理的方针和原则。贸易政策将直接影响商品的可供应量，对商品的未来价格产生影响。例如，中国是否加入世界贸易组织（WTO）以及1999年5月朱总理访美期间与美国政府签订《中美农业贸易协议》等都对大连大豆期货价格产生影响。1999年7月起，国家对进口豆粕征收增殖税，国内豆粕价格从1350元/吨的低谷，猛涨至1850元/吨。这一政策也带动国内大豆价格上涨，大连大豆2000年5月合约价格从1850元/吨上涨到2200元/吨。又如，1999年11月10日，中美贸易代表团在北京举行关于中国加入世界贸易组织的谈判，消息一出，大连大豆期价即告下跌，猛跌一周，大豆2000年5月合约价格从2240元/吨下跌至2060元/吨。

2018年6月15日，美国白宫发表声明宣布对价值500亿美元的中国输美商品加征25%的关税，包括"中国制造2025"中包含的，所谓的"对中国未来经济增长有利却损害美国和许多其他国家经济增长"的新兴高科技产品。在美国的上述声明发表后中国商务部立即回应，表示将立即出台同等规模、同等力度的对美国输华商品加征关税的措施，并表示双方此前磋商达成的所有经贸成果将同时失效，中美贸易摩擦在中国经济转型升级时期，全球经济增速放缓的宏观经济背景下升级，势必会对依赖于进出口贸易的具有全球化特征的大宗商品的价格产生巨大影响。

中国目前已经是世界上最大的农产品进口国,随着贸易战的加剧,中国拟于第一阶段对原产于美国的659项约合500亿美元的进口商品加收25%的关税,其中主要涉及的就是农产品领域,势必会对农产品的流通造成影响,进而造成农产品价格的波动。

(一)贸易政策对农产品的影响

以豆粕和菜粕为例,我国豆粕、菜粕成品端对于进口的依赖度不是很高,但是豆粕和菜粕是使用进口豆粕的原材料大豆和菜粕的原材料菜籽在国内压榨生产得到。其中大豆进口依赖度极大,中国大豆年消费量1.1亿吨,其中进口的数量达到9700万吨。2017年,我国从美国方面进口大豆量高达3300万吨,基本上占据了我国进口大豆总量的三分之一。加征25%的关税,大幅推升了大豆的进口成本,豆粕作为大豆的直接下游,价格势必会攀升。此外,价格波动还会通过产业链传导至上下游其他相关产业,比如豆粕是生猪养殖的主要蛋白饲料,豆粕价格上升抬高了生猪的养殖成本,生猪价格可能也会因此受到影响,进而传导至CPI,对宏观经济造成影响。

对于棉花、棉纱、棕榈油、豆油、菜油、玉米、淀粉、白糖等商品,我国一样依赖外部进口,但是主要进口国不是美国,因此中美贸易政策对于此类商品的流通及价格影响有限。

对于苹果、鸡蛋等商品,我国是主要出口国,并不依赖外部的进口,因此这类商品的流通受贸易政策影响较小。

(二)贸易政策对工业品的影响

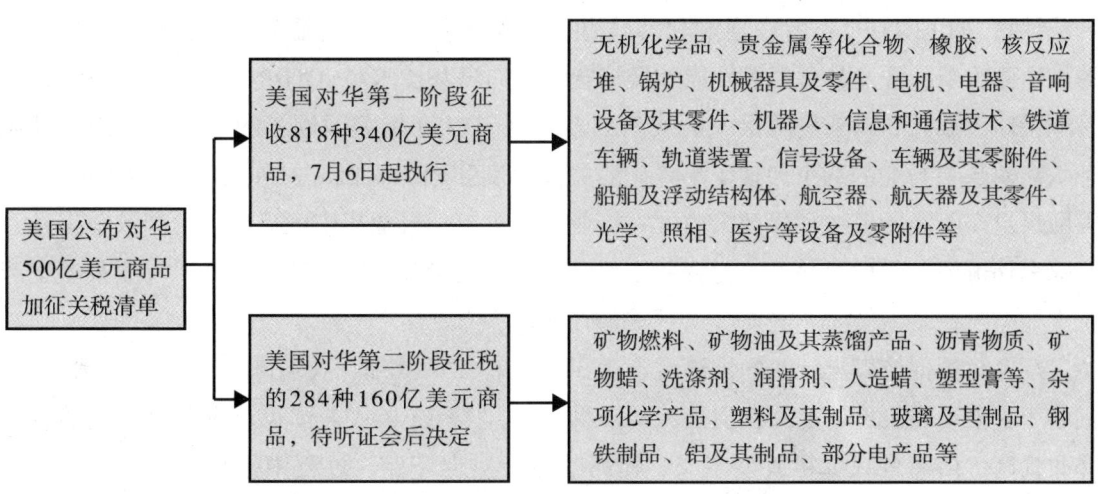

图8.9 美国对中国征收关税项目(工业品相关)

根据美国公布的对华 500 亿美元商品关税清单，主要包含航空航天、通信技术、医疗、机械等行业，这些行业对于工业品需求量较大，并且目前国内经济处于底部震荡阶段，内需拉动较弱，贸易政策对于外需有很大程度的打击削弱，供给侧结构性改革背景下供给量有所增加，因此与这些行业相关的工业品趋于供大于求，价格受到影响趋于回落。

对于黑色板块，加税商品在进口中所占规模较小，因此短期内受贸易政策影响较小，但是市场避险情绪叠加，黑色板块面临价格下跌风险。中长期走势内主要由其供需内在逻辑决定，即主要受房地产、基建等行业的影响。美方加税措施只对钢材有少量影响，中国反制措施中，对黑色品种影响基本没有，更多是心理层面上贸易摩擦继续深化的预期。

对于有色板块，从总需求角度，按照总需求比例，基本金属整体需求对外依存度大约为 15%；从总供给角度，有色金属对外供给保持较高的依存度，大约为 70%，但是来自美国的供应占比有限，因此其受美国贸易政策影响较小。

二、环保政策与商品价格

煤炭、钢铁、化工、有色等大宗商品行业是环保治理的重点行业，随着环保政策的持续推进，通过政策效力与市场预期效应的叠加，影响商品供给端收缩及大众心理预期，进而对大宗商品价格造成显著影响。因此当研究此具有公共影响的商品价格时一定要关注相应的法律法规和政策趋势，预判政策实施给供需和价格带来的影响。以下简要分析几个受环保政策影响较大的行业的商品价格波动状况。

以 20 世纪 80 年代美国煤炭产业改革为例，20 世纪 80 年代初期美国对煤炭的生产和利用造成了大气污染和酸雨等区域性环境问题。1984 年 10 月美国政府提出"洁净煤技术示范计划"（CCTDP），旨在通过联邦政府、州政府和各私营企业的合作，实现煤炭行业的供给侧改革、开发具有环保性能和经济竞争力的煤基技术。CCTDP 于 1986 年开始实施，是继星球大战计划以来美国最大的技术创新计划。1990 年美国颁布的《空气洁净法补充条款》对煤炭行业的约束加速了小煤矿的关停速度和燃煤组机的发展趋势。1986 年之后，美国煤炭产业经历了"环保政策收紧→行业并购重组→行业集中度提高、生产效率提升→开辟海外市场"等阶段，这一过程并未引发美国重现经济滞胀，反而提升了行业劳动生产率。

环保政策促使煤炭行业的供给端产生了一定程度的收缩，在需求相对刚性的情况下，供小于求推动煤炭价格上升，但是长期来看，20 世纪 80 年代美国煤炭供给侧收缩的目的并非提高价格而是减少粗放型生产、提高效率、实现环保。过程中推动美国煤炭技术改造，并由此最终抑制了通胀水平的抬升，产业结构性改革提高了行业劳动生产率，CCTDP 实施后美国采矿业人均行业增加值增速显著，即供给端产品质量及产出率有所提高，煤炭价格回升。

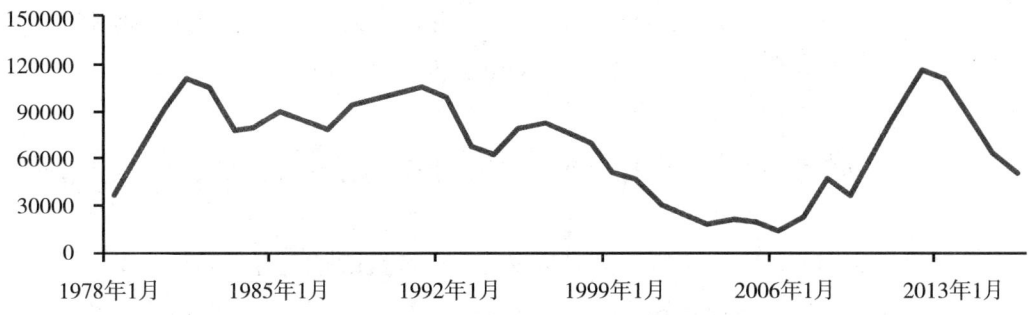

图 8.10 美国煤炭净出口量（千吨）

资料来源：广发证券

以受环保政策影响比较大的玻璃产业为例，2018年玻璃市场主要受三大环保政策制约：排污许可证制度、华北"2+26"城市玻璃产业排污新规、工信部玻璃产能置换政策。未达到环保要求的玻璃厂商将无法获得排污许可证，受产业排污新规及产能置换政策制约，玻璃行业产能扩张空间有限。环保政策对玻璃产业价格影响的内生逻辑是政策效力与市场预期效应的叠加：经过环保督查而被认定环保不达标的企业的生产线排污许可证会被吊销，产能被迫关闭，引起市场玻璃供给收缩→玻璃价格上涨→市场预期排污许可证在全国实施后将导致进一步的减产→玻璃价格继续上涨。但是由于环保不达标企业远不及市场预期的多，并且其产出对于玻璃市场整个供给端影响有限，因此玻璃三大产业政策对市场造成的大部分影响已经在价格上有所反映，其政策导向对于后市的产能收缩影响有限。

以纺织行业为例，随着政府大力施行环保政策，使得高污染的纺织行业首先受到影响，大批不合格的企业遭到关停整顿甚至封厂的处罚，中小企业的关停加剧了行业资源向有实力的大型企业集中。商品价格最终由供需状况决定，2018年棉花属于暂时供应充裕但是处于长期去库存的状态，供需充足导致价格稳居高位。

以生猪养殖行业为例，生猪养殖产生粪便数量巨大，一头猪每年产生粪便2~3吨，因此生猪养殖对水源、土壤产生严重污染。针对养殖行业，环保方面出台的相关政策主要包括新环保法、水十条、土十条、"十三五"环境保护规划等。

2015年新环保法实施，以及水十条、土十条、"十三五"环境保护规划等政策法规的相继落地，散户及小规模养殖场等环保设施不合格或养殖厂址在禁养区内的产能被倒逼退出市场。受此轮环保政策的影响，散户养殖产能退出至少2000万头。行业内散户减少，促进落后产能退出；规模化养殖企业环保投入充足，行业环保水平有效提高。

三、食品政策与商品价格

欧盟是世界大豆的主要进口地区，其食品政策的变化对世界大豆市场会产生较大影响。现在，一些欧盟国家，如德国、英国等，对"基因改良型"大豆的进口特别关注，这些国家的绿色和平组织认为，"基因改良型"大豆对人类健康有害，要求政府制定限制这类大豆进口。如果这一食品政策实施，那么就会对世界大豆市场产生影响。

第六节 政策冲击与商品投资的多重周期嵌套理论分析

财政政策长期内可以影响商品价格，尤其是金融危机后，政府采取扩张型财政政策救市，刺激总需求，推动经济社会的发展，在制定宏观经济政策时，同时需要将货币政策与财政政策配合使用，以达到预期的宏观调控效果。

2007年金融危机以来，我国经济政策先后经历了危机后的短暂宽松期、经济过热的收紧期及转型经济下的政策稳健期三个时期，2015年至今处于适度宽松期。从实际经济及市场运行看，我国期货市场在不同政策周期内均对政策效果及经济形势做出了有效的指引和准确的反映，体现了期货市场宏观经济导向的功能。以下简要梳理了不同政策周期内的货币政策、财政政策及政策作用下相应的经济走势和期货市场走势，从总体上把握宏观经济政策周期对于大宗商品价格的阶段性影响。

一、宽松期（2008—2009年）

2008年年初，为应对美国次贷危机对国内经济的冲击，我国政府开始加大财政支出与基建投资力度，工业产出及投资止住了2007年的跌势，企稳回升，国内商品期货价格也自2008年第二季度持续反弹。但2008年下半年，全球经济明显前沿下滑，国内商品期货市场率先在7月启动下跌。2008年第三季度，国内经济增长跌破10%，致使政府加码宽松，2008年9月央行启动了2004年以来的首次降息降准，并于年内5次降息降准。财政上，政府于2008年11月推出了进一步扩大内需、促进经济平稳较快增长的十项措施（简称"四万亿"计划）。此后，国内经济及工业生产于2009年年初见底，国内CPI、PPI于2009年7月见底，而国内商品期货市场在2008年12月率先见底反弹，再次超前反映了政策的效果。

二、紧缩期（2009—2012年）

短期强力的政策刺激在拉动经济快速恢复同时，也使国内通胀压力加大。2009年，政府逐步收紧财政刺激力度，财政支出及基建投资增长于2009年下半年回落，经济及工业增长先后于2010年第一季度见顶。但商品期货价格却持续走高，市场成交维持高位，而国内通胀水平也持续上涨，显示出实体经济需求仍然旺盛。因此，2010年10日至2011年7月央行启动加息周期，加码收紧货币，文华商品期货指数于2011年2月见顶，国内CPI、PPI也随后于2011年7月见顶回落。在此轮政策收缩期内，期货市场充分反映了前期政策力度的不足，为政府及时评估政策效果，调整政策力度提供了有效的参考。

三、转型稳健期（2012—2014年）

2012年，党的十八大拉开了深化经济体制改革及经济结构战略调整的序幕，经济政策逐步转向以稳定经济、促进转型为目标的稳健操作。2012年货币政策再次转为适度宽松以稳定经济，而财政支出增长放缓至20%以下，基建投资自2012年回升后，至2013年下半年亦跌至20%左右的增长区间。伴随宏观政策的转向，经济增长自2012年见底回升后，于2013年四季度加速回落，2014年下半年经济增速进一步下滑；工业增加值累计及当月同比增长分别于2012年8月及5月见底，2014年年初加速下滑；CPI及PPI分别在2012年7月及9月企稳，2013年9月及2014年1月掉头调整。同期，商品期货市场在2012年6月触底，2013年2月拐头向下加速下跌，2014年3月企稳后，7月再度加速回落，走势上不仅与政策效果一致，更超前反映了政策的预期效果及经济走向。

四、适度宽松期（2015年至今）

由于经济转型政策的推进，2014年下半年开始以制造业、房地产投资为代表的国内投资增长加速回落，国内产出跌入更低的增长平台，2015年下半年，稳增长的压力使得财政、货币及房地产政策纷纷放松，国内经济增长2016年第一季度开始止跌，2016年第四季度见底回升，同期，国内工业产出增长在2015年年底开始回升，2016年2月出现了趋势性的改善，而CPI、PPI分别于2015年2月及10月见底企稳，并分别于2015年12月及2016年1月出现了稳定回升。在此期间，商品期货价格于2015年11月总体回升，再一次先于实体经济走势超前反映了政策放松对经济的作用效果（见表8.6）。

表8.6　不同政策周期下的经济走势及期货市场价格走势（2008年至今）

政策周期	政策变化	经济走势	期货市场走势
宽松期 （2008—2009年）	财政政策：2008年年初财政支出与基建投资加速，2008年11月推出"四万亿"计划 货币政策：2008年9月起年内连续5次降息降准	GDP：2008年三季度跌破10%，2009年年初见底 工业产出：2009年年初见底 通胀：CPI、PPI于2009年7月见底	文华商品指数2008年二季度反弹，7月转跌，2008年12月见底
紧缩期 （2009—2012年）	财政政策：财政支出与基建投资增长2009年下半年开始回落 货币政策：2010年10日进入加息，周期至2011年7月	GDP：2010年第一季度见顶 工业产出：2010年第一季度见顶 通胀：CPI、PPI持续走高至2011年7月见顶回落	文华商品指数持续涨至2011年2月见顶

续表

政策周期	政策变化	经济走势	期货市场走势
转型稳健期（2012—2014年）	财政政策：财政支出2012年增长放缓，基建投资2013年下半年放缓 货币政策：适度宽松，其间2次降准，2次定向降准，3次降息的同时伴随实施利率市场化改革，2013年7月全面放开金融机构贷款利率管制	GDP：2012年见底回升后，2013年四季度增长显著放缓，2014年下半年加速下行 工业产出：累计及当月同比增长于2012年8月及5月见底，2014年年初加速下滑 通胀：CPI、PPI分别于2012年7月及9月企稳，2013年9月及2014年1月掉头	文华商品指数2012年6月触底，2013年2月拐头向下，2014年3月企稳后，7月再度加速回落
适度宽松期（2015年至今）	财政政策：财政支出2015年下半年增长企稳回升，基建投资增长2015年年底见底，2016年年初企稳 货币政策：5次全面降息，5次全面降准，3次额外定向降准，后维持稳健	GDP：2016年止跌，2016年四季度见底回升 工业产出：累计及当月同比增长于2016年2月及2015年12月见底 通胀：CPI、PPI分别于2015年2月及10月见底企稳，2015年12月及2016年1月稳定回升	文华商品指数2015年11月见底回升

货币政策和财政政策对商品价格有不同程度的影响，其中货币政策对期货价格的影响更为显著，表明货币政策与期货市场之间的相互影响及反馈作用更大。

大宗商品价格受宏观经济政策的影响，同时由于可以预先反映经济主体的预期，期货价格也已经成为我国制定宏观经济政策的重要参考和依据。随着我国期货市场的快速发展和大宗商品国际地位的提高，大宗商品在国内外价格联动性上也逐步增强。一方面，要建立国家层面的大宗商品宏观政策机制，有效应对金融市场资金面和异常情况等可能带来的大宗商品价格剧烈波动；另一方面，在商品期货价格指数的编制上，要与国内宏观经济环境和市场特点有效结合，利用大宗商品期货价格对实体经济的先导性指导宏观经济决策，增强我国政策制定的前瞻性和时效性。政府前沿在不同经济阶段制定经济政策，尤其是数量型货币政策时，要重点参考大宗商品期货价格指数来分类施策，更好地提高货币政策操作的有效性。

第三篇

商品投资的技术分析与量化交易

第九章 商品投资的图形与技术分析

第一节 图形与技术分析理论

一、道氏理论

商品投资技术分析在很大程度上开始于道氏理论。查尔斯·H. 道（Charles Dow 1851—1902）是纽约道·琼斯金融新闻服务的创始人、《华尔街日报》的创始人和首位编辑。道氏理论最早用于股票市场，以此判断股市的升跌以及经济的兴衰。1902年道去世后，威廉姆·皮特·汉密尔顿（William Peter Hamilton）与罗伯·雷亚（Robert Rhea）继承了道的理论，并在之后有关股市的评论写作过程中，对其加以组织与归纳成为今天我们所见的道氏理论，他们所著的《股市晴雨表》《道氏理论》成为后人研究道氏理论的经典著作。

值得一提的是，这一理论的创始者查尔斯·H. 道，认为这一理论是用于反映市场总体趋势的晴雨表，而不是用于指导投资者预测期市的。大多数人将道氏理论当作一种技术分析手段，这是非常遗憾的一种观点。其实，"道氏理论"的最伟大之处在于其宝贵的哲学思想，这是它全部的精髓。雷亚在所有相关著述中都强调，"道氏理论"在设计上是一种提升投机者或投资者知识的配备或工具，并不是可以脱离经济基本条件与市场现况的一种全方位的严格技术理论。

道氏理论的主要目标是判断市场主要趋势的变化，其主要原理如下。

(一) **市场可以分为三种趋势**

根据趋势时间的长短和波动幅度大小的不同，可以分为基本趋势（primary trend）、中期趋势（secondary trend）和短期趋势（minor trend）。基本趋势是最主要的趋势，价格广泛或全面性上升（或下降），持续的实践通常为1年或1年以上，总体升（降）幅度超过20%。中期趋势与基本趋势的运动方向相反，并对其产生一定的牵制作用，因此也称为修正趋势，一般持续3周至数月不等，其上升（或下降）的幅度一般为基本趋势的1/3至2/3。短期趋势也称为小趋势，它们是短暂的波动，很少超过3个星期，通常少于6天。

它们本身没有实际意义，只是赋予基本趋势的发展过程神秘多变的色彩。

（二）基本趋势由基本的上升趋势（牛市）和基本的下降趋势（熊市）组成

基本趋势由三个阶段组成。例如，基本上升趋势通常（而非必要）可分为三个阶段：积累阶段，从熊市末尾牛市开始，所有的坏消息被消化，一些有远见的投资人觉察到目前不景气的市场有转机，因为逐步建仓，价格缓缓上升，交易量适度增加；稳定上升阶段，商业景气上升，公司盈余增加，大多数使用技术分析的交易者买入，价格快步上升，成交量放大，大众投资者积极入市；消散阶段，期价不断创出新高，买卖活跃，成交量持续上升，新期不断大量入市，随便什么都涨。但是在积累阶段买进的那些投资者开始"消散"，逐步抛出。

（三）各种平均价格必须互相验证

道认为除非工业期和铁路期两种指数均发出看涨或看跌的信号，否则就不可能发生大规模的牛市或熊市，即任何单种指数所显示的变动都不能作为断定趋势有效反转的信号。如果两个平均价格的表现相互背离、不能印证，说明原有趋势依然有效。

（四）交易量验证趋势辨别

趋势中的三个阶段走势，通常需要与交易量相互印证，交易量应在主要趋势的方向上放大。例如，如果大趋势向上，则价格上涨的同时交易量应该增加，而当价格下跌时，交易量减少。

（五）收盘价最重要

道氏理论并不注意一个交易日当中的最高价和最低价，而只注意收盘价。因为收盘价是对当天的最后评价，大部分投资者都将这个价位作为委托的依据，只有收市价突破才意味着突破有效，其余日内价格即使穿越以前高、低点也是无效的。

（六）只有明确的反转信号出现，才意味着原有趋势的终结

一个既有趋势具有惯性，在没有外力的作用下通常要继续发展，交易者不宜过早的改变立场。

道氏理论的主要目标是捕捉市场的基本趋势，多年来在辨别主要的熊市或牛市上是成功的。但即便如此，市场上对道氏理论的批评仍然存在。第一个批评是道氏理论买卖信号太迟，道氏理论通常的买入信号发生在上升趋势的第二个阶段，即当市场向上穿越了从底部弹起的第一个峰值的时候。一般来说，在信号发生之前，我们就已经错过了新趋势全部价格变化的 20%~25%。但是道氏理论从来都不是企图抢在趋势前面，而是力图及时解释大牛市或大熊市的降临，其目的是捕获市场中重要运动的幅度最大的部分。其次，道氏理论并未解决"两种指数背离时怎么解释"这个问题，而这种无法说明的阶段可能持续数周甚至几个月，并且道氏理论研究的对象是期价平均指数，并未对具体的期票买卖做出说明。

最后，对于重点关注中期趋势的期货交易者来说，道氏理论所起到的作用有限。道认为大多数投资者只做大趋势，而中等的调整被认为是合适的市场时机选择。短暂趋势则置之不理。但在期货市场上情况却不同，绝大多数期货交易商追逐的是中等趋势。小幅度价格波动对选择实际意义极为重要。短暂趋势在期货交易中显得极为重要。许多短线交易商在非常短的时间内开仓和平仓，他们更致力于把握日内价格的变动。

二、波浪理论

美国证券分析家拉尔夫·纳尔逊·艾略特（R. N. Elliott）利用道琼斯工业平均指数（Dow Jones Industrial Average，DJIA）作为研究工具，发现期票市场价格以可识别的模式趋势运动和反转。他辨别出的这些模式在形态上不断重复，但不一定在时间或幅度上重复。艾略特分离出五种这样的模式或称"波浪"，它们在市场价格中反复出现。他给这些模式及其变体一一命名、定义并图解。他随后解释了它们如何连接在一起，形成它们自身模式的更大规模版本，以及它们是如何转而连接形成更大一级的相同模式，以此类推，这产生了结构化的价格烟花。艾略特将这些现象称为波浪理论。

尽管波浪理论是现存最好的预测工具，但它主要不是一种预测工具，而是对市场行为的细致刻画。不过，对于市场在行为连续统一中所处的位置，及其随后可能出现的运动轨迹，这种刻画的确传授了大量的知识。波浪理论最主要的价值在与它为市场分析提供了一套前后关系。这种前后关系既为有条理的思考提供了基础，又为市场的总体位置及前景提供了正确判断。在很多时候，它识别了甚至预测了市场走向的变化。

（一）波浪构造的原理

波浪理论由人的社会本性支配，因此其表达产生了各种形态。由于各种形态重复出现，所以它们有预测价值。有时，市场显得对各种外部条件和事件做出了反应，但在另一些时候它会对大多数人认为的因果条件无动于衷。其原因在于市场有其自身的规律，它不受人们在日常生活经验中习以为常的外部因果关系驱动。价格轨迹不是消息的产物。市场也不像某些人说的那样循环往复。它的运动反映了各种形态的重复出现，这种重复出现与假定的因果关系和周期性无关。

市场的演化在波浪中展开。波浪是有向运动的模式。更确切地说，一个波浪是任何一种自然产生的模式。在各种市场里，价格演变最终呈现出一种特定的五浪态。这些浪中的三个，分别标记为1、3和5，实际产生有向运动。它们又被两个标记为2、4的逆势休整期所分割。而市场上一个完整的波浪循环包括五浪驱动阶段和三浪调整阶段两部分（图9.1），前面五浪所组成的波浪是市场价格运行的主要方向，而后面三浪所组成的波浪是市场价格运行的次要方向。

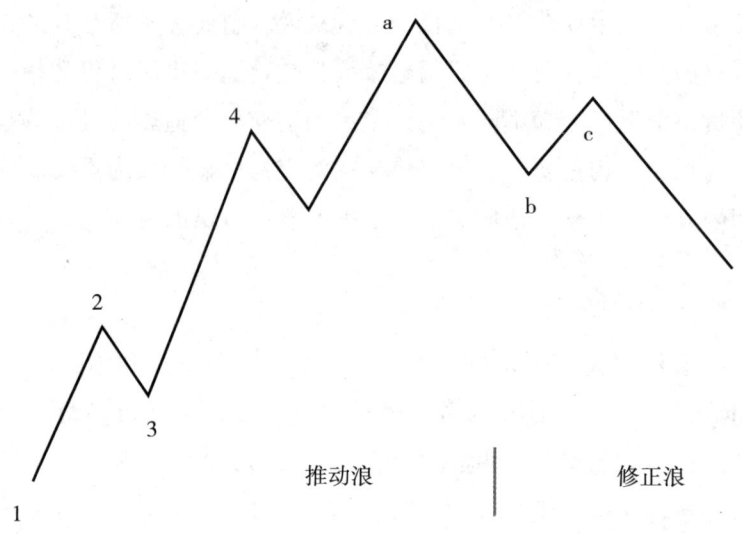

图9.1 一个完整循环的波浪

1. 驱动浪

驱动浪包括推动浪和斜纹浪两种模式。推动浪最常见,在一个推动浪中,浪4不会进入浪1的价格区域("重叠"),如图9.1所示。这个规则对所有无杠杆作用的"现货"市场都有效。延长浪是被扩大的细分浪拉长了的推动浪。绝大多数推动浪的三个作用子浪中有一个,且只有一个是延长浪。

2. 调整浪

一般来说,调整浪的界定比较不明确,难以识别和预料。然而,有一点却是明确的,即调整浪属于三浪结构。唯一例外的是在三角形形态中,调整浪包括锯齿形(图9.2)、平台形(图9.3和图9.4)、三角形(图9.5、图9.6和图9.7)以及上述形态的联合,包括双重三浪和三重三浪。

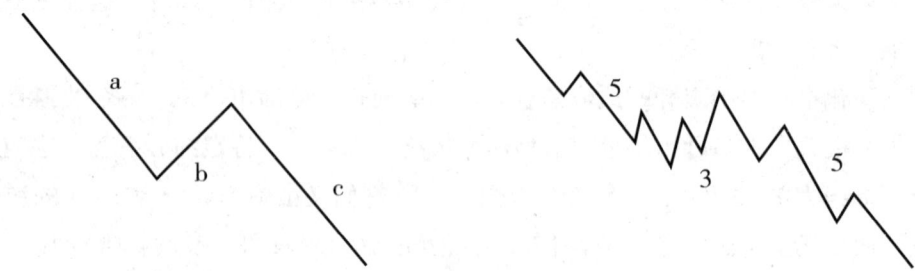

图9.2 牛市中的锯齿形调整浪

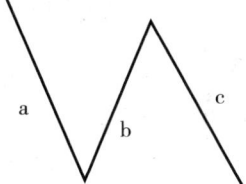 

图9.3 牛市中的顺势平台形调整浪

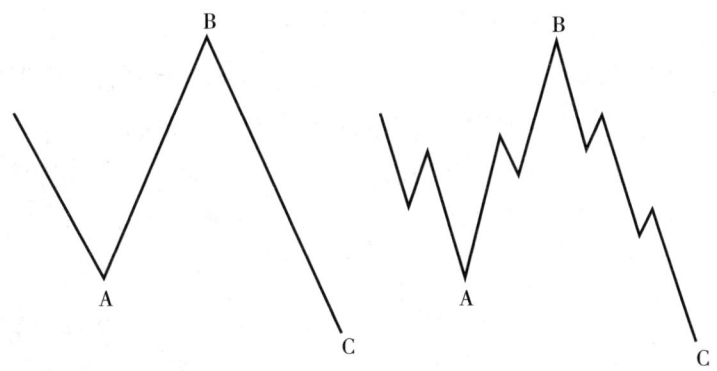

图9.4 牛市中的扩散平台形调整浪

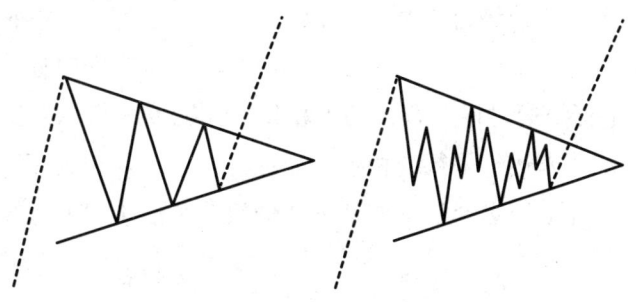

图9.5 收缩三角形调整浪

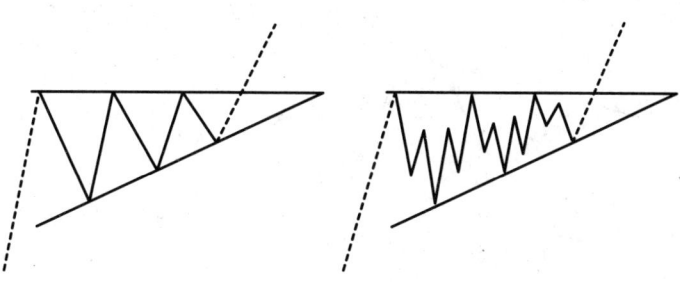

图9.6 屏障三角形调整浪

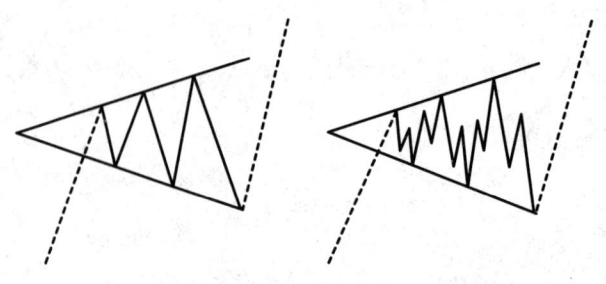

图 9.7 扩散三角形调整浪

3. 交替规则

尽管交替规则没有明确说明即将发生什么,但它对不必期望的情形事先给出了宝贵的预告。它主要是指导分析人士不要像大多数人一样,仅因为市场循环以某种方式展开,就相信这次的情况肯定一样。比如,调整浪 A 以平台形结构展开,那么就得预计 B 以锯齿形展开,反之亦然。

4. 波浪等同

波浪等同理论认为,一个五浪序列中的两个驱动浪会在持续时间和幅度上趋于等同。当一个浪是延长浪时,这个指南通常是用于另外两个非延长浪,而且当第三浪是延长浪时,这个指南特别适用。

5. 通道

艾略特曾提到,平行的趋势通道常常可以标出一个推动浪的上下边界,而且相当精准。一个推动浪的原始通道至少需要三个参考点。当浪 3 结束的时候,先连接标记着 1 和 3 的点,然后做一条平行线通过标记着 2 的点相接,如图 9.8 所示。这种结构为浪 4 提供了估计的边界。如果浪 4 未达到平行线相接点而提前结束,那么为了给浪 5 估计边界,此时需要重新绘制通道,并适当选择浪 1 或者浪 3 做浪 2 和浪 4 的平行线。

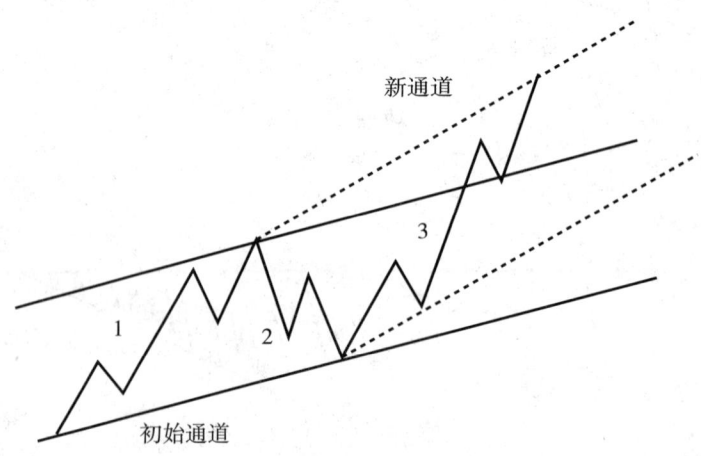

图 9.8 通道

(二) 波浪理论中的斐波纳奇数字

通过将斐波纳奇数字引入波浪理论中，艾略特发现蕴藏在波浪中的规律：一个完整周期包括8浪，其中5浪为驱动浪，3浪为调整浪，这些都是斐波纳奇数字。依据斐波纳奇数字得到斐波纳奇百分比，在实际的波浪预测中有着重要作用，比如，1浪长度乘以1.618然后加到2浪的低点处，可以得出3浪高点的大致位置。1浪长度乘以3.236（2×1.618）然后加到1浪的顶点和低点处，大致是5浪的高点和低点。

除此之外，一个调整浪会回撤掉前一个波浪的斐波纳奇百分比，陡直的调整浪经常回撤前一个波浪的61.8%或50%，横向调整浪经常回撤掉先前推动浪的38.2%。

另外，斐波纳奇时间关系是存在的，只不过预测这方面关系是较为困难的。斐波纳奇时间目标是通过向未来数数计算显著的顶和底的位置。在日线上，分析者从重要的转折点出发向后数，数到第5个、第8个、第13个、第21个等交易日，预期未来的顶或底出现在这些斐波纳奇日。

三、江恩理论

江恩理论是投资大师威廉·D. 江恩（William D. Gann）通过对数学、几何学、宗教、天文学的综合运用建立的独特分析方法和测市理论，结合自己在股票和期货市场上的骄人成绩和宝贵经验提出的，包括江恩时间法则、江恩价格法则和江恩线等。

(一) 江恩角度线

当市场的趋势是向上或向下时，趋势线在图形中显示出一个重要的角度，而在此重要的角度线上形成阻力或支撑。江恩角度线是根据"百分比值"而得出的，所谓"百分比值"是将一个波段的价位中的最高价和最低价细分为8个等分，即1/8、2/8、3/8、4/8、5/8、6/8、7/8和8/8。另外，在最高价和最低价之间的3个等分，即1/3、2/3和3/3也相当重要。在以上几个百分比值中，江恩认为50%最重要，其次是37.5%以及62.5%；这些百分比值可能是价格反弹或回落的幅度。这与艾略特波浪理论中的38.2%、50%和61.8%极为接近。

找出前述的几个百分比值之后，接着就可以利用前述的8个等分与3个等分比例，求得9条角度线的相互位置。利用长宽各8格的方形纸图，找出8比1的角度线7.5度。在此正方形中，纵轴代表价格，横轴代表时间。如图9.9所示。

表 9.1　　　　　　　　　　　　江恩角度线对应角度

价位	百分比	几何角	江恩线
1/8	12.5	7.5	8×1
2/8	25	15	4×1
1/3	33	18.25	3×1
3/8	37.5	26.5	2×1
4/8	50	45	1×1
5/8	62.5	63.25	1×2
2/3	66	71.5	1×3
6/8	75	75	1×4
7/8	87.5	82.5	1×8
8/8	100	—	—

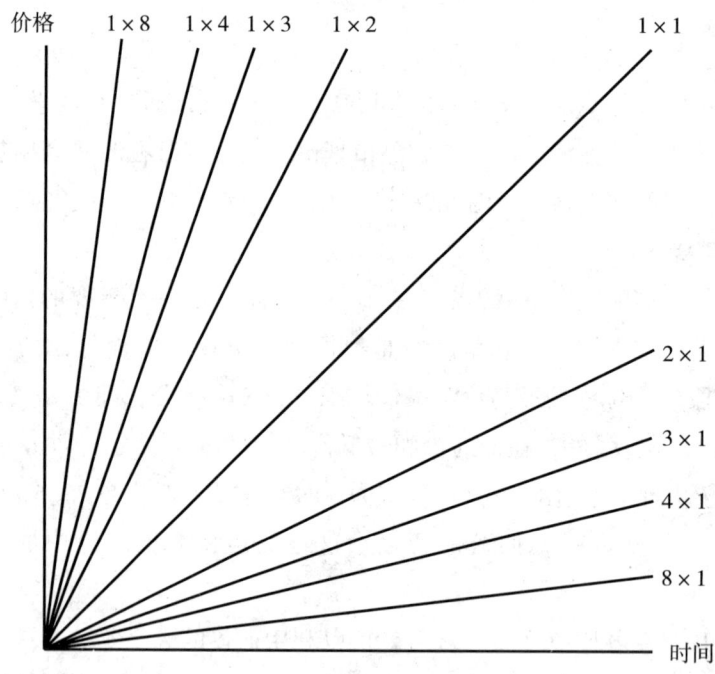

图 9.9　江恩角度线

（二）江恩循环周期

江恩循环周期理论是对整个江恩思想方法的总结。江恩使用按照一定规律展开的圆形、四方形和六角形将他的时间概念、价位概念、角度概念和回调概念统一在周期循环规律中加以描述，通过长期观察和研究发现了多种商品期货、期票市场的循环周期。江恩认为重要的循环周期有如下几种。

长期循环：100年、90年、82年或84年、60年、49年、45年、30年、20年。

中期循环：15年、13年、10年、7年、5年、3年、2年、1年。

短期循环：7个月、3个月、15周、13周、7周、3周、24小时、18小时、4小时、2小时、1小时。

10年循环周期被认为是一个非常重要的循环周期，因为10年循环又可认为是市场价格的重现。例如，以一个市场顶部为起点，10年后将重现一个新的市场顶部，以一个市场底部为起点，10年后将重现一个新的市场底部。

但是，江恩指出，任何一个长期的升势或跌势都不可能不调整地持续3年以上，其间必然有3至6个月的调整。因此，10年循环实际上可分解为，由一个重要顶部起，3年后出现一个顶部，在经过3年又出现另一个顶部，在经过4年循环才出现循环的最后顶部。

如果10年循环按照5年上升5年下降规律运行，则根据江恩的经验：5年升势中由2年上升，1年下跌，2年上升完成前5年的循环；5年跌势中由2年下降，1年反弹，2年下降完成后5年的循环。因此，在前一个峰顶或谷底之后的第59~60个月要注意价格出现转折。

(三) 运用江恩理论的注意事项

江恩认为有三大原因可能使投资者遭受重大损失。

1. 在有限的资本上过度买卖

也就是说操作过分频繁，在市场中进行短线和超短线操作是要求有很高的操作技巧的，在投资者没有掌握这些操作技巧之前，过分强调做短线常会导致不小的损失。

2. 投资者没有设立止损点以控制损失

很多投资者遭受巨大损失就是因为没有设置合适的止损点，结果任其错误无限发展，损失越来越大。因此学会设置止损点以控制风险是投资者必须学会的基本功之一。还有一些投资者，甚至是一些市场老手，虽然设了止损点，但在实际操作中并不坚决执行，结果因一念之差，遭受巨大损失。

3. 缺乏市场知识

这是在市场买卖中损失的最重要原因。一些投资者并不注重学习市场知识，而是想当然办事或主观认为市场如何如何，不会辨别消息的真伪，结果受到误导，遭受巨大的损失；还有一些投资者仅凭一些书本上学来的知识来指导实践，不加区别地套用，造成巨大损失。江恩强调的是市场的知识，实践的经验。而这种市场的知识往往要在市场中摸爬滚打很长时间才会真正有所体会。

四、切线理论

切线理论是指按一定方法和原则在由期票价格的数据所绘制的图表上画一些直线。然后根据这些直线的情况推测期票价格的未来趋势。

（一）趋势线

简单地说，趋势就是价格的波动方向，或者说是证券市场运动的方向。趋势线是表现证券价格波动的直线。从趋势线的方向中，可以明确地看出价格波动的趋势。具体画法是：

在上升趋势中，将逐浪上升的两个低点连接成一条直线，就得到上升趋势线。

在下降趋势中，将逐浪下降的两个高点连接成一条直线，就得到下降趋势线。

上升趋势线揭示了期价或指数的运行方向是向上的，它对期价或指数的上升具有支持作用，因而又被称为"上升支撑线"。所以，只有不出现上升趋势线被有效突破的现象，投资者就可以放心地一路做多。当然，一旦上升趋势线被有效突破，其失去支撑作用的同时，将转变为压力作用，压制期价或指数的再度上升。这时，投资者就不能再继续看多、做多，而要进行减磅操作，寻机退场。下降趋势线的作用与之相反。

1. 趋势线的确认

得到一条真正起作用的趋势线，要经过多方面的验证才能最终确认，不符合条件的一般应予以删除。

（1）必须确实存在趋势。

（2）通过两个高点和两个低点画出的趋势线，还应得到第三点的确认。一般来说，所画出的直线被触及的次数越多，其作为趋势线的有效性越强，用它预测就越准确。

2. 趋势线的分类

（1）从方向上分，趋势线分为"上升趋势线"和"下降趋势线"。

①上升趋势线是将最先形成或最具有代表意义的两个低点连接而成的一条向上的斜线。

②下降趋势线是将最先形成或最具有代表意义的两个高点连接而成的一条向下的斜线。

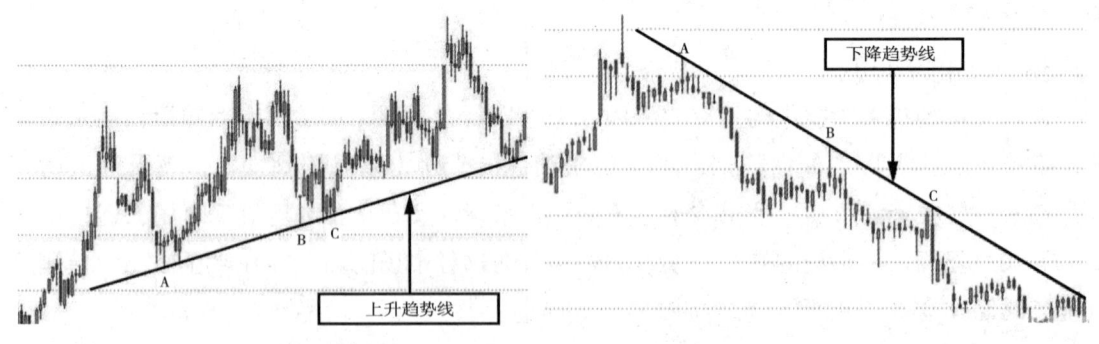

图 9.10　上升趋势线　　　　　　　图 9.11　下降趋势线

（2）从速度上分，趋势线可分为"快速趋势线"和"慢速趋势线"。

①"快速趋势线"运行速度比"慢速趋势线"快，维持时间比慢速趋势线短。一般来说，快速趋势线揭示了期价或指数的短期趋势，是激进型投资者做多、做空的一个重要依据。

②"慢速趋势线"揭示了期价或指数的长期趋势，是稳健型投资者做多、做空的重要依据。

正因为如此，人们常常把它们结合在一起组成"快慢趋势线组合"进行对照分析。这样就比单纯用一根趋势线进行走势分析的效果要好得多。

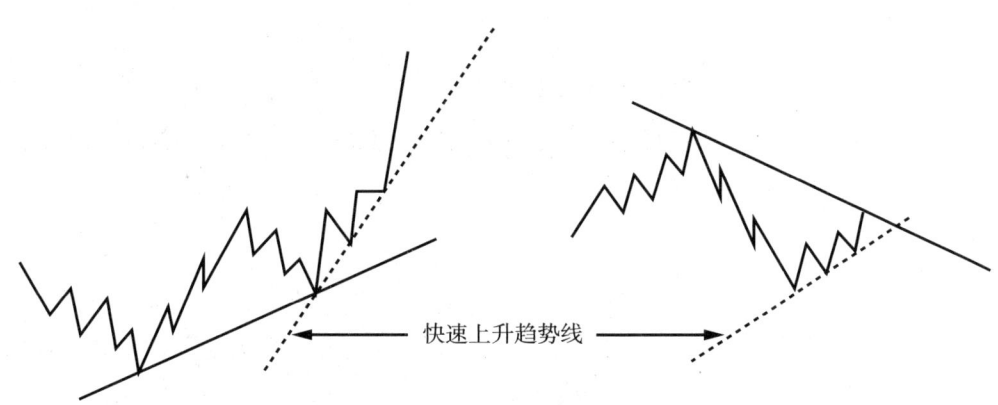

图 9.12　快速趋势线

（3）从时间上分，趋势线可分为"长期趋势线""中期趋势线"和"短期趋势线"。

①长期趋势线是联结两大浪的谷底或峰顶的斜线，跨度时间为几年，它对期市的长期走势将产生重大影响。

②中期趋势线是联结两中浪的谷底或峰顶的斜线，跨度时间为几个月，甚至在一年以上，它对期市的中期走势产生很大影响。

③短期趋势线是联结两小浪的谷底或峰顶的斜线，跨度时间不超过 2 个月，通常只有几个星期，甚至几天时间，它对期市的走势只能起到短暂影响。

3. 趋势线的突破

趋势线的突破不仅对买入、卖出时机等的选择具有重要的分析意义，而且即使是市场的机构大户往往也会根据趋势线的变化采取市场运作。因此，搞清趋势线何时被突破，是有效的突破还是非有效的突破，对投资者而言是至关重要的。事实上，期价在趋势线上下徘徊的情况常有发生，判断的失误意味着市场操作的失误，以下提供一些判断的方法和市场原则，但具体的情况仍要结合当时的市场情况进行分析。

当期价突破趋势线时，突破的可信度可从下列几点判断。

（1）假如在一天的交易时间里突破了趋势线，但其收市价并没有超出趋势线，这并不算是突破，可以忽略它，而这条趋势线仍然有用。

（2）如果收市价突破了趋势线，必须要超越3%才可信赖。或以时间来判别，以三天为标准，最谨慎的做法是突破后还要观察回抽的情况。

（3）当期价上升冲破下降趋势线的阻力时需要有大量成交增加的配合；但向下跌破上升趋势线支持则不必如此。通常突破当天的成交量并不增加，不过，在突破后的第二天会有增大的现象。

（4）当突破趋势线时出现缺口，这时突破将会是强而有力的。

（二）轨道线

轨道线的画法：轨道线又称通道线或管道线，是基于趋势线的一种支撑压力线。在已经得到了趋势线后，通过第一个峰和谷可以做出这条趋势线的平行线，这条平行线就是轨道线。

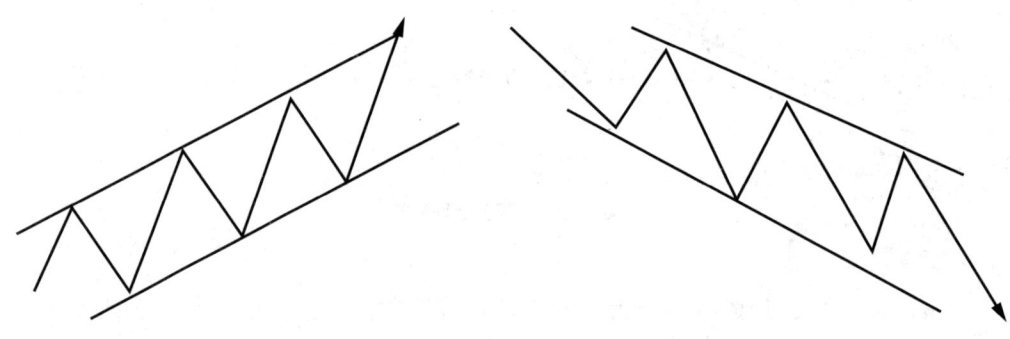

图 9.13　上升趋势的轨道线　　　　图 9.14　下降趋势的轨道线

1. 轨道线的作用

（1）限制作用。两条平行线组成一个轨道，这就是常说的上升和下降轨道。轨道的作用是限制价格的变动范围，一个轨道一旦得到确认，那么价格将在这个通道里变动，如果通道上面或下面的直线被突破，就意味着价格将有一个大的变化。

（2）趋势转向的预警作用。如果在一次波动中未触及轨道线，离得很远就开始掉头，这往往是原有趋势将要改变的信号，因为市场已经没有力量继续维持原有的上升或下降的规模了。

2. 轨道线的特点及操作原则

（1）上升通道中成交量一般呈放大态势，下轨称为上升趋势线，上轨则称为通道线；

下降通道往往呈缩量态势，上轨是下降趋势线或压力线，作为通道线的下轨通常具有一定支撑。

（2）无论是上破还是下破，只要盘出原有通道，期价最初常表现得较温和，而有力地冲破通道束缚时，期价运行多较为迅猛；上破时常显著放量且伴随回抽现象，下破时是否回抽却多与量没有太大关系，而一旦冲破通道线，期价多会加速运行，其后的运行速率往往因此而加快。

（3）不管突破哪一条价格边线或以何种方式突破，沿突破方向所做的与原通道等宽的外延平行线即为期价的最小运动幅度。

（三）速度阻挡线

速度阻挡线（简称"阻速线"），是由埃德森·古尔德创立的一种分析工具。当价格上升或下跌的第一波形态完成后，利用第一波的展开幅度可推测出后市发展的2条速度线，可作为支撑和阻力位置。

速度阻挡线的原理与江恩线比较相似，也是试图通过一些特殊的角度（斜率）来界定价格的变化方向，在判断趋势强弱时有很好的参考价值。

速阻线的画法，简单地讲，即取一段升幅或者跌幅的最高点和最低点做一条垂直线，并将此直线三等分，每等分的交点与最高点或最低点的连线即为阻速线，而一轮中级以上的波动，往往会在1/3阻速线上转势。

阻速线是一种将趋势线和百分比回撤融为一体的新技巧，是埃德森·古尔德开创的，实质上也属于趋势线三分法的具体应用。阻速线测绘的是趋势上升或下降的速率（或者说是趋势的速度）。

判断方法：

如果上升趋势正处于调整之中，那么阻速线向下折返的余地通常是到上方的速度线（2/3阻速线）为止；如果它又被超越了，那么价格还将跌到下方的速度线（1/3阻速线）；如果下方的速度线也跌破了，那么价格就可能一路而下，直至原趋势的起点的水平。

在下降趋势的折返走势中，下方的速度线如果被突破，那么价格很可能上冲到上方速度线处。要是后者也失守，那就意味着价格将会涨到原趋势的起点的水平。

正如所有的趋势线一样，速度线一旦被突破，角色也会反转。这样，在上升趋势的调整过程中，如果上面的线（2/3线）被突破，价格则跌到1/3线，再从后者上面反弹。这时候，上面的线已演变成阻挡障碍了。如果上面这条线被重新穿回，那么价格才可能向原高点挑战。同样的道理在下降趋势中也成立。

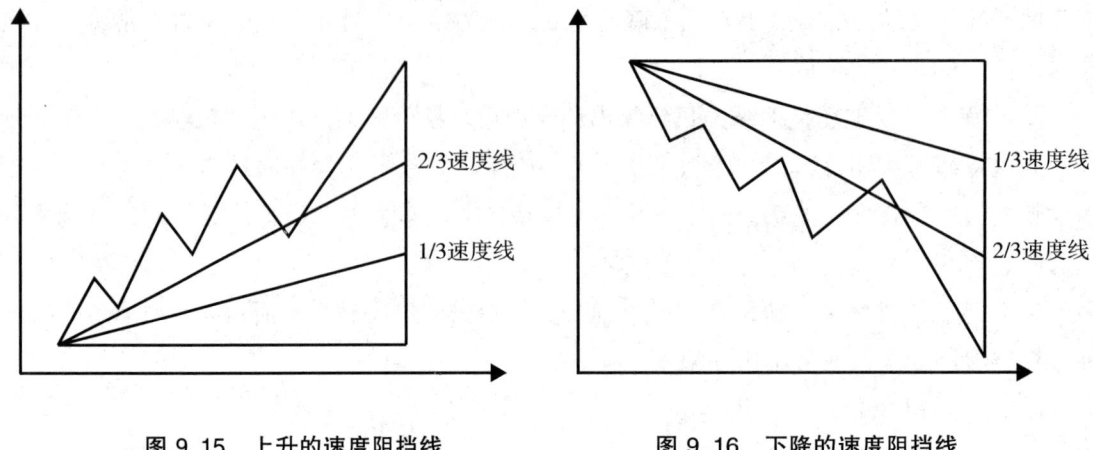

图 9.15　上升的速度阻挡线　　　　图 9.16　下降的速度阻挡线

五、形态分析

价格形态是期货价格图上特定的图纹，表征价格运动轨迹形成的形态，具有反映价格未来走势的作用。价格形态有两种最主要的分类——连续形态和反转形态。连续形态显示了市场很可能暂时进行一段时间的休整，之后当前趋势仍将继续发展。而反转形态意味着趋势正在发生重要反转。关键是必须在形态形成的过程中尽早判别出其所属类型。

连续形态主要有三角形、旗形、三角旗形、矩形等。反转形态主要有 V 形顶和底、双顶和双底、头肩形、圆弧顶和底等。

绝大多数价格形态各有其具体的测算技术，可以确定出最小的价格目标。虽然这些目标仅仅是下一步市场运动的大致估算，但仍有助于交易商确定其交易的潜在报酬和风险。

（一）连续形态

连续形态是在长期趋势中形成的各种类型的密集阶段。顾名思义，一个连续形态预计将被它形成的同方向价格波动所化解。

1. 三角形

三角形是比较常见的一种形态，在实际走势中常出现于各个时间段，虽然有时也作为反转形态出现，但大多数时候属于中间整理形态。所谓整理是指期价经过一段时间的快速变动后，即不再前进或后退，而在一定区域内上下窄幅变动，等时机成熟后再继续决定以后的方向。这种显示以往走势的形态称为整理形态。常见的三种形态包括：上升三角形、对称三角形和下降三角形。

以上升三角形为例：在上升三角形中，显著的买入点是三角形形成过程中的最后一个点，以及有效突破后的介入点。在部分情况下，突破三角形之后会有回撤，回撤突破线时同样是比较理想的介入机会。另外需要说明的是，上升趋势中的上升三角形往往表示短线强势。

一般而言，上升三角形在其横向宽度的 1/2~3/4 之间的某个位置就会选择突破方向，如果超过该区域仍未突破，则三角形的顺势性突破的力度将减弱，同时突破方向的变数也将增加。换句话说就是，上升三角形越早突破，发生错误越少。假如价格反复走到形态的尖端后跌出形态之外，那么突破的信号就不足为信了。在实际操作中还是以等候最终突破方向确定为主。

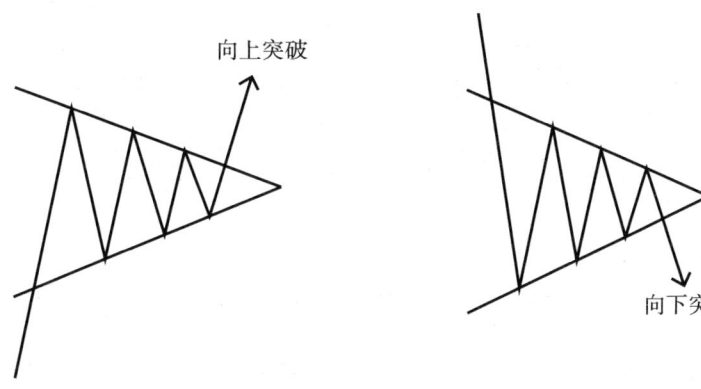

图 9.17　三角形形态分析

2. 旗形

价格经过一波的飙升后，成交量增加，然后价格也受阻回落，小幅回调后便开始反弹，但反弹没有创出新高又出现回落，价格如此往复下移。将这种下倾的整理运动的高点和低点分别连接起来，就可以画出下倾的平行四边形，这就是上升旗形运动。

在急速的直线上升中途，成交量逐渐增加，最后达到一个短期最高记录。早先持有者因获利而卖出，出现了获利回吐，上升遇到较大的阻力，追高力量暂时减弱，价格开始小幅下跌，不过大部分投资者对后市依然充满信心，所以回落的速度不快且幅度有限。同时，成交量不断减少，反映市场的沽售力量在回落中不断地减轻，经过一段时间清理浮筹，在旗形整理末端价格放量上升，一举突破短期的高点下降压力线，价格又如形成旗形前移动速度一样再竖旗杆，这就是上升旗形的突破确立。

下降旗形则正好相反，短期价格形成一个略微上倾的整理运动，将高点和低点分别连接起来，就可以画出上倾的平行四边形，这就是下降旗形运动。在下跌趋势中形成的旗形，其形状为上升时图形之倒置呈上飘状。在急速的直线下降中，成交量增加达到一个低点，然后遇支撑开始反弹，不过反弹幅度不大，成交量减少并不配合，这是空头市场中的多头在弱势抵抗。但得不到市场大多数投资者的认同，价格经过一段时间旗形整理，最终下行放量破位低点连续支撑线,价格继续下跌。

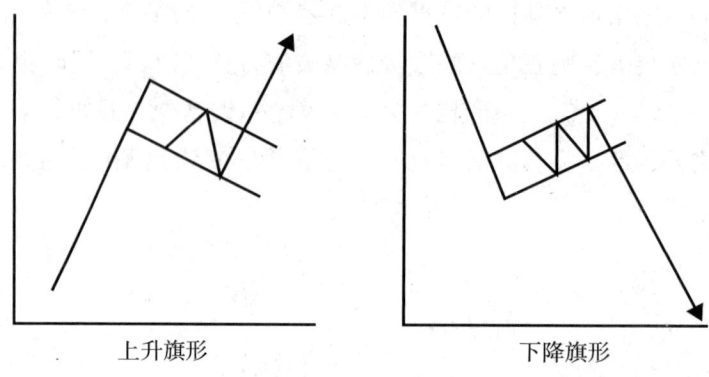

上升旗形　　　　　　下降旗形

图 9.18　下降旗形形态

旗形具有以下特点:

(1) 成交量在旗形形成过程中,呈现显著的渐次递减现象,但在上升下飘旗形形态中微观量价配合是比较健康的。

(2) 上升和下降旗形突破时,成交量都应该是激增放大的,这是与其他整理形态不同的地方。

(3) 在旗形形态中,如果成交量是不规则或是并非依次减少的情况时,则要注意这不是什么旗形整理,可能是反转形态,即上升下飘旗形向下突破,上飘下降旗形向上突破。

(4) 从时间上看,一般旗形整理在三周以内完成的,为波段续涨信号,代表原有上涨的波段仍在延续;如果在价格形成高位震荡时间超过 1~2 个月形成的,则为新一轮大级别上涨的开始,这在牛市中常见。

(5) 当旗形为持续形态时,一般不会改变原有的趋势运行方向。但上升旗形说明原有上升趋势已进入了后半段,要预防最后一升后的转势;下降旗形则意味着熊市刚刚开始,后市可能还会有较大的跌幅。

(6) 旗形成立后,其后期再上涨或再下跌的空间测量理论原则是:上升旗形确立后,其再次上涨的空间,是前期旗形形态的旗杆长度;反之,下降旗形确立后,其再次下跌的空间,是前期倒旗杆的长度。

旗形经常出现于急速上升或下降的行情中途,在急速的直线上升中,成交量逐渐增加,最后达到一个短期最高记录,早先持有者,已经获利而卖出,上升趋势亦遇到大的阻力,期价开始小幅下跌,形成旗形。不过大部分投资者对后市依然充满信心,所以回落的速度不快,幅度也十分轻微,成交量不断减少,反映出市场的沽售力量在回落中不断地减轻。经过一段时间整理,到了旗形末端期价突然上升,成交量亦大增,而且几乎形成一条直线。期价又像形成旗形时移动速度一样急速上升。这是上升旗形的形成。

在下跌时所形成的旗形，其形状为上升时图形的倒置，在急速的直线下降中，成交量增加达到一个高点，然后有支撑反弹，不过反弹幅度不大，成交量减少，期价小幅上升，形成旗形，经过一段时间整理，到达旗形末端，期价突然下跌，成交量大增，期价续跌。

从以上分析可见，旗形是个整理形态。即形态完成后期价将继续向原来的趋势方向移动，上升旗形将有向上突破，而下降旗形则是往下跌破，上升旗形大部分在牛市第三期出现，因此，在形态暗示升市可能进入尾声阶段。下降旗形大多在熊市第一期出现，这样的形态显示大市（或价格）可能作垂直式的下跌。因此这阶段中形成的旗形十分细小，可能在3、4个交易日内已经完成，如果在熊市第三期出现，旗形形成的时间需要较长，而且跌破后只作有限度的下跌。

旗形型态可量度出最少升、跌幅，其量度的方法是突破旗形（上升旗形和下降旗形相同）后最少升、跌幅度，相等于整支旗杆的长度。至于旗杆的长度是从形成旗杆的突破点开始，直到旗形的顶点为止。

（二）反转形态

1. V形顶和底

V形结构是一个形势很快变化的顶或底，显示过去的趋势已逆转过来，V形顶或底的问题在于往往难以区分与快速调整的区别，除非搭配使用其他技术型指标（例如突出的尖锋日、显著的反转日、大缺口、宽幅游走日）。

V形走势通常可分为三个部分（以V形底为例）。

（1）下跌阶段：通常V形的左方跌势不仅十分陡峭，而且持续一段短时间。

（2）转势点：V形的底部十分尖锐，一般来说形成这转势点的时间仅两三个交易日，而且成交在这个低点明显增多。有时候转势点就在恐慌交易日中出现。

（3）回升阶段：接着期价从低点回升，成交量亦随之而增加。

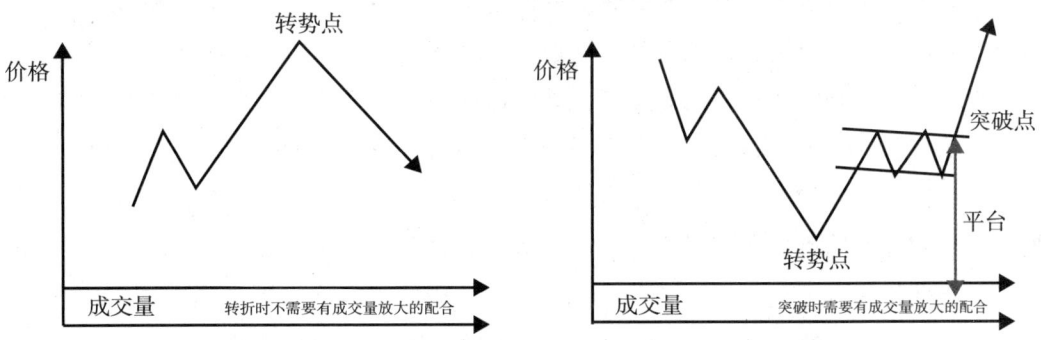

图 9.19　V形顶底

2. 双顶和双底

期价持续上升为投资者带来利润,期价在高点遭遇获利回吐盘产生的压力,行情转为下跌;当期价回落到某一水平时,市场中的短线投资者开始进入,高位做空者也开始回补,行情又出现回升,但在第一高点时错过出货机会而被套的投资者开始沽空,加上前一低点进货的短线投资者,两者合力的做空力量促使期价再次回落。两次冲高均遇阻力使该期的持有者信心受挫,引起大量做空行为,直到跌破上次低点,双顶 M 头形态构造完成。

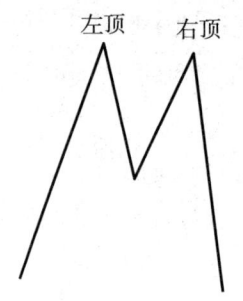
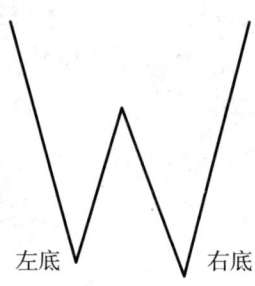

图 9.20 双重顶底

当然,构成这个形态的两个顶部或底部不需要完全相同,仅仅相互邻近即可。在一个大幅价格运动后形成的双顶或双底应当视为一个主要趋势反转的强烈信号。一般情况下,双顶的两个高点对应的成交量应该递减,如果第一个高点放出巨量,而第二个高点成交量急剧缩小,则形成头部的概率非常大。而双底中的第二个底比第一个底稍高一点,在期价突破颈线的时候必须有大成交量的配合。

3. 头肩形

头肩形形态是最为常见的反转形态之一。

头肩底是最常见也是比较可靠的底部反转形态。在下跌市场中,期价在看空、做空的力量下连创新低,此时期价出现短期的反弹,但反弹时成交量并未相应放大,主动性买盘不强,形式上还受到下降趋势线的压制,这就形成了"左肩";接着期价带量下跌且跌破左肩的最低点,随着期价继续下挫,成交量和左肩相比有所减少,说明下跌动力有所减小,之后期价展开反弹,成交量比左肩反弹阶段时放大,冲破下降趋势线,形成"头部";当期价回升到左肩的反弹高点附近时,出现第三次的回落,这时的成交量很明显少于左肩和头部,当期价回跌至左肩的低点水平附近时,跌势便基本稳定下来形成"右肩";最后期价正式发动一次升势,伴随成交大量增加,有效突破颈线阻档,成交更是显著上升,整个形态便告完成,一波较大的涨势即将来临。

头肩底形态必须有三个低峰点,并且头部的低点要明显低于双肩。左肩和右肩低点位置相近，一般右肩低点略低于左肩，但右肩低点一定低于左肩反弹高点。成交量呈V形或头肩顶状态分布，有时三部分大致相当，但颈线突破时一定需要大的成交量配合，否则可能演变成假突破。颈线突破的标志符合"三三原则"，即时间超过三天，空间超过颈线市价3%。当颈线突破后，上涨空间为头部的最高点到颈线的垂直距离或者更大。

头肩顶形态和头肩底形态一样，只是整个形态倒转过来而已。

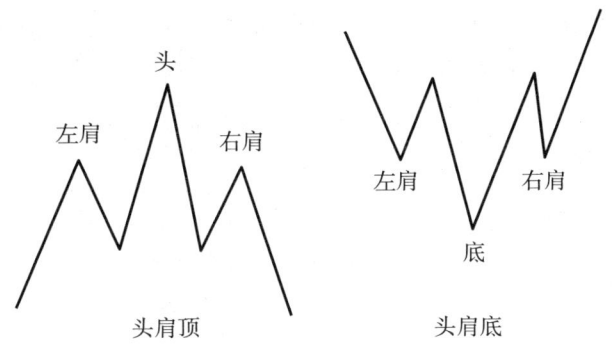

图 9.21　头肩顶底

头肩顶出现于上升趋势运行的顶部，表示上升趋势将发生逆转。一般情况下，三个高点中，左肩的成交量最大，头部次之，右肩的成交量最小。

判断形态确立的标准有两个：一是成交量依次降低，在高点出现量价背离现象；二是期价由右肩高点回落并跌破颈线，其后的反弹触及到颈线时未见突破而在此下降，便可确认形态成立。在大多数形态中，支撑线被击穿后便会转化为阻力线。一般情况下，头肩顶形态确立后，后期的下跌空间会达到头部高点到颈线的垂直距离或者其倍数的幅度。

4. 圆弧顶和底

圆弧顶和圆弧底形态属于一种盘整形态。

圆弧底多出现在价格底部区域，是极弱势行情的典型特征。其形态表现在K线图中宛如锅底状。

圆弧底形态的形成是由于价格经过长期下跌之后，卖方的抛压逐渐消失，空方的能量基本上已释放完毕，许多高位深度套牢盘，因价格跌幅太大，只好改变操作策略，继续长期持仓不动。但由于短时间内买方也难以汇集买气，价格无法上涨，加之此时价格元气大伤，价格只有停留在底部长期休整，以恢复元气，行情呈极弱势。持仓人不愿"割肉"，多头也不愿意介入，价格陷入胶着，震幅小的可怜，此时，价格便会形成圆弧底形态，该形态也被称为价格"休眠期"。

在圆弧底形态中，由于多空双方皆不愿意积极参与，价格显得异常沉闷，这段时间也显得漫长，在形态内成交量极小。圆弧底形态通常是大型投资机构吸货区域，由于其炒作周期长，故在完成圆弧底形态后，其涨升的幅度也是惊人的。投资者如在圆弧底形态内买进，则要注意大型投资机构在启动价格前在平台上的震仓。价格在完成圆弧底形态后，在向上挺升初期，会吸引大量散户买盘，给大型投资机构后期拉抬增加负担，故大型投资机构会让价格再度盘整，而形成平台整理，清扫出局一批浮动筹码与短线客，然后再大幅拉抬价格。在价格上涨途中，大型投资机构不断地利用旗形与楔形调整上升角度，延续涨升幅度。所以，圆弧底形态从某种角度上也可谓黎明前的黑暗。在形态内，价格貌似平静如水，实际上是在酝酿着一波汹涌的滔天大浪。

圆弧顶则刚好相反。

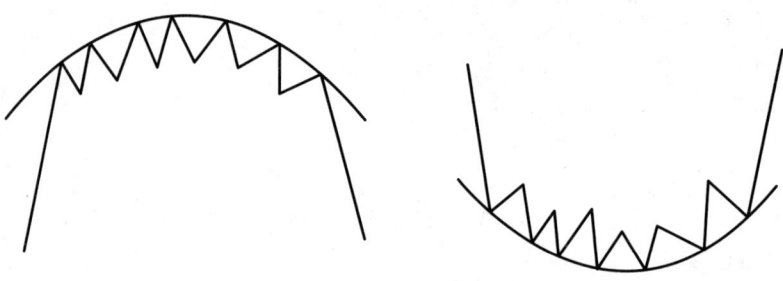

图 9.22　圆弧顶底

第二节　技术分析指标

所谓技术指标法，就是应用一定的数学公式，对原始数据进行处理，得出指标值，将指标值绘成图表，从定量的角度对期市进行预测的方法。这里的原始数据指开盘价、最高价、最低价、收盘价、成交量和成交金额等。技术分析指标按照其反映内容可分为趋势性指标、摆动型指标以及情绪型指标。

一、趋势型指标

（一）MA（移动平均线）

MA 是指用统计分析的方法，将一定时期内的期货价格（指数）加以平均，并把不同时间的平均值连接起来，形成一根 MA 线，用以观察期货价格变动趋势的一种技术指标。

1. MA 的分类

根据计算期的长短，MA 可分为短期、中期和长期移动平均线。通常以 5 日、10 日线观察期货市场的短期走势，称为短期移动平均线；以 30 日、60 日线观察中期走势，称为中期移动平均线；以13周、26周研判长期趋势，称为长期移动平均线。西方投资机构非常看重200天移动平均线，并以此作为长期投资的依据：若行情价格在200天均线以下，属空头市场；反之，则为多头市场。

由于短期移动平均线比长期移动平均线更易于反应行情价格的涨跌，因此一般又把短期移动平均线称为"快速MA"，长期移动平均线则称为"慢速MA"。

2. MA的特点

MA的基本思想是消除期货价格随机波动的影响，寻求期货价格波动的趋势。它有以下几个特点。

（1）追踪趋势。MA能够表示期货价格的趋势方向，并追踪这个趋势。如果能从期货价格的图表中找出上升或下降趋势，那么MA将与趋势方向保持一致。原始数据的期货价格图表不具备这个追踪趋势的特性。

（2）滞后性。在期货价格原有趋势发生反转时，由于MA追踪趋势的特征，使其行动往往过于迟缓，调头速度落后于大趋势。这是MA一个极大的弱点。

（3）稳定性。根据移动平均线的计算方法，要想较大地改变移动平均的数值，当天的期货价格必须有很大的变化，因为MA是期货价格几天变动的平均值。这个特点也决定了移动平均线对期货价格反映的滞后性。这种稳定性既有优点，也有缺点，在应用时应多加注意，掌握好分寸。

（4）助涨助跌性。当期价突破移动平均线时，无论是向上还是向下突破，期货价格都有继续向突破方向发展的趋势。

（5）支撑线和压力线的特性。由于MA的上述四个特点，使得它在期货价格走势中起支撑线和压力线的作用。MA被突破，实际上是支撑线和压力线被突破。

MA的参数作用实际上就是调整MA上述几方面的特点。参数选择得越大，上述的特性就越大。比如，突破5日线和突破10日线的助涨助跌的力度完全不同，10日线比5日线的力度大。

3. 移动平均线八大买卖法则

在MA的应用上，最常见的是葛兰威尔的"移动平均线八大买卖法则"。此法则是以价格（或指数）与移动平均线之间的偏离关系作为研判的依据。八大法则中有四条是买进法则，四条是卖出法则，具体内容如下。

（1）平均线从下降开始走平，期价从下向上穿平均线（A点）；期货价格跌破平均线，但平均线呈上升态势（B点）；期价连续上升远离平均线，突然下跌，但在平均线附近再度上升（C点）；期价跌破平均线，并连续暴跌，远离平均线（D点）。以上四种情况均为买入信号。

（2）移动平均线呈上升状态，期价突然暴涨且远离平均线（H点）；平均线从上升转为盘局或下跌,而期价向上突破平均线(E点);期价走在平均线之下,且朝着平均线方向上升,但未突破平均线又开始下跌(G点);期价向上突破平均线,但又立刻向平均线回跌,此时平均线仍持续下降(F点)。以上四种情况均为卖出信号。

葛氏法则的不足是没有明确指出投资者在期价距平均线多远时才可以买进或卖出,这可用后面的乖离率指标弥补。

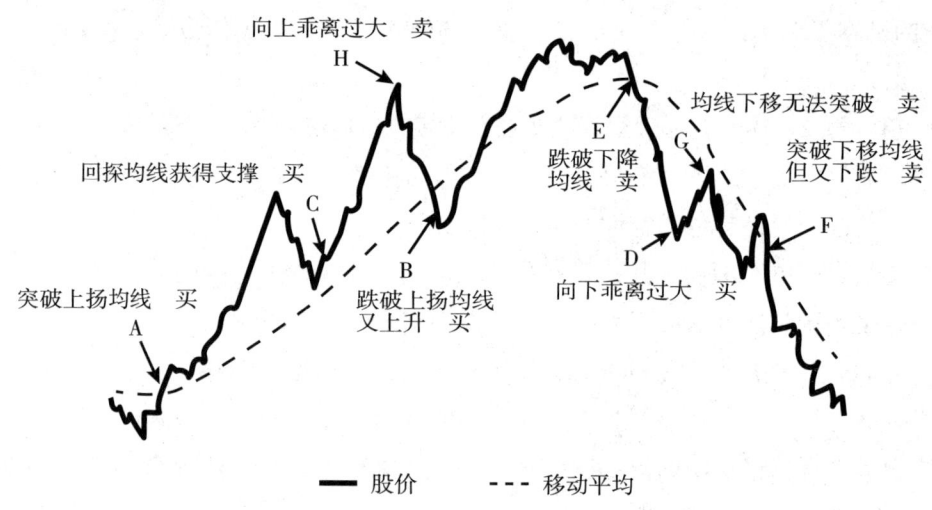

图9.23 葛兰威尔移动平均线八大买卖法则

(二) MACD (指数平滑异同移动平均线)

指数平滑异同移动平均线是利用快速移动平均线和慢速移动平均线,在一段上涨或下跌行情中两线之间的差距拉大,而在涨势或跌势趋缓时两线又相互接近或交叉的特征,通过双重平滑运算后研判买卖时机的方法。

MACD的应用法则如下。

1. 以DIF和DEA的取值和这两者之间的相对取值对行情进行预测

(1) DIF和DEA均为正值时,属多头市场。DIF向上突破DEA是买入信号;DIF向下跌破DEA只能认为是回落,作获利了结。

(2) DIF和DEA均为负值时,属空头市场。DIF向下突破DEA是卖出信号;DIF向上穿破DEA只能认为是反弹,作暂时补空。

(3) 当DIF向下跌破0轴线时,此为卖出信号,即12日EMA与26日EMA发生死亡交叉;当DIF上穿0轴线时,为买入信号,即12日EMA与26日EMA发生黄金交叉。

2. 指标背离原则

如果DIF的走向与期价走向相背离,则此时是采取行动的信号。

（1）当期价走势出现 2 个或 3 个近期低点时，而 DIF（DEA）并不配合出现新低点，可做买。

（2）当期价走势出现 2 个或 3 个近期高点时，而 DIF（DEA）并不配合出现新高点，可做卖。

MACD 的优点是除掉了移动平均线产生的频繁出现买入与卖出信号，避免一部分假信号的出现，用起来比移动平均线更有把握。

MACD 的缺点与移动平均线相同，当期货市场没有明显趋势而进入盘整时，失误的时候较多。另外，对未来期货价格的上升和下降的深度不能提供有帮助的建议。

（三）BOLL（布林通道）

BOLL 指标是美国期市分析家约翰·布林根据统计学中的标准差原理设计出来的一种非常简单实用的技术分析指标。一般而言，期价的运动总是围绕某一价值中枢（如均线、成本线等）在一定的范围内变动。布林线指标正是在上述条件的基础上，引进了"期价通道"的概念，认为期价通道的宽窄随着期价波动幅度的大小而变化，而且期价通道又具有变异性，它会随着期价的变化而自动调整。正是由于它具有灵活性、直观性和趋势性的特点，BOLL 指标渐渐成为投资者广为应用的市场上的热门指标。

在众多技术分析指标中，BOLL 指标属于比较特殊的一类指标。绝大多数技术分析指标都是通过数量的方法构造出来的，它们本身不依赖趋势和形态分析，而 BOLL 指标却与期价的形态和趋势有着密不可分的联系。BOLL 指标中的"期价通道"概念正是期价趋势理论的直观表现形式。BOLL 是利用"价格通道"来显示期价的各种价位，当期价波动很小，处于盘整时，期价通道就会变窄，这可能预示着期价的波动处于暂时的平静期；当期价波动超出狭窄的期价通道的上轨时，预示着期价的异常激烈的向上波动即将开始；当期价波动超出狭窄的期价通道的下轨时，同样也预示着期价的异常激烈的向下波动将开始。

布林通道也称为布林线，一般是由三条线组成，在中间的通常为 20 天平均线，而在上下的两条线则分别为 Up 线和 Down 线，算法是首先计出过去 20 日收市价的标准差 SD，通常再乘 2 得出 2 倍标准差，Up 线为 20 天平均线加 2 倍标准差，Down 线则为 20 天平均线减 2 倍标准差。

$$中间线 = 20 日均线$$

$$Up 线 = 20 日均线 + 2SD（20 日收市价） \quad (9.1)$$

$$Down 线 = 20 日均线 - 2SD（20 日收市价） \quad (9.2)$$

布林通道具有如下几项特性。

首先，布林通道属于路径指标。期价在布林通道上轨线和下轨线之间的带状区域内波动，其上下轨线之间的范围并不固定。随着期价的波动而变化，期价涨跌幅度加大，布林通道的带状区域变宽；当涨跌幅度狭小盘整时，布林通道的带状区域则变窄。

其次，布林通道的上下轨线显示期价安全运行的最高价位和最低价位，下轨线对期价有支撑作用，上轨线对期价有阻力作用。中轨线有时可能是支撑线，有时可能是阻力线。

再次，布林通道可以显示超买和超卖。期价向上突破上轨线，就进入了超买区。期价向下跌破下轨线，就进入了超卖区。

最后，当使用布林通道时，要注意期价是处于常态区还是非常态区，在非常态间内不能单独按照"触及上轨线卖出，触及下轨线买进"的法则进行操作。

(四) DMI（动向指标）

DMI指标又叫动向指标或趋向指标，其全称为Directional Movement Index（缩写为DMI），是由美国技术分析大师威尔斯·威尔德（Wells Wilder）创造的，是一种中长期期市技术分析方法。DMI指标的基本原理是在寻找期货价格涨跌过程中，期价借以创新高价或新低价的功能，研判多空力量，进而寻求买卖双方的均衡点和期价在双方互动下波动的循环过程。在大多数指标中，绝大部分都是以每一日的收盘价的走势及涨跌幅的累计数来计算出不同的分析数据，其不足之处在于忽略了每一日的高低之间的波动幅度。如果某个期货的两日收盘价可能是一样的，但其中一天上下波动的幅度不大，而另一天期价的振幅却在10%以上，那么这两日的行情走势的分析意义决然不同，这点在其他大多数指标中很难表现出来。而DMI指标则是把每日的高低波动的幅度因素计算在内，从而更加准确地反映行情的走势及更好地预测行情未来的发展变化。

(五) SAR（停损转向指标或抛物线指标）

SAR指标又叫抛物线指标或停损转向操作点指标，其全称为Stop and Reverse（缩写为SAR），是由美国技术分析大师威尔斯·威尔德（Wells Wilder）所创造的，是一种简单易学、比较准确的中短期技术分析工具。

SAR指标的一般研判标准包括以下四个方面。

1. 当期货价格从SAR曲线下方开始向上突破SAR曲线时，为买入信号，预示着期价一轮上升行情可能展开，投资者应迅速及时地买进期货。

2. 当期货期价向上突破SAR曲线后继续向上运动而SAR曲线也同时向上运动时，表明期价的上涨趋势已经形成，SAR曲线对期价构成强劲的支撑，投资者应坚决持期待涨或逢低加码买进期货。

3. 当期货期价从SAR曲线上方开始向下突破SAR曲线时，为卖出信号，预示着期价一轮下跌行情可能展开，投资者应迅速及时地卖出期货。

4. 当期货期价向下突破SAR曲线后继续向下运动而SAR曲线也同时向下运动时，表明期价的下跌趋势已经形成，SAR曲线对期价构成巨大的压力，投资者应坚决持币观望或逢高减磅。

二、摆动性指标

（一）威廉指标

威廉指标（简称 W&R 指标），是由拉里·威廉（Larry R. Williams）在 1973 年出版的《我如何赚得一百万》（*How I Made One Million Dollars Last Year Trading Commodities*）一书中首先发表的。这个指标是一个振荡指标，是依期价的摆动点来度量期货/指数是否处于超买或超卖的现象。它衡量多空双方创出的峰值（最高价）距每天收市价的距离与一定时间内（如 7 天）的期价波动范围的比例，以提供出期市趋势反转的信号。

威廉指标在公式设计上和随机指标的原理比较相似。两者都是从研究期价波幅出发，通过分析一段时间内期货走势的最高价、最低价和收盘价这三者的关系，来反映市场买卖气势的强弱，借以考察阶段性市场气氛、判断价格与理性投资价值标准相背离的程度。

（二）KDJ 指标（随机指标）

KDJ 指标又称随机指标（Stochastics），是由 George Lane 首创的。

1. KDJ 的计算公式

产生 KD 以前，先产生未成熟随机值 RSV（RawStochastic Value）。其计算公式为：

$$n 日 RSV = (C_t - L_t) / (H_t - L_t) \times 100 \tag{9.3}$$

C_t——当天的收盘价；H_t、L_t——分别为最近 n 日内（包括当天）出现的最高价和最低价；t——选定的时间参数，一般为 14 日或 20 日。

对 RSV 进行 3 日指数平滑移动平均，得到 K 值：

$$今日 K 值 = 2/3 \times 昨日 K 值 + 1/3 \times 今日 RSV \tag{9.4}$$

对 K 值进行 3 日指数平滑移动平均，得到 D 值：

$$今日 D 值 = 2/3 \times 昨日 D 值 + 1/3 \times 今日 K 值 \tag{9.5}$$

式中，1/3 是平滑因子，是可以人为选择的，不过目前已经约定俗成，固定为 1/3；初始的 K、D 值，可以用当日的 RSV 值或以 50 代替。

J 是 D 加上一个修正值，计算公式为：

$$J = 3D - 2K = D + 2(D - K) \tag{9.6}$$

2. KDJ 的应用法则

KDJ 指标是三条曲线，在应用时主要从五个方面进行考虑：KD 的取值、KD 曲线的形态、KD 指标的交叉、KD 指标的背离和 J 指标的取值大小。

（1）从 KD 的取值方面考虑。KD 的取值范围都是 0~100，将其划分为几个区域：80 以上为超买区，20 以下为超卖区，其余为徘徊区。

当 KD 超过 80 时，是卖出信号；低于 20 时，是买入信号。应该说明的是，上述划分只是 KD 指标应用的初步过程，仅仅是信号，完全按这种方法进行操作很容易招致损失。

（2）从 KD 曲线的形态方面考虑。当 KD 指标在较高或较低的位置形成头肩形和多重顶（底）时，是采取行动的信号。这些形态一定要在较高位置或较低位置出现，位置越高或越低，结论越可靠。

对于 KD 的曲线，也可以画趋势线，以明确 KD 的趋势。在 KD 的曲线图中仍然可以引进支撑和压力的概念。某一条支撑线和压力线被突破，也是采取行动的信号。

（3）从 KD 指标的交叉方面考虑。K 线与 D 线的关系就如同期价与 MA 的关系一样，也有死亡交叉和黄金交叉的问题。不过这里交叉的应用较为复杂，还附带很多其他条件。

以 K 线从下向上与 D 线交叉为例：K 线上穿 D 线是金叉，为买入信号。但出现了金叉是否应该买入，还要看别的条件。

第一个条件是金叉的位置应该比较低，是在超卖区的位置，越低越好。

第二个条件是与 D 线相交的次数。有时在低位，K 线、D 线要来回交叉好几次。交叉的次数以 2 次为最少，越多越好。

第三个条件是交叉点相对于 KD 线低点的位置，这就是常说的"右侧相交"原则。K 线是在 D 线已经抬头向上时才同 D 线相交，比 D 线还在下降时与之相交要可靠得多。

（4）从 KD 指标的背离方面考虑。当 KD 处在高位或低位时，如果出现与期价走向的背离，则是采取行动的信号。当 KD 处在高位时，并形成两个依次向下的峰，而此时期价还在一个劲儿地上涨，这叫顶背离，是卖出的信号；与之相反，KD 处在低位，并形成一底比一底高，而期价还继续下跌，这构成底背离，是买入信号。

（5）在实际使用中，常用 J 线指标。J 指标常领先于 KD 值显示曲线的底部和头部。J 指标的取值超过 100 或低于 0，都属于价格的非正常区域，大于 100 为超买，小于 0 为超卖。

另外，随机指数还有一些理论上的转向信号：当 K 线和 D 线上升或下跌的速度减弱，出现屈曲时，通常表示短期内会转势；K 线在上升或下跌一段时期后，突然急速穿越 D 线，显示市势短期内会转向；K 线跌至 0 时通常会出现反弹至 20~50 之间，短期内应回落至零附近，然后市势才开始反弹；如果 K 线升至 100，情况则刚好相反。

（三）RSI（相对强弱指标）

RSI 指标（Relative Strength Index）是与 KDJ 指标齐名的常用技术指标。RSI 以一特定时期内期价的变动情况推测价格未来的变动方向，并根据期价涨跌幅度显示市场的强弱。

1. RSI 的计算公式

RSI 通常采用某一时期（n 天）内收盘指数的结果作为计算对象，来反映这一时期内多空力量的强弱对比。RSI 将 n 日内每日收盘价或收盘指数涨数（当日收盘价或指数高于前日收盘价或指数）的总和作为买方总力量 A，而 n 日内每日收盘价或收盘指数跌数（当日收盘价或指数低于前日收盘价或指数）的总和作为卖方总力量 B。

先找出包括当日在内的连续 n+1 日的收盘价,用每日的收盘价减去上一日的收盘价,可得到 n 个数字。这 n 个数字中有正有负。

$$RSI = A/(A+B) \times 100 \qquad (9.7)$$

A——n 日中期价向上波动的大小;B——n 日中期价向下波动的大小;A+B——期价总的波动大小。

RSI 实际上是表示期价向上波动的幅度占总波动的百分比。如果比例大就是强市,否则就是弱市。

RSI 的参数是天数 n,一般取 5 日、9 日、14 日等。RSI 的取值范围介于 0~100 之间。

2. RSI 的应用法则

(1) 根据 RSI 取值的大小判断行情。将 100 分成四个区域,根据 RSI 的取值落入的区域进行操作。"极强"与"强"的分界线和"极弱"与"弱"的分界线是不明确的,它们实际上是一个区域。比如也可以取 30、70 或者 15、85。应该说明的是,分界线位置的确定与 RSI 的参数和选择的交易对象有关。

(2) 两条或多条 RSI 曲线的联合使用。我们称参数小的 RSI 为短期 RSI,参数大的 RSI 为长期 RSI。两条或多条 RSI 曲线的联合使用法则与两条均线的使用法则相同。即短期 RSI>长期 RSI,应属多头市场;短期 RSI<长期 RSI,则属空头市场。

(3) 从 RSI 的曲线形状判断行情。当 RSI 在较高或较低的位置形成头肩形和多重顶(底),是采取行动的信号。这些形态一定要出现在较高位置和较低位置,离 50 越远,结论越可靠。

另外,也可以利用 RSI 上升和下降的轨迹画趋势线,此时,起支撑线和压力线作用的切线理论同样适用。

(4) 从 RSI 与期货价格的背离方面判断行情。RSI 处于高位,并形成一峰比一峰低的两个峰,而此时,期货价格却对应的是一峰比一峰高,这叫顶背离,是比较强烈的卖出信号。与此相反的是底背离:RSI 在低位形成两个底部抬高的谷底,而期货价格还在下降,是可以买入的信号。

(四) BIAS(乖离率)

乖离率简称 Y 值,它是移动平均原理派生出来的一项技术指标,其功能主要是通过测算期价在流动过程中与移动平均线出现的偏离程度,从而得出期价在剧烈波动时因偏离移动平均线而造成的可能的回档与反弹,以及期价在波动过程中继续原有趋势的可信度。

当价位距离移动平均线太远时,不论价位在移动平均线上方或下方,都有可能随时返回移动平均线,从而是一个买进或卖出时机。但是,当期价距移动平均线多远时才是买卖时机呢?后来人们发现这与行情的强弱有关,在强势多头市场,市场买气旺盛,涨势与涨幅往往出人意料,因此期价远高于移动平均线;同样,在非常弱势的空头市场,市场买意缺乏，跌势与跌幅也往往出人意料，期价远低于移动平均线。

乖离率正是针对这个问题提出的，是定量地表现当日指数或个别期价与移动平均线之间差距的技术指标。我们知道，移动平均线为一段时间中多头与空头力量的均衡点，而乖离率表示的是现价和均衡点之间的差异和乖离程度。一般来说，距离越远，则表示多空反转的可能性越大。

乖离率有正负之分：当期价位于平均线之上时，为正乖离率；当期价位于平均线之下时，则为负乖离率；当期价与平均线相交时，乖离率为零。正的乖离率越大，表明短期内多头获利越多，那么获利回吐的可能性也就越大；负的乖离率的绝对值越大，则空头回补的可能性也就越大。因而随着期价走势的变动，乖离率的高低有一定的测市功能。

（五）CCI（顺势指标）

CCI 指标又叫顺势指标，其英文全称为 Commodity Channel Index，是由唐纳德·蓝伯特于 20 世纪 80 年代提出的，是一种比较新颖的技术指标。它最早是用于期货市场的判断，后运用于股票市场的研判，并被广泛使用。与大多数单一利用股票的收盘价、开盘价、最高价或最低价而发明出的各种技术分析指标不同，CCI 指标是根据统计学原理，引进价格与固定期间的股价平均区间的偏离程度的概念，强调股价平均绝对偏差在股市技术分析中的重要性，是一种比较独特的技术分析指标。

CCI 指标是专门衡量股价是否超出常态分布范围，属于超买超卖类指标的一种，但它与其他超买超卖型指标比较，又有自己独特之处。KDJ、W&R、CCI 等大多数超买超卖型指标都有"0~100"上下界限，因此，它们对待一般常态行情的研判比较适用，而对于那些短期内暴涨暴跌的股票的价格走势时，就可能会发生指标钝化的现象。而 CCI 指标却是波动于正无穷大到负无穷大之间，因此不会出现指标钝化现象，这样就有利于投资者更好地研判行情，特别是那些短期内暴涨暴跌的非常态行情。

（六）ROC（变动率指标）

ROC 指标又叫变动率指标，是以当日的收盘价和 N 天前的收盘价比较，通过计算期货价格某一短时间内收盘价的变动比例，应用价格的移动比较测量价格变动量，达到实现探测股价买卖双方力量强弱的目的，进而分析期价的趋势及其是否存在转势动力，属于反趋势的指标之一。

ROC 指标可以同时监视常态性和极端性两种市场，等于综合了 RSI、W&R、KDJ、CCI 四中指标的特性。使用变动率指标 ROC 需要自行设置超买超卖线，由于其综合性较全，往往可以达到出奇制胜的效果。

如果股价是上升趋势，而 ROC 为正值并且 ROC 步步上扬，则意味着上升趋势正在加速；若 ROC 开始走平，就意味着现在股价的涨幅与数天前的股价涨幅相近，尽管还处于上升趋势，但速度已经放慢；若 ROC 开始回落，虽然股价还在上升，但上升的力量已经衰落；若 ROC 开始延伸到零之下，则近期的下降趋势已开始露头，ROC 进一步向下，则下降动力正在加强。

三、人气型指标

（一）PSY（心理线指标）

心理线 PSY 指标是从英文 Phycholoigical Line 直译过来的，是研究投资者对股市涨跌产生心理波动的情绪指标，是一种能量类和涨跌类指标，它对股市短期走势的研判具有一定的参考意义。

1. PSY 指标的原理

心理线 PSY 指标是一种建立在研究投资者心理趋向基础上，分析某段期间内投资者趋向于买方和卖方的心理与事实，做出买卖股票的一项参考技术指标。

作为分析股市的涨跌指标，PSY 指标是在时间的角度上计算 N 日内的多空总力量，来描述股市目前处于强势或弱势，是否处于超买或超卖状态。它主要是通过计算 N 日内股价或指数上涨天数的多少来衡量投资者的心理承受能力，反映股市未来发展趋势及股价是否存在过度的涨跌行为，为投资者买卖股票提供参考。

2. PSY 指标的取值情况

PSY 指标的取值始终是处在 0~100 之间，零是 PSY 指标的下限极值，100 是 PSY 指标的上限极值，50 为多空双方的分界线。PSY 值大于 50 为 PSY 指标的多方区域，说明 N 日内上涨的天数大于下跌的天数，多方占主导地位，投资者可持股待涨。PSY 值小于 50 为 PSY 指标的空方区域，说明 N 日内上涨的天数小于下跌的天数，空方占主导地位，投资者宜持币观望。PSY 在 50 左右徘徊，则反映近期股票指数或股价上涨的天数与下跌的天数基本相等，多空力量维持平衡，投资者以观望为主。

（二）OBV（能量潮指标）

能量潮指标（On Balance Volume，OBV）是葛兰维（Joe Granville）于 20 世纪 60 年代提出的，并被广泛使用。股市技术分析的四大要素：价、量、时、空。OBV 指标就是从"量"这个要素作为突破口，来发现热门股票、分析股价运动趋势的一种技术指标。它是将股市的人气——成交量与股价的关系数字化、直观化，以股市的成交量变化来衡量股市的推动力，从而研判股价的走势。关于成交量方面的研究，OBV 能量潮指标是一种相当重要的分析指标之一。

能量潮理论成立的重要依据有以下三点。

1. 投资者对股价的评论越不一致，成交量越大；反之，成交量就小。因此，可用成交量来判断市场的人气和多空双方的力量。

2. 重力原理。上升的物体迟早会下跌，而物体上升所需的能量比下跌时多。涉及股市则可解释为：一方面，股价迟早会下跌；另一方面，股价上升时所需的能量大，因此股价的上升，特别是上升初期必须有较大的成交量相配合，股价下跌时则不必耗费很大的能量，因此成交量不一定放大，甚至有萎缩趋势。

3. 惯性原则——动则恒动、静则恒静。只有那些被投资者或主力相中的热门股会在很大一段时间内成交量和股价的波动都比较大，而无人问津的冷门股，则会在一段时间内，成交量和股价波幅都比较小。

（三）VR（成交量变异率指标）

VR指标又叫成交率比率指标、数量指标或容量指标，其英文全称为Volume Ratio，是以研究股票量与价格之间的关系为手段的技术指标，其理论基础是量价理论和反市场操作理论。VR指标认为，由于量先价行、量涨价增、量跌价缩、量价同步、量价背离等成交量的基本原则在市场上恒久不变，因此，观察上涨与下跌的成交量变化，可作为研判行情的依据。同时，VR指标又认为，当市场上人气开始凝聚，股价刚开始上涨和在上涨途中的时候，投资者应顺势操作；而当市场上人气极度旺盛或极度悲观，股价暴涨或暴跌时候，聪明的投资者应果断离场或进场，因此，反市场操作也是VR指标所显示的一项功能。

一般而言，低价区和高价区出现的买卖盘行为均可以通过成交量表现出来，因此，VR指标又带有超买超卖的研判功能。同时，VR指标是用上涨时期的量除以下跌时期的量，因此，VR指标又带有一种相对强弱概念。

第三节 技术分析在商品投资交易中的应用

一、图形分析在交易中的应用

（一）趋势中的建仓选择

由于很多原因，投资者发现自己在市场上已经发生了巨大价格运动后才考虑是否建立新头寸。例如，之前为了跟踪市场、为了获得好的价格而等待着从来不会发生的价格修正抑或是纠正了之前怀疑趋势可能性的错误观点。面对此类状况，很多交易员不愿意进行市场交易。这种态度可以从心理学上寻找原因，即趋势展开后建仓代表着承认失败。因此，应当关注的是投资者如何在主要趋势过程中进入市场建仓。事实上，执行一个趋势中头寸的目标和发起任何头寸的目标是一致的：有力的建仓时机和风险控制。其有以下四个策略。

1. 百分比回撤

百分比回撤策略利用市场的自然倾向部分回溯之前的价格波动。一般来说，任何市场从上一个相对低点或相对高点的价格波动折回一定百分比后,人们可能会建仓。对于这个百分比的合理选择介于 35%~65% 区间内。这个方法的主要优点在于可以给出绝佳的建仓点。但是,它的缺点在于往往趋势运行了很远或反转以后才能满足回撤条件。

2. 次级折返回转

该策略是等待次级折返形成后在主要趋势重新启动的第一个信号上建仓。当然,其精确度取决于折返和趋势启动如何界定,选择几乎是无限的。

3. 连续形态和交易区间突破

该策略运用波浪理论、江恩理论以及形态分析等,进行仓位建设与否的决定标准,存在着一定的主观性。

4. 折返至长期移动平均

价格回撤至价格序列的移动平均可视为主要趋势折返接近尾声的信号。具体来说,如果一个交易员认为上升趋势在进行中,那么每当价格跌破指定的移动平均就可以建立多头头寸;相反,下降趋势中价格上涨至移动平均线上方建立空头头寸。

(二) 止损点

以图形为导向的交易成功主要取决于有效的损失控制。一个精确的止损平仓点位应当在交易发起前就确定了。最严格的方法是在交易执行的同时建立一个取消前有效止损的委托。但是,如果投资者可以信赖自己的话,那么他可以提前确认一个止损点,然后在价格处于允许的每日限制内任何时候建立一个委托。

建立止损点的一个基本原理是在价格运动引起技术图形转向的点位或是之前结清头寸。经常被用于放置保护止损委托的一些技术参考点,包括如下内容:

1. 趋势线

卖出止损可以放置在上升趋势线下方;买入止损可以放置在下降趋势线上方。该方法的优势在于击穿趋势线通常是趋势反转的初期信号。因此,该方法止损点将极大限制损失程度或放弃未平仓利润,但易受假信号的影响。

2. 交易区间

连续形态的反面可以作为止损点。一个交易区间的反面也可以用作止损点。通常止损点应防止设得比较近,因为如果突破是有效的信号的话,价格应当不会深度回撤到交易区间里。因此,止损点可以放置在中点和区间更远端边界之间区域的某个位置。

3. 相对高点或相对低点

如果隐含的风险不算太大的话,最近的相对高点或相对低点可以用作止损点。

(三) 图形分析中最重要的规则

1. 警惕多头陷阱和空头陷阱

多头陷阱和空头陷阱是其后紧随着突然快速价格反转的重要价格突破,与预期紧跟突破的价格随势行为形成鲜明的对比,这种反预期的价格行为是在主要顶部和底部指标中最值得信赖的指标之一。

多头陷阱指的是市场上升突破盘整交易区间创出新高后,快速回调至交易区间中并承受下降压力以至于突破原有的交易区间的下边边界。同样的,空头陷阱指的是市场下降突破盘整交易区间并屡创新低后,快速回调至交易区间中并承受上升压力以至于突破原有的交易区间的上边边界。

陷阱的确认遵从以下条件:(1)初始价格的确认,价格回撤至突破前的整理形态的中点;(2)强价格确认,价格回撤至突破前的整理形态的更远边界;(3)时间确认,在确定的时间内(如两周),市场未能回到突破后的极端价格。

在对初始价格确认和强价格确认条件进行权衡比较后发现:前者提供交易多头和空头陷阱的较好建仓位置,而后者给出更加可信的信号。时间确认可以单独使用或者与两个价格确认条件搭配使用。当然,如果市场返回突破高点,则此时多头陷阱信号无用;如果市场返回突破低点,则空头陷阱信号无用。

2. 假趋势线突破

在道氏理论的研究中提到过一个概念:趋势线的假突破。它指的是股价突破了最初画的趋势线,但时间不长,最初画的趋势线仍然有效,并且市场并没有出现转势,这条趋势线对后市仍然起到假突破前所起到的作用。我们把趋势线中间的小幅度、短期内突破称为假突破。所以,趋势线越长越容易出现假突破。而且趋势线也需要不断调整、不断重画。

真突破与假突破只是一种人为的规定,与画线的位置有很大的关系,同时亦具有很大的主观性。不管哪种突破,都是事后才显示出来的,在当时不用考虑真假,即使是假突破我们也要当作真突破来进行操作处理,然后再重新画一条新的趋势线。"假突破"确切地说就是"突破失败"。

确认真假突破可以参考以下原则。

(1)发现突破后多观察

如果突破后连续两个时间段价格继续向突破后的方向发展,这样的突破就是有效的突破,是稳妥的入市时机。当然经过两个时间段后才介入,价格已经有较大的变化:该买的价格高了;该抛的价格低了。但是,即便那样,由于方向明确,大势已定,投资者仍会大有作为,比之贸然入市要好得多。

(2)注意突破后两个时间段的高低价

若某时间段的价格突破下降趋势线(阻力线)向上发展,交易价能跨越它的最高价,说明突破阻力线后有大量的买盘跟进。相反,价格在突破上升趋势线向下运动时,如果接下来的的交易是在它的最低价下面进行,那么说明突破线后卖盘压力很大,值得跟进做空。

（3）参考成交量

通常成交量是衡量市场气氛的。例如，在价格大幅度上升的同时，成交量也大幅度增加，这说明市场对价格的移动方向有信心。相反，虽然价格飙升，但交易量不增反减，则说明跟进的人不多，市场对移动的方向有怀疑。趋势线的突破也是同理，当价格突破阻力线后，成交量如果随之上升或保持平时的水平，这说明破线之后跟进的人多，市场对价格运动方向有信心，投资者可以跟进，搏取获利。然而，如果破线之后，成交量不升反降，那就应当小心，防止突破之后又回复原位。这种假突破不能改变整个趋势，如果相信这样的突破，可能就上当了。

（4）侧向运动

在研究趋势线突破时，需要说明一种情况：一种趋势的打破，未必是一个相反方向的新趋势的立即开始，有时候由于上升或下降得太急，市场需要稍作调整，做上落侧向运动。如果上落的幅度很窄，就形成所谓牛皮状态。侧向运动会持续一些时间，有时几天，有时几周才结束。在技术上我们称之为消化阶段或巩固阶段。侧向运动会形成一些复杂的图形。侧向运动结束后的方向是一个比较复杂的问题。

二、技术指标在交易中的应用

技术指标包括趋势型指标、摆动型指标以及人气型指标等，仍需要提及的是使用技术指标需要注意的问题。

（一）注意识别指标的"假确认"

投资者常常被告知要参考多个技术指标以确认一个可能的交易信号。这条建议可能听上去合理，但是考虑到非常多的指标之间存在相关关系，这样确认通常是错觉。除非所参考的技术指标不相关，比如使用不同回溯期使得它们拥有反映不同信息的能力，否则质变之间任何明显的变化都可能没有意义，因此应当识别多个指标给出的假确认。

（二）不存在最优参数

关于一个具体的指标参数（通常是回溯期）提供普遍最优表现或者具有特殊属性的想法存在误区。常见的例子包括使用14日回溯期作为预设的短期反趋势指标，以及金融媒体中关于突破200日移动平均重要性的应用参考。事实上，此类参数值只有在作为机会函数的孤立的市场里是最优的。只有计算机测试才能回答关于什么数值对于一个具体时期具体组合表现能发挥最有效作用的问题。

（三）不存在领先指标

一些技术分析工具通常被称为领先指标，因为它们具有在价格系统本身给出变化方向指示之前就发出市场运动方向信号的能力。虽然基于价格的指标可以用预测属性突出价格行为的一个方面，这样的说法可能更合理，但是指标从来不能引领价格行为，这是无法逃避的事实，因为根据定义指标也是基于历史价格得到的，如果通过测试证明某个指标读数或者形态具有预测价值的话，那么相关信息也必然存在于价格系列本身之中。

（四）背离是否可靠

背离通常用来描述一个指标（通常用作"反趋势"工具）朝着一个价格系列反向运动的现象，而且因此被认为能对当前主要价格趋势中的脆弱性提供提前警示。例如，价格可能在上升趋势中创出新高，但摆动型指标创出新低，暗含着新的价格顶点是确立在一个较弱的动能上，这反过来暗示修正或反转的到来。实际上，此类形态在市场转折点处相当常见。但同样，背离指标的计算也基于历史价格信息，因此，背离指标是否能对价格反转起到警示作用还值得探讨。

由于指标是价格的倒数，因此可以说技术指标实际上让交易员和分析师与他们正试图理解的的数据产生距离。虽然指标可能突出通过观察图形或表格不能立刻明确是市场行为的某些方面，但是它们不能产生本不存在于市场价格本身中的信息。

一般来说，简化是与技术指标相关的优点。有这么多的方法来衡量价格变化的方向和幅度，这些方法之间的细微差距不可能产生交易信号上的有意义的区别。一个指标的输入项越多，那么要么越可能掩盖而非澄清指标试图解读的市场行为，或者该指标仅仅是一个较简单计算的复杂版本。

可能读者能够从技术指标的相关规则中得到的最重要的领悟就是，在无趋势条件下表现良好的指标不可避免地在趋势条件下表现糟糕，然而在为趋势设计的工具在无趋势市场中表现差劲。不幸的是，从一个状态转化为另一个状态，市场并不会鸣警示意。结果就是，没有一个指标或参数输入值可以在多个市场和多个时期持续表现良好。

三、商品投资顾问基金交易规则回顾

商品交易顾问基金（CTA）是一类专业的资产管理者，他们的活动主要集中在为客户交易期货合约。现实上他们主要可以分为三种类型：系统交易商、自主交易商和混合交易商。系统交易商开发基于计算机技术的数学模型来分析历史数据。他们的目标是识别某些由无效市场造成的价格走势，这些价格走势可以被用来预测市场走势并生成交易策略。相比之下，自主交易商依靠对市场情况的基本面分析来决定他们的交易策略。混合交易商试图综合利用系统交易方法和自主交易方法来获取最大的收益。我们把使用技术分析的CTA划分成了两类，即趋势跟随者和非趋势跟随者。

（一）趋势跟随者和移动平均信号

目前在系统化CTA中，趋势跟随者占据主导地位。简单来说，他们试图抓住趋势的主体部分（上升或下降）来获利。正如他们的名字所言，他们通常先等趋势做出改变，然后跟进趋势。

识别商品趋势的最简单的方法是寻找滞后指标并将其与当前的市场价位进行比较。由于移动平均规则相对简单易懂且易于检验，因此虽然我们很难为使用的所有滞后指标提供理论依据，CTA 仍广泛运用它们。另外，它们在马尔科夫时间意义下具有明确的统计定义，也就是说，它们只利用当前可得的信息来生成信号。

最简单的移动平均形式是对给定时间段内的价格数据求平均值。在数学上的计算方法如下：

$$MA_N = \frac{1}{N} \sum_{t=k-N+1}^{k} P_t \tag{9.8}$$

其中 N 是总时期数，k 是当前时期在总时期数中的相对位置，P_t 是时点 t 上的资产价值。我们注意到，历史价格的相关度与近期价格是等同的，因为移动平均中每一个价格都是等权重的，不管其在时间序列中的相对位置如何。N 可以是任意长的时间跨度，从几分钟到几年。例如，15 天移动平均采用的是过去 15 天的收盘价，将其求和之后再除以 15。次日再把最旧的价格去掉，加入最新的价格，这 15 个价格数据的和除以 15 就得到新的移动平均价格。平均价格每天都通过这种方式"移动"。

通过这样的构建方法，移动剔除了价格运动中的"噪音"，并降低短期波动的影响。例如，如果趋势上涨的市场突然经历了一天的低价，移动平均规则把该日的价格同其他几天的价格放在一起计算，因此可以减小单个交易日对移动平均的影响，并且便于识别潜在趋势。

移动平均不能预测市场趋势，而只是系统性地滞后于市场现价。在同一张图表中画出移动平均线和价格走势线就能很容易地理解这个道理（见图 9.24）。移动平均线能够很好地捕捉趋势，但比油价走势线更平滑。在一个上涨的市场中，由于滞后的缘故，移动平均线位于市价线的下方，而在下跌的市场中则会位于市价线的上方。当市价改变方向时，移动平均线和市场价格线交叉。这是因为移动平均的构建方法使其具有滞后性，所以仍反映"旧"的趋势。移动平均信号的使用正如葛兰威尔的"移动平均线八大买卖法则"列示的那样，比如在图 9.25 中，上三角形发送的是买入信号，图中的黄金市价从下方向上穿越了移动平均价。相反，当黄金市价从上方向下穿越移动平均价时，下三角形代表的是卖出信号。

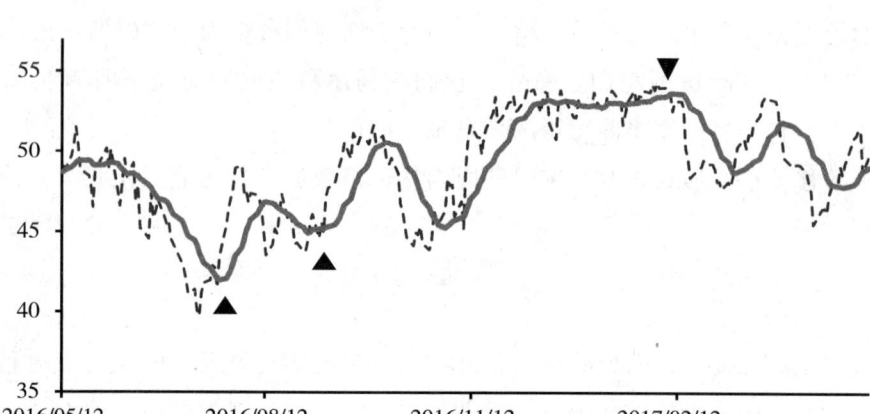

图 9.24　石油价格（滚动到期日最近的期货合约）与 15 天移动平均的比较

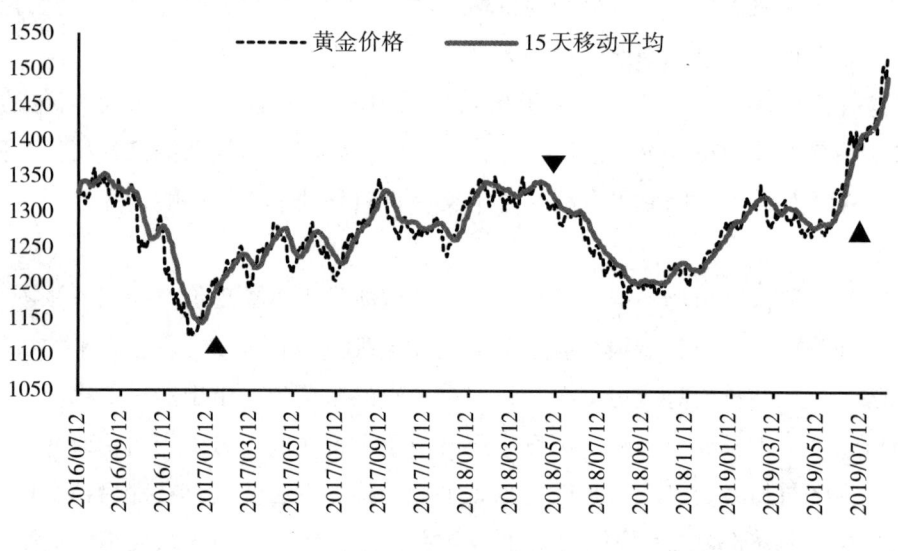

图 9.25　15 天移动平均生成的黄金期货买入和卖出信号

当然，计算移动平均窗口所使用的天数会对其走势产生很大影响。较短期的移动平均与标的资产的价格变动关系更加紧密。它们对趋势非常敏感，但也容易遭受"锯齿"亏损，这是因为价格的小幅无规律变动可能会使得生成的交易型号变成"假突破"，突破后的反转使得频繁建立头寸，产生高额的交易成本和相对较多的错误信号。后者在区间震荡市场中尤其令人烦恼，原因在于短期规则总是迟买（在价值上涨之后）并迟卖（在价值下跌之后）。相反，较长期的移动平均则对资产价格变动不太敏感，只会突出重大趋势。它们的缺点是生成的信号比短线移动平均要少，因而可能错过一些机会。所以，长期移动平均（60天而不是15天）使得系统可以很好地捕捉长期趋势并减少交易次数。但当市场没有趋势时，该系统会产生无用的信号。

因此，投资者的目标是找到足够敏感的移动平均规则，在新趋势的早期阶段就发现信号，但又不至于敏感到受市场噪音干扰的程度。绝大多数的重大趋势可以由40周（200天）移动平均监测，中期趋势可以由40天移动平均监测，短期趋势由20天（或更短）移动平均监测。但是，"最优"的移动平均长度应视具体情况而定，因为它取决于市场及其周期性。除了移动平均的长度之外，投资者还必须决定使用何种价格（收盘价、开盘价、最高价、最低价、平均价等）以及发送买卖信号的阈值。

大多数情况下，管理型期货所使用的模型都是耗费数百个小时研发、检验和微调的成果。它们的基本规则都非常简单，但在具体的市场对这些规则进行校准时就不那么容易了。记住，系统化交易系统一经建立，就应该独立地不受干扰地运行，直到（或者除非）它不能妥当地运行为止。对系统的质量保持信心是至关重要的。

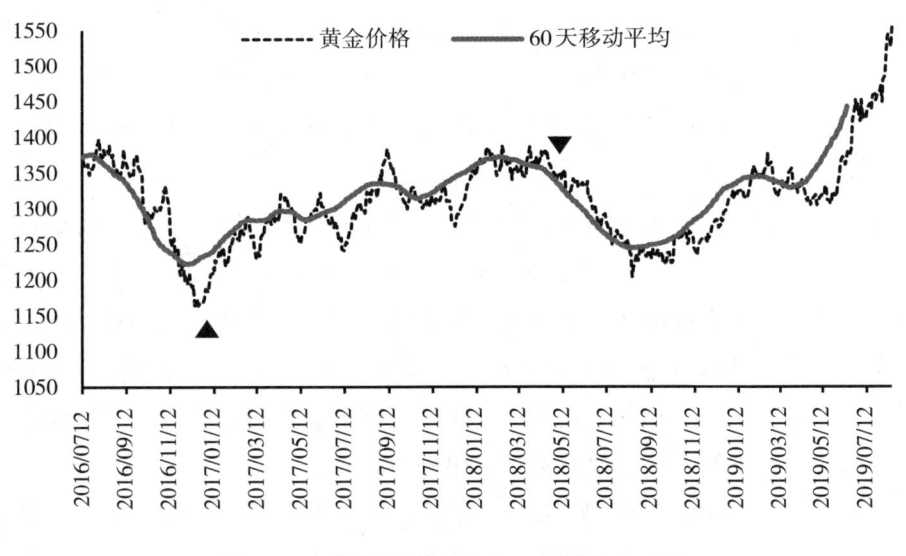

图9.26　长期移动平均（60天而非15天）

（二）移动平均型趋势跟随系统的局限性

尽管需要对趋势跟随系统进行定期的检查与校准，但是由于移动平均相对于市场价格而言固有的滞后性，它们跟进趋势与退出趋势都会比较迟，也就是说，在趋势反转之后才跟进、损失发生之后才退出，即在趋势结束阶段"交还"大部分收益。

除此之外，移动平均规则的设计初衷在于利用商品价格中的动量。为了使这类规则生效，商品价格应该背离随机游走模式，价格走势应该呈现出显著的自相关性。这在趋势市场中显然成立，但在没有实际趋势的窄幅震荡市场中表现欠佳。在这种情况下，移动平均规则倾向于生成许多高成本的垃圾信号，使投资者买高（在上涨趋势开始之后）卖低（在下跌已经发生之后）。

当然，CTA一直在完善系统，试图寻找并检验更加复杂的移动平均规则。这里我们只提及其中的几个规则。

1. 可变长度移动平均（VMA）规则通常基于对两个移动平均的比较。其中一个移动平均是短期的（相对于另一个移动平均而言），另一个是长期的。从数学角度看，长期移动平均的方差较小且与短期移动平均同方向移动，只是速度不同。趋势的速度不同导致两个移动平均在一些点上相交，即在这些点上的值相等。这些点被称作交叉点。当短期平均从下方与长期平均相交时，就生成了买入信号。与之相反，当短期平均从上方与长期平均相交时，就生成了卖出信号。跟随信号买入（卖出）之后，投资者应保持多头（空头）头寸直至收到相反的信号。

2. 固定长度移动平均（FMA）规则与VMA大体相似，区别之处在于跟随信号建立起来的头寸只保持固定的持有期。CTA运用固定长度移动平均规则来规避趋势反转的风险。

3. 适应性移动平均（AMA）依赖的假定条件是，当市场具有趋势时，短期移动平均反应更迅速，而当市场呈现震荡模式时，长期移动平均则更恰当。所以AMA系统试图辨别当前的市场状况，据此调整所使用的移动平均长度，以及交易（买入或卖出）启动之前价格应当偏离交叉点的最低额度。

4. 最高、低移动平均（HLMA）参照两个移动平均，一个是最高价（High），另一个是最低价（Low），这就有效地构造了一个价格通道。最高、低移动平均一般不是交叉系统。一些交易者用它来衡量市场的支撑区和阻力区（买方在什么价位进场支撑价格，卖方在什么价位止盈从而打压市场）。最高价位的移动平均可以作为阻力区，而最低价位的移动平均则是支撑区。一些交易者喜欢在阻力区或支撑区被突破之后进行买卖操作。另一些交易者则把阻力区和支撑区作为建仓地带，跟进市场的主要趋势。

5. 三重移动平均（TMA）规则同时运用三个移动平均。当商品价格的短期移动平均与中期移动平均交叉，而且中期移动平均与长期移动平均相交时，牛市或熊市信号就生成了，视交叉点的方向而定。

不幸的是，在无趋势市场中这些高级的移动平均规则大都表现糟糕。如果我们想看到在区间震荡交易时期盈利的CTA，就得观察另一类交易者，即非趋势跟随者。

（三）非趋势跟随者和成交价格幅度信号

非趋势跟随型CTA的交易方式与趋势跟随者完全不同而且相互补充。尽管他们采用的规则同样沿袭技术分析和图表分析方法，但他们的目标是在市场的窄幅波动中捕获机会。

这些指标在在区间震荡市场里非常有效，但在趋势市场中则不然。在区间震荡里，由于价格在窄幅区间内来回波动,指标会在区间的下部发出超卖信号,在区间的上部发出超买信号。相反,在上涨或下跌单边趋势中,这些指标将过早地发出买卖信号,让投资者建立与趋势相反的头寸。

(四) 回溯检验与校准

在应用一个新交易规则之前,趋势跟随者和非趋势跟随者都必须利用历史数据,检验该规则如果用在过去会表现得如何。回溯检验的基本原理是:如果一个交易规则在过去表现差劲,那么它在将来发挥作用的机会也渺茫。我们都知道,过去的业绩实际上不一定能作为未来业绩的预测,但大多数人在接受一个交易规则之前,仍然想要确认它在回溯检验中是有效的。

大多数时候,CTA 使用的经过回溯检验的交易规则看起来很凑效。但这可能掩盖了一些偏差。

1. 验前偏差(Pretest Bias)

交易规则主要来自个人经验或对过去市场行情的观察。在这两种情况下,交易规则的形成都深受历史情况的影响,所以利用同样的历史时期对其表现进行回溯检验很可能会得出满意的结果。

2. 数据挖掘

在最极端的情况下,投资者可能从上千种可能的交易规则开始,全都利用某一历史时期检验。有些交易规则显得有效可能只是巧合而已。

3. 交易成本偏差

许多回溯检验都忽略了隐性和显性交易成本,而这些交易成本是执行交易所必须支付的,如买卖价差、佣金、保证金存款等。未考虑这些交易成本将高估交易规则的业绩,尤其是那些要求频繁交易而且涉及流动性较低或波动率较高市场的交易规则。

4. 滑点控制(Slippage Control)

许多回溯检验假设它们可以按收盘价买入和卖出。但现实中存在滑点效应,即触发买入或卖出指令的价格与指令被执行时不是同一价格。对 CTA 来说,滑点价差可能是一笔大额的支出,它比在佣金上省几分钱重要多了。为了保证最优的执行并控制滑动价差,大多数 CTA 会进行如下分析:所下指令的种类、下指令的时间、下指令的方式以及向谁下指令。但回溯检验中很少分析这些因素。

5. 前视偏差(Look-ahead Bias)

在回溯检验中,有些交易规则利用了交易时尚未得到的信息,例如闭市几个小时或几天后才发布的信息。回溯检验期间内如果未排除此类未来信息,可能会严重夸大交易规则的以往业绩。

回溯检验期内的所有这些偏差都能导致虚假盈利,因此过去的业绩并不总是可以预测未来的业绩。所以在运用任何交易规则之前，对其在不同子期间和不同市场条件下的业绩进行稳健性评估是至关重要的。我们经常可以观察到，趋势跟随者倾向于低估商品价格的波动性，导致他们在随机状态中发现模式。而且他们还过于相信自己的预测能力。有意思的是，Griffin 和 Tversky 发现恰恰是在预见性较低时他们变得过于自信。

第十章　商品投资量化交易

本章所论述的量化交易是指通过运用数理统计知识和程序化语言对大量历史交易数据进行分析，根据超额收益的大小和概率选择投资策略，并将投资策略通过程序化语言来实现的交易方式。简而言之，量化交易是在传统的基本分析和技术分析的基础上拓展而来的一种数量化的交易方法。量化交易在执行层面具有很强的客观性，但本质上策略思想、投资逻辑、市场选择，甚至何时启动以及停止程序的运行等都是由投资者事先选定的，这使得量化交易依然是具有很强主观性的交易方法。

第一节　量化交易策略构建

一、量化交易

量化交易最大的特点是量化指标具有较强的规律性，通过对过去指标取值的分析，可以估计指标取值的概率分布情况，特别需要注意的是，计算机辅助实现并非量化交易的必要条件和特征。

与量化交易相近的概念有：程序化交易、高频交易、算法交易、自动化交易等。量化交易更多是基于数据和历史统计基础制定的一些交易策略，主要强调策略开发和执行方法是定量化的方法。程序化交易，也叫作自动化交易，是将策略交由计算机执行的交易模式，主要强调策略的实现手段是计算机程序。量化交易中，不少交易是通过计算机自动执行的，但两者不能画等号。高频交易主要强调使用低延迟技术和高频度信息数据，算法交易主要强调交易执行的目的。这些概念各有侧重，又相互依存。

一个完整的量化交易策略需要先确定正确的投资理念，再根据投资理念寻找策略所需的数据、生成模型、检验模型、实盘交易以及系统评估等模块，以下将从量化交易系统的开发和系统的测试评估两大方面进行分别论述。

二、量化交易策略构建

量化交易策略开发的核心思想是发现输入数据的内在规律与逻辑，找到可以实现交易获利的大概率路径。

(一) 策略的构建大致分为以下四步：

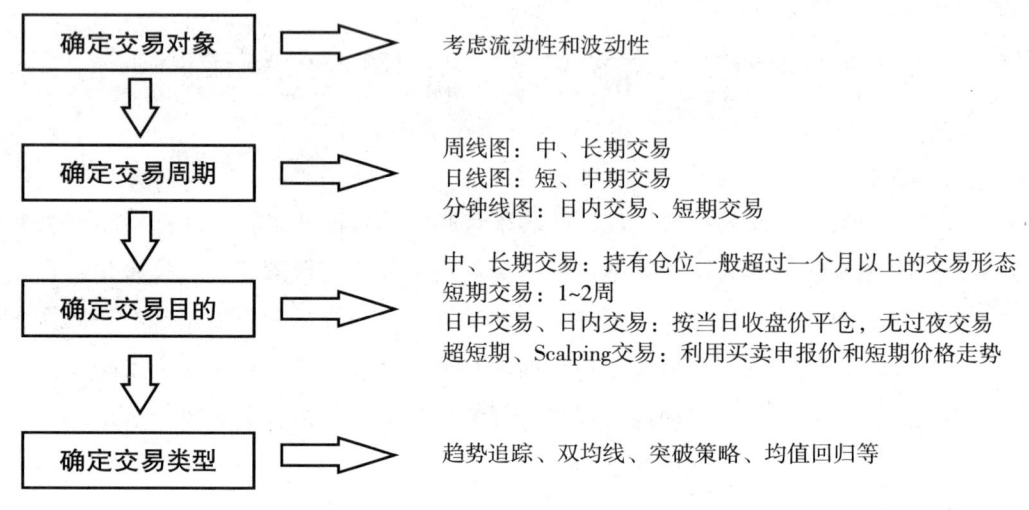

图 10.1 量化交易策略构建的过程

(二) 构建策略的前期准备和后期测试

1. 所需的数据

按照基本属性，量化交易研究的数据可以分为价格相关数据、基本面数据。

(1) 价格相关数据

价格相关数据是与金融资产交易最直接的数据，大部分来源于交易所，属于最原始的数据。虽然它被称为价格相关数据，但它并不仅仅是金融产品的价格。我们习惯把整个与交易相关过程所产生的数据都认为是价格相关数据。它展示了某一金融产品在一天内所有的买方报价和卖方报价持续的时间序列以及价格运动轨迹。

(2) 基本面相关数据

基本面相关数据包括的范围很广。它描述金融产品的宏观现状，有助于判断未来一段时间的价格。其主要由以下三类数据组成：宏观数据、公司数据和市场舆情。宏观数据主要来源于政府部门、央行等权威机构，通常根据 GDP 判断当前经济增长动力是否强劲，根据 M2 增速判断市场货币供应量是否充足，根据 CPI 判断当前通货膨胀是否温和，根据失业率判断经济是否繁荣。公司数据主要来源于上市公司按照会计季度公布财务报表以及临时公告，通常根据财务报表分析，找到财务稳健且最具有业务增长前景的公司，在被市场挖掘前买入。市场舆情主要来源于新闻机构、社交媒体等，通常根据投资者情绪指数判断投资者是否乐观，根据分析师预测导向判断专业人士给出的市场方向。

(3) 价格相关数据与基本面相关数据的比较

价格相关数据，更倾向于关注短周期的变化，它的时间周期是小时、分钟甚至秒。而基本面相关数据关注长期的范畴，更倾向于使用周、月和季度等时间尺度。一般情况而言，基于价格相关信息构建的交易策略要快于基于基本面相关信息构建的交易策略。因为价格相关信息的更新明显快于基本面信息的更新。但是基本面相关数据中，针对市场突出事件量化分析舆情的模型，反应速度往往会比基于价格数据模型的反应速度快。

数据输入之前还需要进行数据的降噪处理，包括数据丢失处理、奇点过滤以及期货合约换月。数据丢失是最常见的问题，需要建立数据缺失识别系统并使用合理数据代替缺失数据。奇点过滤指的是对造成市场价格剧烈波动，并具有不可重复性的市场噪声进行平滑或消除，比如黑天鹅事件。期货合约换月是指远月合约与近月合约往往存在升贴水，导致价格在合约换月当日出现不连续的缺口，造成数据不连续，因此有必要计算近月合约与远月合约的升贴水数值，并对近月合约所有的历史数据进行叠加升贴水数值的操作，以保证数据的平滑性。

2. 测试交易策略

(1) 样本内和样本外测试：测试策略需要把所有历史数据分成样本内和样本外。样本内数据通常称为历史数据，用来构建量化交易模型。样本外数据用来检验量化交易模型的有效性。首先在样本内选取合适的参数并优化这个参数，然后用相同的参数在样本外进行测试，如果样本外的绩效比样本内的绩效差很多，说明不是一个很好的策略。

(2) 蒙特卡罗模拟：历史模拟法的样本量有限，并且历史不会重演，这样会导致测算出来的风险价值出现较大的置信区间。所以利用蒙特卡洛模拟法可以通过随机合成样本外方式，克服历史模拟法的局限性。运用随机数来模拟预期的策略性能是非常重要的。

(3) 普适性测试：除了对单一品种测试外，还需要从多维度来检测策略的普适性。比如：多个品种单一策略测试、多个周期单一策略测试以及策略参数的普适性。

3. 绩效目标

开发交易策略的绩效目标应该基于这些因素：明确性、可证伪性、可实现性、相关性、时效性。

(1) 明确性：策略的目标必须要有明确性，"开发一个可以赚许多钱的交易系统"一点也没有明确性。没有明确目标的交易员永远不知道何时可以达到目标。

(2) 可证伪性：简而言之，这就意味着在计划中策略必须要满足的目标数目和策略性能标准，而不是模棱两可。创建一个"最小化跌幅"的策略是相当容易的，但是却很难去创建一个"有30%最大跌幅"的策略用来在交易边缘基础上进行证伪。

(3) 可实现性：这是许多交易者会误入歧途的地方。开发一个商品期货中每个合约每天至少赚20点的交易系统当然是明确的，但是它与可实现性却相距甚远，至少对于大多数交易员来说是这样。在量化交易的过程中,设定一个不切实际的目标只会造成失望。

(4) 相关性:策略中的条件是环环相扣的,也就是说把所有的"点"穿"线",然后把"线"形成"面"。对于交易策略开发,交易者必须确保计划中的每一处细节都能够帮助其创建一个坚固的交易策略。交易计划必须与开发长期稳定盈利交易策略息息相关,这也是最重要的一点。

(5) 时效性:时间就是金钱。没有哪个交易者愿意花费数年来开发一个交易策略。如果交易者对一个策略开发或维护时间过长,不断调整和更改策略以对其进行改善,往往会造成过度拟合。策略有很多种,不应只是集中在一个策略上,所以重点是要不断实现新的想法,而不是无休止地改善某一策略。

第二节　商品投资量化交易举例

近年来,有关商品投资的量化交易策略已经从商品期货扩展至股指期货、外汇期货、债券期货和利率期货等杠杆性衍生品市场,以下对较为流行的几种策略进行论述。

一、趋势追踪策略

趋势追踪策略指的是当市场形成上升或下降的趋势后,就将沿着这个趋势运行。因此可以通过识别趋势并采取与趋势方向相同的行动获得收益。趋势追踪策略的基本思路是追随大的市场价格变化。对于某一个期货合约来说,当价格向上突破重要的压力位后,意味着可能出现上涨行情;当价格向下突破某个重要的支撑位后,意味着可能出现下跌行情。趋势追踪策略就是寻找到已经发生的趋势,并在趋势初期介入,在趋势末期离场。

趋势理论有两个基础假设:

第一,市场参与者非理性。有效市场假说的前提是投资者是理性的,可以对市场的信息进行正确的判断。而实际情况是市场的参与者并非严格意义上的理性人,他们对于市场信息的解读和操作,会受到知识、情绪和个人投资风格的影响。

第二,价格以趋势方式演变。趋势概念是趋势追踪策略的核心。价格趋势的形成是因为当股价受到某个信息的影响形成变化时,市场参与者获取信息的时间不同,对于交易操作的时点不同,但是参与者又会依据获取的信息来做出投资的判断。对信息不同时间的反应,会让证券价格表现出趋势。

趋势模型的优势。趋势的出现一般会伴随着显著的价格运动,并且一旦出现趋势会持续相当长的时间。因此,可以在趋势中实现大幅盈利。一种简单定义趋势的方式是使用两条移动平均线来判断,一条平均线使用一个短周期(比如30天),一条平均线使用一个长周期(比如120天)。当短周期指标出现在长周期指标下时,我们认为市场将会出现下跌趋势；反之，则会出现上涨趋势。

趋势策略的不足。虽然趋势模型的平均回报与平均亏损的比值通常在 3 倍左右，但是趋势模型的交易成功率在 38% 左右。也就是说趋势策略并非是一个高胜算的交易策略，每次产生的交易信号只有很少一部分会捕捉到趋势行情。资产的大幅波动是趋势模型最严重的不足。造成此现象的原因是市场趋势行情覆盖的时间远远不及市场没有趋势的时间。

（一）移动平均策略

移动平均指的是将某一时间段内交易价格求均值，并且这个均值随时间的推移而变化。比如，在一个 N 天的交易区间内，第 N 日的移动平均指的是这一日的收盘价与前 N-1 日收盘价的平均数。移动平均线指的是以时间为自变量，移动平均为因变量构成的一种价格趋势线。

移动平均建立在历史价格的基础上，处于上升市场中的某个交易日的价格将低于移动平均，而处于下降市场中的某个交易日的价格将高于移动平均。因此，当价格下降时，价格从上方向下穿过移动平均线；当价格上升时，价格从下方向上穿过移动平均线。在简单移动平均策略中，价格与移动平均线的交点可以看作交易信号，价格从下方穿过移动平均线是买入信号，从上方穿过移动平均线时是卖出信号。5 日简单移动平均的计算以及交易信号如表 10.1 所示。

表 10.1　　　　　　　　　　　5 日简单移动平均

交易日	收盘价	移动平均	交易信号
1	12.6	—	—
2	13.4	—	—
3	13.8	—	—
4	13.6	—	—
5	12.7	13.22	—
6	14.3	13.56	买入
7	16.9	14.26	—
8	15.8	14.66	—
9	15.9	15.12	—
10	15.0	15.58	卖出
11	15.1	15.74	—
12	14.8	15.32	—
13	15.4	15.24	买入

商品投资

图 10.2 2018 年 6 月至 2019 年 4 月沪锡 1905 和 30 日移动平均

注：⇧代表买入信号；⇩代表卖出信号。

然而，简单移动平均策略存在的一个重要问题是赋给每个交易日的权重相等，但事实上前期的价格对于当前交易日的价格影响是比较小的，因此应该赋予最近几个交易日更大的权重。根据权重的不同分配方法，移动加权平均策略被分为线性加权平均策略（LWMA）和指数加权平均策略（EWMA）等。

假设一个 N 日移动平均，交易日被标记为第 1，2，3，…，N 天。

线性加权平均策略赋予移动平均中第 1 天的权重为 1，第 2 天的权重为 2，……，第 N 天的权重为 N。线性加权平均等于加权价格之和处于权重之和：

$$LWMA = \frac{\sum_{t=1}^{N} P_t \cdot t}{\sum_{t=1}^{N} t} \tag{10.1}$$

其中，t 代表交易日，P_t 代表第 t 日的交易价格。

指数加权移动平均策略引入平滑系数 α（α 是介于 0~1 之间的常数），并将 α 乘以第 N 日收盘价，再加上 1－α 与前一日指数加权移动平均的乘积，表示为：

$$EWMA_N = \alpha P_N + (1 - \alpha) EWMA_{N-1} \tag{10.2}$$

可以看出，每个交易日的 EWMA 取决前一天的 EWMA，而每一个交易日的前期价格都将被赋予一个权重，这个权重随着时间倒退呈指数下跌。那么第 N-t 交易日的权重可以

表示为 $\alpha(1-\alpha)^t$。

指数加权移动平均中的平滑系数 α 与区间 N 存在以下等式关系：

$$\alpha = 2/(N+1) \text{ 或 } N = (2-\alpha)/\alpha \tag{10.3}$$

比如，平滑常数为 0.2 的指数加权移动平均对应的是 9 日简单移动平均。60 日简单移动平均对应的平滑常数为 0.032787。

事实上，选择哪种策略更好取决于交易的市场和时期，没有一种策略是绝对有效的。由于简单移动平均策略会产生许多假信号，这里提出一个相对较好的方法——交叉移动平均策略。交叉移动平均策略中交易信号是两条移动平均线的交点，交易规则是：当短期移动平均线上穿长期移动平均线时，产生买入信号；当短期移动平均线下穿长期移动平均线时，产生卖出信号。可以看出，简单移动平均策略是交叉移动平均策略的一个特例，其价格线可以看作短期移动平均的区间为 1。

(二) 双均线策略

双均线策略指的是用两条不同周期的移动平均线，即短周期移动平均线和长周期移动平均线的相对走势，判断买进与卖出时机的策略。当短周期的均线从长期均线的下方向上穿越至长周期的均线，所形成的交点称为金叉。当短周期的均线从长期均线的上方向下穿越至长周期的均线，所形成的交点称为死叉。当出现金叉点时，市场属于多头市场（如图 10.3 中的 B、D 两点）；当出现死叉点时，市场属于空头市场（如图 10.3 中的 A、C 两点）。

图 10.3　2018 年 11 月至 2019 年 4 月沪金指数和 5 日、30 日双均线

需要注意的是，如果两根均线的周期接近，比如 5 日均线和 10 日均线，这种情况下均线非常容易缠绕，不停地产生买点卖点，会有大量的无效交易，交易费用很高。如果两根均线的周期差距较大，比如 5 日均线和 60 日均线，产生的买点卖点较少，就可能会错过盈利的机会或者造成很大的亏损。因此双均线策略中选择的长短周期间隔不宜过短，也不宜过长。

（三）突破策略

突破策略指的是，当市场运动到新高或新低时，这种突破的趋势可能会延续下去从而产生买入或卖出信号。比如，如果当前日的收盘价超过前 T 日的高点，产生买入信号，空头平仓建立多头；如果当前日的收盘价低于前 T 日的高点，产生卖出信号，多头平仓建立空头。

该策略的灵敏性取决于 T 的取值。如果 T 较小，系统会很快发生逆转趋势，同时也会出现许多假信号。相反，当 T 较大时，假信号会减少，但是需要承担进场建仓更慢的代价。

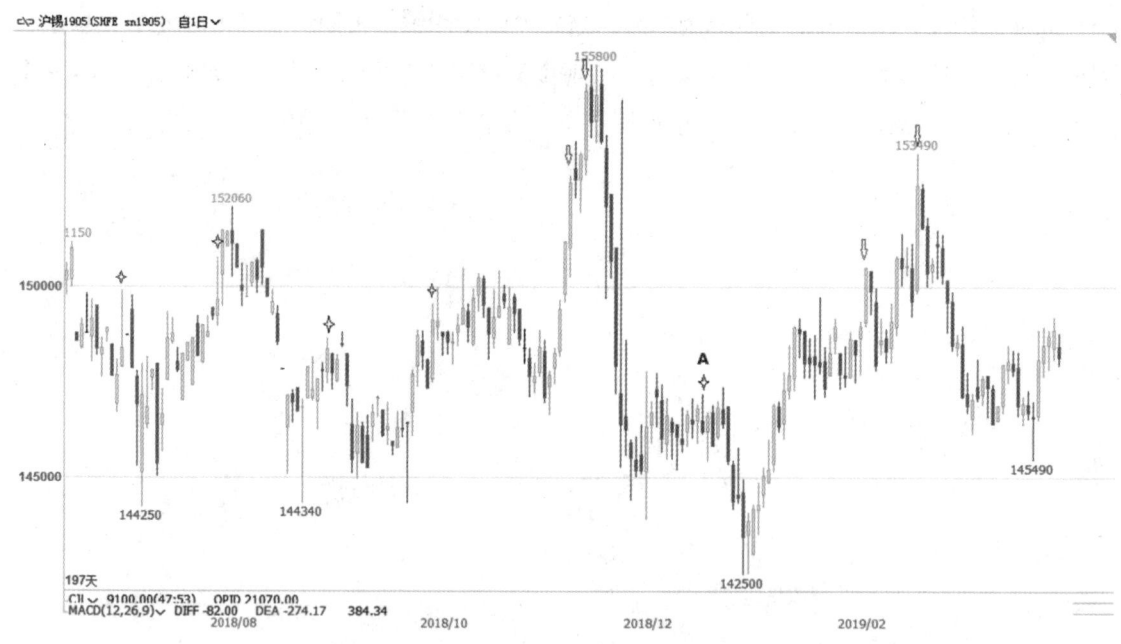

图 10.4　2018 年 6 月至 2019 年 4 月沪锡 1905

注：⇩代表 T=40 日的买入信号，◇代表 T=10 日的买入信号，可以看出选取较大的 T 可以过滤假的买入信号（比如 A 点）。

(四)反转策略与 Pivot Point 交易策略介绍

反转效应认为在前一段时间表现较差的股票,在下一阶段反而会出现逆转,即过去一段时间收益率较低的股票在未来的收益率反而会高于过去收益率较高的股票,就像我们常说的超跌反弹。基于反转效应,投资者可以通过买入过去收益率低的股票、卖出过去收益率高的股票来获利,这种利用股价反转效应构造的投资策略称为反转策略。

Pivot Point(枢轴点)策略是一种经典的日内交易策略。Pivot Point 是一套非常"单纯"的阻力支持体系,至今已经广泛用在股票、期货、国债、指数等高成交量的商品上。

枢轴点策略是一套根据近期价格波动极点计算出来的阻力支撑体系,多用于日内交易。基本的枢轴点是一个 7 点系统:包含轴心(Pivot Point),3 个阻力位(R_1,R_2,R_3)以及 3 个支撑位(S_1,S_2,S_3)。

Pivot Point 的计算有多种形式,本节使用了 5 个关键点:Pivot Point,Support1(支撑位 1),Resistance 1(阻力位 1),Support2(支撑位 2),Resistance 2(阻力位 2)。

表 10.2　　　　　　　　　　Pivot Point 原始参数的设定

枢轴线	$Pivot = (close + high + low) \div 3$
阻力位 1	$R_1 = 2 \times Pivot - low$
阻力位 2	$R_2 = Pivot + (high - low)$
支撑位 1	$S_1 = 2 \times Pivot - high$
支撑位 2	$S_2 = Pivot - (high - low)$

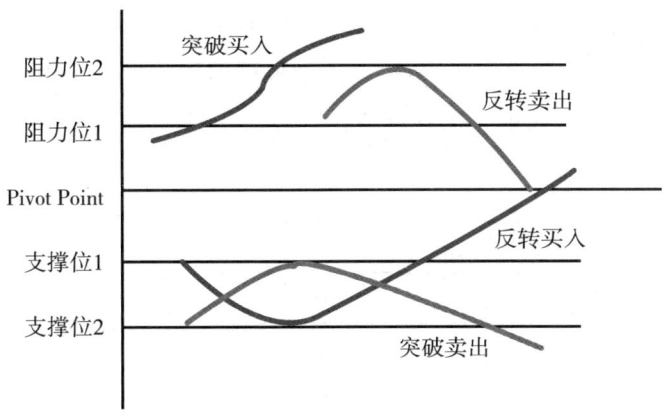

图 10.5　反转策略与枢轴点策略图示

(五)股指期货日内波动策略——R-Breaker

R-Breaker 是一个非常流行的短线日内交易策略,结合了日内的趋势追踪和反转两种交易方式。简单来说就是根据昨日收盘价、最高价和最低价这三个值计算出六种买入卖出价格,由上至下依次命名为突破买入价、观察卖出价、反转卖出价、反转买入价、观察买入价和突破卖出价。

通过观察盘中价格走势与这六条线的交叉位置,可以触发不同的交易信号。

1. 趋势突破信号

(1) 在空仓的情况下,如果盘中价格超过突破买入价,采取趋势策略,在该点位开仓买入。

(2) 在空仓的情况下,如果盘中价格跌破突破卖出价,采取趋势策略,在该点位开仓卖出。

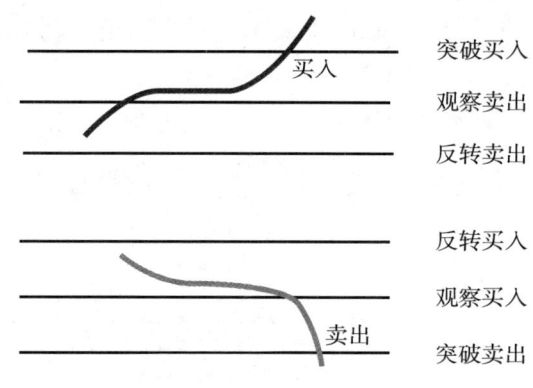

图 10.6　趋势突破信号图示

2. 反转信号

(1) 当日内最高价超过观察卖出价后,盘中价格出现回落,且进一步跌破反转卖出价构成的支撑线时,采取反转策略,即在该点位(反手、开仓)卖出。

(2) 当日内最低价低于观察买入价后,盘中价格出现反弹,且进一步超过反转买入价构成的阻力线时,采取反转策略,即在该点位(反手、开仓)买入。

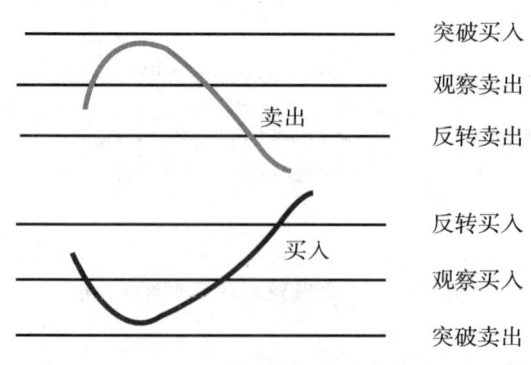

图 10.7　反转信号图示

二、均值回归策略

均值回归策略与趋势追踪策略关注的价格运动正好相反，它关注价格朝着与之前趋势相反方向运动的机会。价值投资理论认为，价格总是围绕着内在价值上下波动。虽然期货价格波动性很大，但从长期来看，价格有向内在价值回归的趋势。

均值回归策略理论有三个基础理论。

（一）回归必然性

市场的走势不会总是上升或是下降，在期货市场上不会有任何一种趋势能永远持续下去，不管其持续的时间有多长。一旦趋势结束，短期超买或超卖价格势必出现反方向的运动，回到价值附近。

（二）非对称性

由于在利好消息冲击下投资者主要表现为反应不足，而在利空消息冲击下投资者主要表现为反应过度，进而使得利好消息或利空消息对于价格的影响也不同，均值回归应呈现明显的非对称性。负收益率的均值回归速度和幅度应明显地不同于正收益率的均值回归速度和幅度。

（三）政府干预

当市场偏离内在价值后不会立即向内在价值回归，很可能会出现持续地均值回避，这时政府行为会起到抑制市场无效和促进市场有效的作用。在促进市场有效方面政府行为是必不可少的因素之一，市场失灵是政府参与调控的直接理由。

均值回归模型的优势在于其在配对交易中的广泛使用。配对交易的核心思想就是长期来看两种资产的价格变动应该表现出一定程度的相似性，则其价差将表现出均值回归的特性。当这两组资产的价差达到一定水平时，即可对这个价差进行交易。而在配对交易的策略中，我们已经找到了两个具有相似性质的资产，则一种资产就成了另一种资产的价值中枢。相比于单一指数价值中枢的不可预测性，两个可以直接从市场上得到的价格将使问题变得简单很多。配对交易最著名的代表就是套利，其交易的本质在于所选资产的价差，相似的两个交易标的物如果出现了价格偏离，那么价格终究会收敛。对于两个交易标的的选择，需要它们的价格（或者收益率）相关性的绝对值趋近于1即可。均值回归模型的特点是交易频繁，交易获利的次数多，整体策略的成功率很高。

均值回归模型的最大劣势在于均值回归周期的不确定性。一旦市场出现黑天鹅事件，导致价格与价值发生严重偏离，并且在较短时间内难以恢复时，均值回归模型往往会受到致命的打击。根据历史数据构建的模型只能反映出历史上偏离均值的极限情况，而据此设定的各类风险控制措施无法对未来可能发生的事件风险进行准确的预判。

均值回归策略和趋势追踪策略之间并不是完全冲突的，伴随着长期趋势，可能同时存在更短期限、更小幅度的波动。价格相关数据的获取相对容易，价格变化较为频繁，对于价格变化的理论依据较多，易于构建交易模型。但是在实践中使用时需要注意，不可能同时创建完全相反的策略，而这些策略还能同时有效。要结合使用不同的时间框架，因为趋势一般在比较长的期限内表现出来，而均值回归则倾向于比较短的时间周期。

三、宏观经济多因子模型

（一）理论基础

宏观经济多因子模型是相对单因子模型而言的，利用多个对股价走势有影响的因子通过数量化的思维建立起来的选择模型。宏观经济多因子模型主要是基于 APT 模型发展起来的。

在 APT 模型中将资产收益率归纳为一个以多因子作为解释变量的线性模型：

$$E(r_i) = r_f + b_{j1}F_1 + b_{j2}F_2 + b_{j3}F_3 + \cdots + b_{jn}F_n \quad (10.4)$$

其中，r_f 为无风险利率，F_n 为影响资产收益率的第 n 个因素，b_{jn} 为资产收益率对第 n 个因素的敏感程度。

宏观经济多因子模型主要基于这样一个假设：风险特征相似的资产应该具有相似的收益，而我们可以将不同的行业、股票或者不同的商品视为不同的资产，利用多因素模型来讨论不同资产的收益率和风险之间的关系。

在欧美市场中，一些资产管理公司很早就致力于宏观经济多因素模型的研究与实践，例如早期的所罗门兄弟、BIRR、BARRA 等多家机构。下面是对这三个模型的简单介绍：

（1）RAM 模型

RAM 模型（Risk Attribution Model）是由所罗门兄弟推出的，用来考察美国股票对宏观经济变量的敏感性，同时用于甄别筛选"投资级"股票。模型中纳入的宏观经济因素有：经济增速、经济周期、长期利率、短期利率、通货膨胀风险和美元指数。

在一个多元回归模型中，因变量是股票月度收益，自变量除了核心的 6 个宏观经济变量之外，还包括残余因素（Beta）和其他市场因素。对于参数的统计结果进行标准化，从而便于对个股进行截面（cross-sectional）比较以确定个股强弱。

（2）BIRR 模型

BIRR 模型是由 Burmerister、Ibbotson、Roll 和 Ross 在 2003 年建立，其核心模型（Core Model）由五个宏观因子组成，并且可以在此基础上添加风格因子（custom factors）。BIRR 认为利率、通胀、实际经济增长和市场情绪是无法通过分散化投资消除的系统性风险，对所有个股都会造成冲击，因此选择了如下五个核心因子：

表 10.3　　　　　　　　　　　BIRR 模型风险因子分类

因　子	因子解释
信心风险 (Confidence Risk)	用 20 年期公司债和 25 年期国债的信用利差来衡量，反映了投资者进行投资的意愿。当利差缩小时因素为正值，投资者信心增加
投资期风险 (Time Horizon Risk)	用 25 年期国债收益率与 30 日国库券之差来衡量，即国债收益率曲线的变动反映了投资者进行长期投资的意愿。因素值为正代表长短期利差缩窄
通胀风险 (Inflation Risk)	以期末实际通胀率与期初预期通胀率之差作为衡量变量，因素为正代表出现未预期到的通胀。通胀风险的敞口一般为负，奢侈品最为敏感而必需品最不敏感
商业周期风险 (Business Risk)	用期初与期末的预期实际经济增长率的变动值来衡量，因素值为正表示经济增长预期增加
市场择时风险 (Market Timing Risk)	S&P500 回报率中前四个因素未能解释的部分处理为市场择时风险，一般用来反映地震、政治等因素以及单纯的熊市或牛市

（3）BARRA 模型

BARRA 模型主要是用来对风险进行建模的，但在基本因素模型之外，Barra 也在宏观经济多因素模型方面进行了深入研究。MSCI Barra 在宏观因素模型中纳入了通胀水平，原油价格、美元指数、VIX 指数、工业产出和失业率等六个指标。

MSCI Barra 对多因素模型的研究和商业应用在该领域有较大的影响力。类似于 BARRA 模型的还有 Northfield 模型，其中 BARRA 模型对证券基本面的风险分析做得比较出色，Northfield 模型对宏观经济因素的风险分析十分出色，这两种模型的原理基本相同。BARRA 模型主要基于多因素模型的基本原理，首先需要对风险因子进行识别，然后进一步识别风险因子导致的风险，并对风险加以控制。BARRA 模型目前已经推出多个版本，并且覆盖了全球的主要市场，其中也包括中国市场。

这些模型基本上都是以 APT 多因子模型为基础的商业化资产定价模型。这些方法一方面想通过行业对宏观因素的敏感性对行业进行排序，刻画行业强弱；另一方面则讨论个股对各宏观因子的风险敞口，进一步进行风险配置。这些模型大部分是针对股票市场的，专门针对商品市场的仍然相对较少。而商品期货对于宏观因子也有明显的风险敞口，因此需要识别出影响较大的风险因子并对其引起的风险加以控制。

根据国内商品市场的特点，识别宏观风险因子需要满足 4 个方面的条件：有效性（对收益的解释度 Adj-R^2 为正）、低共线性（因子之间相关性低）、显著性（因子在各截面上显著的时间占比超过 30%）和稳定性（因子滞后一期的截面相关性平均值超过 0.85）。筛选出风险因子最基础最核心的条件是风险因子的有效性以及风险因子的共线性，因为风险因子是定价因子，既要对收益有一定的解释度，又要存在很低的共线性。不同于一般风格类的风险因子，宏观因子的变化在商品上体现出的敏感度之差异导致产生了风险溢价，所以因子暴露度的获取应由时间序列的回归获得的敏感度来确定。因此当确定了风险因子之后，就首先需要在时间序列上加权回归得到 Beta 值（因子暴露），然后在横截面上回归得到因子收益率。

（二）因子的分类

1. 利率风险

不同期限的中债国债到期收益率之间具有较高相关性，它们可以被分为一类。国债收益率反映了货币政策的影响，在国内经济环境下，货币政策的宽松与紧张直接影响到债市收益率的变化，而同时债市的变化又对作为生产原料的工业商品的供给与需求，进而对商品价格的变化产生影响。

2. 通胀风险

社会消费品的价格指数同比变化与工业品价格指数同比变化，这两个指标从不同角度反映了社会通货膨胀的情况，具有较高的相关性。另外二者与社会消费品零售总额同比增速、进出口总额同比增速也具有较高的相关性。

3. 流动性风险

M1、M2 是较常用到的两个反映国内经济活动中货币流动性的指标，市场中货币流动性的波动可最直接地由二者的变化率得到，所以它们两个之间的相关性较高。而金融机构中长期贷款余额（LOAN）其实是包含货币乘数信息的社会流动资金，它与基础货币量的关系是正相关的。当整体流动性充裕时，包括商品期货在内的金融资产的价格一般都更容易上涨。

4. 经济周期风险

PMI 指数、BDI 指数以及经济景气先行指数（CILI）三者之间具有一定的相关性，把这三者归类为经济周期风险。CILI 是宏观经济景气先行指数，事先预测总体经济运行的峰和谷，而 PMI 是采购经理人指数，从经济活动中的生产与流通的角度反映整体经济周期的变化。此二者之所以能够较其他指标更好地对商品价格产生影响，是因为它们对经济周期活动的描述更加及时、直接。CILI 是对未来经济活动的预期，而 PMI 指数常常在当月月底或者下月月初就被公布了，基本上可以算作第一个被及时公布的宏观经济指标。而对于波罗的海干散货运价指数 BDI 来说，它实际从进出口需求的角度反映经济活动的周期变化，而且时效性也比较高。

5. 汇率风险：美元指数

一方面，由于很多国际商品都是以美元计价的，美元指数对国际商品价格有着反向的影响，从而带动国内商品价格的变化；另一方面，美元的变化伴随着资金从新兴市场流入或流出，从而导致国际贸易活动的变化，最终对商品价格造成影响。所以说，美元指数的变化实际也间接反映着外汇的流动性风险。

(三) 模型的设计

宏观经济多因子模型的设计过程主要分为因子选取、因子有效性检验、冗余因子剔除、综合评分模型的建立和模型评价五个步骤。

1. 因子选取

主要是凭借对股票市场的认识和预判，并借助于市场规律，选择出可能有效的因子。通常通过基本面和交易数据进行候选因子的选取，同时还会考虑宏观市场上对股票市场有较大影响的数据，如利率的波动、GDP 指数、PMI 指数等。

2. 因子有效性检验及冗余因子剔除

有效因子是指能够将期货合约好坏明显地区分出来的因子，即通过这些因子能够选出具有较高预期收益的合约。

由于不同的有效因子的内在驱动因素或其他可能会造成大致相同等原因，使其所选出来的组合在合约构成和收益等方面具有较高的一致性，因此其中的一些因子对价格的解释力度就不够强，那么这些因子作为冗余因子就需要被剔除掉。在选股过程中，我们只需保留同类因子中收益最好、区分度最高的因子。

3. 综合评分模型

综合评分模型是指把模型中所有的有效且不冗余因子都考虑进去所建立的模型。通常在建立综合模型时，首先对合约收益在有效因子的基础上进行排序打分，然后根据等权重或加权的方法对不同因子的得分进行加总，得到综合评分。建立的模型应该满足较高的收益率和较低的风险水平，且应该是在可控的风险内获得最大的收益。

四、套利策略

套利是在两个不同市场买卖相同或者本质相似的证券以获取有利的差价。

(一) 跨期套利

跨期套利是指投资者以赚取差价为目的，在同一期货品种的不同合约月份上建立数量相等、头寸方向相反的交易部位，最终以对冲或实物交割来结束交易的一种操作方式，一般分为基本面套利和统计套利。

基本面套利会考虑供需状况、消费库存比、注册仓单、现货报价、收储、抛储、持仓结构等。

统计套利是对历史数据进行统计分析，估计相关变量的概率分布，结合基本面数据分析，来进行套利交易。统计套利通过利用不同月份合约间的协整关系，建立一个具有均值回复特征的多空组合,当价差突破阈值时建仓,回归时平仓。比如,统计数据表明,橡胶期货统计套利策略年化收益为 11.89%,最大回撤为-2.91%,收益回撤比为 4.08。

(二) 跨品种套利

跨品种套利和跨期套利原理相同,都是寻找不同合约之间的利差。跨品种套利的策略较多,比如可以选取相关性较强的两种产品(如化工品的塑料与 PP 相关系数约 0.66,铁矿石和焦炭相关系数大于 0.9),然后根据计算的价格比率走势,判断采取趋势套利和反转套利。豆油与棕榈油作为油脂市场主要消费品种,两者间具有一定程度的替代性,又受各自基本面因素的影响,走势呈现出一定的差异性。

(三) 跨市场套利

跨市场套利是在两个期货交易所买进和卖出相同交割月份的期货合约,以期利用两个市场的价差变动来获利。

沪铜、伦铜套利是目前最成熟的跨市场套利策略,二者的比价围绕着 1.15 的中枢上下震荡,具备均值回复的特征,在此基础上构建的布林带交易策略年化收益率为 11.35%,最大回撤为-3.94%,收益回撤比为 2.90,整体表现非常稳定,对参数敏感性较低。

(四) 期现套利

期现套利指利用期货与现货基差扩大产生的套利机会,做多被低估标的,做空被高估标的,待期现基差回归至合理范围后,平仓离场的低风险策略。

目前国内只能进行"做空基差"的正向套利,即当基差大于零的时候,买入股指 ETF 或者一篮子股票,同时卖出等市值股指期货,待价差收敛后平仓。当基差小于零时,由于融券不足,无法通过卖出股指 ETF 或者一篮子股票同时买入等市值的股指期货进行"做多基差"的反向套利。

当期货价格深度贴水的时候,因融券存在障碍,反向套利被切断,贴水状态自由发展,只能通过市场大幅度反弹,多头的投机者重新将价格抬升至升水的状态。这也是市场贴水一直无法及时恢复的重要原因。期现套利的主要风险在于市场价格出现剧烈波动导致浮亏,具体表现为所跟踪标的之间的基差出现长时间不回归甚至反向逆转,期现收益无法有效覆盖交易成本、冲击成本、现金成本等风险。

总而言之,在股指期货尚未完全放开的背景下,投资者可以利用商品期货市场,通过构造势策略和套利策略,获取绝对收益。

第三节 量化交易系统的测试与绩效评估

量化交易系统是指能筛选交易信号的规则。对于不同的交易时期、不同的市场,量化交易系统的有效性并非一致。因此,交易系统的测试和绩效评估是必不可少的。

系统测试评估流程有以下几个步骤：第一步是历史样本内回测，这样做的目的是节约成本，避免风险。样本量越大，测试结果的准确度越高。如果回测结果较好则进行第二步绩效评估，运用一些主要的绩效评估指标来判断实际行情的优劣。第三步则是根据实际交易情况对模型进行参数优化，最后用实际数据进行验证。

一、系统测试

（一）参数的选取

在交易系统中参数至关重要，参数的选取决定着一个交易系统的稳定性和有效性。比如上一节提到的移动平均策略，移动区间 N 的大小决定着交易信号出现的时机会有较大差异；突破策略的参数 T 则决定了这个系统的灵敏性。因此，参数测试是系统测试的关键。参数不同，测试结果会产生较大差异。

（二）价格序列的选择

连续期货序列，是为解决在两个连续期货合约转换处发生的价格缺口而提出的。连续期货的价格可以精确地反映一个头寸的波动。一个期货或头寸在交割日前 N 天会被不断展期到下一合约。

（三）时期选择

一般而言，测试区间越长结果越可信。因为区间越长使用的历史数据越多，所包含的市场状况就会越多。一般情况下是 10~20 年。对于平均交易周期是几周以内的测试的合适范围是 5~10 年。使用日内数据的交易系统不需要用较长时间跨度进行测试。

（四）理论与现实差

理论与现实差指的是，在不考虑程序出错的情况下，测试结果不理想的原因可能是测试系统无法使用现实假设。错误假设包含以下两种：

一是交易成本只包含手续费。实际上，除了手续费，延迟成本、市场冲击、机会成本等也是需要考虑的因素。解决的方法就是设置滑点，滑点是指理论执行价与实际成交价的价差。在期货市场上，滑点大多是由市场波动造成的。在市场剧烈波动时交易，滑点较大；在市场波动不剧烈时交易，可能没有滑点。此外测试的交易区间和交易频率也会影响滑点，交易区间越小，频率越高，滑点就越大。因此在设置参数时，交易成本和滑点应该设置得相对高一些。

二是当收到交易信号时，自动交易系统就会执行交易。事实上，当市场被锁定在每日规定的限价上时，交易无法执行。另外一种可能就是，当远在信号外的市场触发了价格时，执行价格可能比预期价格更差。尽管现在发生这种情况的概率降低了很多，但是在流动性较差的市场中仍然会出现。

二、绩效评估

（一）常用绩效评估指标

怎样评价量化交易模型评价指标经常从盈利能力与风险水平两个方面考量量化交易模型的绩效表现。盈利能力指标从策略的收益角度对策略进行描述；风险水平指标从策略的波动性角度对策略进行评论。

1. 总盈利率与有效收益率

总盈利率指的是从量化交易运行开始，数据首次输入量化模型直到数据停止输入期间的总盈利率，是反映量化交易模型的盈利能力最直观的指标。计算公式：

$$总盈利率 = （期末资产 - 期初资产）÷ 期初资产 \qquad (10.5)$$

有效收益率指的是测试期间净利润占最大使用资金的比例。计算公式：

$$有效收益率 = 净利润 ÷ 最大使用资金 \qquad (10.6)$$

2. 最大资产回撤

最大回撤指标能够衡量模型在一段较长时间内可能面临的最大亏损。

回撤值是一个净值高点与下一个净值高点间出现的最低点与高点之间的回落百分比。最大回撤就是资产曲线自生成以来最大的那个回撤值。最大回撤用来描述使用量化交易模型可能出现的最糟糕的情况，用于衡量量化交易模型的风险抵御能力。

最大回撤越小，表明模型的潜在风险越小。最大回撤有两种，历史回测的最大回撤和未来预期的最大回撤。历史回测的最大回撤，是指从开始进行量化交易到期末停止量化交易期间亏损最大的那个值。而未来预期的最大回撤，是指在某个置信区间，未来潜在的最大可能亏损值，通常使用量化交易收益波动的标准差推算。

3. 收益风险比

评价一个交易模型的盈利能力，并不只是看其收益率，还应考虑盈利与最大资金回撤之比即收益风险比的大小。收益风险比，是指为了获取预期收益，投入的本金会冒多大的亏损风险，即所获取的潜在盈利与所承受的风险额度之间的比值。衡量量化交易模型的收益风险比公式为：

$$收益风险比 = 年度收益 ÷ 最大资产回撤 \qquad (10.7)$$

比值越高说明模型的盈利能力越强，越值得采用。假设预期投资收益为 5 万元，投入本金的最大亏损额度可能会达到 2 万元，则收益风险比为 5∶2。

4. 收益的波动率、偏度和峰度

收益波动率用来度量收益偏离平均水平的程度，收益波动率通常用收益率的标准差表示。通常有两种计算收益波动率的方式：每笔交易收益波动率和每日盈亏收益波动率。每笔交易收益波动率用来衡量每笔交易偏离平均交易盈亏的程度，用来表示开仓时的潜在风险。每日盈亏收益波动率用来衡量每天收益偏离日均盈亏的程度，用来表示持仓的潜在风险。

偏度和峰度被用来描述收益率的分布特征。偏度描述收益率分布相对于均值的位置，收益在均值右侧居多时偏度值为正，当大部分收益在均值左侧时偏度值为负值。峰度描述收益分布的尾部是否满足正态分布，如果峰度值较大则表示存在"尖峰厚尾"现象，即出现大的收益或者大的亏损的概率比正态分布的情况要高。

（二）模型运算指标

1. 胜率与盈亏比

测评量化交易模型优劣的主要评估指标还有两个：胜率与盈亏比。胜率是指在当前的成本设置下，模型盈利交易次数占总交易次数的比例。公式如下：

$$胜率 = 盈利交易次数 \div 总交易次数 \tag{10.8}$$

有部分投资者非常看重胜率，认为越高越好，至少希望胜率50%以上，即获胜的概率超过一半，才算是好的模型，其实这是一个误解。事实上有的优秀的交易模型胜率并不高，这就与另一个评价指标盈亏比有关。盈亏比公式为：

$$盈亏比 = 一段时间内所有盈利交易的总盈利额 \div 同时段所有亏损交易的总亏损额$$

显然，盈亏比越高，交易模型获得的单笔收益越能够覆盖其他的亏损交易，对胜率的要求就没有那么高。反之，如果盈亏比很低，单笔亏损需要更多的盈利次数来覆盖，则要求更高的胜率。盈亏比的另一种理解方式为投资者承担一元钱的风险所能赚取的盈利。基于这种理解方式，在不考虑交易成本的情况下，可以定义每一元钱的风险所能获得的期望收益为：

$$Q = P - (1 - P) \div R \tag{10.9}$$

式中：P 为胜率，R 为盈亏比。

假设盈亏比 R 为 1，在上式中需要 P 大于 50% 才能使得期望收益为正，也就是说，对于一个盈亏比小于 1 的交易模型，胜率必须高于 50% 才有可能赚取正的期望收益；反之如果盈亏比较高，例如 R>4，则胜率只需高于 20% 就可以保证期望收益 Q 为正。因此，胜率只有和盈亏比结合来评估模型才有意义。

2. 夏普比率

夏普比率在现代投资理论的研究表明，风险的大小在决定组合的表现上具有基础性的作用。投资标的的预期报酬越高，投资人所能承受的波动风险越高；反之，预期报酬越低，波动风险也越低。所以理性的投资人选择投资标的与投资组合的主要目的为：在固定所能承受的风险下，追求最大的报酬；或在固定的预期报酬下，追求最低的风险。

$$Sharp\ Ratio = \frac{E(R_P) - R_f}{\sigma_P} \tag{10.10}$$

3. 信息比率

信息比率，是以马科维茨的均值方差模型为基础，用来衡量超额风险所带来的超额收益的指标。假设 Rpt 表示量化交易模型在 t 时刻的收益率，Rmt 表示基准投资组合在 t 时刻的收益率，则投资组合相对基准的超额收益率为：

$$ARt = Rpt - Rmt \tag{10.11}$$

若投资期限为 T，超额收益率的均值为 E（AR），标准差为 σ，则信息比率为：

$$IR = E(AR) \div \sigma \tag{10.12}$$

4. 风险价值（在险价值）

VaR（Value at Risk）是"在险价值"，其含义是：在市场正常波动下，某一金融资产或证券组合的最大可能损失。即在一定概率水平（置信度）下，某一金融资产或证券组合价值在未来特定时期内的最大可能损失。

用公式表示为：

$$P(\Delta P_{\Delta t} \leq -VaR) = 1 - \alpha \tag{10.13}$$

式中：P 表示资产价值损失小于可能损失上限的概率；$\Delta P_{\Delta t}$ 表示某一金融资产在一定持有期 Δt 的价值损失额；VaR 表示给定置信水平 α 下的在险价值，即可能的损失上限；α 表示给定的置信水平。

VaR 是指面临"正常"的市场波动时"处于风险状态的价值"，即在给定的置信水平和一定的持有期限内，预期的最大损失量。

综合上述测评体系，判断一个合格交易模型的评估原则大致为：最大资产回撤值越小越好，但回撤的最大极限定为多少取决于投资者对亏损幅度的心理承受能力；收益风险比越大越好，但提高的难度较大；夏普比率越大越好，但至少应该大于零；胜率越高越好，但是要和盈亏比指标结合一起来评估，盈亏比高的模型胜率低一些也可以，所以胜率并不是关键性指标。再权衡其他测评指标，最终就能够获得初步满意的量化交易模型。

第四节 量化交易的特定风险及管理

目前，在量化交易发展的过程中由"人工环境转化为高度自动化的交易和撮合系统"对量化交易的特定风险控制提出了新的挑战。量化交易过程中的风险控制有助于维护市场平稳有序运行。

一、量化交易的风险

量化交易的风险按照来源可以分为自身风险与外部风险。

(一) 自身风险

自身风险，是由量化交易模型的错误产生，通常有模型风险、技术风险。

1. 模型风险

模型风险的来源包括建模偏差、错误设置。建模偏差体现在两个方面：一是模型不完备，测试的历史数据不完整可能导致模型对行情数据不匹配；二是模型中可能存在错误，导致投资策略不准确。通常可以通过样本外检验的方式尽早地发现建模偏差。错误设置并不会导致量化交易模型出现常态的偏差，通常情况下模型大部分时间是可以正常运转的，但是某些特殊事件发生时就会出现差错。例如，一个交易模型的设置是每次买入 1 手玉米期货合约，此时的标准合约是 10 吨/手。如果交易所将标准合约调整为 20 吨/手，模型如果不更新修改，则每次下单的使用资金会是原来的 2 倍，当出现下跌时会造成双倍损失。

2. 技术风险

技术风险是指量化交易的信息系统存在缺陷或故障而导致的错误交易的风险。通常采取日常巡检的方式来监控数据的接收是否正常、量化交易模型算法是否成功执行。如果出现错误进行报警，应将交易系统切换为人工操作。

(二) 外部风险

外部风险是指与量化交易模型本身无关的风险，通常是由外部因素决定的、由市场变化产生的风险，通常有合规风险、操作风险和系统风险。

1. 合规风险

合规风险是指内幕交易、操纵市场等违规行为的风险。通过利用技术优势，在相关信息到达市场所有投资者之前"抢先"交易，此类交易不仅有损公平交易，还可能涉嫌内幕交易，如"新闻聚合"的算法就涉嫌内幕交易。

2. 操作风险

操作风险是指由于不完善或有问题的内部操作过程、人员、系统或外部事件而导致的直接或间接损失的风险。

3. 系统风险

系统风险主要是指同质化的量化投资策略会因为金融市场间的关联性和传导性而加剧市场波动。这种效应在出现黑天鹅事件时反应尤为明显，因为量化交易模型的入场方式千差万别，但止损策略大致相同。

二、量化交易的风险防控

(一) 交易前风险控制

交易前风险控制等措施包括但不限于：最大的量化交易者指令消息频率和单位时间内最大的执行频率；订单价格参数和最大订单规模的限制；订单取消和量化交易系统断路系

统以及连接监测系统。这些管制的目的是防止过度的消息或交易破坏、延缓或阻碍正常的市场行为。

(二) 交易中风险控制开发

1. 自成交行为的预防

通过控制不同账号进行自买自卖的自成交行为并没有任何市场参与者之间的风险转移，此类行为会向市场传递错误信号，导致市场的价格与流动性并不能准确反映市场的真实水平。

2. 不当交易行为的预防

量化交易中主要有两种不当交易行为：幌骗（Spoofing）和抢跑（Front-running）。

幌骗，指的是在证券市场或者期货市场交易中虚假报价再撤单的一种行为，即先下单，随后再取消订单，借此影响价格。因此应当避免单个或多个独立的量化交易策略在特定交易产品上频繁偏离当前市场价格，进行不以成交为目的的报撤单，以防止总的订单流层面发生针对特定品种的幌骗行为，对市场订单簿的有效性造成干扰。

抢先交易也称双重交易，是指期货经纪商利用其职务之便从事内幕交易，即期货经纪商在持有任何客户指令的情况下在为客户申报指令之前，先行为自己的账户（或其拥有权益的账户）进行交易。因此在量化交易策略的流动性检测算法中，应当只利用市场公开信息及交易所发布的订单簿结构信息进行算法构建。

三、量化交易的风险监管手段

首先，从监管者的角度来考虑，要求从事量化交易的投资机构向监管部门提供其交易策略、交易参数的设定及限制、核心风险控制模块构成及交易系统测试结果。

其次，较大最小变动幅度有助于投资者执行限价指令，进而增强市场深度及韧性。较大最小变动幅度一方面通过扩展买卖价差增加交易成本，另一方面使得在执行标准价格、时间优先规则的市场上从事交易的投资者难以提供流动性。

此外，设定有效的最低挂单时间能够增加报价执行的可能性、降低市场上的额外信息流量及缓解一般投资者对高频交易商垄断市场的顾虑。此外，最低挂单时间限制了市场间无风险套利行为，从而一定程度上影响了市场价格决定进程及效率。

最后，设定指令执行比率的上限，从而鼓励交易商克制指令取消和再提交，进而提供一种可预测的限价指令环境，交易商更容易探知当前价格和市场深度，投资者对市场的信心也会有所改善。

第四篇

商品投资交易策略与风险管理

第十一章　商品期货投资交易策略

本章内容分成三部分：第一部分介绍对冲的原理、风险敞口分析、对冲策略的种类和应用，以及基差对对冲的影响和基差策略的应用；第二部分主要介绍投机的概念和种类，以及投机的一般实施方法；第三部分主要介绍如何利用价差进行套利以及套利的几种主要交易策略。

第一节　对冲交易策略

对冲是期货理论与实务的核心内容。在发达国家，利用期货、期权进行对冲，已经是企业和机构进行风险管理的重要手段。在我国，对冲在风险管理中的独特作用也逐渐被企业和机构重视并运用。本节将重点介绍对冲的定义、种类和应用，分析基差变动对对冲效果的影响，以及影响基差的因素、基差交易的应用等。

一、对冲的含义

对冲，英文为 hedge，国内常翻译为套期保值，但 hedge 单词本身没有保值的含义，实际操作中也几乎没有保值的效果，翻译为套期保值容易引发歧义，因此我们统一称为对冲。广义的对冲是指企业利用一种或一种以上的金融工具来转移全部或部分生产经营中所面临的价格风险的方式。这些金融工具包括期权、期货、互换、远期等衍生工具，本书主要讨论的是以期货为工具的对冲，期货的对冲是指企业买入或者卖出与现货资产相同的或相近的期货合约以规避价格风险的交易方式。

二、对冲策略的应用

（一）对冲的原理

对冲的主要目的是规避企业面临的价格波动的风险，而这一目的的实现主要基于以下两个基本原理。

1. 期货价格与现货价格变化的同向性

理论上同一商品期货与现货的价差应小于或等于持有成本，否则就存在套利机会。如果期货价格高于现货价格且价差高于持有成本，投机者就可以买入现货，卖出期货合约，持有现货用于未来期货合约的交割，获得收益等于期货与现货价差减去持有成本。因为期货价格是人们在目前现货价格的基础上对未来现货价格的预期，如果期货价格远远低于现货价格，即人们预期未来价格将下降，那么持有现货的人担心价格下降利益受损，将会卖出手中现货，导致现货价格下跌，所以期货价格也不会远低于现货价格。同一商品无论是现货与期货之间还是不同月份的期货之间，它们的价格变动可能不会完全一样，但价格反映的是供求关系，它们的供求受到相同的经济因素的影响和制约，所以它们的价格走势基本是一致的。

2. 期货价格与现货价格的趋合性

期货价格包含了时间价值。一方面，期货合约规定未来某一时间交割相应的标的物，所以期货价格包含了这段时间内现货的持有成本。持有成本具体包括这段时间商品的仓储费、保险费、损耗、交割的运输费用以及如果现在卖掉货物得到的资金存入银行所得的利息即资金成本，所以通常来说，期货的价格一般高于现货价格。另一方面，期货价格也包含了人们对未来商品供求情况的预期，而随着交割时间的靠近，持仓成本和这种预期的不确定性都会变得越来越小，到交割日当天二者会趋近于零（由于现货地点和交割地点的不同带来的运输费用等导致可能不会完全趋于零），也就导致现货价格和期货价格趋于一致。

期货交割制度为现货价格和期货价格趋于一致提供了保障。期货交易规定，如果期货合约到了交割日，投机者未对其持有的头寸平仓，就必须进行实物交割。如果此时现货价格与期货价格不一致，例如期货价格低于现货价格，就会有投机者买入期货合约，等待交割后再在现货市场上以高价卖出，实现无风险套利，而这种套利操作会缩小现货和期货之间的价差，最终二者会趋于一致。

（二）风险敞口分析

1. 风险敞口的类别

风险敞口是指暴露在外未加保护的，可能对企业的生产经营产生影响的风险。有风险敞口并不意味着一定会亏损，也可能会产生盈利。风险具有不确定性，不知道什么时候发生，发生后影响多大，影响是好是坏。

企业的风险敞口一般分为两种：一种是单向敞口，是指企业的原材料和产成品只有一方临较大的价格风险，而另一方价格较稳定。单向敞口中，如果原材料价格波动较大，产成品价格较稳定，又叫作上游敞口下游闭口；如果企业原材料价格较稳定而产成品价格波动较大，则叫作上游闭口下游敞口。另一种是双向敞口，是指企业的原材料和产成品都面临较大的价格风险。企业需要根据风险敞口的不同制定相应的对冲策略来解决其面临的价格风险。

2. 风险敞口的识别

企业的风险敞口通常与企业的类型有关,根据产业链的分工来看,企业一般可以分为生产型、贸易型、加工型和消费型四种。负责生产原材料的生产型企业,它们一般自身拥有生产所需的原料,价格风险主要来自产品的价格波动,属于单向敞口中的上游闭口下游敞口企业。比如矿厂是典型的生产型企业,铁矿企业担心铁矿石价格下跌的风险,煤矿企业面临煤价下跌的风险。

贸易型企业和加工型企业一般属于双向敞口的企业。二者都既面临购入货物的价格风险,又面临出售货物时的价格风险。例如养殖类企业,饲料价格上涨会带来的成本上升的风险,将来牲畜出栏时又面临肉价下跌的风险。中国的油脂加工企业,需要在国外进口大豆,在国内加工成豆油和豆粕出售。2011年,芝加哥大豆价格坚挺,但国内由于政府限制小包装油价格上涨,导致油脂加工企业成本较高,产成品价格较低,每加工一吨就会亏损200~300元。

消费型企业产成品价格较为固定,企业的风险主要来自原材料的采购价格波动,属于单向敞口中的上游敞口下游闭口的企业。例如饮料生产企业其最终产品价格一般较为固定,但其原材料食糖的价格波动较大。

作为大型企业或集团,可能难以简单归属于某一种类型,其经营范围可能覆盖上述多个领域。对于这种企业的风险敞口分析,我们一般采用"先拆分,再整合"的方法,先分别分析每个领域的类型和风险情况,再从整个企业的角度看各个领域之间的风险是否有覆盖。例如,中粮集团业务很广:中粮粮油是贸易型公司,业务涉及小麦、玉米等;中国粮油属于加工型企业,业务涉及油脂加工、啤酒麦芽加工、面粉和玉米加工等;中国食品是消费型企业,主要产品品牌有金帝巧克力、五谷道场、长城葡萄酒等。从单个企业来看,每个企业都有自己上游或者下游的风险敞口,但从整个中粮集团来看,集团的经营范围覆盖上游、中游和下游,全产业链的模式可以减少单个企业所面临的风险敞口。

(三) 对冲策略的具体操作

1. 标的资产的选择

如果被对冲的资产刚好与期货合约的标的资产相同,这时选择比较容易,选择相应的标的合约即可。

但因为期货市场的品种有限,对冲者很可能在期货市场上找不到其要对冲的商品品种,这时对冲者可以选择与现货种类不同但价格走势相关的期货合约进行对冲,称为交叉对冲。一般来说,选择替代的期货品种最好是实际现货的的替代品(产物或原料等),相互替代性越强,对冲的效果就会越好。例如,很多器材厂生产用的原材料铜杆是由电解铜加工而来,铜杆的价格就是在电解铜的基础上加上加工费和损耗,期货市场上虽然没有铜杆的期货合约,但是有电解铜的期货,器材厂可以选择用电解铜期货对冲铜杆现货的价格风险。此外,如果养殖场希望利用豆粕期货对冲饲料价格风险,但当时豆粕期货交易量非常不活跃，企业也可以选择豆油或者大豆期货进行对冲。因为只有商品种类相同或者很相关，受到共同的供求因素的影响，期货价格与现货价格走势相同，这样在现货市场和期货市场进行方向相反操作才能达到良好的对冲效果。如果期货和现货不相关，价格走势不同，那么对冲结果很可能导致现货和期货市场均出现亏损，达不到规避风险的目的。

2. 期货头寸方向的选择

当企业持有某种商品，或者已经约定好价格在未来买入某种商品，这时该企业处于该商品的多头。例如，某纺织厂持有棉花库存或者某基金公司持有一个股票组合，它们都属于现货多头。此外，某饮料企业已与某糖类生产商按某一价格签订合同，约定未来购入合同规定数量的糖，此时饮料企业虽未实现交收，但也属于现货的多头。同理，当企业已与买方签立合同约定按某一价格在未来出售某商品时，但此时企业尚未拥有该商品，则该企业处于现货的空头。例如，某贸易商与油脂加工商签订合同，约定两个月后按某价格出售若干吨大豆，但尚未拥有大豆现货的，该贸易商就处于大豆现货的空头。如果企业在现货市场处于空头头寸，在进行对冲交易时就要在期货市场上建立多头头寸，即买多。如果企业在现货市场上处于多头头寸，在进行对冲交易时就要建立空头头寸。

但有时企业在现货市场既不是多头，也不是空头。而是计划在未来买入或卖出某商品，如果企业要对这笔计划的交易进行对冲就要在期货市场上建立头寸作为这笔交易的替代物，期货头寸的方向要与未来要进行的交易的方向相同。例如，某铝厂要生产1000吨铝锭，并于3个月后出售，为规避铝价下跌的风险，铝厂应在期货市场建立空头头寸进行对冲，即卖出铝的期货合约，这种情况下期货合约的买卖方向与现货未来的买卖方向相同。

对冲策略在期货头寸的选择上非常重要，一旦选择错误，不仅达不到规避风险的目的，反而会使企业的风险加倍，会导致在两个市场上同时出现盈利或者亏损。

3. 最优对冲比率

对冲比率是指持有期货合约的头寸数量与资产风险敞口数量的比率。

因为期货价格和现货价格的同向性和趋合性，当期货标的资产与被对冲资产一样时，对冲比率当然应该取为1.0。但当对冲时所用期货的标的资产与被对冲的资产不同时，即出现交叉对冲，对冲比率取为1.0并不一定是最优的选择，对冲者采用的对冲比率应当使被对冲后头寸价格变化的方差达到最小。

最小方差对冲比率取决于即期价格的变化与期货价格变化之间的关系。我们用以下符号表示：ΔS 为对冲期内即期价格 S 的变化；ΔF 为对冲期内期货价格 F 的变化；h^* 为最小方差对冲比率。

可以证明 h^* 是 ΔS 对 ΔF 进行线性回归产生的最优拟合直线的斜率，表示当 F 变化一定数量时，S 平均变化的比例。

h^* 的公式如下：

$$h^* = \rho \frac{\sigma_S}{\sigma_F} \tag{11.1}$$

其中 σ_S 是 ΔS 的标准差，σ_F 是 ΔF 的标准差，ρ 是二者之间的相关系数。

如果 $\rho = 1$ 和 $\sigma_S = \sigma_F$，则对冲比率 h^* 为 1.0，期货价格变化正好等于即期价格变化，符合预期。如果 $\rho = 1$ 和 $\sigma_F = 2\sigma_S$，则最优对冲比率 h^* 为 0.5，期货价格的变化幅度是即期价格变化幅度的两倍，也符合预期。对冲效率可以用对冲所消除的方差量占总方差的比例表示，即 ΔS 对 ΔF 进行线性回归的拟合度 R^2，等于 ρ^2。

有了最优对冲比率，我们可以计算所需要的期货合约份数：

$$N^* = \frac{h^* Q_A}{Q_F} \tag{11.2}$$

其中 Q_A 表示被对冲头寸的数量，Q_F 表示一份期货合约的规模，N^* 表示用于对冲的最优期货合约数量。

三、对冲的种类

价格风险有两种情况：一种是价格上涨给企业带来风险，另一种是价格下跌给企业带来风险。因此，企业在期货市场上卖出期货合约来规避价格下跌的风险和在期货市场上买入期货合约来规避价格上涨的风险。卖出对冲和买入对冲的区别如表 11.1 所示。

表 11.1　　　　　　　　　　卖出对冲和买入对冲的区别

对冲类型＼市场	现货市场	期货市场	目标
买入对冲	现货空头或将来要买入现货	期货多头	规避现货市场价格上涨风险
卖出对冲	现货多头或将来要卖出现货	期货空头	规避现货市场价格下跌风险

（一）买入对冲

买入对冲是通过在期货市场上买入期货合约建立多头头寸来对冲现货市场面临的价格上涨风险的方式。这种方式主要适用于以下两种情况下的对冲。

第一种情况是，企业准备在未来某一时间买入某种商品或资产，并且希望将价格维持在目前自己比较认同的水平上，担心当将来真正买入商品时价格上涨而使买入成本变高。

第二种情况是，企业尚未持有某商品或资产，但却与交易对手商定将在未来某段时间按某一确定价格出售给对方，此时企业属于现货的空头。如果企业将来可以自我产出这种商品，那么未来价格上涨，这笔交易将会降低企业的利润；如果未来企业需要从市场上采购商品才能完成这笔交易，那么商品价格上涨，将提高企业的采购成本。

【例 11-1】某油脂加工厂的主要原料是大豆，某年 5 月大豆的现货价格是 3700 元/吨，该厂计划在 7 月将需要 500 吨大豆。由于现在库存已满且能满足目前的生产需求，如果现在购入大豆，工厂需要承担仓储费用和资金的机会成本。如果等到了 7 月再采购大豆，又担心大豆价格上涨，导致采购成本提高影响收益，所以加工厂决定在期货市场上买入大豆期货合约进行对冲。5 月 3 日，该加工厂以 3805 元/吨购入 50 手 7 月到期的大豆期货合约（每手 10 吨）。到了 7 月 3 日，大豆现货的价格上涨到 3790 元/吨，期货价格上涨到 3895 元/吨。该加工厂按此时现货价格购买大豆 500 吨，同时在期货市场上对所持的大豆期货头寸进行平仓，对冲策略完成。对冲结果如表 11.2 所示。

表 11.2　　　　　　　　　买入对冲策略结果

市场 时间	现货市场	期货市场
5 月 3 日	市场价格为 3700 元/吨	以 3805 元/吨的价格买入 500 吨 7 月到期的大豆期货合约
7 月 3 日	买入价格为 3790 元/吨	以 3895 元/吨的价格将原来买入 500 吨期货合约进行平仓
结果	7 月买入现货比 5 月份多支付 90 元/吨的成本	期货对冲盈利 90 元/吨

在本案例中，加工厂在 7 月以 3790 元/吨购入大豆现货，相对于两个月前多支付了 90 元/吨的成本，相当于亏损了 90 元/吨。但由于做了对冲，加工厂在期货市场上盈利 90 元/吨，正好可以弥补加工厂在现货市场上的亏损。加工厂在 7 月的购买的大豆的实际价格仍为 3700 元/吨（3790 元/吨-90 元/吨），规避了两个月内大豆价格上涨的风险，相当于将大豆购买价格锁定在了 5 月的 3700 元/吨。如果大豆价格不升反降，且现货和期货价格均下跌了 100 元/吨，则加工厂的对冲结果如表 11.3 所示。

表 11.3　　　　　　　　　　　买入对冲策略结果

市场 时间	现货市场	期货市场
5月3日	市场价格为 3700 元/吨	以 3805 元/吨的价格买入 500 吨 7 月到期的大豆期货合约
7月3日	买入价格为 3600 元/吨	以 3705 元/吨的价格将原来买入 500 吨期货合约进行平仓
结果	7 月买入现货比 5 月少支付 100 元/吨的成本	期货对冲亏损了 100 元/吨

在这种情况下，该加工厂在两个月后买入大豆现货比 5 月少支付了 100 元/吨，相当于盈利了 100 元/吨，但在期货市场上亏损了 100 元/吨，二者正好可以相互抵销，最终加工厂的实际进货价 3600+100＝3700（元/吨）。

由这个案例我们可以看出，加工厂利用期货市场进行对冲，可以将采购价格锁定在 5 月的 3700 元/吨，规避了价格上涨带来的价格风险，但也同时放弃了当价格下跌时采用更低的进货成本的机会。

（二）卖出对冲

卖出对冲是通过在期货市场上卖出期货合约建立空头头寸来规避现货市场面临的价格下跌风险的方式。这种方式主要适用于以下两种情形。

一是企业持有或者已经按某一价格买入未来交收的某种商品或资产现货，担心价格下降导致其持有的商品或资产市场价值变低，或者将其销售时收益减少。

二是企业预期未来将要出售某种商品或者资产，但当前企业尚未持有，并且希望将价格维持在目前比较认可的水平上，担心价格下降，导致企业将来真正出售时收益减少。

【例 11-2】某年 9 月初，橡胶的现货价格是 18050 元/吨，某公司三个月后将会有一批 3000 吨的橡胶到货，公司对现在的价格比较认可，但担心未来价格下降，导致三个月后的橡胶销售收益受损。所以该公司决定在橡胶期货市场上进行对冲规避价格风险。9 月 4 日，该公司以 17600 元/吨的价格卖出 300 手（每手 10 吨）12 月进行交割的橡胶期货合约进行对冲。到了 12 月 4 日，橡胶现货的市场价格下跌到 15050 元/吨，该公司收到了 3000 吨橡胶并将其按此时现货价格进行销售，与此同时在期货市场上以 14600 元/吨的价格对所持的橡胶期货合约进行平仓，对冲策略完成。对冲结果如表 11.4 所示。

表 11.4　　　　　　　　　　　卖出对冲策略结果

时间＼市场	现货市场	期货市场
9月4日	市场价格为 18050 元/吨	以 17600 元/吨的价格卖出 3000 吨 12 月到期的橡胶期货合约
12月4日	卖出价格为 15050 元/吨	以 14600 元/吨的价格将原来卖出的 3000 吨期货合约进行平仓
结果	12 月比 9 月少卖 3000 元/吨	期货对冲盈利 3000 元/吨

在本案例中,该公司 3 个月后以 15050 元/吨销售橡胶现货,比 9 月少卖 3000 元/吨,相当于亏损了 3000 元/吨。但由于做了对冲,该公司在期货市场上盈利 3000 元/吨,正好可以抵销公司在现货市场上的亏损。公司在 12 月的实际销售价格为 18050 元/吨（15050 元/吨 +3000 元/吨）,规避了三个月内橡胶期货价格下跌的风险。相当于将橡胶的销售价格固定在了 18050 元/吨。

如果橡胶价格不跌反涨,且橡胶现货和期货价格均上涨了 2000 元/吨,则该公司的对冲结果如表 11.5 所示。

表 11.5　　　　　　　　　　　卖出对冲策略结果

时间＼市场	现货市场	期货市场
9月4日	市场价格为 18050 元/吨	以 17600 元/吨的价格卖出 3000 吨 12 月到期的橡胶期货合约
12月4日	卖出价格为 20050 元/吨	以 19600 元/吨的价格将原来卖出的 3000 吨期货合约进行平仓
结果	12 月比 9 月多卖 2000 元/吨	期货对冲亏损 2000 元/吨

如表所示,因橡胶价格上涨,该公司的对冲策略虽然在期货市场上亏损了 2000 元/吨,但在现货市场上却比 9 月的卖出价格高出 2000 元/吨,可以抵销在期货市场上的亏损。该公司橡胶现货上的实际销售价格为 20050-2000=18050（元/吨）,与 9 月初对冲前的现货价格相等。

四、基差与对冲效果

在上面我们所举的例子中现货价格和期货价格的变动都是完全一样的，那么无论我们采取买入对冲策略还是卖出对冲策略，均能使两个市场的盈亏恰好相互抵销，实现价格风险的完全对冲。但现实生活中，现货价格和期货价格的变动通常并不完全一样，这种情况下，两个市场的盈利和亏损不能完全抵销，会出现净盈利或者净亏损，导致价格风险的不完全对冲。在这里，我们引入对冲策略里一个非常重要的概念——基差。

（一）基差的概念

基差是指基于某一特定商品于某一时间和地点的现货价格与期货价格之差，即基差＝现货价格-期货价格。当现货价格高于期货价格是时，基差为正，称为反向市场；当现货价格低于期货价格时，基差为负，称为正向市场。

（二）基差走强与基差走弱

虽然现货和期货都受相同的经济因素影响，二者一般涨跌趋势相同，但涨跌幅度并不完全一样，这也就导致了基差大小的变化。通常情况下，基差的波动程度要小于现货或期货价格的波动程度。从对冲的原理我们可以看出，对冲实际上是用基差风险来代替现货市场的价格波动风险。

我们一般用"走强"或"走弱"来形容基差的变化情况。当现货价格的上涨幅度大于期货价格的上涨幅度，或者现货价格的下跌幅度小于期货价格的下跌幅度，也就是说，相对于期货价格，现货价格走势较强势，这种情况我们称基差走强。例如基差从-20元/吨变成-10元/吨，或者从10/吨变成15元/吨，或者从-5元/吨变成10元/吨，均属于基差走强的情形。

当期货价格的上涨幅度大于现货价格的上涨幅度，或者期货价格的下跌幅度小于现货价格的下跌幅度，也就是说，相对于期货价格的走势，现货价格表现的较弱势，这种情况我们称基差走弱。例如基差从-15元/吨变为-25元/吨，或者从35元/吨变为20元/吨，或者从15元/吨变为-10元/吨，均属于基差走弱的情形。

（三）基差变化与对冲效果

我们在运用对冲策略时，如果基差不变，可以做到基本抵销现货市场所面临的价格风险，但现实中基差往往不是固定不变的，这就对对冲的效果产生了影响，下面我们将通过买入对冲和卖出对冲两方面来分析基差变动对对冲效果的影响。

1. 基差变动与买入对冲

（1）当将来基差走强时。例如，9月初，某油脂加工厂计划在两个月后买入大豆现货5000吨，当前的大豆现货价格为3450元/吨，加工厂比较认可现在的价格，为了防止未来大豆价格上涨，加工厂以3470元/吨的价格买入500手（每手10吨）11月到期的大豆期货合约。11月初，大豆现货价格上涨到3485/吨，加工厂按此价格购入大豆5000吨，同时在期货市场上以3495元/吨的价格对之前所持大豆期货头寸进行平仓。对冲结果如表11.6所示。

表11.6　　　　　　　　　　买入对冲策略结果（基差走强）

市场 时间	现货市场	期货市场	基差
9月初	大豆价格为3450元/吨	以3470元/吨的价格买入5000吨11月到期的大豆期货合约	-20元/吨
11月初	买入价格为3485元/吨	以3495元/吨的价格将原来买入5000吨期货合约进行平仓	-10元/吨
结果	成本多支付35元/吨	盈利25元/吨	走强10元/吨

由此可知，由于大豆现货价格的上涨幅度大于期货价格的上涨幅度，基差走强10元/吨。加工厂在现货市场上采购成本增加35元/吨，相当于亏损35元/吨，但在期货市场盈利25元/吨，两个市场相互抵销后净亏损10元/吨。加工厂通过在期货市场上对冲，11月大豆现货的实际买入价格为3485-25=3460（元/吨），该价格比9月初的大豆现货价格高10元/吨，正好等于基差走强的数值。由此我们可以得出结论，在买入对冲策略中，基差走强，对冲者会承担基差变动带来的这部分损失，影响对冲的效果。

（2）当未来基差走弱时。例如，5月初，铝锭现货的价格为15800元/吨，某铝型材厂预计7月需要采购500吨铝锭，因为担心未来价格上涨，所以铝型材厂决定在期货市场上以15900元/吨的价格买入100手（每手5吨）7月到期的期货合约。7月初，铝锭的现货价格上涨到16100元/吨，铝型材厂以该价格买入500吨铝锭，同时以16300元/吨的价格对此前持有的期货合约进行平仓。对冲结果如表11.7所示。

表11.7　　　　　　　　　　买入对冲策略结果（基差走弱）

市场 时间	现货市场	期货市场	基差
5月初	铝锭价格为15800元/吨	以15900元/吨的价格买入500吨7月到期的铝锭期货合约	-100元/吨
7月初	买入价格为16100元/吨	以16300元/吨的价格将原来买入500吨期货合约进行平仓	-200元/吨
结果	成本多支付300元/吨	盈利400元/吨	走弱100元/吨

在本案例中，由于现货价格的上涨幅度小于期货市场的上涨幅度，基差走弱 100 元/吨，铝型材厂在现货市场的采购成本增加 300 元/吨，相当于亏损 300 元/吨，但在期货市场上盈利 400 元/吨，两个市场相互抵销后净盈利 100 元/吨。通过在期货市场上对冲，铝锭的实际采购价格是 16100-400＝15700（元/吨），该价格比 5 月初铝锭的价格便宜 100 元/吨，正好等于基差走弱的大小。由此可见，在买入对冲策略中，基差走弱，对冲者会获得基差变动带来的收益，获得比原来还理想的价格。

2. 基差变动与卖出对冲

（1）当将来基差走强时。例如，1 月初某贸易商与一饲料加工厂签订销售合同，约定三个月后向对方销售 500 吨玉米，价格按当时的市场价格计算，当前，玉米现货的价格是 2010 元/吨。为了防止价格下跌影响收益，贸易商决定在期货市场上卖出 50 手（每手 10 吨）4 月到期的玉米期货合约，成交价格为 2028 元/吨。4 月初，玉米现货价格下跌到 1950 元/吨，贸易商按此价格向饲料加工厂出售 500 吨玉米，同时以 1948 元/吨的价格将先前持有期货头寸进行平仓。对冲结果如表 11.8 所示。

表 11.8　　　　　　　　　　卖出对冲策略结果（基差走强）

市场 时间	现货市场	期货市场	基差
1 月初	玉米价格为 2010 元/吨	以 2028 元/吨的价格卖出 500 吨 4 月到期的玉米期货合约	-18 元/吨
4 月初	销售价格为 1950 元/吨	以 1948 元/吨的价格将原来卖出的 500 吨期货合约进行平仓	2 元/吨
结果	少销售 60 元/吨	盈利 80 元/吨	走强 20 元/吨

由本案例我们可以看出，现货价格的下跌幅度小于期货价格的下跌幅度，基差走强 20 元/吨。贸易商在现货市场上少销售 60 元/吨，相当于亏损 60 元/吨，但在期货市场上盈利 80 元/吨，两个市场相抵后净盈利 20 元/吨，正好等于基差走强的数值。通过在期货市场上的对冲，贸易商的实际销售价格为 1950+80＝2030（元/吨），该价格比 1 月初的现货价格还要高。由此可见，在卖出对冲中，如果基差走强，它会使对冲者获得价差变动的收益，可以获得比预期还要好的价格。

（2）当将来基差走弱时。例如，3 月初某地的电解铜现货价格为 18000 元/吨，某一铜业生产商有电解铜库存 2000 吨，为了防止铜价下跌带来损失，该生产商在期货市场上卖出 200 手（每手 10 吨）5 月到期的电解铜期货合约进行对冲，成交价为 18500 元/吨。5

月初，现货价格上涨到 22000 元/吨，该生产商以该价格将其库存现货出售，同时以 23000 元/吨的价格将其先前持有的期货头寸进行平仓。对冲结果如表 11.9 所示。

表 11.9 卖出对冲策略结果（基差走弱）

时间 \ 市场	现货市场	期货市场	基差
3 月初	电解铜价格为 18000 元/吨	以 18500 元/吨的价格卖出 2000 吨 5 月到期的电解铜期货合约	-500 元/吨
5 月初	售出价格为 22000 元/吨	以 23000 元/吨的价格将原来卖出的 2000 吨期货合约进行平仓	-1000 元/吨
结果	多卖 4000 元/吨	亏损 4500 元/吨	走弱 500 元/吨

从本案例可以看出，现货价格的上涨幅度小于期货价格的上涨幅度，基差走弱 500 元/吨。生产商现货多卖 4000 元/吨，相当于盈利 4000 元/吨，但在期货市场上亏损 4500 元/吨，两个市场相抵后净亏损 500 元/吨。经过对冲，生产商电解铜的实际售价为 22000-4500=17500（元/吨）。该价格比 3 月初的现货价格低 500 元/吨，正好等于基差走弱的数值。由此我们可以得出，在卖出对冲策略中，如果基差走弱，对冲者会承担基差变化带来的损失，给对冲产生不利影响。根据以上案例的分析我们对基差变化对对冲结果的影响进行总结，如表 11.10 所示。

表 11.10 基差变动与对冲结果总结

	基差变化	对冲结果
买入对冲	基差走弱	不完全对冲，出现净盈利
	基差不变	完全对冲
	基差走强	不完全对冲，出现净亏损
卖出对冲	基差走弱	不完全对冲，出现净亏损
	基差不变	完全对冲
	基差走强	不完全对冲，出现净盈利

（四）基差交易

基差的变动会给对冲交易带来风险，影响对冲的效果。而基差交易的出现为对冲者规避基差风险提供了有效的途径。基差交易是指买卖双方同意以某一方选定的期货价格作为基础，在此之上减去或加上一定的价差作为现货的交易价格进行交易，同时在期货市场上进行对冲的交易方式。基差交易实质上是点价交易和对冲交易的综合。

1. 点价交易

点价交易是指现货的买卖双方在商定现货的价格时，并不确定具体的价格，而是在某一月期货价格的基础上加上或者减去双方协商的升贴水来确定现货的最终价格的定价方式。升贴水的高低与商品现货的品质、现货交易地点和期货交割地点不同带来的运输费用以及所选择的期货合约月份的远近等有关。根据现货价格确定过程中期货合约具体时点（点价期）的选择权归属，点价交易可以划分为买方叫价交易和卖方叫价交易。若选择权属于买方，则为买方叫价交易；若选择权属于卖方，则为卖方叫价交易。因为点价交易被广泛应用在国际大宗商品交易中，升贴水的确定也具有市场化的特点，市场上有很多经纪商提供升贴水报价，买卖双方可以轻松确定升贴水的大小。

点价交易通过确定未来现货交易价格和期货合约的价格关系，从而规避了基差变动带来的风险。但没有规避商品价格变化的风险，所以点价交易经常同对冲策略结合起来使用，也就是基差交易。

2. 基差交易的应用

起初，大多企业没有对冲意识，2004—2005 年期间，很多从事油脂加工的企业按点价方法进口大豆，但大豆价格突然大幅度上涨，这些企业亏损严重，导致破产或者被收购，目前外资掌控着我国油脂企业近 80% 的股权。所以点价交易与对冲策略的结合至关重要，形成基差交易。

例如，3 月 5 日，铜现货是 55500 元/吨，上海金融交易所 6 月到期的铜期货合约价格为 56000 元/吨。某进口商与美国贸易商签订进口合同，约定进口铜的到岸价为"上海金融交易所 6 月铜期货合约-100 元/吨"，即在上海交易所 6 月铜期货价格的基础上减去 100 元/吨的贴水，作为到岸的现货价格，同时约定，进口商可以在 6 月 5 日之前根据上海金融交易所铜期货进行点价。但此时最终交易价格还没有确定，只是确定了未来交易的基差。进口商为了防止未来铜价格上涨而导致进口成本增加，在期货市场上，买入同等数量的 6 月铜期货合约进行对冲。

6 月 4 日，进口商通知美国贸易商进行点价，此时上海金融交易所的 6 月铜期货价格为 57000 元/吨，该批铜的进口到岸价格也就确定下来，为 57000-100=56900（元/吨），进口商向美国贸易商按此价格结清货款，而此时现货市场上的铜价格为 56950 元/吨，进口商同时在期货市场将原来持有的头寸进行平仓，这就是一个基差交易的过程。交易结果如表 11.11 所示。

表 11.11　　　　　　　　　　　　　基差交易的结果

时间＼市场	现货市场	期货市场	基差
3月5日	现货铜价格为 55500 元/吨	以 56000 元/吨的价格买入 6 月到期的铜期货合约	-500 元/吨
6月4日	买入价格为 56900 元/吨	以 57000 元/吨的价格将原来买入的 500 吨期货合约进行平仓	-100 元/吨
结果	进口成本增加 1400 元/吨	盈利 1000 元/吨	走强 400 元/吨

6月4日，市场上的铜现货价格和期货价格之差为-150元/吨，但在3月进口商通过点价方式将基差锁定为-100元/吨，避免基差变动带来的风险，同时通过对冲规避了商品价格变化的风险，二者结合也就是基差交易。由本案例我们可以看出，进口商的实际进货价格为 56900-1000=55900（元/吨），比3月的价格高出 400 元/吨，正好等于我们点价所确定的基差与3月的基差之差，也就是说3月进口商就已经锁定了6月的实际进货价格，既规避了价格风险，也规避了基差风险。

（五）开展对冲策略的注意事项

近年来，国内对冲发生不少巨额亏损的案例，例如东航、国航对冲巨亏事件、中国远洋的对冲巨额亏损事件、中信泰富对冲巨亏事件，在这些事件中很多以对冲名义行投机之实。对冲不仅仅面临基差风险，其他原因或风险也可能导致对冲失败。例如流动性风险、现金流风险、操作风险等都会影响对冲的成败和效果。这就需要企业对此设立专门的组织机构、规章制度和风险管理制度。所以并不是所有有对冲需求的企业都适合自身进行对冲，对冲策略的实施具有规模效应，小企业进行对冲带来的成本可能大于其面临的风险损失。对于大集团或公司而言，要从其整体综合考量风险敞口和对冲需求，以及其自身的风险管理目标，决定是否进行对冲，对冲哪部分风险敞口。企业应设立专业的对冲机构和人员，保证其对冲策略的科学性和高效性；也应该完善内部控制制度和风险管理制度，加强对操作风险、流动性风险、现金流风险的管理。

第二节　投机交易策略

期货投机在期货市场的健康运行中扮演着重要的角色，对期货市场的价格发现、对冲策略的实现等都有重要的作用。本节主要介绍期货投机的概念、期货投机与对冲的联系和区别、期货投机的作用以及期货投机的一般方法。

一、期货投机的概念

期货投机是指交易者纯粹以获取价差收益为目的,通过预测期货合约未来价格变化方向进行交易的行为。期货投机者通常以平仓方式了结持有的期货合约,而不进行最后的实物交割。

期货投机者按持仓的时间长短可以分为以下三种基本类型。

第一类是头寸交易者,又称部位交易者或长线投机者,此类交易者在建立多头或空头头寸后,通常会持仓数日、数周甚至几个月,待价格变化对其有利时再进行平仓以获取价差收益。

第二类是当日交易者,此类交易者持仓时间通常不会超过一个交易日,不愿意承担隔夜消息带来的风险,当未来价格走势难以预测时,会出现较多此类交易者。

第三类是逐小利者,又称"抢帽子者",他们通常利用非常短时间的趋势变化进行交易来获取微利,持仓时间一般都只有几分钟,一天之内可以进行多回合的交易。

二、期货投机与对冲的联系和区别

(一)期货投机与期货对冲的联系

1. 为对冲者转移风险

期货市场成立的初衷是为对冲者转移风险,稳定收入。但是如果期货市场只有对冲者,没有投机者,对冲者很有可能找不到合适的交易对手。对冲者的主要目的是转移风险,而期货投机者愿意主动承担风险以期获得收益,客观上期货投机者的存在使对冲者的目标得以实现,可以说期货投机者的出现是对冲业务发展的必要条件。

2. 为对冲者提供流动性

期货市场如果没有投机者的参与,市场的交易量和流动性都会大大降低,期货市场很可能无法为对冲者提供交易实现的条件和机会,期货市场可能无法发挥它的作用。同时期货投机者的参与,可以消除相关市场和产品之间存在套利机会,使价格变化步调趋于一致,有助于是期货市场为期货对冲者提供更加公允的价格。所以,期货投机者和期货对冲者作为期货市场的两个基本组成部分,共同促进期货市场发挥作用。

(二)期货投机与对冲的区别

1. 交易目的不同

期货投机者主要以预测期货的未来价格变化,主动承担风险来获取价差收益为目的,而对冲者主要为了通过期货市场来规避现货头寸或者现货未来交易的风险。

2. 交易方式不同

期货投机者根据自己对市场的判断,结合自己的资金和风险承受能力在期货市场买卖以赚取价差收益;对冲者通过建立与现货市场相反头寸或者现货未来交易的替代物,以转移现货市场的价格风险。

3. 评估方式不同

期货投机的收益单单计算期货市场的盈亏即可,盈利就属于成功的交易,亏损就属于失败的交易;但对于对冲来说,不仅要通过现货和期货两个市场综合计算盈亏情况,而且评价对冲是否为一个好的交易,主要在于此交易是否成功对冲了目标风险。

三、期货投机的作用

投机者是期货市场组成的基本因素,是期货市场不可缺少的润滑剂。期货投机的实质是以主动承担风险的方式来达到获取价差收益的目的,投机交易增加了市场的流动性,期货市场的健康发展离不开这种短期投资行为。没有期货投机行为,交易也就无法正常进行,对冲的风险无处转移,期货市场的功能就无法实现。投机行为是市场经济在其内在机制上运行的必然产物,其主要的经济功能有如下几点。

(一)承担价格风险

市场经济本身就伴随着风险,市场经济中任何一种行为,例如投资、研发等都要承担相应的风险。而投机者作为风险偏好者,其交易行为总是发生在价格变化剧烈、充满风险的市场,因为承担了风险,一旦价格朝有利方向变动,投机者将获取较高收益,同样,一旦价格朝不利方向变动,投机者也将面临较大的损失。期货市场中也存在着风险厌恶者,例如期货对冲者一直在试图利用期货市场规避和转移现货市场所面临的风险,作为风险规避者,既规避了未来价格变化可能带来的损失,也回避了未来价格变化可能带来的收益。而风险不会凭空在市场上消失,期货投机者的存在,主动承担了对冲者想要转移的价格风险,使对冲成为可能。

(二)提高市场流动性

市场经济的一个重要的特点就是它有自发调节的功能,也就是亚当·斯密所说的"看不见的手"。市场中的信息流通并不总是及时和有效的,而投机者的存在,凭借其市场经验和灵敏的嗅觉,可以及时发现和利用那些传播受阻的信息,并利用其在市场中的关系网迅速传播开来,并纳入投资决策的参考范围,提高市场中信息的流动性和有效性。市场要想充分发挥它的有效性,必须拥有充分的流动性,而投机者为追逐价差收益,频繁地在期货市场上建立头寸、对冲所持有的仓位,增加了市场上的交易量。这一方面为对冲者利用期货市场转移现货市场风险提供了交易对手,另一方面也能降低当持有较大头寸的交易者进入期货市场时引起的价格波动。

(三)形成合理的价格水平

在市场经济中,价格、供求、竞争形成联动机制,这种自我调节和制约机制不可避免地有时会造成资源在时间、空间上的不匹配，就会导致价格的不合理现象出现。而投机者作为市场的高度参与者，对这种关系了如指掌，对市场上存在的套利机会也极其敏感。他们会在价格较低时买进期货，导致需求增加，进而导致价格上涨；在价格较低时卖出期货，使供给增加，进而导致价格降低。当市场上投机者非常多时，一旦出现价格扭曲，就会很快被投机者的逐利行为所消除，使价格趋于平稳，从而形成合理的价格水平。

四、期货投机交易的一般方法

投机交易的策略和方法有很多，无论以什么方式，究其实质都是低买高卖。如果期货投机者预测未来价格将上涨，那么就买入期货合约，待价格上涨到交易者的心理价位时，再卖出期货合约进行平仓；如果预测未来价格将下跌，就卖出期货合约，待价格跌到交易者心理价位时，再买入期货合约进行平仓。这是最简单基本的投机方法，但也包含了投机的基本原则。

（一）开仓阶段

1. 入市时机

首先要预测未来的价格变化趋势。正确预测价格变化方向是投资成功的前提，方向预测错误，之后的投资必将是亏损。价格变化是最真实的，当前价格是所有市场参与者对未来的综合预期，它可以直接反映多头和空头双方的力量对比，但价格变化的大趋势最终还是由最基本的供求关系所决定。所以应先通过基本面分析判断未来市场是牛市、熊市还是震荡。如果是牛市，再加上技术分析法，未来价格将有多大的涨幅；如果是熊市，未来价格将有多大的跌幅；如果是震荡，时间将持续多久，振幅有多大。

不同类型的投资者目标不同所以运用的预测方法也不同。"抢帽子者"关注的是极短时间内的价格变化，他们很少用基本面方法进行趋势分析，他们更关注的是消息面，使用技术分析法预测价格变化，通常在分钟级别上进行操作。部位交易者关心的是 1 个月或 3 个月以上的中长趋势，他们主要用基本面法判断趋势，用技术分析法辅助判断买卖的时点。不同的交易方式就有不同的收益目标，也就对应着不同风险程度的资金管理标准，各类交易者应了解自己的预测技巧和风险承受能力，让自己的资金管理与交易计划相匹配，不要超越其限度。

决定入市的具体时间同样至关重要。期货价格变化很快，在对商品价格变化趋势做出判断以后，要谨慎地选择进入市场的具体时间。有时即使正确地预测了价格的变化趋势，但入市时机不对，仍会遭受很大的损失，而如果损失超过承受能力被强制平仓，而无法获取之后预测正确的趋势收益。例如市场行情当时处于持续上升当中，交易者通过基本面分析预测未来价格将下跌，如果此时入市卖出期货合约，但短时间内价格依然处于上升当中，即使后市如预期下跌，但这段时间也将带来很大的损失，对资金不足的交易者来说后果更加严重。如果投资者通过基本面分析未来价格将是上升趋势，但当时市场价格持续下滑，有可能是投资者过高估计了供求因素，导致分析错误，也有可能是短期因素对价格起了决定性影响，导致短期价格与长期趋势背离。在选择入市的具体时机上，交易者应特别注意使用技术分析法，不要逆势操作，如果行情不明朗，无法判断趋势，不要急于建仓，市场中机会很多，宁可不做事，也不要做错事。

2. 建仓

同一入市时机进行建仓，不同的建仓方式也会给交易者带来不同的持仓成本和风险，最终导致投资者的收益不同。

平均买低和平均卖高策略一般适用于交易者建仓后期货价格变化与先前预测相反的情况。如交易者在买入期货合约后，市场价格下降，这时交易者可以选择进一步买入期货合约，降低平均买入成本，一旦价格反弹，交易者可以在较低的价位止亏甚至盈利，这就是平均买低建仓策略。在交易者卖出期货合约后，如果市场价格上升，交易者可以进一步卖出期货合约，以提高平均卖出价格，一旦价格转头下落，交易者就可以在较高的价位上止亏甚至盈利，这就是平均卖高策略。

金字塔式建仓策略一般适用于交易者建仓后期货价格与先前预期一致的情况，投资者可以选择加仓，但加仓方式应满足以下两个条件：只有在已有仓位已经盈利时才选择加仓；仓位的增加应逐渐递减。以这种方式买入（卖出）期货合约，可以将持仓的平均价格保持在与期初持仓价格相对较近的位置。

【例 11-3】某投机者预计 5 月棕榈油期货合约价格将下跌，故卖出 8 手（10 吨/手），成交价格为 5048 元/吨，而后合约价格很快下跌到 4958 元/吨，此时这 8 手期货合约已经给投机者带来浮动盈利 $10 \times 8 \times (5048 - 4958) = 7200$（元）。为进一步利用此价格变动趋势，投机者又卖空 5 手期货合约，此时一共持有合约 13 手，持仓平均价为 $(5048 \times 80 + 4958 \times 50) \div (80 + 50) = 5013.4$（元/吨）。当价格下跌到 4908 元/吨时，在卖空 3 手合约，持仓平均价位为 4993.6 元/吨，当价格下降到 4878 时，再卖空 1 手合约，持仓平均价位为 4986.8 元/吨。

像本例中以这种金字塔式卖空合约建仓，持仓平均价虽然随加仓次数有所下降，但远远小于合约市场价格的下降幅度。在这种情况下，如果合约价格继续下降，投机者有足够大的仓位来保持盈利能力，如果合约价格不跌反升，因为持仓平均价格较高，投机者也能承受一定程度的回撤或者有充足的时间和机会平仓获利。同理，也可以依照此原理买入合约进行建仓。

如果期货投机者在建仓时不按照此原理操作，在加仓时总是大于前一次的加仓合约数量，也就是以倒金字塔式买入或卖出期货合约。这会导致交易者的平均持仓价格非常接近当前的市场价格，一旦价格走向转头，就会很快吞噬交易者的全部利润，而且由于仓位较重，会给交易者带来极高的风险，因此倒金字塔式通常不是很好的建仓方式。

3. 合约交割月份选择

虽然同一品种的不同月份的期货合约价格变化通常具有很强的相关性，但还是存在不少差别，交割月份的选择对交易的成功与否同样有很大的影响。

不同月份合约的流动性不同，可分为活跃月份合约和不活跃月份合约，随着时间推移，活跃和不活跃月份合约的流动性会有所变化。投机者在选择合约月份时，应尽量选择活跃月份，活跃月份合约的成交量较大，流动性强，方便投机者在理想的价位上成交。如果投机者选择不活跃月份合约，投机者很可能无法立刻在当前价格达成所需数量的交易，如果想立刻达成交易，就需要以牺牲价差为代价。如果不活跃月份合约成交量很小的情况下，该月份合约无法承载较大和合约数的交易单，投机者很可能缺少交易对手而导致蒙受损失。

理论上不同月份之间的价差应该小于或等于这段时间的持有成本，否则就存在套利机会。当远月合约的价格高于近月合约的价格，即在正向市场中，如果远月合约价格偏高，当市场行情上升，远月合约和近月合约价格都会上升，但由于持有成本的限制，近月合约很可能上涨幅度更大；同理，如果市场行情下跌，由于持有成本的限制，远月合约的下跌幅度很可能更大。因此，在正向市场中投机者如果看涨，则应买入近月合约；投机者如果看跌，则应卖空远月合约。

当近月合约价格高于远月合约价格，即处于反向市场时，远月合约为价格偏低。如果市场行情上涨，近月合约和远月合约价格均会上升，但根据持有成本原理，远月合约价格很可能上升更多；同理，如果市场行情下跌，近月合约价格可能下跌幅度更大。因此，在反向市场中，投机者如果看涨，应该买入远月合约，投机者如果看跌，则应卖出近月合约。

有时某一事件的发生会对近月合约的价格产生不同的影响，例如在反向市场中，出现库存极度紧张的情况，近月合约的上涨幅度很可能会大于远月合约，而不同于上述所述的通常情况，投机者要严格防控好风险。

（二）平仓

期货投机者持有期货合约后，可以选择持有到期，最后进行实物交割，但交割过程较为烦琐，也可以选择进入与期初合约相反的头寸进行平仓。因为投机者的主要目的是赚取价差收益，所以大多数采用平仓方式。

如果投机者的交易发生亏损，且达到预先设置的止损位，交易者应严格按照计划行事，及时平仓离场。赌博心理过重，心存侥幸，很可能造成更加巨大不可逆转的损失。如果行情朝着有利方向发展，交易者不必急于平仓获利，应顺应市场趋势，获取尽可能多的利润。急于获利而拖延亏损，是交易者经常出现的非理性行为，这种行为导致的赚少亏多会不停地消耗投机者的本金。这就要求投机者利用好止损指令，限制亏损，争取扩大盈利水平。

投机者类型的不同，止损指令的设置也应该有所不同。例如长线投机者止损单不应离当前市场价格过近，以防稍有回撤，系统就自动平仓，导致后市盈利机会丢失。也不能离市场价格过远，趋势走向不利时不能及时平仓，失去了止损的意义。而对于"抢帽子"者来说，他们追求的是极小价格的波动，所以止损指令的设定，相对于长线投机者来说，离市场价格的距离也应相应的缩小。同时止损指令的设置还应与交易者平时的交易者的自身的交易计划相关，风险承受能力强的止损指令的设置可以离市场价格稍远一些，反之，则近一些。

【例 11-4】某投机者预测未来棉花价格将下跌，所以对郑棉期货合约进行投机交易。投机者以 16500 元/吨的价格卖出 10 手合约，成交后合约价格下跌到 15900 元/吨，因合约价格变化仍处于下跌趋势，投机者决定继续持有该合约，为防止价格转而上升吞噬已有利润，投机者将止损单设置在 16000 元/吨。如果合约价格上升，一旦达到 16000 元/吨，系统就会在自动平仓。通过设置止损价格，当价格上升，投机者的收益虽然减少了 100 元/吨，但是仍有 500 元/吨的利润。如果合约价格没有上升，继续下降到 15500 元/吨，投机者可以取消之前的止损指令，重新设置止损指令为 15600 元/吨，这样可以保证投机者至少有 900 元/吨的利润。以此类推，可以达到限制损失累积盈利的目的。

第三节　套利交易策略

随着国内金融市场品种的逐渐增加和投资者水平的不断提高，套利交易作为一种重要的交易策略，已经受到越来越多的投资者关注。本节主要介绍套利的概念，价差的概念以及如何利用价差套利，套利的几种常见的交易策略。

一、套利的概念

套利是投资者根据相关合约或者相关市场之间的价差变化同时进行买卖方向不同的交易，以期在价差向预期方向变化时获取利润的行为。在进行套利交易时，投资者关注的不是绝对价格的上涨和下跌，而是相关合约或者相关市场价差的扩大或缩小。根据套利是否涉及现货市场，可以分为期现套利和价差套利。期现套利是指利用现货市场和期货市场之间的价差进行的套利行为。价差套利是指在期货市场上利用不同合约进行的套利行为。

期货套利主要利用期货市场价格的失真，并认为这种失真最终会消失，恢复正常，借此机会获取套利收益。客观上套利行为对期货市场的健康发展、维持价格的稳定具有重要作用。

二、期货价差

(一) 期货价差的基本概念

期货价差是指不同月份的期货合约之间或者不同品种的期货合约之间的价格差。价差交易一般在买入一个期货合约的同时,在同一市场或者另外一个市场卖出另一个合约。交易者认为市场上某两个期货合约之间的价差偏离了正常水平,这时交易者就会进行价差套利交易。与一般的直接单方向买多或卖空的投机者不同,价差套利者关心的是价差是否在合理的范围内,而不关心绝对价格水平的高估还是低估。

但这并不是说价差套利者完全不要预测未来的价格变化,通常情况下,市场价格变化方向会影响未来价差的变化。只不过有时价差特别极端,交易者建立仓位之后,相信交易将会盈利,而且无论价格朝什么方向变化,他的损失都会是很小的。

(二) 交易价差的意义

第一,有时价差交易会产生比直接交易更高的收益风险比,虽然收益风险比的度量具有一定的主观性。但在给定风险偏好的情况下,价差交易可能确实会提供一个更好的交易机会。

第二,价差交易有时能提供一种保护功能。当某些重大事件发生时,可能会导致直接交易出现一系列连续止盈止损的情况,但在这种情况下,由于两个合约同向变化,价差交易的价值可能都不会改变。虽然最终价差对事件也会有所反应,但这时已经度过了恐慌期,变化较直接交易而言,程度将会小很多。

第三,价差交易可能给直接交易提供帮助。例如,在一个反弹中,远月合约的价格上涨,近月合约的价格却没有上涨,这种价差表明可能并不是真正的紧缩,而是下跌过程中的技术性反弹,当然这是一种价差交易为直接交易提供帮助的一种可能情况,有可能会给交易者带来误导。此外,长期来看,对价差交易的了解有助于交易者选择最佳开始月份。

第四,有时候,直接交易不存在交易机会,但价差交易却存在交易机会。

(三) 价差扩大与缩小

为了方便计算价差变化,我们统一用建仓时价格较高的期货合约价格减去价格较低的期货合约价格来表示价差。

【例11-5】3月1日,某套利者买入5月到期的豆粕期货合约,卖出6月到期的豆粕期货合约,此时5月到期的豆粕期货合约价格为3500元/吨,6月到期的豆粕期货合约价格为3400元/吨,价差为3500-3400=100(元/吨)(用建仓时价格较高的合约减去价格较低的合约,即5月期货价格减6月期货价格)。4月2日,5月到期的豆粕期货合约价格上涨到3650元/吨,6月到期的豆粕期货合约价格为3700元/吨,此时的价差为3650-3700=-50(元/吨)(依然要用建仓时价格较高的合约减去价格较低合约,即5月期货价格减 6 月期货价格，而不是 6 月期货价格减 5 月期货价格）。套利者按此时价格对先前持有的期货合约进行平仓。本案例中平仓时的价差小于建仓时的价差，价差是缩小的。如果平仓时的价差大于建仓时的价差，则价差是扩大的。

价差套利者在价差不合理时建仓，在价差恢复正常后平仓，以此获取利润。也就是说如果交易者认为某两个合约之间的价差过大，会期望建仓后价差缩小获取利润；如果交易者认为某两个合约之间的价差过小，会期望建仓后价差扩大来获取利润。

（四）价差变动与套利策略

在套利策略建仓时对价格较高的期货合约的买卖方向不同，可以将套利策略分为买入套利和卖出套利。当套利者在建仓时买入价格较高的期货合约，卖出价格较低的期货合约，我们称为买入套利；当套利者在建仓时卖出价格较高的期货合约，买入价格较低的期货合约，我们称为卖出套利。

1. 价差缩小与卖出套利

如果套利者认为两个或两个以上的期货合约价差过大，预期未来将会缩小，这时套利者就会进行卖出套利。如果未来价差和套利者预期一致，套利者将两份合约平仓后即可获利。

【例 11-6】5 月 3 日，8 月玉米期货合约价格为 1540 元/吨，10 月玉米期货合约价格为 1800/吨，此时价差为 260 元/吨。某套利者认为此时价差较大，预期未来价差将缩小，所以套利者买入 20 手 8 月玉米期货合约，同时卖出 20 手 10 月玉米期货合约。6 月 5 日，8 月玉米期货合约价格变为 1700 元/吨，10 月玉米期货合约价格变为 1850 元/吨，价差为 150 元/吨，在这时该套利者同时将先前持有的两个合约平仓。套利结果如表 11.12 所示。

表 11.12 　　　　　　　　卖出套利结果

时间 合约月份	8	10	价差
5 月 3 日	以 1540 元/吨的价格买入 20 手	以 1800 元/吨的价格卖出 20 手	260 元/吨
6 月 5 日	以 1700 元/吨的价格进行平仓	以 1850 元/吨的价格进行平仓	150 元/吨
结果	盈利 160 元/吨	亏损 50 元/吨	缩小 110 元/吨

从表中我们可以看出套利者在 8 月期货合约上盈利 160 元/吨，在 10 月期货合约上亏损 50 元/吨。该套利交易的净盈利为 160-50=110（元/吨），正好等于基差缩小的大小。

2. 价差扩大与买入套利

如果套利者认为某两个或两个以上的期货合约之间价差过小，预计未来价差将会扩大,套利者就是进行买入套利,如果未来价差变化同预期一致,套利者将合约平仓后即可获利。

【例11-7】1月2日,4月的白糖期货合约价格为5600元/吨,6月的白糖期货合约价格为5700元/吨,价差为100元/吨。某套利者认为此时价差过小,预期未来价差将扩大,所以期货套利者买入100手6月白糖期货合约,同时卖出100手4月白糖期货合约。2月6日,4月期货合约价格下跌到5100元吨,6月白糖期货合约下降到5350元/吨,价差为250元/吨。此时,该套利者将先前持有的两个期货合约全部平仓。套利结果如表11.13所示。

表 11.13　　　　　　　　　　　　　买入套利结果

时间＼合约月份	4	6	价差
1月2日	以5600元/吨的价格卖出100手	以5700元/吨的价格买入100手	100元/吨
2月6日	以5100元/吨的价格进行平仓	以5350元/吨的价格进行平仓	250元/吨
结果	盈利500元/吨	亏损350元/吨	扩大150元/吨

从表中我们可以看出套利者在4月期货合约上盈利500元/吨,在6月期货合约上亏损350元/吨。该套利交易的净盈利为500−350＝150(元/吨),正好等于价差扩大的大小。

三、期货套利的基本策略

(一) 期现套利

期现套利是通过利用现货市场和期货市场之间的不合理价差进行反向交易,当价差趋于合理时,套利者即可获利。

1. 正向期现套利

持有成本理论认为,期货价格与现货价格差应该小于等于持仓成本,一旦期货价格与现货价格的价差高于持仓成本,就会有人卖出期货、买入现货并持有到期货交割,可以实现无风险套利,而这一套利行为会增加期货市场的供给和现货市场的需求,进而导致期货价格下滑,现货价格上升,从而促进二者之间的价差重新恢复到正常水平。

所以根据该理论,当期货价格对现货价格升水价格大于持有成本时,因为价差会收敛,所以套利者可以进行正向套利,即买入现货、卖出期货,待价差收敛到正常范围时平仓获利。

而期现套利中是以持有成本理论为基础的,地区差异往往会导致费用不同,但大致包含以下费用。

(1) 交易和手续费。

(2) 运输费。现货的储存地点与期货交割地点不同导致的运输费。

(3) 检验费。注册仓单时,现货需要通过检验,检验费由卖方承担。

(4) 增值税。期货进行实物交割时卖方按法律规定还要缴纳增值税。

(5) 仓储费。不同商品的仓储成本要遵循各交易所的规定。

(6) 资金利息。购买现货的资金超过期货的保证金部分的利息。

(7) 入库费。不同的运输方式的出入库费用不同,例如火车、汽车、航运的入库费均不同。

2. 反向期现套利

反向期现套利是指通过买入期货合约,卖出现货进行价差套利的行为,但由于现货市场没有做空机制,所以策略实施起来有很大的限制。

现实中进行反向期现套利的交易者通常是那些为了降低库存成本的现货库存企业,反向期现套利中卖出现货不仅可以获得短期的资金,还可以节约持仓成本。当期货相对于现货价格较低甚至是贴水的时候,企业可以考虑进行反向期现套利。

【例11-8】5月初,大连的大豆现货价格为3450元/吨,9月大连商品交易所大豆期货合约价格为3560元/吨,期货价格比现货价格高110元/吨。根据经验和测算,套利者估计持仓成本大概为60元/吨,存在套利机会,于是某套利者以3450元/吨的价格买入现货500吨,同时卖出9月到期的大豆期货合约50手(每手10吨)。如果将现货持有到期货到期并用于期货的交割,该套利者的净盈利为3560-3450-60=50(元/吨)。

在实际操作中很少有人会真正通过实物交割完成期现套利,因无实物交割过程较多比较烦琐,一般只要基差朝着预期的方向变化,套利者可以在价差较为有利时将现货和期货的头寸分别了结,完成套利交易。

期现套利策略中,要十分重视对商品现货质量的把控,持仓成本能对期货价格和现货价格的关系进行限制就是因为最后实物交割的可能性,但如果商品质量的问题导致最后的交割无法完成,也就破坏了套利策略实施的基础,套利者将在期货市场面临巨大的风险敞口。

同时套利者还应该注意增值税的问题,这是持有成本中唯一的变量,因为增值税计算的商品的最终成交价格要按照最后一个月的结算价格计算,如果套利期间商品价格大幅度上涨,将提高计算价格,导致套利者缴纳更多的增值税,对套利收益产生影响。

(二) 跨期套利

跨期套利是指在同一市场(即同一交易所),买入某一交割月份期货合约的同时,同时卖出另一交割月份同种商品期货合约,以期价差变化有利时平仓获利。

理论上认为,随着交割日的临近,基差逐渐趋近于零,同时理论期货价格=现货价格+持有成本,所以可以推出不同月份之间的期货合约价差应小于等于这段时间的持有成本,否则就存在套利机会。

根据套利者对近月合约和远月合约的买卖方向不同,可以将跨期套利分为牛市套利、熊市套利和蝶式套利。

1. 牛市套利

牛市套利是指套利者通过买入较近月份的期货合约同时卖出较远月份的期货合约进行套利的行为。当市场供给不足或者需求旺盛或者预计远期供给强劲的情况下,会导致近月合约价格的上涨幅度大于远月合约价格的上涨幅度,或者近月合约价格的下跌幅度小于远月合约价格的下跌幅度,总之,近月合约价格相对于远月合约的价格表现较好。这种情况下,我们可以进行牛市套利策略。但牛市套利策略适用于可储存且年度相同的商品,比如玉米、小麦、棉花、钢等。但如活牛、生猪等不可储存的商品,不同月份之间价格的相关程度很低,不适合应用牛市套利策略。

【例11-9】2月1日,6月交割的大豆期货合约的价格为3400元/吨,8月交割的大豆期货合约3650元/吨。某套利者预计未来二者之间的价差将缩小,于是买入100手6月大豆期货合约,卖出100手8月大豆期货合约。4月5日,6月期货合约的价格上涨到3600元/吨,8月期货合约上涨到3750元/吨,6月和8月的大豆期货合约的价差缩小为150元/吨。此时,该套利者将同时将两个合约进行平仓,完成套利,套利结果如表11.14所示。

表 11.14 牛市套利结果(价格上升情形)

时间\合约月份	6	8	价差
2月1日	以3400元/吨的价格买入100手	以3650元/吨的价格卖出100手	250元/吨
4月5日	以3600元/吨的价格进行平仓	以3750元/吨的价格进行平仓	150元/吨
结果	盈利200元/吨	亏损100元/吨	缩小100元/吨

在本案例中,6月大豆期货合约的价格上涨幅度大于8月合约的价格上涨幅度,牛市套利的净盈利为200-100=100(元/吨),正好等于价差缩小的大小。但如果本案例中大豆价格不但没有上涨反而下跌,套利者的套利情况见【例11-10】。

【例11-10】2月1日,6月交割的大豆期货合约的价格为3400元/吨,8月交割的大豆期货合约3650元/吨。某套利者预计未来价格将上升,二者之间的价差将缩小,于是买入100手6月大豆期货合约,卖出100手8月大豆期货合约。4月5日,大豆期货价格不涨反跌,6月期货合约价格下跌到3300元/吨,8月期货合约的价格下跌到3400元/吨。

此时,该套利者同时将两个合约进行平仓,完成套利,套利结果如表 11.15 所示。

表 11.15　　　　　　　　牛市套利结果（价格下跌情形）

合约月份 时间	6	8	价差
2月1日	以 3400 元/吨的价格买入 100 手	以 3650 元/吨的价格卖出 100 手	250 元/吨
4月5日	以 3300 元/吨的价格进行平仓	以 3400 元/吨的价格进行平仓	100 元/吨
结果	亏损 100 元/吨	盈利 250 元/吨	缩小 150 元/吨

本案例中,6月合约的价格下跌幅度小于8月合约的下跌幅度,套利策略的净盈利为 $-100+250=150$ 元/吨,等于价差缩小的大小。

从以上两个案例中我们可以看出,无论未来价格上涨还是下跌,只要未来价差缩小,套利者就会赢利。同时,我们用买入套利和卖出套利的概念来分析上述两个案例,在上述两个正向市场中,套利者进行的均是卖出套利策略,只要价差缩小,套利者就会获取收益。如果在反向市场中,近月期货合约价格高于远月期货合约价格牛市套利可以看成是买入套利,只要价差扩大,套利者就可以盈利。

在正向市场中进行牛市套利,只要价差缩小,套利就会获取收益,而且价差的缩小幅度理论上不受限制,甚至可以由正向市场变成反向市场,理论上来说,在正向市场中进行牛市套利获利是无限的。当价差扩大时,正向市场中的牛市套利者会亏损,但价差的扩大要受到的持仓成本的限制,否则就会产生无风险套利机会,所以可以说在正向市场中进行牛市套利的亏损是有限度的。

2. 熊市套利

熊市套利是指套利者通过卖出较近月份期货合约,买入较远月份期货合约进行套利的行为。当市场供给过剩、需求不足或者预计远期需求旺盛的情况下,会导致近月合约价格的上涨幅度小于远月合约价格的上涨幅度,或者近月合约价格的下跌幅度大于远月合约的下跌幅度,总之,近月合约的价格表现弱于远月合约。这种情况下,我们可以进行熊市套利。

【例 11-11】4月3日,9月交割的白糖期货合约的价格为 5100 元/吨,12月交割的大豆期货合约 5300 元/吨。某套利者预计未来二者之间的价差将扩大,于是卖出 100 手 9 月白糖期货合约,买入 100 手 12 月白糖期货合约。6月1日,9月期货合约的价格上涨到 5400 元/吨,12月期货合约上涨到 5800 元/吨,9月和12月的白糖期货合约的价差扩大为 400 元/吨。此时,该套利者将同时将两个合约进行平仓,完成套利,套利结果如表 11.16 所示。

表 11.16　　　　　　　　　熊市套利结果（价格上涨情形）

时间 \ 合约月份	9	12	价差
4月3日	以 5100 元/吨的价格卖出 100 手	以 5300 元/吨的价格买入 100 手	200 元/吨
6月1日	以 5400 元/吨的价格进行平仓	以 5800 元/吨的价格进行平仓	400 元/吨
结果	亏损 300 元/吨	盈利 500 元/吨	扩大 200 元/吨

在本案例中，12 月白糖期货合约价格的上涨幅度大于 9 月白糖期货合约价格的上涨幅度，熊市套利策略的净盈利为 -300+500=200（元/吨），等于价差的扩大的大小。但如果本案例中的白糖价格没有上涨而是下跌，套利者的套利情况见【例 11-12】。

【例 11-12】4 月 3 日，9 月交割的白糖期货合约的价格为 5100 元/吨，12 月交割的大豆期货合约 5300 元/吨。某套利者预计未来价格将要上涨，二者之间的价差将扩大，于是卖出 100 手 9 月白糖期货合约，买入 100 手 12 月白糖期货合约。6 月 1 日，白糖价格不涨反跌，9 月期货合约价格下跌到 4600 元/吨，12 月期货合约价格下跌到 5000 元/吨。此时，该套利者同时将两个合约进行平仓，完成套利，套利结果如表 11.17 所示。

表 11.17　　　　　　　　　熊市套利结果（价格下跌情形）

时间 \ 合约月份	9	12	价差
4月3日	以 5100 元/吨的价格卖出 100 手	以 5300 元/吨的价格买入 100 手	200 元/吨
6月1日	以 4600 元/吨的价格进行平仓	以 5000 元/吨的价格进行平仓	400 元/吨
结果	盈利 500 元/吨	亏损 300 元/吨	扩大 200 元/吨

本案中，9 月合约的价格下跌幅度大于 12 月合约的下跌幅度，套利策略的净盈利为 500-300=200（元/吨），等于价差扩大的大小。

在上述两个案例中，我们可以看出无论未来价格是上涨还是下跌，只要价差扩大，套利者就可以盈利。我们再次用买入套利和卖出套利的概念来分析上述两个案例，该套利者进行的是买入套利，只要价差扩大，套利者就会获取收益。上述两个案例处于正向市场，如果在反向市场中，近月合约的价格高于远月合约的价格，熊市套利可以看成卖出套利，只有价差缩小才是能够盈利。

(三) 蝶式套利

蝶式套利是指在较近月份与居中月份之间进行牛市套利（或熊市套利）和居中月份与较远月份之间进行熊市套利（牛市套利）的一种组合套利策略。因为较近月份和较远月份分别处于居中月份的两侧，形同蝴蝶的翅膀，所以称作蝶式套利。

由于不同交割月份的期货合约价格水平存在差异，而且供求关系对不同月份的影响并不完全相同，这就可导致中间交割月份与两旁交割月份之间可能出现更大的价差，这也就吸引了套利者使用蝶式套利的方法进行套利的行为。

普通跨期套利行为只涉及两个交割月份的价差，而蝶式套利涉及中间月份同两旁交割月份之间共三个月份的价差。在进行蝶式套利时，要保证中间月份的合约的数量等于两旁交割月份的合约数量之和。例如，套利者买入（卖出）10手3月大豆合约，卖出（买入）20手5月大豆合约，买入（卖出）10手7月大豆合约。

【例11-13】3月2日，5月、7月和9月的橡胶期货合约的价格分别为17500元/吨、18000元/吨和18200元/吨。某套利者认为5月和7月期货合约之间的价差过大，预计来将会缩小，同时认为7月和9月期货合约之间的价差过小，预计未来将会扩大。于是该套利者买入50手（每手10吨）5月橡胶期货合约，卖出100手7月橡胶期货合约，买入50手9月橡胶期货合约。至4月2日，5月、7月和9月的橡胶期货合约价格分别上涨到17900元/吨、18100元/吨和18500元/吨。此时该套利者分别将三个期货合约进行平仓，完成蝶式套利。套利情况如表11.18所示。

表 11.18   蝶式套利结果

时间 \ 合约月份	5	7	9
3月2日	买入50手，17500元/吨	卖出100手，18000元/吨	买入50手，18200元/吨
4月2日	平仓，17900元/吨	平仓，18100元/吨	平仓，18500元/吨
结果	盈利400元/吨	亏损100元/吨	盈利300元/吨

5月合约的总盈利为 $400 \times 50 \times 10 = 200000$（元），7月合约的总亏损 $100 \times 100 \times 10 = 100000$（元），9月的总盈利为 $300 \times 50 \times 10 = 150000$（元），蝶式套利的净盈利为 $200000 - 100000 + 150000 = 250000$（元/吨）。

(四) 跨商品套利

跨商品套利，是指利用两种或两种以上不同但相互关联商品期货的价差进行套利的行为，即买入某一商品期货合约，同时卖出另一个交割月份相同的相关联的商品期货合约，以期在价差变化有利时平仓获利。

跨商品套利的两种商品必须高度相关，价格变动趋势相同，而且长期来看，二者的波动程度要大致相当。跨商品套利由于是在不同商品之间进行的，影响因素较多，所以相应的交易机会也多，是非常灵活多变的套利类型，但相应的风险也较大。

跨商品套利根据商品之间的关系可以分为相关商品之间的套利和原材料与成品之间的套利。

1. 相关商品间的套利

有些商品之间具有某种内在联系，例如需求替代品之间、需求互补品之间、生产替代品之间或生产互补品之间。它们之间的价格有稳定的比例关系，但市场供求、季节因素、突发事件、政策因素等对它们的影响并不完全相同，导致它们价格关系偏离合理区间，从而为套利交易提供了机会。在这种情况下，套利者可以卖出被高估的商品期货合约，买入被低估的商品期货合约，待价差恢复到合理区间后，平仓获利。

【例11-14】大连交易所的棕榈油和大豆油二者之间具有较强的替代性，其中一方价格上涨会引起对另一方的需求量上升，进而导致价格上涨，二者价格具有某种稳定关系。因此，当二者价差偏离正常水平时就有机会进行套利获利。2月3日，大连商品交易所8月的棕榈油期货合约的价格为4450元/吨，8月豆油期货合约价格为5520元/吨，某套利者认为二者之间的价差过小，于是卖出20手8月棕榈油期货合约，同时买进20手8月豆油期货合约。4月5日，棕榈油期货合约和豆油期货合约价格分别上涨到4600元/吨和5850元/吨。此时该套利者对先前持有的两个合约进行平仓，套利完成。套利结果如表11.19所示。

表11.19 跨品种套利结果

时间 \ 商品品种	棕榈油	豆油	价差
2月3日	以4450元/吨的价格卖出20手	以5520元/吨的价格买入20手	70元/吨
4月5日	以4600元/吨的价格进行平仓	以5850元/吨的价格进行平仓	250元/吨
结果	亏损150元/吨	盈利330元/吨	扩大180元/吨

本案例中，豆油期货合约价格的上升幅度大于棕榈油期货合约价格的上涨幅度，价差扩大180元/吨，本次套利的净盈利为330-150=180（元/吨）。

2. 原材料与成品之间的套利

因为原材料和成品之间存在着稳定产出比例，当二者的价差超出合理范畴时，就会有机会进行套利获利。

(1) 大豆提油套利

大豆市场的价格处于正常状态时，由于油脂加工厂在原材料购买和产成品销售之间存在时间差，属于双向敞口企业，一旦大豆价格上涨，或者豆油豆粕价格下跌，加工厂将会面临损失。为了规避这种价格风险，油脂加工厂在期货市场上买入大豆期货合约，同时卖出豆油和豆粕期货合约，当加工厂在现货市场上真正买入大豆或者销售其产成品大豆和豆粕时，再将先前持有的两个期货合约进行平仓。这样油脂加工厂就可以提前锁定原材料和产成品的价格，固定利润，规避日后价格变动的风险。

(2) 反向大豆提油套利

有时受特殊因素影响，大豆价格大幅上涨，甚至超过其产成品的价格，在这种反常市场中，油脂加工厂只要生产就会发生亏损。这时加工厂可以进行反向大豆提油套利，在期货市场上卖出大豆期货合约，买进豆油和豆粕期货合约，同时企业缩小产量，这样有助于价格恢复正常。市场恢复正常后，加工厂在期货市场的盈利可以弥补其在现货生产经营中的损失，起到对冲效果。

(五) 跨市套利

跨市套利是指套利者在某个市场买入（或卖出）某一交割月份的期货合约，同时在另一市场卖出（或买入）同种商品相应的合约，以期在价差变动有利时平仓获利。跨市套利要注意以期货交割的标的物品质相同或相近为基础，并且两个期货合约的价格走势要有很强的相关性，此外，进出口政策对两国商品的自由流通保障也是套利能够取得成功的前提。

【例11-15】4月1日，纽约金属交易所12月黄金期货合约的价格为204元/克（折算成人民币），同日，国内黄金的期货价格为198.1元/克，此时的价差约为6元/克，但二者之间价差的合理范围应该在+2元/克和-2元/克之间。某套利者认为此时的价差过大，未来两个市场的黄金期货价差将缩小。于是，该套利者决定买入20手（1手为1000克）国内12月黄金期货合约，同时卖出20手纽约金属交易所黄金期货合约。4月2日，国内黄金期货合约大幅上涨至203.2元/克，纽约金属交易所黄金期货合约价格降至203.6元/克（折算成人民币），此时该套利者将先前持有的两个期货合约进行平仓，完成套利。套利结果如表11.20所示。

表 11.20 跨市套利结果

时间＼市场	国内	纽约	价差
4月1日	以 198.1 元/克的价格买入 20 手	以 204 元/克的价格卖出 20 手	5.9 元/克
4月2日	以 203.2 元/克的价格进行平仓	以 203.6 元/克的价格进行平仓	0.4 元/克
结果	盈利 5.1 元/克	盈利 0.4 元/克	缩小 5.5 元/克
	净盈利 5.1+0.4＝5.5（元/克）		

第十二章 商品期权投资交易策略

第一节 商品期权套期保值交易策略

期权作为基础性衍生产品,投资者可运用其进行风险管理,他们同时买入卖出期权合约和期权合约的标的资产,用对冲未来盈亏的方式达到规避现货价格风险的目的。

一、保护性看跌期权

期权保险策略是指证券组合中包含了标的证券与看跌期权,即买入标的证券的同时,也买入看跌期权来弥补股价下跌的损失,那么事实上是建立了一个看涨期权的多头持仓。

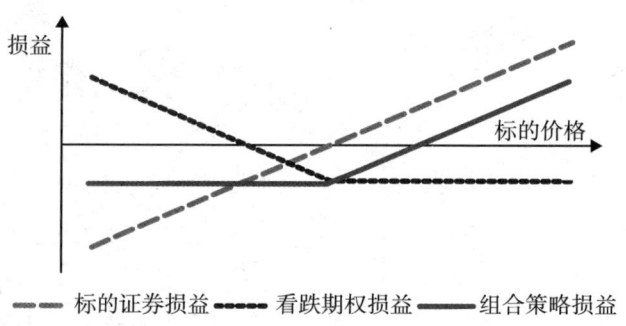

图 12.1 保护性看跌期权损益

表 12.1　　　　　　　　　保护性看跌期权损益分析

组合方式	买入标的证券+买入看跌期权=买入看涨期权
运用场合	牛市,已经买入标的证券但又发觉价格要下跌,于是买入看跌期权可防止价格下跌风险
损益	标的证券价格上涨时:平仓损益=(卖出标的证券价格-买入标的证券价格)+(卖出权利金-买入权利金) 行权损益=执行价格-标的证券价格-权利金

续表

最大风险	当行权价格=标的证券价格时：权利金
	当行权价格≠标的证券价格时：行权价格-标的资产价格-权利金
损益平衡点	标的证券价格+最大风险
履约后头寸状态	标的证券多头+期权行权空头

【例12-1】 某投资者在3月21日买入5月某农产品期货合约，价格为2840元，同时买入5月该品种看跌期权，行权价格为2900元，权利金为120元，则相当于买入一个行权价格为2900元的看涨期权。因为如果期货价格下跌，则买入的期货合约损失增大，但所买入的看跌期权在期货价格下跌到2780元时收益增大，二者可以抵销，损失只是权利金。如果期货价格上升，则期货价格收益增大，而买入的看跌期权可以任其过期作废或平仓，扣除权利金后全为利润。因此，不管期货价格是上升还是下跌，损失只是权利金，而收益却是可以增大的，因此相当于买入一个看涨期权。

（一）该策略注意事项

此策略一般都是在已经持有标的资产（期货或股票）的前提下买一份看跌期权保险。所以投资者相对保守，风险敏感度不高。该策略的操作需注意以下几点。

1. 到期时间的选择

策略中有一份买入看跌期权，因此到期时间的选择和单纯买入看跌期权类似，时间价值的流失对于我们来说是不利的，这意味着至少应选择到期时间3个月或者更长的期权，但也可以选择近期的期权，因为价格会便宜，具体选择视情况而定。

2. 行权价的选择

买入认沽期权是以保护标的资产为目的，所以价内幅度越深的看跌期权保护效果越好，但意味着价格越贵，因此选择期权行权价格应视投资者对于标的资产的走势的判断而定。一般出于保险的成本考虑，经常选取的期权是平价期权或价外期权。

3. 平仓时间的选择

平仓认沽期权尽量不要拖到最后一个月内平仓，因为最后一个月时间价值损失最为严重。

（二）该策略优缺点

1. 保护性看跌期权策略的优点

（1）作为保险，能够有效的保护标的期货或股票的下行风险，特别是一些跳空低开的情况。

（2）在控制下行风险的同时，标的资产的收益上限没有受到影响。

2. 保护性看跌期权的缺点

（1）保护性看跌期权需要同时持有标的资产和看跌期权，相对买入看涨期权来说，投入成本大。

（2）相对买入认购期权来说，杠杆小很多。

二、备兑看涨期权

备兑看涨期权是指买入标的证券的同时卖出看涨期权。当标的证券价格上涨超过行权价后，投资者最多只能以行权价卖出标的证券，此时组合策略利润将达到最大，并保持不变。当标的证券价格下跌时，投资者可以得到看涨期权的权利金，从而减少损失。因此，持有备兑看涨期权的投资者对股票价格变化方向是中性的或者轻微看涨的。

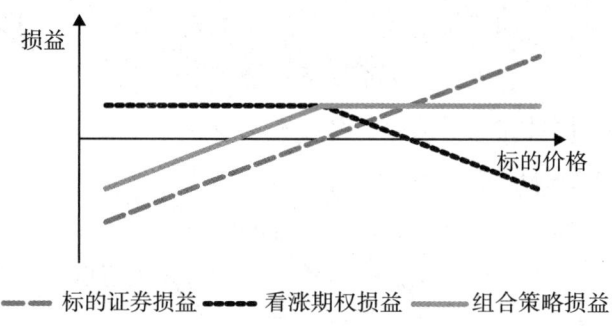

图 12.2　备兑看涨期权损益

表 12.2　　　　　　　　　　　备兑看涨期权损益分析

组合方式	买入标的资产+卖出看涨期权=卖出看跌期权
运用场合	牛市：预计价格不会大幅波动，于是卖出看涨期权赚取权利金，但又担心价格大幅上行，所以又买入期货/股票，虽然权利金收入低，但一旦行权，可赚取行权价格与所买标的资产之差 已买入标的资产，未锁定标的利润，而卖出看涨期权
损益	收益=行权价格-标的资产市价-权利金 最大收益=权利金
最大风险	价格下跌时：购买标的资产价格-标的资产市价-权利金
损益平衡点	标的资产价格-最大收益
履约后头寸状态	标的证券多头+期权行权空头

【例 12-2】假设某投资者以 2800 元买入 3 月某品种期货合约，同时卖出了一张 3 月该品种看涨期权（行权价为 2800 元，权利金为每股 20 元）。则该组合策略的盈亏平衡点

为 2800−20＝2780（元），最大收益为 20 元。

（一）注意事项

备兑看涨策略主要是以获取稳定收益为目的。它的操作要注意以下几点。

1. 到期时间的选择

和单纯卖出看涨期权相同，时间价值的流失对于备兑看涨期权来说是十分有利的，到期时间的选择上应选择到期时间短的期权，这意味着应选到期时间 1 个月或者更短的期权，时间价值都将在最后一个月内流失，这些流失的时间价值就是该策略的主要收益来源。

2. 行权价的选择

一般情况下，投资者会保留标的资产，因此卖出看涨期权的行权价都会选取价外，但有些时候，投资者通过对于标的资产未来走势判断，也可以卖出价内期权或平价期权，这就意味着一旦标的资产下跌，投资者将获的更多的权利金，但标的股票被行使的概率也将大大增加。

3. 平仓时间的选择

如果判断正确，备兑看涨期权策略中的期权头寸基本都会持有到期，此时期权价值一文不值。

（二）该策略优缺点

1. 该策略的优点

（1）提供稳定收益策略。

（2）比只持有标的资产头寸风险小。

2. 备兑看涨期权的缺点

（1）对于只交易期权的投资者来说，成本相对较高。

（2）标的资产上行收益空间被锁定。

（3）标的资产下行风险未受保护。

第二节　商品期权投机交易策略

投机者作为市场中的风险偏好者，承担一定的价格风险，通过预测期权合约未来价格的变化来获取价差收益。

一、单一策略

期权的交易中，如果只买入或卖出单独一种期权，称为单一策略。单一策略包括买入看涨期权、买入看跌期权、卖出看涨期权和卖出看跌期权四种交易策略。

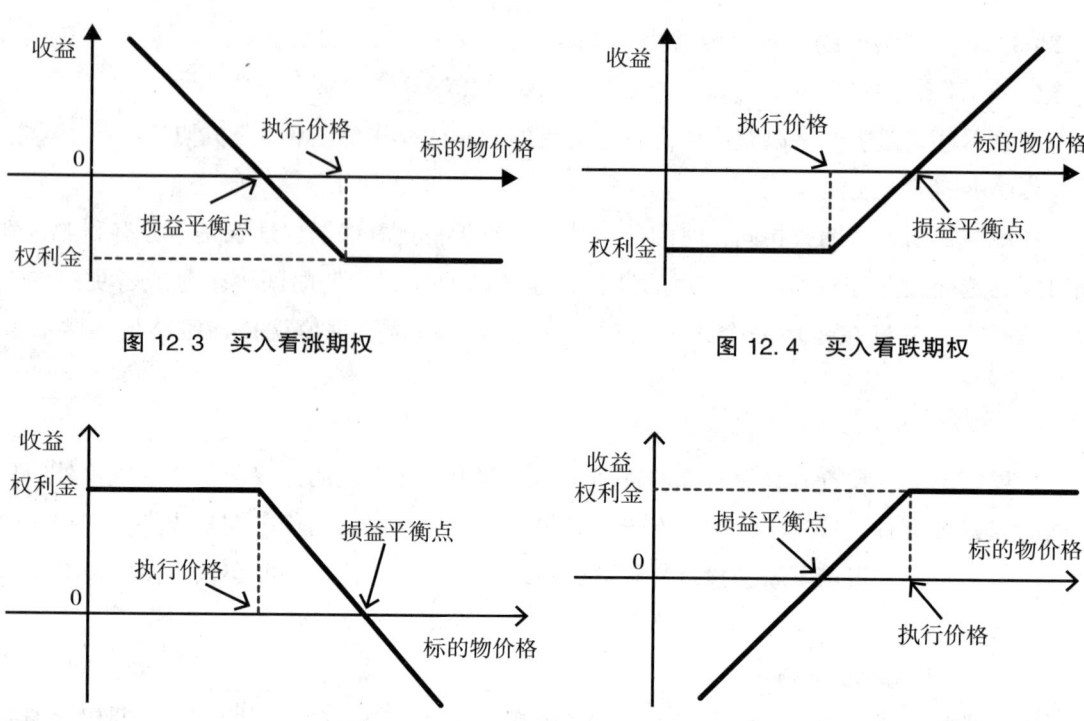

图 12.3　买入看涨期权　　　　　　图 12.4　买入看跌期权

图 12.5　卖出看涨期权　　　　　　图 12.6　卖出看跌期权

（一）买入看涨期权

表 12.3　　　　　　　　　　买入看涨期权策略分析

	买入看涨期权
运用场合	（1）牛市，但隐含价格波动率低（隐含价格波动率低是指理论上应该波动较大，但市场反应较小，因此在牛市时买入低估的看涨期权） 如果深信价格会大幅上涨，则不如直接买入期货合约，可以减少权利金支出 （2）后市上涨。越是看大涨，越可以用虚值看涨期权（付出的权利金成本低），以获取价格急升所可能带来的利润 （3）价格见底，市场波动率正在扩大 （4）预期后市看涨，但不愿付出更多保证金买进期货合约
损益	平仓损益＝权利金卖出价－权利金买入价 行权损益＝标的资产卖价－执行价格－权利金
最大风险（收益）	损失全部权利金
损益平衡点	执行价格＋权利金
保证金	无须缴纳
履约后头寸状态	多头

买入看涨策略在波动率较高，风险较大，标的证券上涨才能获得收益，虽然理论上最大收益无上限，但一旦判断错误，初始权利金很可能100%损失。

到期时间的选择：因为是买入期权，时间价值的流失对于我们来说是不利的。但为了比单纯投资标的证券达到更好的收益率，投资者必须确保期权能够给出足够时间证明投资思路是正确的，一般来说，投资者至少应投资到期时间3个月或者更长的期权，例如一年到期的期权。这些期权往往都是比较贵的，也就是总的时间价值比较高，但事实上我们将时间价值平均分配到每个月来看，我们会发现长期期权的单位时间价值远低于短期期权的单位时间价值。如果长期的期权价格实在超出忍受范围，而对自己的判断短期较有把握，另一种方法是购买期限较短的深度价内期权。

行权价的选择要视具体情况而定，但建议尽量选择平价期权或价内期权，因为这样杠杆比例较低，风险较小，一旦判断错误的话，损失比例也较小。

平仓时间尽量不要拖到最后一个月内平仓，因为最后一个月时间价值损失最为严重。

（二）卖出看涨期权

表12.4　　　　　　　　　　　　卖出看涨期权策略分析

	卖出看涨期权
运用场合	(1) 熊市，但隐含波动率低（说明：隐含价格波动率低是指理论上应该波动较大，但市场反应较小，因此在熊市时买入低估的看跌期权）。如果深信价格会大幅下跌，则不如直接卖出期货合约，可减少权利金支出 (2) 后市大跌。越是看大跌，越可以用虚值看跌期权（付出的权利金成本更小），以获取价格急跌带来的利润 (3) 预测后市下跌，但不愿付出更多保证金卖出期货合约 (4) 价格见顶，波动率正在扩大
损益	平仓损益=权利金卖出价-权利金买入价 行权损益=执行价格-标的资产价格-权利金
最大风险（收益）	损失全部权利金
损益平衡点	执行价格-权利金
保证金	无须缴纳
履约后头寸状态	空头

实施卖出看涨期权策略时,我们必须要考虑标的资产的走势,特别要明确标的资产的未来是下降趋势或者至少是盘整趋势。单纯卖出看涨期权的目的和买入看涨期权的目的完全不同。一般卖出看涨期权的目的主要是投资者想要获得稳定持续的收益。

投资者以获得稳定收益为目的,不希望期权到期被执行,它的操作要点有以下几点。

(1) 必须充分知晓单纯卖出期权的高风险,以稳定收益目标,而非收益最大化,标的资产下跌或者窄幅振荡才能获得收益。

(2) 到期时间的选择:和买入看涨期权相反,时间价值的流失对于卖出看涨期权来说是十分有利的;同时由于潜在风险很大,必须确保整个操作思路在到期前不发生错误。基于以上两点在到期时间的选择上应选择到期时间短的期权,这意味着应操作到期时间1个月或者更短的期权。期权时间价值都在到期前最后一个月以内流失,流失的时间价值就是策略的全部收益来源。

(3) 行权价的选择:视具体情况而定,但建议尽量选择价外期权,因为这样,期权价值都为时间价值,标的期货上涨至高于行权价格的概率也较小。

(4) 平仓时间的选择:如果判断正确,卖出看涨认购期权基本都会持有到期,此时期权价值一文不值,这样投资者就可以尽收时间价值的收益。

(三) 买入看跌期权

表 12.5　　　　　　　　　　买入看跌期权策略分析

	买入看跌期权
运用场合	(1) 熊市,隐含价格波动率高 (2) 横盘,市场波动率低或收窄 (3) 看后市下跌或已见顶。如果坚信大市不会上升,可考虑卖出看涨期权收取权利金。深信大市已见顶,会辗转下跌,更可卖出实值看涨期权,以赚取最大的利润。否则,宜卖出平值或虚值看涨期权
损益	平仓损益=权利金卖出价-权利金买入价 行权损益=执行价格-标的资产买价+权利金
最大风险(收益)	获得权利金
损益平衡点	执行价格+权利金
保证金	需缴纳
履约后头寸状态	空头

买入看跌期权策略在波动率较高,风险较大,标的证券下跌才能获得收益,虽然理论上最大收益很大,但一旦判断错误,初始权利金很可能100%损失。

到期时间的选择:时间价值的流失对于我们来说是不利的。为了确保期权能够给出足够时间证明投资思路是正确的,一般来说,投资者应投资到期时间3个月或者更长的期权。这些期权往往都比较贵的,但事实上我们将时间价值平均分配到每个月来看,我们会发现长期期权的单位时间价值远低于短期期权的单位时间价值,这与看涨期权类似。

行权价的选择视具体情况而定,但建议尽量选择平价期权或价内期权,因为这样杠杆比例较低,风险较小,一旦判断错误的话,损失比例也较小。

平仓时间尽量不要拖到最后一个月内平仓,因为最后一个月时间价值损失最为严重。

(四) 卖出看跌期权

表 12.6　　　　　　　　　　卖出看跌期权策略分析

	卖出看跌期权
运用场合	(1) 隐含波动率高 (2) 横盘,市场波动率低或收窄 (3) 看后市上涨或已见底。如坚信大市看涨,可卖出看跌期权收取权利金。如深信大市见底,会辗转上升,更可卖出实值看跌期权,以赚取最大的利润。否则,宜卖出平值或虚值看跌期权
损益	平仓损益=权利金卖出价-权利金买入价 行权损益=标的资产价格卖出价-执行价格+权利金
最大风险(收益)	获得权利金
损益平衡点	执行价格-权利金
保证金	需缴纳
履约后头寸状态	多头

卖出看跌期权的目的主要有两种,一类投资者的投资目的是获得稳定持续的收益;另一类投资者的目的是能够通过执行期权拿到更好的价格的标的资产。

首先,第一类投资者以获得稳定收益为目的,这类投资者不希望期权到期被执行,它的操作要点有以下几点。

(1) 必须充分知晓单纯卖出期权的潜在风险很高,以稳定收益目标,而非收益最大化,标的资产上涨或者窄幅振荡才能获得收益。

(2) 到期时间的选择：和买入看跌期权相反，时间价值的流失对于卖出看跌期权来说是十分有利的；同时由于潜在风险很大，必须确保整个操作思路在到期前不发生错误。基于以上两点在到期时间的选择上应选择到期时间短的期权，这意味着应操作到期时间 1 个月或者更短的期权。这些期权时间价值都将在最后一个月以内流失，这些流失的时间价值就是卖出认沽期权主要的收益来源。

(3) 行权价的选择：视具体情况而定，但建议尽量选择价外期权，因为这样，期权价值基本都为时间价值，标的资产上涨至高于行权价格的概率也较小。

(4) 平仓时间的选择：如果判断正确，卖出认沽期权基本都会持有到期，此时期权价值一文不值，这样投资者就可以尽收时间价值的收益。

其次，第二类投资者以获得更好的价格买到标的资产（股票或期货）为目的，这类投资者则希望期权到期被执行。这类投资者相对保守，对于风险的敏感度相对较低。操作方面要注意以下几点。

(1) 到期时间的选择：这和投资者希望何时买入标的资产有关，一般到期时间选择都较短。

(2) 行权价的选择：视具体情况而定，为了能够保证到期日能够顺利买到标的资产，投资者一般都会选择平价或者价内期权，但对于判断短期标的资产仍可能有一波下跌的投资者来说，也可以选择价外期权。

(3) 平仓时间的选择：一般来说，这类投资者都会持有期权到期。

二、组合策略

（一）跨式期权组合与宽跨式期权组合

1. 跨式期权组合

跨式期权策略，投资者同时拥有同一标的资产相同数量的具有相同执行价格、相同到期日的看涨期权与看跌期权多头头寸，称为多头跨式期权组合。如果同时拥有上述看涨期权与看跌期权的空头头寸，则称为空头跨式期权组合。

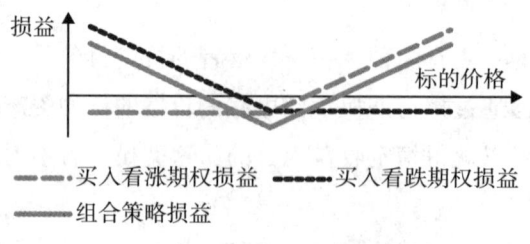

图 12.7 多头跨式期权损益

多头跨式期权组合是以相同的行权价格同时买入看涨期权和看跌期权，在后市方向不明确，但认为会有显著的价格变动，波动性会增大时运用，并认为波动性越大，对期权持仓越有利。当价格上涨时，收益增加，收益＝标的资产价格－行权价格－权利金；当价格下跌时，收益增加，收益＝行权价格－标的资产价格－权利金，最多会损失支付的全部权利金。高损益平衡点＝行权价格＋权利金，低平衡点＝行权价格－权利金，两类期权不可能同时行权，因此上涨有利行权为多头，下跌有利行权为空头。

【例12-3】当白糖1705合约价格为6700元时，以考虑买入一个行权价为6700元、权利金为234元的看涨期权，同时买入一个行权价为6700元、权利金为179元的看跌期权。只要到期时白糖1705合约价格高于7113元或低于6287元时可产生盈利，理论上收益无上限。到期时若白糖1705合约价格不变，达到最大亏损413元。

操作买入跨式组合策略前，我们需要考虑以下一些因素：

（1）到期时间的选择：和买入看涨期权、看跌期权相似，为了确保期权能够给出足够时间证明投资思路是正确的，意味着至少应投资到期时间3个月或者更长的期权。

（2）标的的选择上：尽量选择一些近期有大事件即将发生的期货（或现货）。

（3）建仓成本上的考虑：建仓跨式组合的成本要控制在近期期货（或现货）最高价减去最低价的差值之内。比如，投资者要买入3个月后到期的跨式组合期权，就应取近3个月的最高价和最低价。成本越高，风险越大。

（4）行权价的选择：行权价格一般都会选择平价期权。

（5）平仓时间的选择：根据标的证券走势而定，但一般会选择在标的资产发生大事件后的两周内平仓，而且尽量不要把仓位保留至到期日前一个月内，因为时间价值流失很快，并会严重影响收益率。

该策略的优点：①能够在标的资产大幅波动的情况下带来很高的收益率；②最大亏损有限；③最大收益不封顶。

该策略的缺点：①初期成本很高，因为要同时买入看涨期权和看跌期权；②只有标的资产大幅波动的情况下才能获利。

与多头情况相反，如果投资者不知道股价是会上升还是下降，但判断股价会比较稳定，则可以做空跨式期权组合。其收益情况如图12.8所示。

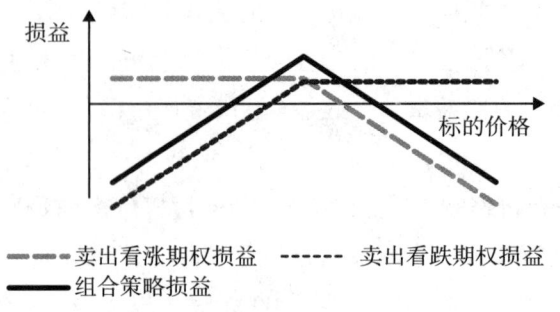

图 12.8　空头跨式期权损益

空头跨式期权策略是以相同的行权价格同时卖出看涨期权和看跌期权，当投资者预计价格会变动很小或没有变动。价格上升或下跌的幅度收窄或是市场波动率下跌市况日趋盘整，价位波幅收窄，图表上形成"楔形三角形"或"矩形"形态走势时使用。该策略最大收益为收取的全部权利金，如果价格上涨超过高平衡点（行权价格+权利金），期权买方有权执行看涨期权，卖方损失=标的资产价格－行权价格+权利金，如果价格下跌超过低平衡点（行权价格－权利金），期权买方有权执行看跌期权，卖方损失=行权价格－标的资产价格+权利金。如果价格上涨，则行权后为空头；如果价格下跌，则行权后为多头。

【例 12-4】当白糖 1705 合约价格为 6700 元时，可以考虑卖出一个行权价为 6700 元，权利金为 234 元的看涨期权，同时卖出一个行权价为 6700 元，权利金为 179 元的看跌期权只要到期时白糖 1705 合约价格高于 7113 元或低于 6287 元时可产生亏损，理论上亏损无上限。到期时若白糖 1705 合约价格不变，获得最大收益 413 元。

操作卖出跨式组合策略前，我们需要考虑以下一些因素。

（1）到期时间的选择：和卖出看涨期权、看跌期权相似，为了确保策略在期权到期日前不出错，意味着应选择到期时间在 1 个月或者更短的期权。

（2）标的资产的选择上：尽量选择一些近期没有大事件发生的期货（或现货）。

（3）行权价的选择：行权价格一般都会选择平价期权。

（4）平仓时间的选择：根据标的证券走势和投资者是否要行权而定，但一般会选择在标的证券即将到期前平仓不行权。

该策略的优点：①能够在期货（或现货）窄幅震荡的情况下获得较高收益；②收益率相比单一卖出看涨期权或看跌期权高。

该策略的缺点：①无论大涨或大跌，策略亏损很严重；②最大收益有限；③如果不平仓的话，几乎百分之百其中一份期权将要被行权；④策略风险很大，不适合期权初学者。

2. 勒式期权组合

投资者同时拥有相同数量的以同一基础资产为标的资产的具有不同执行价格、相同到期日的看涨期权和看跌期权多头头寸，称为勒式期权组合。如果同时拥有上述看涨期权与看跌期权的空头头寸，称为卖出勒式期权组合。

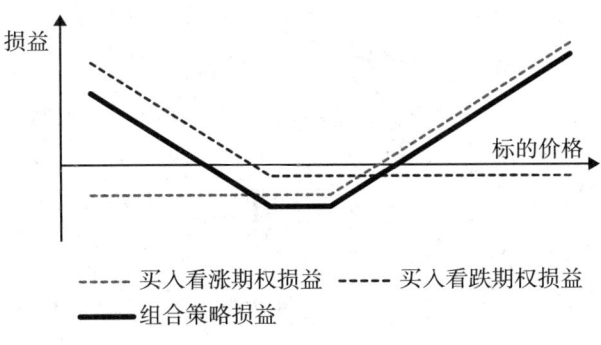

图 12.9　勒式期权组合损益

表 12.7　　　　　　　　　　　　　勒式期权损益情况

股价范围	看涨期权损益	看跌期权损益	组合损益
$S \leq K_1$	$-C$	K_1-S-P	$K_1-S-C-P$
$K_1 < S < K_2$	$-C$	$-P$	$-C-P$
$S > K_2$	$S-K_2-C$	$-P$	$S-K_2-C-P$

勒式期权组合策略类似跨式组合策略，需同时买入一份具有相同到期日的看涨期权和一份看跌期权，但行权价不同，皆为价外期权，因此投入成本相对跨式组合期权要低。同时看涨期权和看跌期权都具有有限风险，潜在收益很高的特点，如果标的资产大涨大跌，策略的收益将十分可观。

勒式组合策略和跨式组合策略操作上有很多相似之处。虽然从投入成本上，勒式组合策略比跨式组合策略低很多，但亏损区间也宽很多，因此在操作上更应要考虑收益风险问题。操作勒式组合策略要具体考虑的因素如下。

（1）到期时间的选择：和买入看涨期权、看跌期权相似，为了确保期权能够给出足够时间证明投资思路是正确的，意味着至少应投资到期时间 3 个月或者更长的期权。

（2）标的的选择上：尽量选择一些近期有大事件即将发生的期货（或现货）。

（3）行权价的选择：行权价格一般都会选择价外期权。

（4）平仓时间的选择：根据标的证券走势而定，但一般会选择在标的资产发生大事件后的两周内平仓，而且尽量不要把仓位保留至到期日前一个月内，因为时间价值流失很快，并会严重影响收益率。

卖出勒式组合策略类似卖出跨式组合策略，需同时卖出一份具有相同到期日的看涨期权和一份看跌期权，但行权价不同，皆为价外期权。

3. 沟式组合策略

沟式组合策略和勒式组合策略一样，也是一类跨式组合策略的变种，需同时买入一份具有相同到期日的认购期权和一份认沽期权，但行权价不同，皆为价内期权，因此初始投入成本相对跨式组合期权要高。如果同时拥有上述看涨期权与看跌期权的空头头寸，称为卖出沟式期权组合。

沟式组合策略是以较低的行权价格买入看涨期权，并以较高的行权价格买入看跌期权。运用场合一是预测标的物价格将有一定幅度的变动，但无法确定其方向；二是市场波动率上升时。该策略的最大损失为权利金总支出与行权价格之差。如果标的资产价格落在两个行权价之间，则无收益，且损失最大；如果标的资产价格上涨高于高平衡点（高行权价格+最大风险），收益=标的资产价格-看涨期权行权价格-总权利金，如果标的资产价格下跌低于低平衡点（低行权价格-最大风险），收益=看跌期权行权价格-标的资产价格-总权利金。如果价格大幅上涨，则可执行看涨期权获得标的资产多头；如果价格大幅下跌，则可执行看跌期权获得标的空头。

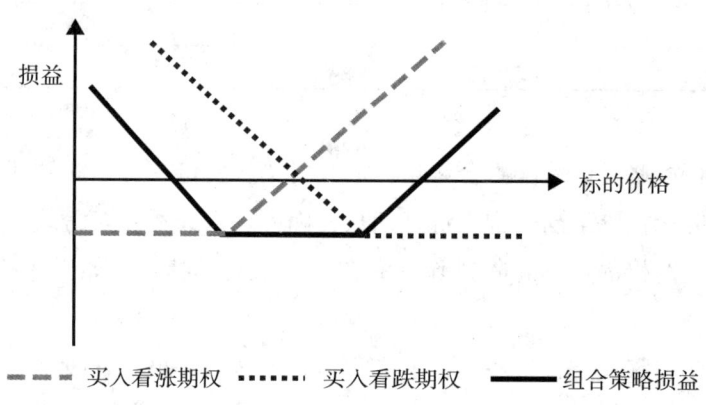

图 12.10　沟式期权组合损益图

从投入成本上，沟式组合策略比跨式组合策略高，亏损区间也宽很多，因此在操作上更应考虑收益风险问题。操作沟式组合策略要具体考虑的因素如下。

（1）到期时间的选择：和买入看涨期权、看跌期权相似，为了确保期权能够给出足够时间证明投资思路是正确的，意味着至少应投资到期时间3个月或者更长的期权。

（2）期货（或现货）的选择上：尽量选择一些近期有大事件即将发生的期货（或现货）。

(3) 行权价的选择：行权价格一般都会选择价内期权。

(4) 平仓时间的选择：根据标的证券走势而定，但一般会选择在标的资产发生大事件后的两周内平仓，而且尽量不要把仓位保留至到期日前一个月内，因为时间价值流失很快，并会严重影响收益率。

4. 看涨期权反向比率套利

反向比率套利是指所买入的期权数量多于卖出的期权数量、期权的标的合约与到期日都相同的套利，是看波动率上升，同时市价也上升的期权策略。

看涨期权反向比率套利策略是卖出一份低行权价格的看涨期权，买入两份高行权价格的同月份看涨期权。当投资者认为波动率上升，但较为看好后市，并希望付出较低的权利金时使用。低行权价格之下的最大收益为净权利金，高权利金价格之上的最大收益=标的物结算价格-高行权价格-最大风险，最大损失=高行权价格-低行权价格-净权利金。在高平衡点（行权价格+最大风险）之下自己不会主动行权，但在低平衡点（低行权价格+净权利金）之上会被动行权获得标的空头，该持仓的处理要看价格波动幅度，要么平仓，要么自动行权的头寸平仓。

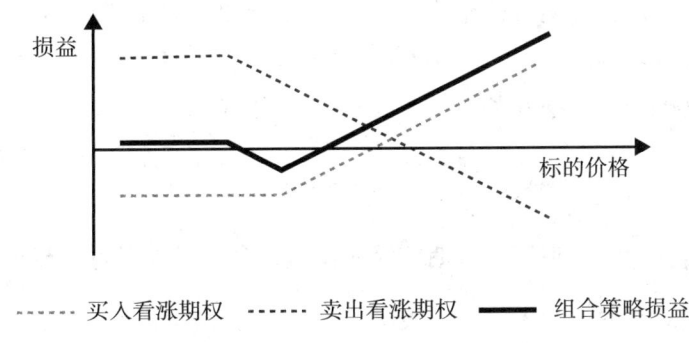

图 12.11 看涨期权反向比率套利策略损益

当投资者认为波动率会上升，但同时认为市场会下跌时，可采取看跌期权方向比率套利策略。该策略是卖出一份高行权价格的看跌期权的同时买入两份低行权价格的看跌期权。

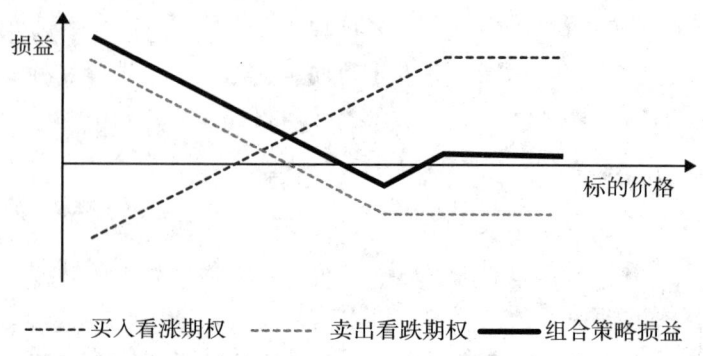

―――― 买入看涨期权　―――― 卖出看跌期权　—— 组合策略损益

图 12.12　看跌期权方向比率套利策略损益

【例 12-5】卖出一份行权价格为 10000 元的某品种看跌期权，买入两份行权价格为 9600 元的该品种看跌期权，权利金分别为 80 元和 20 元，净权利金收入为 40 元（80-20×2=40）。最大风险=10000-9600-40=360（元）。高平衡点 P_2=10000-40=9960（元）。低平衡点 P_1=9600-360=9240（元）。收益：如果期货价格高于 10000 元，则最大收益=40 元。如果期货价格低于 9240 元，比如为 9000 元，则收益=9600-9000-360=240（元）。进一步分析的结论相同：在期货价格为 9000 元时，卖出的看跌期权会被行权，则行权后若按市价平仓，盈亏=9000-10000=-1000（元）；但其买入的看跌期权也可行权，行权后平仓=（9600-9000）×2=1200（元），加上权利金收入 40 元，则总盈亏=-1000+1200+40=240（元）。

5. 争辩式期权组合

争辩式期权组合是同时买入看涨期权反向比率组合及买入看跌期权反向比率组合，其中卖出的期权是同一行权价。

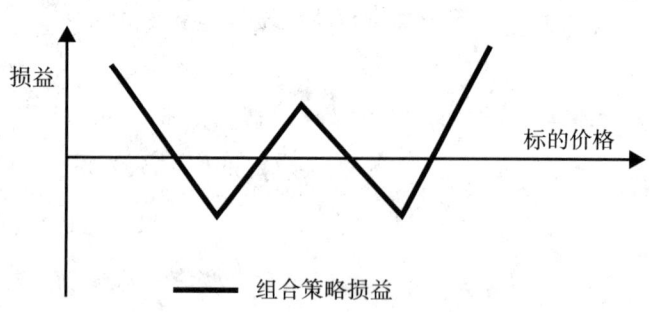

—— 组合策略损益

图 12.13　争辩式期权组合损益

该策略是在投资者对市场方向无看法，但认为市价一旦突破上下限，波动率会上升。

不过，投资者可能担心，一旦市价维持在中央位置，波动率的损失会很大，同时也不希望支付买入跨式期权的费用。

（二）价差策略

1. 牛市价差组合

牛市价差策略是指买入一份看涨期权并出售一份具有相同到期日而执行价格较高的看涨期权，也可以由一份看跌期权多头与一份同一期权较高协议价格的看跌期权空头组成。该策略在投资者预测价格将上涨都一定水平时使用，买方希望从后市波动中收益，但又缺乏信心，所以买入看涨期权，同时通过卖出看涨期权来降低权利金成本。

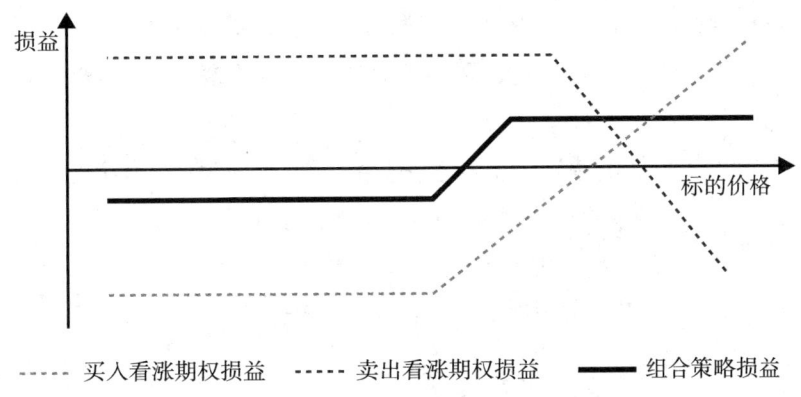

图 12.14　牛市看涨期权价差组合

当股价上升时，牛市看涨期权将开始盈利，当股票价格升至较高执行价格以上时，将获得最大收益。该策略通常用于预期股价将上涨，但不会大幅上涨的情况。因此，虽然获利有限，但是成本也会降低。该策略下的最大损失为付出的净权利金，最大收益=高行权价格-低行权价格-最大损失，损益平衡点=低行权价格+最大损失额或高行权价格-最大收益。该策略操作时需考虑如下几点。

到期时间的选择和买入看涨期权相似，为了确保期权能够给出足够时间证明投资思路是正确的，意味着至少应投资到期时间3个月或者更长的期权，同样卖出看涨期权一端也选择同样到期时间。

行权价的选择：行权价格较低的买入看涨期权一端，行权价格应参照单纯买入看涨期权，尽量选择平价期权或价内期权，因为这样杠杆比例较低，风险较小，一旦判断错误的话，损失比例也较小；而行权价格较高的卖出看涨期权一端，则需考虑投资者的成本因素以及投资者对于标的证券预期上涨幅度这两大因素，一般来说卖出期权端的行权价会选择略高于标的证券预期上涨的目标位或者标的证券上涨的阻力位。

平仓时间的选择：根据标的证券走势而定，可以选择平掉一端仓位，也可以选择同时平掉两端仓位。例如，标的资产如果向着投资者有利的方向走，但没有突破阻力位（卖出看涨期权行权价位置），并预计会在阻力位下方盘整至期权到期，此时可以考虑平仓买入期权端，并保持卖出期权端持有到期；如果标的证券已有效突破阻力位，并预期会继续大幅上涨，此时可以考虑先平掉卖出期权端，而后在期权到期前平掉买入期权端以避免行权。

牛市看涨期权价差策略的优点：一是盈亏平衡点、初期成本投入、风险考虑都优于单独买入看涨期权；二是最大亏损有限；三是距离到期日越远，即便是在标的资产大幅下挫的情况下，策略的亏损也是有限的。该策略的缺点：一是最大收益有限；二是只有当卖出看涨期权的行权价很高加上标的证券上涨的情况下才能获得可观盈利；三是距离到期日越远，即便是在标的资产大幅上涨的情况下，策略的盈利也不会马上体现，这也是保护下行风险需要付出的代价。

牛市看跌期权价差组合的损益图形与看涨期权牛市价差类似，不再赘述。

【例 12-6】当豆粕 1705 合约价格为 2800 元时，可以考虑买入一个行权价为 2800 元、权利金为 139.5 元的看涨期权，同时卖出一个行权价为 3000 元、权利金为 62.5 元的看涨期权。期时豆粕 1705 合约价格低于 2800 元时达到最大亏损 77 元，豆粕 1705 合约价格高于 3000 元时获得最大收益 123 元。

2. 熊市价差组合

熊市价差策略跟牛市价差策略恰好相反，它可以有一份看涨期权多头和一份相同期限、协议价格较低的看涨期权空头组成，也可以有一份看跌期权多头和一份相同期权、协议价格较低的看跌期权空头组成。

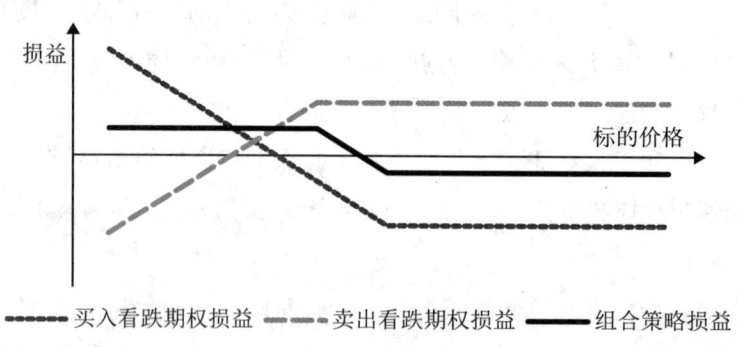

图 12.15　熊市看跌期权价差组合

在投资者看跌行情，卖方希望从熊市中获利，于是买入看跌期权，同时又通过卖出看跌期权来降低权利金成本。熊市看跌期权价差策略的基础头寸是买入一份行权价较高的看跌期权合约，卖出一份行权价格较低的看跌期权合约。当标的资产下跌时，熊市看跌期权价差组合将开始盈利，当标的资产价格跌至较低执行价以下时，将获得最大收益（收取的净权利金）。当标的资产价格上涨至高执行价以上时，将遭受最大损失＝高行权价格－低行权价格－最大收益。损益平衡点＝低行权价格＋最大收益或是高行权价格－最大损失。

操作上应注意：熊市看跌期权价差策略的到期时间宜选择3个月或更长；在行权价的选择上，买入看跌期权一端，应选择平价或价内期权，而卖出看跌期权一端，则需考虑投资者的成本因素以及标的证券预期下跌幅度；在平仓时间的选择上，需根据标的证券走势而定。

熊市看跌期权价差策略的优点：盈亏平衡点、初期成本投入、风险考虑都优于单独买入看跌期权；最大亏损有限；策略的亏损保护较好。该策略的缺点：最大收益有限；距离到期日近盈利才能体现。

我们也可以由看涨期权来形成空头价差策略，就是买入执行价格较高的看涨期权，而卖出执行价格较低的看涨期权，实务上多采用看跌期权的方法，若以看涨期权形成空头价差需要支付交易所保证金，而以看跌期权形成的空头价差只需支付权利金。判断行情将下跌，且认为行情波动将会变小时，可使用此策略。

3. 蝶式价差组合

蝶式价差组合，是由三种到期期限相同、执行价格不同的四份同种期权组成。可以由一份执行价格较高的看涨期权和一份价格较低的看涨期权多头以及两份两个执行价格中间的看涨期权空头组成；也可以由一份执行价格较高的看跌期权和一份价格较低的看跌期权多头以及两份两个执行价格中间的看跌期权空头组成。该策略适用于那些认为标的物价格不会大幅波动的投资者，一种用于区间震荡的策略，所以也属于利用波动率获利策略的一种。同时该策略下损失也有限。最大的风险为损失净权利金，最大的收益＝中间行权价格－低行权价格－净权利金。构建该策略需要考虑如下几个因素。

到期时间的选择：由于标的资产只有在窄幅区间内波动本策略才能获利，因此为了确保标的证券能够在给定时间内保持在狭小的区间，意味着投资期限应该选择1个月或者期限更短的期权。

行权价的选择：策略一共有三个行权价，居中的行权价一般取和标的资产十分相近的价格，选择的期权为平价期权。行权价较高和较低的期权分别为价外期权和价内期权，行权价差间隔相同，高、低行权价的价格可以通过买卖价差分析和投资收益回报率等分析工具确定。

平仓时间的选择：根据投资者是否需要行权以及标的证券走势而定，可以选择平掉一个或几个期权仓位。例如：标的物并没有窄幅整理，而不断上涨并已经超出了高行权价，向着投资者不利的方向走,此处可以选择平仓一份低行权价的多头看涨期权以及一份中行权价的空头看涨期权(实际上平仓了一份牛市看涨期权价差组合,剩下一份熊市看涨期权价差组合)。

通过上面的例子我们可以发现买入蝶式看涨期权策略在建仓时也可以通过价差组合演变过来。例如,投资者已经持有了牛市看涨期权价差组合,并且标的证券如投资者所料上涨至阻力位(牛市看涨期权价差组合中的高行权价位置),此时判断标的资产将在阻力位附近窄幅整理,投资者可以选择加一份熊市看涨期权价差组合,完成碟式的两翼,如果标的证券的走势和预期相同,投资者这一操作同时获取了熊市价差策略时间价值并保护了牛市价差的既得利润。

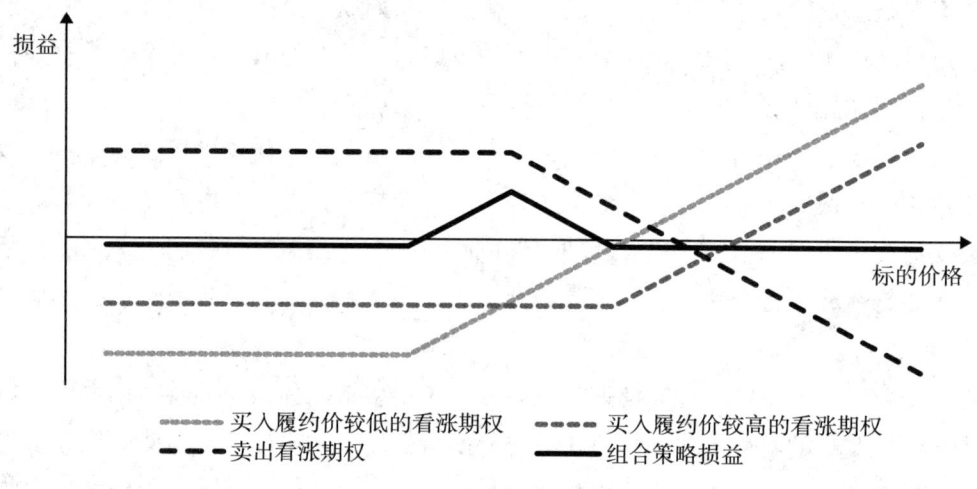

图 12.16　看涨期权蝶式价差组合

通常在标的资产市场价格波动较小时,按上述方式构建蝶式价差组合才会盈利。如果标的资产市场价格在任何方向上有较大波动,则会有少量损失。期权蝶式价差组合初始投资少,是组合投资常用的方式。

【例 12-7】当豆粕 1705 合约价格为 2800 元时,某投资者认为未来半年豆粕价格不可能发生重大变化。假定 6 个月期的看涨期权市场价格如下。

执行价格(元)	看涨期权价格
2600	265
2800	139.5
3000	63

该投资者可以通过购买一个执行价格为2600元的看涨期权,购买一个执行价为3000元的看涨期权,以及出售两个执行价为2800元的看涨期权,投资者就可以构造一个蝶式价差组合。该组合成本为265+63-2×139.5=49(元),如果半年后,豆粕1705合约价格高于3000元或是低于2600元,投资者损失49元。如果股价为2800元时,获得最大利润151元。

卖出蝶式看涨期权策略是一种无方向趋势性策略,所以也属于利用波动率获利策略的一种,与碟式策略的头寸相反。卖出蝶式看涨期权利用看涨期权来实现策略,主要头寸是同时卖出一份价内看涨期权、买入两份平价看涨期权、卖出一份价外看涨期权,行权价间隔相等,同时到期日一致。根据无套利定价模型,初始建立策略的时候,一般投资者是净收入的状态。和买入蝶式策略相反,最大亏损发生标的资产在到期日不涨也不跌,最大收益则发生在标的股票收在两侧(大涨或大跌)。在散户操作蝶式期权的时候必须考虑买卖价差和多份佣金,因此蝶式期权获利空间并不是很大。

4. 飞鹰式价差组合

如果市场较为平稳,可以通过构建蝶式策略在平稳市场中获取收益,但实际市场的振幅往往出乎投资者预料,市场的小幅震荡有可能就超出蝶式期权所提供给投资者的获利区间,使得投资者蒙受亏损。于是当市场较为平稳时,我们可利用飞鹰式差价策略来捕捉即使有小幅震荡市场仍然可以获利的机会。具体执行包括:同时买入一个最低行权价和一个最高行权价的看涨期权,再在中间选取两个适中的行权价,卖出看涨期权各一个,这样的四个看涨期权组成了飞鹰式价差策略。该策略以相对较高的成本来给予投资者高于蝶式期权的获利区间。

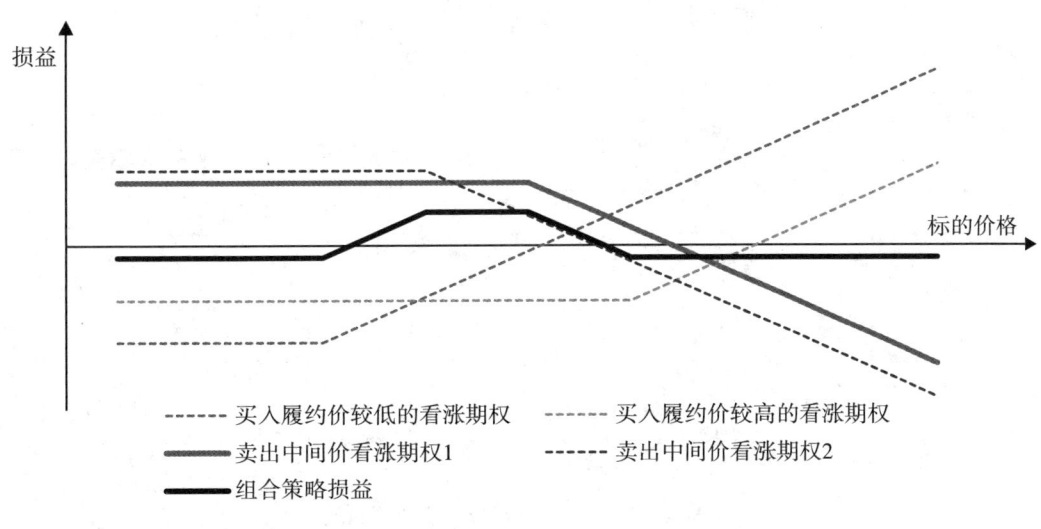

图 12.17 飞鹰式价差组合损益

表 12.8　　　　　　　　　飞鹰式价差组合损益分析

到期日标的价格	看涨期权1多头	看涨期权2空头	看涨期权3空头	看涨期权4多头	组合总盈亏
$S_T \leq K_1$	$-C_1$	C_2	C_3	$-C_4$	$C_1 + C_4 - C_1 - C_3$
$K_1 < S_T < K_2$	$S_T - K_1 - C_1$	C_2	C_3	$-C_4$	$C_1 + C_4 - C_1 - C_3 + S_T - K_1$
$K_2 < S_T < K_3$	$S_T - K_1 - C_1$	$C_2 - S_T + K_2$	C_3	$-C_4$	$C_1 + C_4 - C_1 - C_3 + K_2 - K_1$
$K_3 < S_T < K_4$	$S_T - K_1 - C_1$	$C_2 - S_T + K_2$	$C_3 - S_T + K_3$	$-C_4$	$C_1 + C_4 - C_1 - C_3 + K_2 + K_3 - K_1 - S_T$
$S_T \geq K_4$	$S_T - K_1 - C_1$	$C_2 - S_T + K_2$	$C_3 - S_T + K_3$	$S_T - K_4 - C_4$	$C_1 + C_4 - C_1 - C_3 + K_2 + K_3 - K_1 - K_4$

5. 水平价差组合（日历价差）

投资者利用相同执行价格、不同期满日的期权，一买一卖而形成的交易策略称为水平价差策略。水平价差看涨期权组合是指以一定的价格购买一份到期日是长期的看涨期权，再以相同的执行价出售一份到期日是短期的看涨期权。此时投资者对未来的行情是看涨的。水平价差看跌期权组合是指以一定价格购买一份到期日是长期的看跌期权，再以相同的执行价出售一份到期日为短期的看跌期权。由于不同期限的期权价格，随着日期临近其时间价值衰减速度不同，所以，该策略也称为日历价差交易策略，反映了期权的时间价值变化。

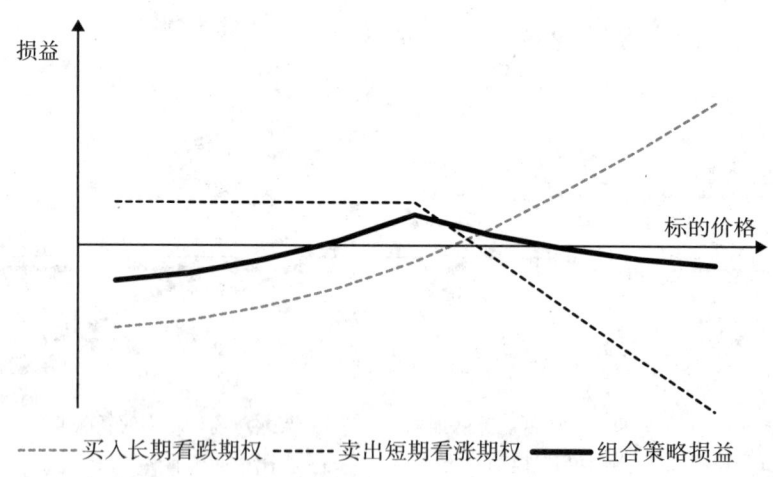

图 12.18　水平价差看涨期权组合

第三节　商品期权套利交易策略

根据金融学相关理论，在一个高效的市场中，每个投资者都是理性的，市场能够迅速反映一切信息，使得被错误定价的资产价格迅速回归合理。但在现实生活中，往往会出现市场交易价格与其理论价格出现偏差的情况，为无风险套利提供机会。

套利机会往往发生在当看涨期权或看跌期权违反了上下限或违反了期权平价理论，或是看涨期权或看跌期权市价和B-S的理论价格不符合时，投资者可以通过买低卖高来获取差价套利。它牵涉到同时买入不同看涨期权、看跌期权、期货以及现货来构造一个无风险的组合，并赚取其中的价差。期权价格的失衡通常来自市场波动增加、交易量变化，简单来说，期权套利很大程度上决定于对标的资产的合理定价。当定价出现偏差，交易员便会瞄准机会，及时出击。

一、平价套利

平价套利理论基础来源于期权平价关系，该理论的前提假设是：(1) 期权行权方式为欧式。(2) 标的资产在存续期内不会发生分红事件。(3) 利率在存续期间不会发生变动，且借贷利率相等。(4) 忽略交易成本以及保证金机会成本。在以上的假设的基础上，买卖权的平价理论可以用公式 $C + Ke^{-rt} = P + S$ 来表述，其中 C、P 分别表示行权价格为 K、距离到期时间为 T 的看涨、看跌期权的价格，r 表示市场无风险利率，S 表示股票的当前价格。若期权的价格违反了该平价理论，则存在套利机会。

【例12-8】当买进期权现货标的，同时买进看跌期权、卖出看涨期权（拥有相同行权价格和到期日）时，如果构建该组合的成本低于期权的行权价格，那么根据期权平价理论则存在套利机会。

表 12.9　　　　　　　　　　买入现货套利策略现金流情况

头寸	在 t 时间的资金流	在 T 时间的资金流	
		$S_T > K$	$S_T \leq K$
卖出 C	C	$-(S_T - K)$	0
借入 K 的现值	$K \times e^{-r(T-t)}$	$-K$	$-K$
买入 P	$-P$	0	$K - S_T$
买入 S_0	$-S_0$	S_T	S_T
资金流净值	$C + K \times e^{-r(T-t)} - P - S_0 > 0$	0	0

表中 S_T 代表标的在 T 时刻的价格。可以看出,在 T 时点,无论 S_T 的大小,组合的资金流净值都为零,所以组合在期初时价值应该也为零。假如在 t 时点,我们发现资金流净值大于零,那么我们就可以卖出权利金为 C 的看涨期权,借入 K 的现值,买入权利金为 P 的看跌期权,再买入标的,这样便能获得无风险利润。

但在实际操作中,我们知道借贷的利率是不相同的,所以我们可以加入该条件到套利公式中:

$$\Pi = C + K e^{-r^B t} - P - S_0 \tag{12.1}$$

其中,Π 代表套利利润,而 r^B 代表融资利率。期权、期货以及股票的成交都牵扯到交易费用,我们也把交易费用这一环节考虑进我们的套利公式中:

$$\Pi = C + K e^{-r^B t} - P - S_0 - \tau_t - \tau_T \tag{12.2}$$

其中 τ_t 代表的是在 t 时刻包含了期权、期货以及现货的所有交易成本,而 τ_T 则代表在交割日 T 时间的所有交易成本。在成熟的国外市场,由于套利空间十分狭窄,即使较低的交易成本也大大的削减了套利者的套利利润。最后,卖空期权需支付保证金,而保证金的机会成本也会左右投资者的获利,我们也相应地把该条件加入公式中:

$$\Pi = C + K e^{-r^B t} - P - S_0 - \tau_t - \tau_T - M(e^{r^L(T-t)} - 1) \tag{12.3}$$

上式中,M 代表了包括了期权、期货的总保证金,r^L 则代表了借出资金的利率。

当然了,上述所说的是投资者持有到期的套利公式。而在实际情况中,提前平仓可能为投资者带来更高的利润。在本文中,我们也加入了源自 Cheng(1998)应用于股指期货的提前平仓策略到各个期权交易策略中:

$$\Pi' = P' + S' - C' - K e^{-r^B(T-t')} - \tau_{t'} + \tau_T + M(e^{r^L(T-t')} - 1) \tag{12.4}$$

其中,Π' 代表在 t' 时间交易的损益,P' 代表 t' 时间的看跌期权价,C' 代表 t' 时间的看涨期权价,S' 代表 t' 时间现货价格,$\tau_{t'}$ 代表 t' 时间的交易费。假如买入现货套利策略的投资者在 t' 时间发现 $\Pi' > 0$,他可将两个期权的头寸平仓、卖出股票以及还款,从中获得交易的利润。值得一提的是,提前平仓除了能获得期权的价差收益外,还可以缩小保证金的机会成本。最终,套利的总利润 $= \Pi + \Pi'$。

同理,当卖空期权现货标的,同时买进看涨期权、卖出看跌期权(具有相同行权价格和到期日),做空现货并借出现金。如果组合构建初期净值大于零,那么就存在套利机会。

二、箱体套利

箱体套利是一种复合组合,套利机会来源于相同到期日、不同行权价格的多组配对期权所隐含的标的无套利远期价格之间的差异。该策略是由看涨期权牛市价差和相同执行价格的看跌期权熊市价差组合而成,或是由看跌期权牛市价差和看涨期权熊市价差组合构成。

由看涨期权牛市价差和相同执行价格的看跌期权熊市价差组合而成的箱体套利组合可分解为：

看涨期权牛市价差：$C_{K_1} - C_{K_2}$

看跌期权熊市价差：$P_{K_2} - P_{K_1}$（$K_2 > K_1$）

结合以上两个价差组合 $(C_{K_1} - P_{K_1}) - (C_{K_2} - P_{K_2})$，根据期权平价理论，得到结果为 $(K_2 - K_1)e^{-rt}$。期初借入 K_2-K_1 的现值，如该组合净值大于零，则存在套利机会。

表 12.10　　　　　　　　买入箱型差价套利策略现金流情况

头寸	在 t 时间	在 T 时间的资金流		
		$S_T \leq K_1$	$K_1 < S_T < K_2$	$S_T > K_2$
买入认购期权 C_1	$-C_1$	0	$(S_T - K_1)$	$(S_T - K_1)$
卖出认购期权 C_2	C_2	0	0	$-(S_T - K_2)$
卖出认沽期权 P_1	P_1	$-(K_1 - S_T)$	0	0
买入认沽期权 P_2	$-P_2$	$K_2 - S_T$	$(K_2 - S_T)$	0
借入 K_2-K_1 的现值	$(K_2 - K_1) \times e^{-r(T-t)}$	$-(K_2-K_1)$	$-(K_2-K_1)$	$-(K_2-K_1)$
资金流净值	$(K_2-K_1) \times e^{-r(T-t)} - C_1 + C_2 + P_1 - P_2 > 0$	0	0	0

【例 12-9】假设执行价格为 2800 元和 3000 元的豆粕 1705 看涨期权价格分别为 139.5 元和 62.5 元；执行价为 2800 元和 3000 元的豆粕 1705 看跌期权价格分别为 45 元和 63 元。请问是否存在套利机会？

根据箱体套利组合，其到期值 = 3000-2800 = 200（元），因此期初成本应等于 200 元的折现，约等于 200 元。根据以上 4 种期权的价格，若买入执行价 2800 元的看涨期权，卖出执行价 3000 元的看涨期权，同时买入执行价 3000 元的看跌期权及卖出执行价 2800 元的看跌期权。成本为 139.5-62.5+63-45 = 95（元），实际成本远低于 200 元，则存在套利机会。

三、放空差价套利

放空价差关系利用的是欧式看涨期权（看跌期权）组合的合理价格关系：

$$(K_2 - K_1)e^{-r(T-t)} \geq C_1 - C_2 \text{ 或 } (K_2 - K_1)e^{-r(T-t)} \geq P_2 - P_1 \quad (12.5)$$

其中，K_2 为看涨期权 C_2（看跌期权 P_2）的行权价，K_1 为看涨期权 C_1（看跌期权 P_1）的行权价，且 $K_2 > K_1$。理论上，不等式的右式应该小于或等于左式，但一旦右式价值超于左式，套利机会便会出现。

当 $C_1 - C_2$ 大于 $K_2 - K_1$ 的现值，投资者可进行套利，表 12.11 列示了整个套利组合在期初 t 时点与期末 T 时点的现金流情况：

表 12.11　　　　　　　　　　放空看涨差价套利策略现金流情况

头寸	在 t 时间的资金流	在 T 时间的资金流		
		$S_T \leq K_1$	$K_1 < S_T < K_2$	$S_T \geq K_2$
卖出看涨期权 C_1	C_1	0	$-(S_T - K_1)$	$-(S_T - K_1)$
买入看涨期权 C_2	$-C_2$	0	0	$S_T - K_2$
借出 $K_2 - K_1$ 的折现值	$-(K_2 - K_1) \times e^{-r(T-t)}$	$K_2 - K_1$	$K_2 - K_1$	$K_2 - K_1$
资金流净值	$C_1 - C_2 - (K_2 - K_1) \times e^{-r(T-t)} > 0$	$K_2 - K_1 > 0$	$K_2 - S_T > 0$	0

与此前介绍的套利策略不同，放空认购价差套利组合在到期日 T 的资金流净值并不一定为零。当 $S_T < K_1$ 时，投资者可获得 $K_2 - K_1$ 的收入；当 $K_1 < S_T < K_2$ 时，投资者可获得 $K_2 - S_T$ 的收入；只有在 $S_T \geq K_2$ 时，投资者才收入为零，这也是投资者的最坏情况。所以只要投资者在 t 日能拿到正资金流净额，就能保证其获得大于零的收入。同理，当 $P_2 - P_1$ 大于 $K_2 - K_1$ 的现值时，投资者也可进行套利。

四、凸性策略

期权凸性差价关系利用的是欧式看涨期权（看跌期权）之间合理价格关系：

$$\lambda C_1 + (1 - \lambda) C_3 \geq C_2 \text{ 或 } \lambda P_1 + (1 - \lambda) P_3 \geq P_2 \tag{12.6}$$

$$\lambda = \frac{K_3 - K_2}{K_3 - K_1} \tag{12.7}$$

若 K_1 为看涨期权 C_1（看跌期权 P_1）的行权价，K_2 为看涨期权 C_2（看跌期权 P_2）的行权价，K_3 为看涨期权 C_3（看跌期权 P_3）的行权价且 $K_3 > K_2 > K_1$。理论上，C_2（P_2）应该小于 λC_1（λP_1）和 $(1-\lambda) C_3 [(1-\lambda) P_3]$ 的组合，不然投资者可以获得无风险的利润。

当 C_2 大于 λC_1 和 $(1-\lambda) C_3$ 的组合时我们可以利用认购期权凸性策略来进行套利，表 12.12 列示了整个套利组合在期初 t 时点与期末 T 时点的现金流情况：

表 12.12　　　　　　　　看涨期权凸性套利策略现金流情况

头寸	在 t 时间	在 T 时间的资金流			
		$S_T \leqslant K_1$	$K_1 < S_T < K_2$	$K_2 < S_T < K_3$	$S_T \geqslant K_3$
买入认购期权 λC_1	$-\lambda C_1$	0	$\lambda(S_T - K_1)$	$\lambda(S_T - K_1)$	$\lambda(S_T - K_1)$
卖出认购期权 C_2	C_2	0	0	$-(S_T - K_2)$	$-(S_T - K_2)$
买入认购期权 $(1-\lambda)C_3$	$-(1-\lambda)C_3$	0	0	0	$(1-\lambda)(S_T - K_3)$
资金流净值	$C_2 - \lambda C_1 - (1-\lambda)C_3$	0	$\lambda(S_T - K_1) > 0$	$(1-\lambda)(K_3 - S_T) > 0$	0

认购期权凸性套利组合在到期日 T 的资金流净值不一定为零。当 $K_1 < S_T < K_2$ 时，投资者可获得 $(S_T - K_1)$ 的收入；而当 $K_2 < S_T < K_3$ 时，投资者可获得 $(1-\lambda)(K_3 - S_T)$ 的收入；只有在 $S_T \leqslant K_1$ 或 $S_T \geqslant K_3$ 时，投资者才收入为零，这也是投资者的最坏情况。所以只要投资者在 t 日能拿到正资金流净额，就能保证其获得大于零的收入。同理，P_2 大于 λP_1 和 $(1-\lambda)P_3$，投资者也可进行套利。

在现实的市场交易中，投资者应该时刻紧盯同一标的、同一到期日、不同行权价的看涨和看跌期权的价格，并且将短时间内出现的成交价格进行配对，检验是否存在价格偏差。一旦发现偏差，只要偏差足够覆盖成本，投资者就可以进行套利。当然，当投资者发现套利机会，到执行下单，中间也会出现时间差。有时候可能因为该短短的时间差而导致套利空间的缩小甚至消失。所以投资者应该实时的考虑冲击成本并动态调整套利的边界。

第四节　商品期权波动率交易策略

前面介绍的交易策略大多和目标资产变动的方向有关，但就算目标资产变动的方向一如预期，结果所使用的交易策略还是造成损失，这是因为期权价格的另一个重要因素波动率的影响。交易员会始终关注隐含波动率和未来波动率之间的关系，即期权的价格和期权的价值。波动率（Volatility）是金融资产价格的波动程度，是对资产收益率不确定性的衡量，用于反映金融资产的风险水平。波动率越高，金融资产价格的波动越剧烈，资产收益率的不确定性就越强；波动率越低，金融资产价格的波动越平缓，资产收益的确定性就越强。

一、波动率的分类

（一）历史波动率

历史波动率是指在过去某一段时间内收益率的波动程度。传统的历史波动率，是通过标的资产在过去某一段时间内的市场价格，即价格的时间序列历史数据，先计算出历史回报率，然后计算历史回报率的标准差，得到的历史波动率。

（二）隐含波动率

隐含波动率是通过期权价格及市场数据计算出的波动率，反映了市场投资者对期权波动率的认识，常用布 B-S 公式求出。

（三）预测波动率

预测波动率，又称为预期波动率，是指通过历史数据以及运用统计和计量方法对实际波动率进行预测得到的结果。通常被用于期权定价，将预测波动率代入期权定价模型，可以得出期权的理论价值。

二、历史波动率的度量

（一）收益率方差法

首先，计算每日收益率。可以使用百分比价格变动或对数价格变动方法。

百分比价格法计算的每日收益率：

$$R_i = \frac{S_i - S_{i-1}}{S_{i-1}} \tag{12.8}$$

对数价格法计算的每日收益率：

$$R_i = \ln \frac{S_i}{S_{i-1}} \tag{12.9}$$

其次，求出最近 n 天的平均对数收益率。

$$\bar{R} = \frac{1}{n} \sum_{i=1}^{n} R_i \tag{12.10}$$

再次，得出最近 n 天的对数收益率的标准差。

$$s = \sqrt{\frac{1}{n-1} \sum_{i=1}^{n} (R_i - \bar{R})^2} \tag{12.11}$$

最后，可以通过最近 n 天的标准差求出年化波动率。

$$\sigma = \frac{s}{\sqrt{t}} \tag{12.12}$$

其中，S_i 为标的资产第 i 天的价格，S_{i-1} 为标的资产第 $i-1$ 天的价格，一般采用每日收盘价，R_i 为标的资产的百分比收益率，n 为选取的计算对数收益率的时间长短，$\bar{R}$ 为 n 天的平均收益率，s 为 n 天的收益率的标准差，t 为计算年化波动率的时间长短（以年为单位），按一年 244 个交易日算，$t=1/244$，σ 为标的资产的年化波动率。

三、隐含波动率的度量方法

(一) 隐含波动率

隐含波动率是一种静态波动率的估计,假定一定时期内(期权有效期内)波动率保持不变,主要采用 B-S 方法来计算。

无收益欧式期权的 B-S 公式如下。

$$C = S \cdot N(d_1) - K \cdot e^{-rt} \cdot N(d_2) \tag{12.13}$$

$$P = K \cdot e^{-rt} \cdot N(-d_2) - S \cdot N(-d_1) \tag{12.14}$$

其中,

$$d_1 = \frac{\ln\left(\frac{S}{K}\right) + [r + (\sigma^2/2)]T}{\sigma\sqrt{T}} \tag{12.15}$$

$$d_2 = \frac{\ln\left(\frac{S}{K}\right) + [r - (\sigma^2/2)]T}{\sigma\sqrt{T}} \tag{12.16}$$

其中,C 为看涨期权目前理论价值;P 为看跌期权目前理论价值;K 为执行价格;r 为无风险利率(以年为单位);T 为到期时间(以年为单位);σ 为无风险标的资产的价格波动率(以年为单位);$N(d)$ 为标准正态概率值。

在上述 B-S 公式中,只要将已知的 4 个基本参数:期权的执行价格、标的资产当前价格、距到期日时间以及市场无风险收益率,和当前市场上期权的实际价格作为已知量代入定价公式,就可以从中倒推出标的资产价格的波动率这个唯一的未知量,即隐含波动率。

(二) VIX 指数

VIX 指数(Volatility Index),即波动率指数,又称为恐慌指数,是芝加哥期权交易所推出的通过期权隐含波动率加权平均得到的指数。

1993 年,芝加哥期权交易所(CBOE)推出 VIX 指数,选取标普 100 指数(S&P100)期权的近月与次月最接近平价的看涨期权及看跌期权八个序列,分别计算其隐含波动率之后再加权平均,得到 VIX 指数。2003 年,CBOE 修正了 VIX 指数,将选取的标的从 S&P100 改为 S&P500,并包括了所有最接近平价的看涨期权及看跌期权序列,使指数涵盖范围更广,包含更多的市场信息。

VIX 指数代表了市场对于未来指数波动的预期,透露出投资者心理预期的变化,所以又称为恐慌指数。

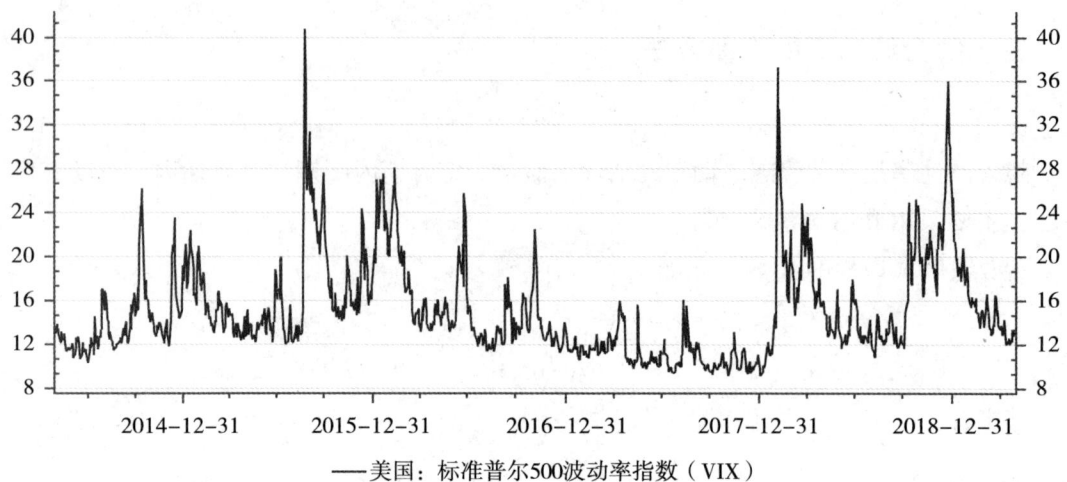

图 12.19 VIX 指数情况

数据来源：Wind 数据库。

四、预测波动率的度量方法

（一）移动平均法

移动平均法是指以过去 N 天的收益率的方差作为当日波动率的估计值，分为简单移动平均和加权移动平均两种方法。简单移动平均法将每天的收益率看成等权重的，加权移动平均法则对不同时点赋予不同的权重。

简单移动平均法：

$$\sigma_t^2 = \frac{1}{N-1} \sum_{i=1}^{N} \left(\tau_{t-i} - \frac{\sum_{j=1}^{N} \tau_{t-j}}{N} \right)^2 \quad (12.17)$$

加权移动平均法：

$$\sigma_t^2 = \frac{1}{N-1} \sum_{i=1}^{N} \omega_{t-i} \left(\tau_{t-i} - \frac{\sum_{j=1}^{N} \tau_{t-j}}{N} \right)^2 \quad (12.18)$$

其中，τ_{t-i} 为 $t-i$ 时刻的收益率，ω_{t-i} 为 $t-i$ 时刻的权重。

（二）指数平滑法

指数平滑法的估计公式为

$$\sigma_t^2 = \lambda \sigma_{t-1}^2 + (1-\lambda) r_{t-1}^2 \quad (12.19)$$

$$\sigma_t^2 \approx (1-\lambda) \sum_{i=1}^{\infty} \lambda^{i=1} \tau_{t-1}^2 \quad (12.20)$$

其中，λ 为衰退因子，即平滑系数，$0 < \lambda < 1$。

将指数平滑公式通过递推推导,可以得到"t 时刻的波动率 σ 与收益率 r 之间的关系式。运用此方法,需要确定参数 λ。

(三) GARCH 模型

GARCH 模型,是指广义自回归条件异方差模型。自回归是指均值回归,条件异方差则指之前讨论的波动率的其他特征。在模型的应用中,需要判断给均值回归赋予多少权重,给序列相关以及其他特征因素赋予多少权重,该模型在过去 10 年里被广泛使用。标准的 *Garch*(q, p)模型为

$$y_t = x_t y + \mu_t \tag{12.21}$$

$$\mu_t = v_t \sqrt{\sigma_t^2} \tag{12.22}$$

$$\sigma_t^2 = \omega + \sum_{i=1}^{q} \alpha_j \mu_{t-i}^2 + \sum_{j=1}^{p} \beta_j \sigma_{t-j}^2 \tag{12.23}$$

其中,p 为 *GARCH* 项的次数,q 是 *ARCH* 项的次数,σ_t 是条件方差。

此外,还有向量自回归移动平均模型(VARIMA),和 *GARCH* 模型一样,自回归是指均值回归,波动率的其他特征在模型中也有体现,但加权公式有所不同,交易中很少使用。

五、如何使用波动率

投资期权,关注波动率比期权价格本身更重要。波动率是投资者交易期权参考的重要指标,因而有些人也把期权交易称为"波动率交易"。想要投资交易期权,需要掌握如何使用波动率。

(一) 波动率对期权价格的影响

标的资产的波动率是 B-S 期权定价公式中一项重要因素。在计算期权的理论价格时,通常采用标的资产的历史波动率:波动率越大,期权的理论价格越高;反之,波动率越小,期权的理论价格越低。

波动率对期权价格的正向影响,可以理解为:对于期权的买方,由于买入期权付出的成本已经确定,标的资产的波动率越大,标的资产价格偏离执行价格的可能性就越大,可能获得的收益就越大,因而买方愿意付出更多的权利金购买期权;对于期权的卖方,由于标的资产的波动率越大,其承担的价格风险就越大,因此需要收取更高的权利金。相反,标的资产波动率越小,期权的买方可能获得的收益就越小,期权的卖方承担的风险越小,因此期权的价格越低。

(二) 如何理解隐含波动率

期权的隐含波动率是期权的市场价格中"隐含"的对标的资产波动率的预期值,包含市场中大量前瞻性的信息,充分反映了市场对于标的资产未来波动率的预期,因而在期权

定价、标的资产市场预测以及策略交易中具有非常重要的作用。

短期来看，如果隐含波动率呈下降趋势，可以认为市场预期标的资产的未来波动率降低，从而期权的价格可能会降低；反之隐含波动率呈上升趋势，可以认为市场预期标的资产的未来波动率升高，从而期权的价格可能会升高。长期来看，隐含波动率可能存在均值回复过程，向均值回归。

（三）波动率交易

期权价格除了受到波动率影响之外，还受到很多其他因素影响，其中影响最大的就是标的资产价格的方向性变化。由于波动率具有均值回归的特点，而判断标的资产价格变动方向往往比较困难，所以人们通过对冲等手段使得持有的组合头寸只受到波动率变化的影响，这样就可以进行纯粹的波动率交易。

由于期权价格变化受到标的资产价格变化影响是非线性的，所以这样的对冲过程是不断动态调整的，保证组合头寸只受波动率变化的影响。

波动率交易策略主要包括以下几个步骤。

第一步，找到在市场上定价错误的期权，它们可能被高估或是被低估。例如，我们认为未来的波动率是25%，但是根据市场价格计算出来的期权隐含波动率为30%，期权定价出现偏差，期权价格被高估，所以投资者可选择卖出这一期权。

第二步，在标的合约上建立反向持仓，从而建立一个 $delta$ 中性持仓，以对冲标的价格变动对组合价值的影响。比如，卖出高估的看涨期权是空头方向，就应当买入适当数量的标的股票。

第三步，在一个期权合约的生命周期内，需要定期买入或卖出一些标的合约，以维持组合的 $delta$ 中性，这一方式被称为动态对冲。

第四步，期权到期时，平掉组合的所有持仓。

第五节　商品期权与期货混合交易策略

一、期货做多与期权的结合运用

运用期权避险或锁利，将使投资者的避险效果更好或锁利更多。没有期权时，投资者在买进期货后出现盈利，不论是用平仓的形式，还是用锁仓的方法，都能锁定利润。如果行情往不利方向发展，锁仓就是固定了亏损。在做多期货时，有两种比较保守的策略：买进期货，同时买进看跌期权；买进期货，同时卖出看涨期权。比较积极的策略有：买进期货获利后，卖出看涨期权锁利；买进期货出现亏损后，买进看跌期权，反败为胜。

(一) 买进期货，同时买进看跌期权

1. 运用时机

想买进期货，当然是对未来看涨，但又担心价格会下跌。为了避免行情背道而驰，此时保守型投资者可以利用此交易策略：在买进期货的同时买进看跌期权。买进看跌期权属于强烈看空的策略，但当期货价格往下跌时，期权是大赚，而期货是大亏，二者相抵，达到期货避险的效果。

2. 特点

将风险固定在一定范围内，不受人为情绪影响，操作上也少了后顾之忧。此策略相当于买进看涨期权，即上涨收益增加，下跌风险固定。

3. 平仓时机

此策略应以波段操作为主而非短线操作。当期货价格上涨的幅度已符合满足点，或是达到投资者预期的目的，就可以先将期货多单平仓。至于买进的看跌期权部位，通常此时会出现最大亏损（权利金非常低，但最大亏损是合约成交时已交的权利金），就算期货价格再涨，也不会有额外损失，因此，不必急于平仓。也可能期货平仓后，期货价格会出现反转，价格下跌，这样权利金又会上涨。因此，平仓时机很重要。

(二) 买进期货，同时卖出看涨期权

1. 运用时机

预期到期日之前属于盘整格局或小涨格局，或者在预计空间波动。买进期货是看多后市，但又卖出看涨期权，说明对后市期货价格不看得很高，卖出期权可以获得权利金。买进期货，同时卖出看涨期权，类似于卖出看跌期权。

2. 特点

获利有限，损失不限。使用这一策略，必须设立止损点。可以设立固定的止损点来控制风险。其优点是：第一，可以预先锁定获利范围。比如，如果投资者预期棉花期货至多有400点的上涨空间，就可以卖出看涨期权，将执行价格定在虚值二档的位置；如果认为最多上涨200点，就可以将执行价格设在虚值一档的位置。第二，就算到到期日，期货价格涨幅不如预期，处于盘整局面，也可以赚取权利金流失的时间价值。

3. 平仓时机

不论是波段操作还是短线操作，至少必须达到获利目标才去考虑平仓，所以，不必对操作方式预设立场，不必等到到期日再平仓。如果到期日之前期货价格出现明显上涨，而且上涨幅度已经达到或接近设定的获利目标，就可以将期货和期权部位同时平仓。如果期货价格并没有明显上涨，甚至在期货买价上下盘整，虽然期货多单获利有限，但卖出的看涨期权由于时间价值的损耗而使权利金下跌，因此，期权也可以获利，这样期货和期权部位都可以有所获利。

4. 资金成本

期货保证金。按照一般的保证金收取原则，卖出期权应该收取保证金。如果卖出的看涨期权已经有买进的期货多单保护，此时的期权交易所可不收保证金。这样等于无成本锁利或无成本收取权利金。

5. 损益平衡点

损益平衡点=期货买价-权利金。只要期货价格高于损益平衡点就获利。因此，必须在损益平衡点之下设立止损点。

（三）买进期货获利后，卖出看涨期权锁利

1. 运用时机

做多期货，而后卖出看涨期权，但必要的前提是期货多单出现明显的获利，且预期涨幅将趋于缓和。

2. 锁利

保留期货多单，卖出看涨期权。

3. 特点

（1）期货多单买进后，价格明显上涨，投资者处于获利状态。

（2）持续看好后市，但预计涨幅将趋于缓和。

（3）以卖出期权锁利并收取权利金。

（4）卖出期权锁利后，如果期货价格继续上涨，仍可增加获利，即使逆势下跌，仍保有一定的获利。

4. 平仓时间

既然不直接将期货多单平仓，而卖出看涨期权锁利，无非是希望价格继续上涨，增加获利。因此如果价格符合预期，就没必要平仓。

但如果锁利后，价格不符合希望的方向，不涨反跌，因为既已锁利，也有一定的获利，所以没有平仓的急迫性。除非是锁利之后，期货价格连续下跌，因为卖出看涨期权属于风险不限，所以要在损益平衡点之下，设置停损。

5. 操作技巧

（1）注意选择的时机，亦即期货价格出现明显涨幅，期货多单已处于明显的获利状态，投资者仍持续温和看好后市。

（2）注意执行价格，原则上应以虚值期权为主。

（3）需要注意的是期权与期货数量相等。

（四）买进期货出现亏损后，买进看跌期权

1. 运用时机

买进期货后，价格下跌出现亏损，为了寻求扭亏为盈的机会，所以又买入看跌期权。

2. 特点

（1）买进期货多单后，期货价格不涨反跌，投资者处于明显亏损。

（2）持续看好后市。

（3）以买进看跌期权，仅支付权利金，不需另外交保证金。

（4）一旦价格持续上涨，仍可增加获利。即使持续下跌，风险也不会扩大。

3. 平仓时机

既然不直接平仓，而是买进看跌期权，无非希望价格会先跌后涨，因此没必要急于平仓。但如果价格持续下跌，因已有避险效果，所以也没必要急于平仓。原则上，挑选对自己有利的时机平仓。

4. 操作技巧

（1）注意选用时机：期货价格变动不利于持仓部位，且出现明显亏损，但仍看好后市。

（2）挑选有利的执行价格，原则上应以平值或虚值一档为主。

（3）期权与期货数量要相等。

二、合成期货

同时买入一个看涨期权和卖出一个行权价格相同的同一月份看跌期权，则相当于买入一个期货合约，常用于牛市隐含价格波动率适中的情况下。该策略在市场价格为行权价格减去净权利金时不盈不亏。

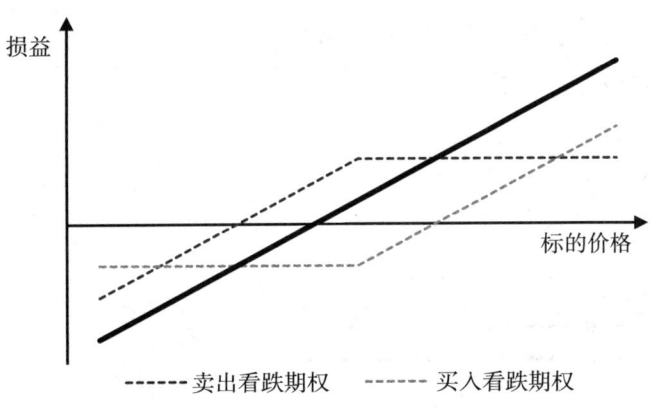

图 12.20　合成买入期货策略损益

【例 12-10】某投资者买入 1 手 9 月到期，行权价格为 5000 元的看涨期权，卖出 1 手 9 月到期，行权价格为 5000 元的看跌期权。行权持仓分析：如果到期价格高于 5000 元，看跌期权将没有价值，但投资者将执行看涨期权买入期货合约；如果到期价格低于5000元，看涨期权将没有价值，但投资者会被要求执行看跌期权，结果也是买入期货合约。这个头寸的性质与期货合约相同，如果是美式期权，则随时可以转换为期货合约；如果是欧式期权，唯有在到期之后才会转换为期货合约。

同时卖出一个看涨期权和买入一个行权价格相同的同一月份看跌期权，则相当与卖出一个期货合约，损益如12.21所示。

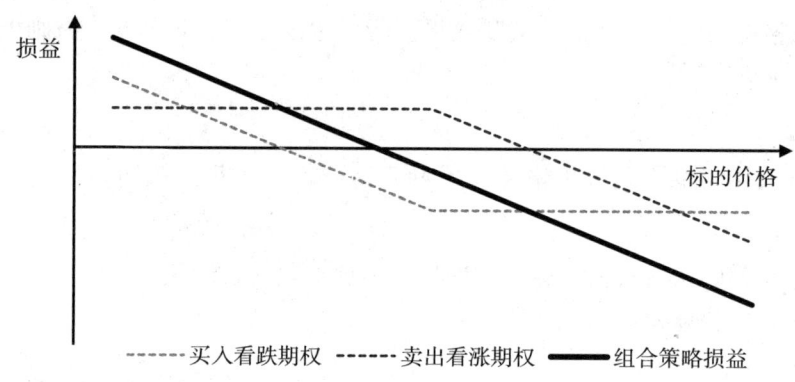

图 12.21　合成卖出期货策略损益

三、领口期货期权组合策略

领口期权组合策略适用于波动率较高的牛市行情中，它同买入时间较长的备兑看涨期权组合很相似，但在这里加入了一个买入看跌期权来保护向下风险。其结果就是我们购买期货合约，然后利用买入看跌期权对其提供保护，在通过一份具有较高执行价格的看涨期权空头来为这种保险措施提供成本。

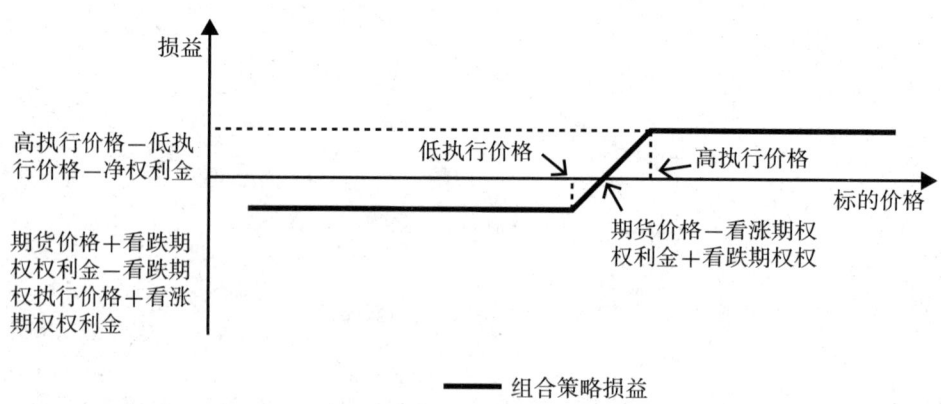

图 12.22　领口期货期权组合损益

领口期权组合包括一份平价看跌期权多头和一份相同期限的虚值看涨期权空头，同时买进与期权头寸相匹配数量的期货合约。当期货价格向下运动并跌至低执行价格以下时，我们将产生损失，最大损失＝期货价格＋看跌期权权利金－看跌期权执行价格＋看涨期权权利金；当期货价格在上升至高执行价格以上时，我们将产生最大收益＝看涨期权执行价格－看跌期权执行价格－最大风险。此组合的益损平衡点＝期货价格－看涨期权权利金＋看跌期权权利金。

该策略在期货价格下跌时能够提供最大的风险保护，对于波动率很高的期货，能创建出风险水平非常低的交易并且能在低风险下获得高收益。但是该策略只有在到期日才能获得最大收益，并且获得的收益有上限。

【例12-11】2018年12月27日，我国"三桶油"之一的中石化被曝境外衍生品交易失当，造成巨额亏损。一时间人心惶惶，当日下午，中石化股价跳水，连续两日跌幅达10%。据传闻（因无正面回应）中石化所使用的是一种期权无成本领口对冲策略。由于预期原油价格会上涨，中石化向高盛集团买入看涨期权，这样可以规避油价上涨的风险，但需要向高盛支付一笔期权费。期权费金额颇大，中石化担心业绩受影响，这时高盛提出建议，中石化可以再卖出看跌期权，那就可以收取一笔期权费，两笔期权费就抵销了。中石化认为油价短期内不会大幅下跌，卖出看涨期权风险很小，于是同意了，并与高盛完成了这个交易组合。这个交易组合被称为零成本领口期权，其优点是当价格波动幅度较小时，可以零成本地对冲风险。

我们可以一个简单的例子对这个交易组合做一个大致说明：在原油价格70美元/桶时，A企业预期价格继续上涨，从B企业买入看涨期权，执行价格为75美元/桶；同时，A向B卖出看跌期权，执行价格为60美元/桶。那么，在油价为60~75美元/桶的区间时，两个期权都不会被执行，A和B的成本、收益都为零；当油价高于75美元/桶时，A可以要求B以75美元/桶卖给自己原油，从而获得收益，油价越高收益越多；当油价低于60美元/桶时，B可以要求A以60美元/桶买入原油，A就会亏损，油价越低亏损越多。

中石化同意与高盛完成零成本领口期权的交易组合，是因为判断油价上涨的空间大而下跌的空间小，但实际的结果是油价在10月之后迅速下跌，迄今已跌去40%以上，中石化的账面亏损已经形成，如果就此斩仓，则会变成实际亏损；如果不斩仓，那就要追加保证金，还有可能使亏损规模扩大。

因此，利用期权参与套期保值，讲究简单有效。一是要避免过度使用杠杆，二是应该避免可能让自己陷入无穷大的风险头寸里面。无成本领口期权策略可能在90%的情况下都是很有效的策略，但只要出现那10%，就会造成巨额亏损。

第十三章 商品投资风险管理

商品期货、期权及其他衍生工具是一类金融工具，它的价值取决于其标的商品的价值，标的资产的常见商品可分为三类：农产品、金属和能源。商品衍生产品不仅可以用来对标的商品将来的价格变动进行投机或赌博，并且由于其允许投资者管理和降低风险的特性，使得它们成为现代经济必不可少的组成部分。农民可以定期使用农产品衍生品来对他们的农产品作物价格的波动进行保险，在农产品衍生品的被收购和卖出的过程中，实现了风险从一个人或企业向另一个人或企业的转移。但金融主体在转移风险的过程中，无论展开什么样的业务都会产生新的风险，这些风险与传统金融服务的风险差距较大，因此，这些新的风险也越来越受到监管机构和金融机构的重视。投资风险的管理逐渐成为金融监管机构展开工作的重点之一，其中就包括对商品投资的风险管理。

第一节 商品投资风险识别

商品投资风险识别是指识别出商品及其衍生产品在服务开展之后所产生的各种风险。不同种类的商品衍生产品有着不同的风险特征，并且存在较大的差异。比如，根据标的物种类的不同，其标的商品面临的风险有差异，其价格波动幅度也不一致，金融主体需要在识别出风险类别的基础上，针对每一种风险特征设计出行之有效的商品投资风险管理制度和策略。

商品衍生品的风险识别可以从三个层面进行：商品层面、部门层面和公司层面。商品层面是识别出单个商品投资品所存在的风险，核心是识别影响商品价格变动的主要风险因子。例如，对于大豆期货而言，主要风险因子是预期的大豆价格。所有商品的价格都由其供需决定，在这一层面的识别需从影响其供需的因素角度加以分析。从部门层面来识别风险是在商品层面的基础上进行的，该层面风险识别是充分考虑整个交易部门的商品投资品的风险，其核心是识别出各类风险因子的相关性以及整个部门的商品衍生品持仓对各个风险因子是否具有显著敞口。例如，还是以大豆期货为例，当大豆主产地美洲地区出现了极端天气削减了大豆产量，即大豆供给端发生变动时，且在其他产地没有发生大规模产量增长的情况下，其他替代食品或者油籽价格也未发生较大波动，贸易政策与食品政策沿袭了以前的标准,综合这些因素,可以预计大豆期货的价格将上升。总之,商品层面和部门层面的风险识别更多地关注市场行情的变化带给商品衍生品的影响。而公司层面的风险识别是更进一步在部门层面的基础上进行,其核心在于侧重对非市场行情因素所导致的不确定性进行观察分析,如授权、合规、结算等活动中的风险识别。

一、市场风险

商品投资品的市场风险是指由于标的商品市场价格的不利变动或者急剧波动而导致衍生工具价格或者价值变动的风险。影响标的商品市场价格的因素有很多,主要包括供需因素、政策因素、宏观经济因素、自然因素和心理因素。相较于其他的商品投资品风险,市场风险是最明显也是最容易产生的风险。例如,投资者在开展商品期权业务时,其持有的商品衍生产品头寸可能还处于没有做对冲的状态,在这种情况下,商品市场中的标的资产一旦发生波动就造成商品期权的价值的下跌,商品期权买方需要向商品生产企业提供补贴。如果该补贴额度超过了所收取的期权费,则期权买方将蒙受亏损。

我们以中国航空油料集团(新加坡)股份有限公司为例(以下简称中航油),说明在没有做好商品投资风险防范下,连续做出错误的商品投资判断会给企业带来巨大的风险。中航油于2003年开始进行场外期权交易,2003年底中航油的仓位是空头200万桶,石油价格小幅度下跌,企业获得了少量收益。2004年一季度石油价格一路攀升,随之中航油的期权合约形成了500多万美元的潜在亏损。而此时的中航油还未意识到商品投资的风险所在,选择对期权合约进行展期,即在平仓后,买入更多的看跌期权。这是中航油的第一笔展期合同,也是中航油在之后的6月、10月发生潜在亏损时选择的交易方法,将中航油一步步带入深渊。经过第二季度石油价格大涨后的再次展期,中航油持有了更多的空头:在10月,石油价格持续走高,而此时中航油已经持有了5200万桶的空头数,潜在亏损已达1.8亿美元,由于资金周转不开,其母公司贷款了1.08亿美元为其进行补仓;终于在2004年10月26日,中航油连保证金也无法补齐,被迫高位部分斩仓,造成实际亏损高达3.8亿美元。中航油新加坡公司最后走上了破产申请的道路。中航油事件中,企业决策者未能意识到石油期权的市场风险给公司带来的巨大隐患,更不必说在交易之初做好风险对冲,抑或是在发生风险时做到及时止损,这些都为企业的存续带来了风险。

总之,在商品投资的过程中,因为根本无法确定在投资期限内标的商品的价格波动,因此金融机构根本无法确定其价格波动对衍生产品的价值影响,也就无法确定该商品投资能否带来正的收益。而这个未知的标的商品资产价格波动带来的风险就是市场风险的主要表现形式。

二、信用风险

信用风险又称为违约风险,是指交易金融衍生工具的双方可能存在客观的违约可能性。当前的交易市场分为场内交易市场和场外交易市场,而在不同的市场中违约风险的可能性存在差异。

场内交易市场又称为交易所市场,通常是在规范化,受监管的交易所中进行交易。在交易金融衍生产品中,交易所充当交易双方真正对手方,虽然交易过程中衍生工具是从卖方到买方,但双方都是以交易所为交易对手。而交易所利用其雄厚的资金和有效的风险管控来减少违约的可能性。因为在交易所交易的衍生产品都是标准化的,交割的规模、交割期限、交割地点等都有明确的规定。所以,在这种条件下,通常认为在场内交易市场中是不存在信用风险,或违约风险很低。

场外交易市场(OTC)交易的衍生产品通常是非标准化的,因为是在场外进行交易,因此交割地点、交割时间、交割价格、交割的规模、标的商品的品质等细节都可由交易双方协商决定,具有很大的灵活性,可以尽可能满足双方的需求。但是非标准化合约意味着交易合同的条款更加复杂,而复杂的合同条款比较难以进行估值和定价,从而难以进行大规模的、集中的结算。因此,虽然 OTC 市场的衍生工具交易量在总体上比场内市场要大,但缺少像交易所或者清算公司这样的中央交易对手方。所以如果在场外交易市场中,交易的商品标的资产的价格发生剧烈波动,交易双方中的不利一方可能会面临财务困难或其他问题而选择违约,从而发生信用风险。

商品期权是常见的会给投资主体造成违约风险的商品投资。例如,某金融机构持有豆粕场外期权,其交易对手,即豆粕的生产企业处于豆粕看涨期权的空头地位,一旦到期时豆粕期货大幅上涨,豆粕生产企业需履行期权的约定并向金融机构支付大量的现金。这时,生产企业可能由于各种原因而无法支付这笔应付款项。此时就有巨大的违约风险。

三、流动性风险

商品投资的流动性风险是指金融机构无法在短时间内以合理的价格建仓或平仓。由于目标头寸价值会随着标的商品资产的价格波动而变化。所以在商品投资中,一般使用时间和价格来界定流动性风险。商品投资衍生产品的变现所需的时间越短,付出的成本越小,则说明投资产品的流动性越高。反之,如果实现变现的时间较长,而变现成本较大,则说明该产的流动性越低,存在一定的流动性风险。

在商品投资达成交易价格时,无论是开始建仓还是平仓,交易衍生产品的价格如果偏离其真实价格很小,则表示该产品的流动性很高,存在很小的流动性风险;反之,如果偏离真实的价格,则表明该产品流动性越低。虽然金融机构可以降低衍生工具的价格把手中的头寸迅速卖出去，但如果交易价格过低，金融机构的预期收益就会降低，这就是流动性风险客观存在的可能性。

与违约风险类似，商品投资在交易所市场和场外交易市场中的流动性风险是存在差异的。一般情况下，在交易所交易的衍生品是具有较好的流动性，而场外交易市场的流动性通常较差。因为在交易所市场中风险较小，交易成本的规定明细，因而交易双方的违约性较小，所以具有较好的流动性。反之，在OTC市场中，交易的商品衍生工具一般都是非标准化，交易的金融衍生品都是根据双方各自的需求确定的，一旦交易的一方在交易合约到期时不能履行合约，那交易的另一方就不能如期减仓或平仓。所以在场外交易市场中的金融衍生工具的流动性较差。

例如，某企业想于3月购买一批棉花现货，为了锁定市场风险，企业想要选择一份棉花期货合约进行对冲交易，于是其购买了一份合约到期日在3月前后的期货合约。当这份合约即将到期时，棉花期货交易可能不够活跃，此时企业由于无法在市场上找到合适的交易对手而产生流动性问题。

四、操作风险

操作风险是指金融衍生工具交易业务在开展过程中由于信息系统或内部控制缺陷导致意外损失的风险。引起操作风险的原因有很多，其中包括人为错误、电脑系统发生故障、工作程序和内部控制不当等。而引起操作风险的原因可能有来自金融机构内部因素也有可能来自外部因素。操作风险一般发生在部门或者公司层面，与某个商品投资项目的联系并不十分紧密。换而言之，操作风险通常发生在金融衍生产品交易的具体流程当中，认知操作风险首先在于深入了解商品投资交易中的各个流程环节，更为关键的是从安全的角度出发通过追查责任制、严格的内部控制等来实现规避操作风险的有效管理。

从商品投资的内部控制流程来看，金融衍生工具交易的展开涉及交易账户的操作、交易金额的转移和交易记录的录存等。这些不同的环节都需要特定的业务权限，并且各个业务流程之间应该有详细明确的隔离墙制度。如果没有这些内部管理制度的保证，就很有可能出现内部交易人员泄露信息而导致交易风险的增加，从而导致操作风险。从交易系统上来看，机构内部的交易系统、估值系统、风控系统以及财务系统等各个信息技术模块之间都有可能因为信息系统的破坏而导致金融衍生品业务运行面临操作风险。

例如，对于部分的浅实值期权，在扣除期货公司以及交易所所收取的行权费用后，行权收益可能出现小于成本的情况。行权日投资者需计算考虑行权手续费等费用后，决定实值期权是否值得行权。如果期权行权收益小于行权手续费，根据现行制度，此时需要提交放弃行权申请。否则实值期权将会自动行权，投资者可能面临不必要的损失。

五、模型风险

在对商品投资品进行估值或是在对商品投资品的风险进行度量设计对冲策略时，都需要用到定价模型对商品投资品进行价格的预估。模型基于历史数据对现实的市场情况做出抽象的判断。之所以说是一种抽象的判断是因为现实市场情况的复杂性和多变性，以及受到计算能力的限制，用模型得出的结论与真实状况可能有一定程度的偏离。因为使用不恰当的模型而造成的估值偏离、风险度量偏差和对冲策略的偏误，进而导致投资主体在开展商品投资业务时所面临的风险，我们称为模型风险。

估值层面的模型风险是指由于在卖出或者买进商品投资品前模型给出的价格偏离真实价格，造成买入商品投资品的价格太高或是卖出商品投资品的价格太低，或者估值无法准确公允地反映这些投资品的价值状态。在不同的场所交易的商品投资品的模型风险存在差别，对于在场内交易的商品投资品，若其具有一定的流动性或是有做市商进行报价，那么对该投资品的估值可以通过分析市场数据或者根据做市商的报价形成，这种情况下的模型风险相对较低。若是研究预测的商品投资品未在二级市场流通，也没有做市商的参与，那么该商品投资品的估值就会用到一些估值定价模型来对投资品进行间接的估价，这样的估值方法就被称为模型估值，这种情况下的模型风险就比较高。为了缩小估值层面的风险，我们不仅要慎重选择合适的估值模型，并且要依照市场的变化对商品投资品做定期的重估。

风险对冲操作中的模型风险，是基于估值层面的模型风险之上，更进一步扩大了风险。当使用了不恰当的估值模型后，以模型计算出来的对冲比率也是与实际需要的对冲比率不相符的，根据模型的计算结果设计的对冲策略也可能出现偏离实际的情况。定价模型中的 Delta、Gamma、Vega 的估值均会影响风险对冲策略的设计。

【例 13-1】东方航空

燃油是航空公司所用成本中占比较高的一项，因此各航空公司普遍采用套期保值合约来对冲燃油价格的波动。而 2007 年东方航空采用的套期保值策略却给其带来了巨额亏损。

2002 年至 2007 年国际燃油价格一路攀升，东方航空为锁定燃油价格采取了套期保值策略。东航分别于 2007 年与 2008 年签订燃油期货合约。2007 年的合约将于 2008—2009 年到期，公司需以 50~95 美元/桶的价格购买燃油 798 万桶，以 43~115 美元/桶的价格出售燃油 230 万桶；2008 年的合约将于 2008—2011 年到期，公司将以 62.35~150 美元/桶的价格购买燃油 1135 万桶，并以 72.35~200 美元/桶的价格出售燃油 300 万桶。

在东航采用的套期保值方案中，它既是期权的买方（买入看涨期权）同时也是期权的卖方（卖出看跌期权）。东航所买入的看涨期权使得其以较高的价格（150 美元/桶）在未来规定的时间从对手方买入约定量的燃油，不过在行权日，对手方有权选择是否卖出燃油，而东航必须接受其决定；对于东航卖出的看涨期权，东航以 200 美元/桶的价格在未来规定的时间向对手方出售一定数量的燃油，行权日对手方有权利选择是否向东航进行购买，而东航必须接受。

表 13.1　　2007 年、2008 年原油期权合约对比

年份	原油价格波动区间	期权锁定价格区间	实际交割损益	期权合约公允价值损益
2007	55~92 美元	50~95 美元	1.2 亿美元	0.96 亿美元
2008	45~92 美元	62.35~150 美元	-0.08 亿美元	-62 亿美元

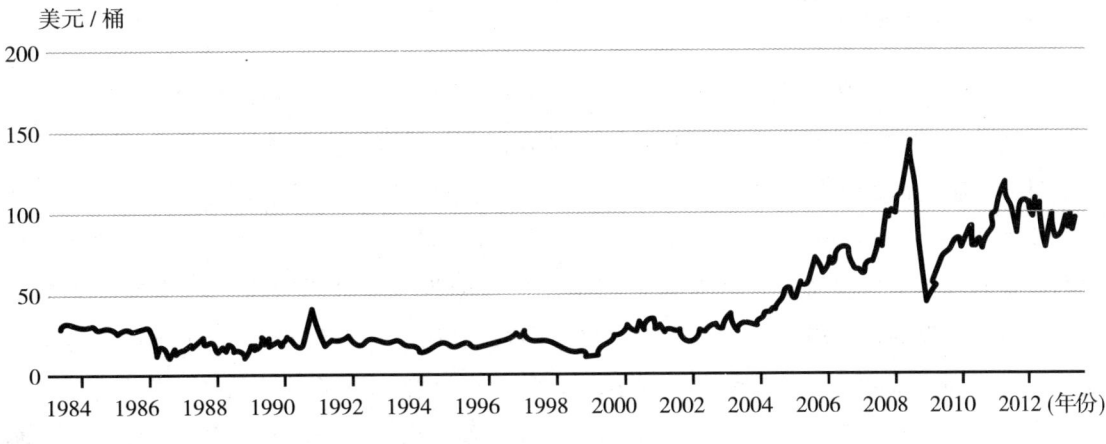

图 13.1　1984—2012 年原油价格走势

2007 年的原油价格波动处于东航期权合约的约定价格区间，且看跌期权的对手方没有行权，于是东航赚取了对手方的一笔权利金。同时，由于油价的上涨东航通过买入看涨期权锁定了价格，规避了因燃油价格上升而给公司带来的风险。2007 年东航的套保模型成功为公司降低了燃油成本。

2008 年的原油价格经历了疯狂波动，从年初一路飙升至 147 美元/桶又极速回落至 45 美元/桶，这显然超过了东航公司期权合约锁定的价格区间，看跌期权的对手方选择行权，给东航公司带来了巨大损失。而看涨期权的权利金远无法弥补损失。且由于东航签订的套保合约是在买入一个看涨期权的同时卖出两倍以上的看跌期权，因此，当燃油价格上涨时，东航将获利，但若油价下跌，亏损就会加倍扩大。由于 2008 年燃油价格的大幅下挫，该对冲模型的设计将东航暴露于巨大的风险敞口，造成了公司的亏损。

第二节 商品投资风险度量

商品投资业务的风险度量是指用量化指标来反映商品投资标的产品和产品投资组合的风险程度。在商品投资中涉及的风险包括很多种，但并不是所有的风险都能被可靠地度量。在现实和理论层面，市场风险和信用风险是可以比较准确的被数量化度量。风险度量的主要方法有敏感性分析、在险价值、情景分析和压力测试以及最大撤回率这四种方法。金融机构一般需要在商品投资交易环节中合理的综合运用，以便对金融衍生产品的风险作出准确的评估和判断。

一、敏感性分析

敏感性分析就是研究投资品或组合的收益率对影响项目的各种变动因素敏感性的一种分析方法。例如，可以用敏感性分析来估算在美洲遭遇不同程度龙卷风灾害，并因此给大豆产量造成影响时，大豆期货投资者承受的不同程度的影响。敏感性分析能直观地告诉我们"主要矛盾"。应用敏感性分析的主要步骤是：第一步，选取不确定因素，这些选取的基本因素的变动会对投资品的收益造成影响。但敏感性分析并不要求找到全部的影响因素，只需找出哪些影响较大的、重要的不确定因素加以分析。第二步，确定不确定因素的变化程度，通常采用±10%为宜。第三步，选取分析指标。对于投资品和投资组合而言，衡量指标一般为收益率、系统性风险指标 β 值以及衡量期权类金融衍生品市场风险的希腊字母等。第四步，计算敏感性系数与临界值。临界值可以是指不确定因素使投资品由收益转至亏损的数值，可以通过绘制敏感性分析图表估算得到。第五步，对敏感性分析的结果进行分析和评价。敏感性分析有着一定的局限性，在分析某一因素的变化时，该方法假定其他因素是不变的，而实际情况往往各因素之间相互影响。

二、在险价值

(一) 在险价值的概念

传统的 ALM 理论（Asset-Liability Management，资产负债管理）主要依赖对财务报表的分析，但企业财报是过去年度的企业信息，不能完全代表现在企业的运营情况，因此这种方法缺乏一定的时效性。利用数学计量方法得出的方差及 β 系数来衡量风险又显得太过抽象，无法给出直观的结论，而且反映的信息有限，给出的只是市场或资产的波动幅度；资本资产定价模型（CAPM）不仅有着严苛的假设条件而且无法糅合各种衍生品种。在上述传统的几种方法都无法准确定义和度量商品投资风险时，G30 集团在 1993 年发表了《衍生产品的实践和规则》，该报告基于对衍生品的研究，提出了目前测度市场风险最主流的方法，也就是风险价值法（VaR）。

VaR（Value at Risk）按字面解释就是"在险价值"，是指在市场正常波动下，某一金融资产或证券组合的最大可能损失。更为确切的是指在一定概率水平，也即置信度下，某一金融资产或证券组合价值在未来特定时期内的最大可能损失。用公式表示为

$$\text{Prob}\,(\Delta P_{\Delta t} \leqslant -VaR) = 1-a \tag{13.1}$$

其中，P——资产价值损失小于可能损失上限的概率，即英文的 Probability；$\Delta P_{\Delta t}$——某一金融资产在一定持有期 Δt 的价值损失额；VaR——给定置信水平 a 下的在险价值，即可能的损失上限；a——事前确定的置信水平，以百分数表示。

假设某投资主体希望在未来的 1 天内存在 95%概率使得其所投资的商品加之损失不超过 1000 万元。那么可以用在险价值的公式表示为

$$\text{Prob}\,(\Delta P \leqslant -10000000) = 5\%$$

含义是：投资主体有 95%的把握，在未来的 1 天内损失不会大于 1000 万元。

VaR 之所以受追捧是因其极易理解的概念，即回答了"情况最坏能到什么地步"这一问题，并且投资品对各种市场因子的敏感度最终可以用一个数据展现。VaR 从统计的意义上是指在面对正常的市场波动时投资品处于风险状态的价值，即在给定的持有期以及一定的置信水平内，预期的最大损失量，这个值可以是绝对值，也可以是相对值。例如，某一投资公司持有的商品投资组合在未来 24 小时内，置信度为 97%，在市场正常波动的情况下，VaR 值为 100 万元，其含义为该公司的商品投资组合在未来一天内，由于市场价格变化而带来的最大损失超过 100 万元的概率为 3%，或者说有 97%的把握判断该投资公司在下一个交易日内的损失在 100 万元以内。3%的概率反映了金融资产管理者的风险厌恶程度，可根据不同的投资者对风险的偏好程度和承受能力来确定。

（二）在险价值的参数

在险价值含有两个重要的参数，分别是时间长度 Δt 和置信度 a。

1. 时间长度

时间长度指的是发生新交易的频率或者是对风险头寸对冲的频率。在 1997 年生效的巴塞尔委员会的资本充足性条款中，持有期为两个星期的时间长度对应着 10 个交易日。在现实中，分析人员常将时间长度 Δt 设为 1，以确保有足够充分且有效的数据来估计市场的变化。大多数资产通常是有每日报价的，据此，可在日 VaR 的基础上计算出 Δt 天的 VaR，公式为：

$$VaR_n = VaR_1 \times \sqrt{\Delta t} \tag{13.2}$$

时间长度的选择要考虑以下四个因素，即流动性、正态性、头寸调整以及数据有效性。

持有期长度的选择与该商品投资品在市场的流动性有正相关关系：如果交易头寸的流

动性好，那么可以选择较短的持有期；如果流动性较差，难以及时在市场上找到交易对手，那么应选择更长的持有期。对于商品投资组合，如果组合内的各头寸的流动性相差太大，可以按照在组合中占比最大的头寸判断其流动性以及时间长度。

时间长度的正态性是由计算在险价值的假设决定的，在计算 VaR 时我们往往假定回报是具有正态分布的。且经实证研究表明，时间长度越短，时间回报的分布越接近正态分布。

头寸调整是针对商品投资组合投资者所需注意的，它与组合的持有期长度有联动关系。在计算 VaR 时我们常假定在持有期内的投资组合头寸不变。但实事是，持有期越长，投资者调整组合头寸的可能性越大。

在计算 VaR 时需要采用大量的历史数据，持有期长度越长，所需的历史时间的跨度也会越大，可能会出现无法找到数据或是数据不具有意义的情况，也即数据失效。例如，我们选择的持有期为 1 天，若计算 VaR 所需要的数据为 500 个，那么我们至少需要两年的数据（每年 250 个交易日），这样的数据多数是可以搜集到且有效的；但若我们选择的持有期为周数据，那么我们需要获得 10 年的数据值才能计算 VaR，由于时间跨度过大，数据不具有代表性或者无法找到 10 年期的数据，可能导致使用无效数据。

2. 置信度 α

也即 VaR 值发生的概率，其主要取决于投资主体的风险偏好。若置信度设置的水平过低，那么损失超过 VaR 的事件就有更大概率发生，使得风险统计量 VaR 失去其测量风险的意义；若是设置过高的置信水平，那么损失超过 VaR 的概率会降低，即统计到的事件数量会减少，从而影响 VaR 的计算。我们通常选择 95%、97.5% 或 99% 作为 α 的值。图 13.2 展示了服从正态分布时的 VaR 以及置信度。

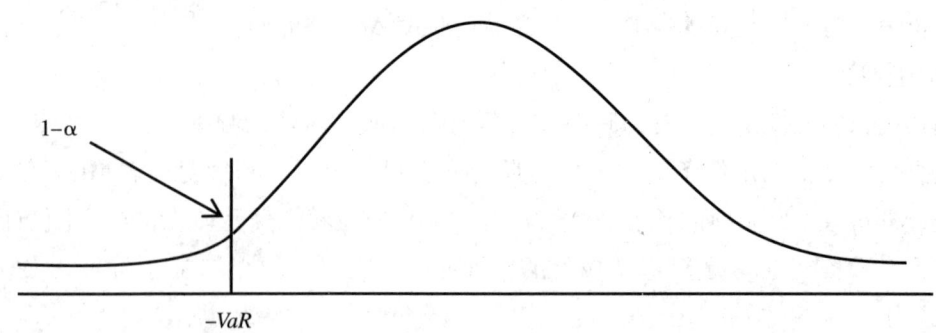

图 13.2 函数曲线

(三) 方差—协方差估算 VaR

方差—协方差法又称为参数法，是估算在险价值的最常见方法，用于计算收益率服从正态分布的投资品或投资组合的在险价值。这种方法假定投资组合内的资产是线性组合，并且所有资产的收益率都服从正态分布，那么线性组合也就服从正态分布。方差—协方差估算 VaR 的步骤如下：首先，利用历史数据来计算投资品或者投资组合的方差，标准差以及协方差；其次，根据假定，投资品或投资组合的收益呈正态分布，求出一定置信区间下反应了分布偏离均值程度的临界值；最后，推导出 VaR 值。

$$VaR = \alpha \cdot \delta \cdot \sqrt{\Delta t} \cdot \mu \tag{13.3}$$

μ 是投资品或投资组合的期望收益率；δ 是在给定时间范围内投资品收益率的标准差；α 是与所选置信水平 α 相对应的标准差倍数的数值，即置信水平 α 对应的是几倍的标准差；Δt 表示持有期限，$\sqrt{\Delta t}$ 即为调整因素，用于测算资产收益率的变化情况，例如，如果我们要计算一周的 VaR 值并且已经算出了 1 天的 δ，则调整因素就为 $\sqrt{7}$。

参数法由于其易于理解，运用方便，计算相对来说比较简单的特点因而应用广泛。但是其结果依赖于是否做出正确假设，如果假设不正确，结果可能会有较大的误差。同时选择的历史数据可能不具有代表性。

(四) 历史模拟法估算 VaR

历史模拟法是通过分析过去一段时间内的投资品的收益率的分布，计算出一段时期内历史数据的平均值，推断出 VaR 的水平。在该方法中隐含的假设是历史的变化在未来也会实现。历史模拟法步骤如下：首先，观测并分析对商品投资品有影响的市场因子，搜集这些因子在一定时期内的历史数据，并以本国货币进行计量。其次，估计市场因子的未来收益率。再次，根据模拟出的风险因子可能在未来达到的 N 种价格水平，求出组合的 N 种未来价值，进而分析出未来收益率的分布。最后，计算投资组合的 VaR 值。历史模拟法因其直观、简单、易于计算，并且不假设任何分布，适用的资产种类广泛，也不用估计协方差和相关系数的数值等众多优点，所以相较于参数法更易操作和使用。但应注意的是，由于历史模拟法过分依赖历史数据，必须有大量的数据做支撑，而且其隐含了过去能代表未来的假设，所以在使用该方法时应更加注重数据的搜集与选择过程，将历史数据中的那些极端事件去掉。

(五) 蒙特卡罗模拟法估算 VaR

蒙特卡罗模拟法与历史模拟法十分相似，却比历史模拟法更为精确可靠，相较于其他估算在险价值的方法，蒙特卡洛模拟法具有可以处理非线性以及肥尾等问题的优点，也是计算 VaR 最复杂的方法。它与历史模拟法的主要区别在于，蒙特卡罗法是借助随机方法利用历史数据的，选取的是正态分布下的随机数来建立将来情景的分布，并对这些情景中的每一分布运用某种方法计算投资组合的价值，再直接估计 VaR 值。

具体步骤如下，首先，识别所有相关的风险因子，并假设这些风险因子服从一定的联合分布，通过历史数据估计联合分布的参数。其次，利用计算机从第一步得到的联合分布中进行随机抽样。再次，刚才所抽得的每个样本，相当于风险因子的每种场景下投资组合的价值变化，从而得到组合价值变化的抽样。最后，根据投资组合价值变化的抽样数据来估计其分布从而计算出在险价值。

三、压力测试与情景分析

压力测试和情景分析在商品投资中是两个非常重要的风险管理工具。VaR 假设市场是正常的，收益率服从正态分布，其不能使用于左尾事件，而压力测试强调回报分布的左尾非频繁的大额损失。因此压力测试并非是在险价值法的替代方法，而是对 VaR 风险测度的一种补充。压力测试的优势在于，压力测试对于风险管理者来说有直观的吸引力。一般情况下，应用压力测试是直接对冲击变量进行识别；假定冲击变量的极端运动，接着计算商品投资组合的最新价值。压力测试的缺点在于，这些极端可能性事件的影响规模不局限于它们自身，它们常常会冲击其他变量，从而使新估值变得更加复杂。并且压力测试没有明确压力情景出现的概率。

情景分析假设了多个风险因子同时发生变化时的不同情景。情景的设定可以是人为设定，也可以用历史情景，或是通过运行在特定情景下的风险要素的随机过程中得到的。运用在商品投资风险管理中，情景分析可从一维场景分析和多维场景分析两个角度进行分类。一维场景分析识别关键风险因子，给因子施加大的冲击，度量因子对商品投资组合价值的冲击。单维场景分析不考虑多重风险因子间的相关性。而多维场景分析就包含了因子之间的相关关系，但与此同时也提高了分析的复杂性。多维场景分析可是历史回顾的也可是前瞻性的。在这种方法中的场景可采用两种方式：历史场景和潜在场景。历史情景是回顾性的，其考察的是历史交易市场数据，据此来推断市场危机期间关键金融变量的相关关系；而潜在情景是前瞻性的，它基于可能产生大额损失的合理相关情景的假定。

四、回撤控制

投资交易中有个常见的概念，就是"回撤"，它是描述一段时间内投资者资产账户的减少幅度的名词。一段时间内，投资品价格回落的次数可能不止一次，最大回撤率定义了一段时间内买入该产品可能出现的最糟糕的情况，这是度量投资风险的又一重要指标，甚至在做数量化交易时，这一比率对投资者决策的影响要大于波动率。我们不能简单的用这段时间内最高点与最低点的差额来计算最大的回落幅度，而是采用以下公式：

$$最大回撤率 = \max\{(D_i - D_j)/D_i\} \tag{13.4}$$

D_i 为投资品第 i 天的净值；D_j 为 i 天后某一天的净值。

这个公式其实代表了对每一个净值都进行回撤率的求值，然后找出其中的最大值。通常我们使用计算机程序完成该计算。

第三节　商品投资风险管控

无论是何种投资，风险无处不在，这需要我们具备管理商品投资风险的能力以及做好充分的风险承担准备。面对特定类型的风险，有不同目的的投资者有着不同的行为选择。若投资者面对风险时，选择持有增加该风险敞口的头寸，其目的为增加财富；若投资者面对风险时，持有降低该风险敞口的头寸，其目的为对冲风险。

我们以一个大豆期货的小故事来发现对于商品投资风险管控需要注意的问题。2004 年世界上最大的大豆主产国美国大豆取得了巨大的丰收，其当年大豆增产的量就相当于中国当年的大豆产量，且中国当年的大豆也取得了大丰收。同时排在世界大豆产量第二位以及第三位的主产区巴西和阿根廷也大幅增加了大豆的种植面积，如果不发生气候的极端变化，那么获得丰收也是可预见的。就在中国春节前几日，CBOT 大豆几次跌破 500 美分/蒲式耳的国家保护价，然后停留在 500 美分/蒲式耳左右，当时大连 505 期货大豆价格停留在 2520 元/吨左右，很多人基于各国丰收的大豆情况，持有了大量的空单，他们认为春节后大豆将有极大的可能进一步下跌。然而在空头们认为节后可以大赚一笔欢喜过节时，南美洲却发生了严重的干旱，导致原本可以获得丰收的巴西和阿根廷的大豆产量急剧下降，CBOT 大豆持续上涨了整整 7 个交易日，而此刻大连交易所仍在休假休市，空头们只能干着急。在节后第一天大连大豆 505 跳高 70 点开盘，空头们赶紧进行了止损，但也使不少人蒙受了不小的损失。

这个小故事为我们展现了商品投资市场中风险的小小一隅。我们在做商品投资时面对诸多的风险，只能学会管理风险，主动掌舵，才能在市场的惊涛骇浪中，安全登岸。我们将分别从资金的使用效率，即资金管理和用于规避风险的对冲策略来讲述商品投资风险的管控。

一、商品投资资金管理

资金管理是指投资者对于账户资金的管理活动，对资金用途的分配、最初的合约的选择、进行投资入场的时间以及最终的卖出时间都属于资金管理的内容。在商品投资的交易中，管理和控制资金是有效防范风险的重要手段。

在进行商品投资的资金管理时，我们会遇到诸多风险，例如在进行商品期货投资时，投资者的资金首先会进入交易所的存管银行以保证投资者的账户内保有一定数量的资金（这是我们进行资金管理的基础），在买入商品期货后，投资者将面临市场风险、强行平仓风险、操作风险等，而这些风险均与资金管理有关。那么，我们应如何通过资金管理来实现对风险的管理呢？

（一）学会测算自己的资金账户

每个投资者有不同的风险承担能力与意愿，在进行商品投资的过程中，要对账户资金进行风险测算，根据自身情况计算出自己账户的资金能够承担的最大的风险。把握好自己资金账户的风险承担水平是资金管理的重要前提。

以商品期货为例，测算资金账户要注意以下几点。

1. 根据实际资金的数量以及自身风险承担能力的强弱，确定商品期货投资交易过程中使用账户资金的比例以及最大可承受的亏损程度。这些数值可以是账户资金的一个百分比，也可以以确定的数额来衡量。

2. 在商品期货交易的过程中，通常有减少强制平仓的风险的需求或者想为后续加仓保留余地，因此每次进行交易的资金不能超过账户资金的1/3。

3. 无论是投资哪种商品的期货合约，最好留有账户资金的1/5~1/4作为保证金。

4. 每次交易的最大亏损金额最好不要超过总资金的5%。

5. 所有的交易应当预先设定止损机制，对于亏损的头寸应当适时止损出局，切勿企图用增加筹码的方式来分摊成本。

（二）交易中的资金管理

通过前面一步的资金测算，投资者为自己设下了一定的行为标准，接下来的交易过程中，投资者的资金管理重点应落于资金的分配。基本的原则是在不同的交易中使用的资金的数量应尽量保持均匀。例如，一位投资者1997年做空郑州绿豆时，一开始比较谨慎，只空了10手，获利高达450点，盈利4.5万元，而当时该投资者的资金量可以做到120手，于是他后悔自己的胆子小，要是空100手就能达到4500点。没过多久，他又空绿豆，鉴于上次的教训，这次他一下子空了100手，结果这次绿豆反弹，50点止损就亏损了5万元。

资金分配不仅数量上要注意均匀分布，而且切忌大起大落，在投资的商品种类上也最好要广泛一些，不要把鸡蛋放在同一个篮子里。在各种商品价格走势都不明显时，可以把资金分配到各个产品中，实现风险的分散，也充分利用了资金。对于那些走势不太明显的商品期货或行情最好投入较少的资金。对于走势是否明显的判断有很强的主观性，完全取决于投资者个人的经验水平和分析能力。

（三）测算报酬风险比和风险收益比

每一笔投资操作都需要进行报酬与风险比例的测算，现行的这一比率的通用标准为3∶1。也就是说，投资者的盈利的概率要大于亏损概率的三倍，具体而言，在操作时，投资的获利概率为亏损概率的三倍时，投资者才应进行该商品投资。若在进行风险测算时发现，该商品投资的操作风险过大，那么谨慎的投资者宁愿放弃这次盈利机会也不要给自己带来过大的风险。

测算风险收益比也是资金管理时使用的一个指标,也是投资者评估一笔交易是否值得做的标准。风险收益比是可能收益与可能亏损的比值。若我们打算做五笔交易,假设风险收益比为4,即可能收益/可能亏损=4,通俗来说就是"一赚抵四赔",可以理解为获得的收益为遭遇亏损的四倍。比如五笔交易中的一笔交易获取400%的收益而其余四笔交易的亏损率均为100%,或者两笔交易能赚取150%的收益,而剩下的三笔亏损为100%。

二、商品投资风险对冲

考虑下面两个情景:一是当投资者通过选择各类商品投资工具进行交易,主动承担了风险并获取一定的预期收益,当某些商品投资工具的收益达到预期时,投资者希望能锁定已经获得的收益时;二是某些金融机构为客户提供资产管理、风险管理等服务,但其为客户设计和发行的商品投资品中蕴含了市场风险,使得金融机构承担了或有的支付义务。无论是投资者希望能管理自己的投资收益还是金融机构想要管理或有的支付义务,都在一定程度上需要运用工具来对冲潜在的风险。对冲风险,可以选择场内工具也可以选择场外工具,此外,创设新的产品来对冲也是一种办法。

(一)对冲理论

生活实践中有很多对冲交易发生在我们身边,但是对冲理论的发展从20世纪以后才开始的,它被分为传统对冲理论、基差逐利型对冲理论和组合投资型对冲理论。

传统对冲理论奉行"行情相关、数量相等、方向相反、时间相近"的基本原则,不仅便于理解,在操作上也便于实践。其主要目的是规避风险。但由于市场的波动或是无法找到行情相关的商品等原因,风险可能无法按照理想状态进行很好的对冲。基差逐利型对冲理论不认为对冲仅是为了规避风险,该理论认为对冲的主要目的在于实现基差有利变动预期下的获利机会。组合投资型对冲理论不再关注从基差中获利,而是将目光转向了期现货头寸的投资组合,追寻风险与收益的平衡。对冲的比率也打破了1:1的模式,可以根据投资者风险偏好而变化。

(二)对冲工具

1. 商品投资品场内交易对冲

在商品投资金融市场中,场内金融工具不仅包括股票、债券等在内的基础交易工具,还包括了期货、期权等衍生产品。而场内金融工具对冲风险是金融机构或者其他中介结构管控风险的常用手段。不管是经常见到的期权期货套期保值,还是比较复杂的期权做市等,其原理基本都是运用场内的金融工具在原本的投资基础上进行对冲交易。

场内金融工具顾名思义是在交易所中进行交易,所以场内金融工具通常是标准化、规范化的。因此,在统一的清算公司和中央交易对手的环境下,其本身的违约风险较低,而具有较高的流动性。投资者可以在场内市场中以较低的成本来调整自己的头寸，所以成本小、效率高就是场内金融工具对冲交易的优势所在。

但是，正是由于商品投资中场内金融工具的标准化、规范化，也给场内对冲交易带来了一些不便。这是因为金融机构或者其他中介机构在对冲风险时可能对冲的标的物比较特殊，其本身的风险因子和场内对应的交易工具没有太大的相关性。例如，一家铜制品公司专门生产一种全新的有机铜，虽然也面临着整个行业铜价下降而导致销售降低的风险，但是其公司的有机铜的风险因子和交易所采用的普通铜价格之间的相关性并不是很高。所以，如果这家铜制品公司要根据预期的市场价格波动进行套期保值时，需要精准地度量有机铜和普通铜制品价格之间的相关性。这样才能使对冲风险建立起来的头寸较为准确，这就是场内工具对冲的一个缺陷。

【例13-2】假设今天是2月15日，一家铜制品加工厂将在6月15日履行一份交付10000磅阴极铜的合同，并且即期的阴极铜铜价为每磅3.45美元，6月交割的阴极铜期货合价格为每磅3.30美元，这样该铜制品工厂可以买入四份交易所的商品投资期货合约多头，并且将会在6月15日把合约平仓。每一份合约的规模为2500磅阴极铜。这一对冲策略的实际效果就是把这家铜制品加工厂的阴极铜铜价锁定在每磅3.30美元。

表 13.2　　　　　　　CME 集团发布的阴极铜制品期货合约

产品代码	HG
交易场所	CME 集团 COMEX 交易所
合约规模	2500 磅
报价单位	美元/磅
最小价格波动	0.0005 美元/磅
交易终止	交易于交割月最后第三个营业日终止
挂牌合约	在交易当月、之后 2 个月、23 个月期间内的任何 1 月、3 月、5 月、9 月，以及当前月之后 60 个月期间内的任何 7 月与 12 月进行交易交割
结算类型	实物
交割期间	交割可以在交割月首个营业日起开始的任何营业日或者交割月之后任何营业日进行，但不得迟于交割当月的最后一个营业日
以结算价交易	TAS 可以在有效合约月份进行交易。有效合约月份为 3 月、5 月、7 月、9 月与 12 月。任何给定的日期 TAS 交易将只允许在一个单独合约月份中。TAS 交易可按照当日结算价格或高于或低于结算价十个单位的任何有效价格增幅进行
等级和质量规格	第一级铜合约应为第一级电解阴极铜，且必须符合材料试验协会采用的第一级电解阴极铜规格（B115-00）或者其最新修订中有关化学和物理的要求

假如在 6 月 15 日阴极铜的即期价格为每磅 3.35 美元。而且 6 月还是铜制品期货合约的交割月，所以铜制品的即期价格和期货价格非常接近。因此可以计算出商品加工厂从商品投资对冲交易中的收益为

$$10000 \times (3.35-3.30) = 500 （美元）$$

在履行交付铜制品时，加工厂购买阴极铜需要支付 $10000 \times 3.35 = 33500$（美元），所以对冲后的费用大约是 $33500-500=33000$（美元）。

当然，假如在 6 月 15 日铜的即期价格不是每磅 3.35 美元，而是比期货的价格更低，比如说每磅 3.15 美元，则加工厂在商品投资对冲交易中的损失就为

$$10000 \times (330-315) = 1500 （美元）$$

在交割时为了买入阴极铜需要支付 $10000 \times 3.15=31500$（美元），因此整体的费用大约也还是在 33000 美元。

但是需要注意的是，在商品投资市场中进行对冲策略时，如果建仓时所持有的商品投资金融工具的头寸比较多，在平仓的时候市场可能一时间无法满足需要平仓的合理价格。

2. 商品投资场外交易对冲

在商品投资市场中进行场内交易对冲会遇到一些困境，比如风险因子与标的物价格相关性的确定，以及金融机构或者其他中介机构自身的诸如资金、技术、人员等不足的限制。所以，在面对商品投资中的风险时很多机构也会运用场外交易对冲风险。

从商品投资市场的角度出发，首先场外交易对冲使投资者在商品投资对冲的选择上更加具有选择的余地。其次场外交易对冲也完善了整个商品投资风险管理体系，对场内交易对冲而言是一个有利的补充，弥补了在商品投资场内工具对冲中由于标准化合约带来的不足之处，以一个更具灵活的方式管控商品投资风险。

从金融机构或者其他中介机构的角度出发，最重要的就是这些机构可以对场外交易对冲加以运用从而摆脱对于传统业务模式的依赖，或者由于应对客户需求而自身营运能力不足无法采用场内交易工具来对冲商品投资风险时，可以采用外部购买的方式来满足客户的需要。另外，对于场外交易对冲而言，通过不同买卖方向、不同的交易价格、不同的时间限制等要素组合，可以制造出比场内交易对冲更具灵活多变的对冲策略，极大地丰富了商品投资风险管理体系。

参考文献

参考文献

[1] 许可,李强.期货与期权基础教程［M］.北京:高等教育出版社,2016.

[2] 姚京华,刘海亮.大宗现货投资:从入门到精通［M］.北京:民主与建设出版社,2018.

[3] 龙飞.大宗商品投资入门与实战精解［M］.1版.北京:人民邮电出版社,2018.

[4] John C. Hull.期权、期货和其他衍生品［M］.4版.北京:清华大学出版社,2001.

[5] 袁冠群.期权四大基础策略深度解析(上)——期权策略系统回顾之一［R］.上海:上海证券,2014.

[6] 袁冠群.期权四大基础策略深度解析(下)——期权策略系统回顾之二［R］.上海:上海证券,2014.

[7] 袁冠群.期权跨式及其衍生策略深度解析——期权策略系统回顾之三［R］.上海:上海证券,2014.

[8] 袁冠群.期权卖出跨式及其衍生策略深度解析——期权策略系统回顾之四［R］.上海:上海证券,2014.

[9] 袁冠群.期权垂直价差策略深度解析——期权策略系统回顾之五［R］.上海:上海证券,2014.

[10] 袁冠群.期权蝶式策略深度解析——期权策略系统回顾之六［R］.上海:上海证券,2014.

[11] 刘硕.期权:交易策略基础篇［R］.北京:安信期货,2013.

[12] 刘硕.期权:波动率度量方法［R］.北京:安信期货,2014.

[13] 李明,罗军.期权套利策略研究——期权研究系列之三［R］.广州:广发证券,2012.

[14] 张斯会.期权策略操作指南系列(一)——无风险套利篇［R］.上海:光大证券,2014.

［15］中国期货业协会．期货及衍生品基础（第二版）［M］．北京：中国财政经济出版社，2018.

［16］魏振祥．商品期权［M］．北京：机械工业出版社，2016.

［17］中国期货业协会．期货及衍生品分析与应用（第三版）［M］．北京：中国财政经济出版社，2018.

［18］杰克·施瓦格，马克·埃兹科恩．期货市场完全指南［M］．2 版．北京：清华大学出版社，2017.

［19］马刚，吴守祥．期货与期权投资分析［M］．北京：高等教育出版社，2016.

［20］上海证券交易所．期权交易策略十讲［M］．上海：格致出版社，2016.

［21］孟令君，庞恩富等．国内期权市场发展现状探究［EB/OL］．财新观点网［2018-5-25］http：//opinion.caixin.com/2018-05-25/101256613.html.

［22］刘宾，王炳瑜．商品场外期权发展及应用［J］．中信期货研究，2019：3-15.

［23］王聪颖，陈静．场外期权 ABC［J］．中信期货研究，2018：3-6.

［24］中国期货业协会．场外衍生品［M］．北京：中国财政经济出版社，2013.

［25］王朱莹．大商所商品互换业务上线［N］．中国证券报，2018.12.20.

［26］郭嘉沂，付晓芸．大宗商品场外衍生品市场现状及前景［J］．兴业研究，2018：3-9.

［27］弗朗西斯卡·泰勒．精通商品市场：市场、产品和交易指南［M］．北京：人民邮电出版社，2016.

［28］朱才斌，王骏．商品期货与期权实务［M］．北京：高等教育出版社，2016.

［29］期货从业人员资格考试命题研究组．期货法律法规［M］．成都：西南财经大学出版社，2017.

［30］期货从业人员资格考试命题研究组．期货及衍生品基础［M］．成都：西南财经大学出版社，2017.

［31］孙建明．商品期货基本面分析［M］．北京：北京出版社，2018.

［32］张平．锌锭生产成本分析，建信期货研究中心，2016.

［33］外国经济学说研究会．现代外国经济学论文选（第 10 辑）［M］．北京：商务印书馆，1986.

［34］陈漓高，齐俊烁．信息技术的外溢与第五轮经济长波的发展趋势［J］．世界经济研究，2007（7）．

［35］郑慧娟．中国房地产价格周期波动与成因研究［D］．暨南大学，2012.

［36］GRNIN L, KOROTAYEV A, TAUSCH A. Interaction between Kondratieff Waves and Juglar Cycles［J］．Social Science Electronic Publishing，2016.

[37] 李乾孙,翁鸣晓.库存周期与大宗商品价格[J].上海金融,2012(09):58-63+117.

[38] 王道平,贾昱宁.投资者情绪、大宗商品价格与通货膨胀——基于微观调查数据"大宗商品信心指数"的分析[J].国际金融研究,2018(02):77-86.

[39] SCHUMPETER J A. Business Cycles—A Theoretical, Historical and Statistical Analysis of the Capitalist Process [M]. New York, London: McGraw-Hill Book Company. 1939.

[40] 周金涛,涛动周期论[M].北京:机械工业出版社,2017.

[41] 拉斯·特维德.逃不开的经济周期[M].北京:中信出版社,2008.

[42] 大连商品交易所.中国期货市场经典案例研究成果汇编[M].北京:机械工业出版社,2018.

[43] 方霞,蒋美云,倪禾.CPI与大宗商品期货价格波动的实证研究——兼国内大宗商品期货市场投资行为分析[M].北京:中国经济出版社,2013.

[44] 孙玉奎,高苗苗.大宗商品价格影响因素及分类型比较研究[J].价格理论与实践,2018,9.

[45] 蔡伟毅,徐新宇,戎奇明.利率冲击与流动性冲击对大宗商品价格影响研究[J].财贸研究,2018,6.

[46] 陈瑞华,肖利娜.期货价格、通胀预期与经济政策调控——基于中国商品期货市场的实证分析[J].中国证券期货,2018,4.

[47] 晁增义,谌金宇.我国大宗商品价格波动的货币因素研究[J].财经市场,2015,10.

[48] 谌金宇,朱学红,钟美瑞.我国货币政策对到大宗商品市场影响的非线性效应[J].系统工程,2017,36(6).

[49] 李静,牛兵.财政政策对商品价格的影响分析[J].价格理论与实践,2012(12):28-29.

[50] 郭磊.大宗商品分析框架及供给侧改革影响[R].广州:广发证券,2017.

[51] 张驰.玻璃各类产业政策解读[R].上海:国泰君安期货,2018.

[52] 郭文伟,刘英迪,袁媛等.大宗商品期货价格极端波动风险与演化模式研究——基于供给侧结构性改革视角[J].统计与信息论坛,2018,33(11):79-90.

[53] 张洁青.国际商品期货价格的影响因素[J].中外企业家,2016(36).

[54] 张慧琴.粮食生产补贴政策评价研究[D].沈阳农业大学,2016.

[55] 何景伟.论财政补贴对经济的影响[J].经济与社会发展,2003(6).

[56] 张良伟.农产品价格波动和调控研究[D].郑州大学,2014.

[57] 陈瑾玫.中国产业政策效应研究[M].北京:北京师范大学出版社,2011.

[58] 侯明利．中国粮食补贴政策理论与实证研究［D］．江南大学，2009．

[59] 安德烈亚斯，F. 克烈诺．趋势交易［M］．北京：机械工业出版社，2017．

[60] 小罗伯特，R. 普莱切特，阿尔弗雷德，J. 佛罗伦特．艾略特波浪理论：市场行为的关键［M］．北京：机械工业出版社，2016．

[61] 弗朗索瓦-塞尔·拉比唐．对冲基金手册［M］．上海：上海交通大学出版社，2014．

[62] 技术指标［EB/OL］．767 股票学习网．［2014-06-27］．http://www.net767.com/gupiao/jishu/．2014．

[63] 中国期货业协会．期货及衍生品分析与应用（第二版）［M］．北京：中国财政经济出版社，2017．

[64] 战雪丽，张亚东．量化交易基础［M］．1 版．北京：高等教育出版社，2016．

[65] 李晓辉，田钟泽．商品市场宏观风险因子模型初探［R］．东证衍生品研究院：和讯网，2017．

[66] 量化之星—策略模型研究小组．不可不知的 N 种量化策略模型［R］．量化之星：国泰安，2016．

[67] 陈燕城，刘会洋，施通．基于技术指标的反转策略［R］．交易技术，2017．

[68] 约翰·赫尔．期权、期货及其他衍生品（第九版）［M］．北京：机械工业出版社，2014．

[69] 姜洋．发现价格：期货和金融衍生品［M］．北京：中信出版社，2018．

[70] 黄圣根．期货投资的艺术：在不确定性中寻找确定性［M］．北京：机械工业出版社，2013．

[71] 马英．期货投资入门［M］．北京：化学工业出版社，2017．

[72] 杨婧，池国华．东方航空的套期保值亏损案给我们的启示［J］．财务与会计，2019（18）：44-46．

[73] 刘华．中航油新加坡公司内部控制案例分析［J］．上海市经济管理干部学院学报，2008（03）：16-20．